万通汽车教育
WONTONE AUTOMOTIVE EDUCATION

U0734396

何扬 ◎ 主编

吴兴敏 费维东 李斌 李仰欣 ◎ 副主编

张小鹏 张会军 ◎ 主审

汽车涂装工艺

AR版

人民邮电出版社

北京

图书在版编目（ＣＩＰ）数据

汽车涂装工艺：AR版 / 何扬主编. —— 北京：人民
邮电出版社，2021.5
"互联网+"汽车车身维修技术系列规划教材
ISBN 978-7-115-54192-5

Ⅰ．①汽… Ⅱ．①何… Ⅲ．①汽车—涂漆—教材
Ⅳ．①U472.44

中国版本图书馆CIP数据核字(2020)第095012号

内 容 提 要

本书是汽车车身维修技术（涂装方向）系列规划教材的第一册，介绍了汽车涂装相关基础知识。本书共包括 5 个模块，分别是汽车涂装技术、汽车涂装设备与材料、汽车涂装工艺流程、特种材料及其涂装工艺、汽车涂装修补技术及工艺。每个模块涵盖多个学习任务，在每一个学习任务后面还提供了基于 AR 技术的多媒体图片，使用手机等移动终端下载并打开"智慧书"App，扫描图片即可观看相应知识的短视频，并可进行在线答题及查看答案。

本书可作为职业院校汽车车身维修技术（涂装方向）及相关专业的教材，也可作为相关从业人员的参考用书。

◆ 主　　编　何　扬
　　副 主 编　吴兴敏　费维东　李　斌　李仰欣
　　主　　审　张小鹏　张会军
　　责任编辑　王丽美
　　责任印制　彭志环

◆ 人民邮电出版社出版发行　　北京市丰台区成寿寺路 11 号
　邮编 100164　　电子邮件 315@ptpress.com.cn
　网址 https://www.ptpress.com.cn
　北京天宇星印刷厂印刷

◆ 开本：787×1092　1/16
　印张：16.75　　　　　　　2021 年 5 月第 1 版
　字数：402 千字　　　　　 2024 年 8 月北京第 7 次印刷

定价：52.00 元

读者服务热线：(010)81055256　印装质量热线：(010)81055316
反盗版热线：(010)81055315
广告经营许可证：京东市监广登字 20170147 号

专家委员会

序　言

今天，我国的汽车产业比历史上任何时期都更接近实现汽车强国目标。在这个伟大的时代，能够投身于中华民族伟大复兴事业之中，我们是幸运的。

当前，全球正处于以信息技术、网络技术和大数据为主要支撑的技术剧烈变革期。"变"是主题，而如何求变才是我们的着力点。作为汽车产业民营教育的先行者之一，万通汽车教育应该、也有能力承担起引领汽车职业教育变革的责任。

我欣喜地看到，在汽车车身维修（钣金和喷涂）技术专业的教材中，出现了"AR 视频显示+在线交互+后台大数据"这些信息化的教学手段。我一直比较赞赏一些职业教育专家所倡导的职业教育教学模式转变就是要使学生"喜欢听、听得懂、用得上"的理念，让静态和动态相结合，让问题与答案交互进行，让老师的"教"和学生的"学"融为一体。这套教材就是上述理念的具体实践。

希望万通汽车教育模式的创新思维更多地与教学实践相结合，真正实现兴趣教育，使学生掌握真本领。检验的标准只有一个：为创新型国家建设培养更多的"大工匠"。

中国汽车工程学会　副秘书长
中国汽车职业教育集团　理事长

前　言

一、编写本书的目的

党的二十大报告中指出"建设现代化产业体系。坚持把发展经济的着力点放在实体经济上，推进新型工业化，加快建设制造强国、质量强国、航天强国、交通强国、网络强国、数字中国""构建优质高效的服务业新体系，推动现代服务业同先进制造业、现代农业深度融合"。随着我国汽车保有量的不断增加，汽车后市场更大了。只是和从前的个体经营、手工操作模式不同，方便、快捷、规范、标准的优质服务成了现代汽车服务业的新标准。

汽车涂装是一门传统工艺技术，而现在不仅是汽车车身性能的技术发生变化，其外形的材料、涂料也发生了变化。塑料复合材料、车身用铝合金等新材料的配件改变了单一钢制件的情况。水性漆也因其环保特征而逐渐替代了传统油漆。所以，新技术+标准规范仍是汽车涂装这个传统行业从业者所需要关注的。

互联网的飞速发展，让我们每时每刻都淹没在信息的海洋中。传统的理论多实践少、略显枯燥的纸质教材，给职业教育的人才培养带来了困扰。

职业教育的目标是让受教育者专注学习既专业又实用的知识，并经过脚踏实地的多次训练，真正掌握一门技能。万通汽车教育研究院与人民邮电出版社携手，推出了"互联网+"汽车车身维修技术系列规划教材，为读者提供一种"知识讲解+操作步骤演示+在线答题"全方位学习汽车车身维修技术的方案。

二、本书内容特点

本书根据汽车车身维修——涂装技术工作标准及规范，参考汽车车身维修技术专业标准编写而成。本书达到了"教、学、做一体化"的实用性目标，体现了产教融合的教学特点。

1. 坚持立德树人

贯彻二十大报告所提出的"育人的根本在于立德。全面贯彻党的教育方针，落实立德树人根本任务，培养德智体美劳全面发展的社会主义建设者和接班人"，执行《中华人民共和国职业教育法》所要求弘扬社会主义核心价值观，培育劳模精神、劳动精神、工匠精神。

2. 模块教学，任务驱动

本书采用"模块教学，任务驱动"模式编写。全书共 5 个模块，主要内容包括汽车涂装技术、汽车涂装设备与材料、汽车涂装工艺流程、特种材料及其涂装工艺、汽车涂装修补技术及工艺。每个模块涵盖多个学习任务，每个学习任务中按具体工作内容又设置了"学习目标""相关知识""任务总结""问题思考"等环节。另外，书中还穿插了"注意"等小栏目，以拓展读者知识面，增加读者阅读兴趣。

3. 重在实操，资源丰富

本书由 AR 展示、在线互动知识及后台大数据测评系统（专利号：201810230606.2）支撑。本书的每一个"任务总结"中都提供了基于 AR 技术的多媒体图片，使用手机等移动终端下载并打开"智慧书"App 扫描图片后即可观看相应知识的短视频，并可以在线答题及查看答案。读者还可以通过手机等移动终端扫描多媒体图片旁边的二维码直接观看视频。本书还提供了 PPT 课件等教学资源，读者可登录人邮教育社区（www.ryjiaoyu.com）下载使用。

三、致谢

本书由万通汽车教育研究院院长、2019 年全国职业院校汽车专业教师能力大赛钣喷专家组组长、2018 年/2019 年国家职业技能大赛汽车方向专家组成员何扬老师和辽宁省交通高等专科学校吴兴敏教授组织编写，由何扬任主编，由吴兴敏和万通汽车教育研究院费维东、李斌、李仰欣老师任副主编。全书由第 42 届～第 44 届世界技能大赛汽车喷漆项目裁判及中国专家组组长张小鹏老师和 2019 年全国职业院校汽车专业教师能力大赛涂装赛项裁判长张会军老师主审。万通汽车教育研究院赵波、陈谢、杨涛、张凯、方健老师负责审校。万通汽车教育研究院朱雯、吴阳、刘伟、刘罕老师负责视频创作，万通汽车教育研究院赵波、陈谢老师与其他工作人员参与了视频录制和讲解工作。庞贝捷漆油贸易（上海）有限公司为本书提供了大量相关 PPG 涂装资料和参数。何扬老师主持了全书的系统设计、编审、视频编导等工作。

中国汽车工程学会副秘书长、中国汽车职业教育集团理事长闫建来先生为本书作序，并对本书的出版提供了积极的支持，在此表示感谢！

由于编者水平有限，书中若存在不足与疏漏，敬请读者批评指正。

编 者

2023 年 1 月

目　录

学习任务一　汽车涂装概述

□ 学习目标 □

1. 能够正确解释涂料、涂装、漆膜、涂层的含义。
2. 能够正确解释汽车涂装的作用。
3. 能够正确描述汽车涂装的分类。
4. 能够正确描述新车制造涂装和修补涂装的特点。
5. 培养对汽车喷涂专业的职业兴趣。
6. 培养诚信、敬业、刻苦、科学、严谨的品德。

□ 相关知识 □

一、涂装的定义

汽车涂料（Automotive Coating）：是指涂装在轿车等各类车辆车身及零部件上的涂料，一般指新车的涂料及辅助材料和车辆修补用涂料。汽车涂料是涂料家族中的一种，跟一般的涂料一样，汽车涂料一般由成膜物质（树脂）、助剂、颜料、溶剂组成。

涂装：是指将涂料涂覆于经过处理的物体表面（基底表面）上，经干燥成膜的工艺。有时也将涂料在被涂物表面扩散开的操作称为涂装，俗称涂漆或油漆。

漆膜：已经固化了的涂料膜称为漆膜（也称涂膜）。

涂层：由两层以上的漆膜组成的复合层称为涂层。汽车表面涂装就是典型的多涂层涂装。

汽车和摩托车是现代化的交通工具，其外表的 90% 以上是涂装表面。涂层的外观、颜色、光泽等的优劣是人们对汽车质量的直观评价。因此，它将直接影响汽车的市场竞争能力。另外，涂装也是提高汽车产品的耐腐蚀性和延长汽车使用寿命的主要措施之一。所以，无论是汽车制造还是汽车维修行业，都将汽车表面涂装列为重要的工作。

二、汽车涂装的作用

汽车经过涂装后，除使汽车具有优良的外观外，还会增强汽车车身的耐腐蚀性，从而提高汽车的商品价值和使用价值。汽车涂装的主要作用有以下几点。

1. 保护作用

汽车的用途非常广泛，活动范围广，但运行环境复杂，经常会受到水分、微生物、紫外线、酸碱气体和液体等的侵蚀，有时会被磨、刮而造成损伤。如果在它的表面涂上涂料，就能保护汽车板件免受损坏，延长其使用寿命。

涂料可以从两方面保护汽车。一方面，车身表面经涂装后，可使部件的基本材料与大气环境隔绝，从而起到一种屏蔽作用以防止锈蚀；另一方面，有些涂料对金属本身还能起到缓蚀作用，比如磷化底漆可以借助涂料内部的化学成分与金属反应，使金属表面钝化。这种钝化膜加强了漆膜的防腐蚀效果，如图1-1-1所示。

2. 装饰作用

现代汽车不但是实用的交通运输工具，还具有艺术欣赏价值。涂装可以使车身表面具有一定的色泽，给人以美的视觉感受。车身颜色与车内颜色相匹配，与环境颜色相协调，与人们的爱好以及时代感相适应，绚丽的色彩与优美的线形融为一体构成了汽车的造型艺术，协调的色彩烘托了汽车的造型，使汽车具有更佳的艺术美。人们评价汽车质量的第一标准往往是汽车的外表，即整体造型及色泽。所以，颜色的选配和涂装质量的高低将影响汽车产品的市场竞争力，尤其在当今追求个性的时代，汽车涂装的装饰作用更为突出，如图1-1-2所示。

图1-1-1 汽车表面保护

图1-1-2 汽车外观装饰

3. 标识作用

涂装的标识作用是由涂料的颜色体现的。在汽车外表涂装不同的颜色和图案以区别不同用途的汽车。例如，消防车涂成大红色；邮政车涂成橄榄绿色，字及车号为白色；救护车为白色并做红十字标记，如图1-1-3所示；工程车涂成黄色与黑色相间的条纹，字及车号用黑色；等等。

4. 特定作用

涂装的特定作用是指应用涂料的特殊性能，使汽车具有特殊功能来完成特种作业或适应特定的使用条件。例如，化学品运输车辆要在车体表面或货箱、罐舱内部涂布耐酸碱、耐油、耐热、绝缘的涂料等以防止化学品的腐蚀、渗漏等；军用汽车采用保护色以达到隐蔽的作用；涂在船底上的防污漆，漆中的毒剂缓慢渗出，可杀死寄生在船底上的海洋生物，从而延长船舶的使用寿命，减小航行时的阻力；为使导弹、航天器等在飞行过程中不至于因与大气摩擦产生高温而烧毁，可在其表面涂覆一种既耐高温又耐摩擦的涂料，如图1-1-4所示。

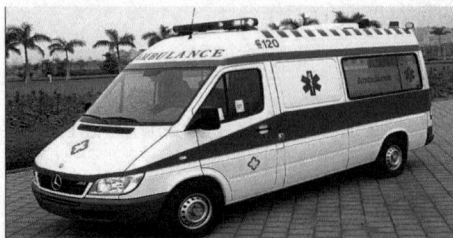

图1-1-3 汽车外观标识

图1-1-4 涂装的特定作用

汽车面漆（指汽车车身最外层的漆膜）可起到保护车身不被腐蚀与美化外观的作用，是整车质量重要的指标之一。因为喷涂油漆占轿车生产总费用的20%左右，而且买主首先注意到的是面漆的颜色和喷涂的质量，所以其对买卖成交的影响很大。因此，汽车生产厂家十分重视汽车面漆技术，往往投入巨大的资金和人力去研发和改进汽车的面漆，强调抓住人们视觉的第一印象。汽车的面漆要求映像率高，光亮如镜。除了油漆质量外，还要有相当高要求的工厂环境和工艺技术。从车身喷涂至烘干的过程中，工厂内空气要清洁，不能有过量的尘埃。

在现代化工厂内，油漆的调色和喷涂方式均已实现计算机化管理。由于科技的进步，今天的喷涂工艺与十几年前的喷涂工艺相比已有很大的改观，油漆的颜色和黏结性，添加剂、稳定剂、溶解系统及油漆车身的属性（如水性漆）和工艺技术均发生了变化，而且这种变化目前仍在进行中，使得汽车面漆质量得到很大的提高。

汽车能起到美化城市的作用，原因在于其别致的造型和漂亮的外表面。汽车的外表面90%以上是涂漆面。显然涂层质量（光泽、颜色和耐久性等）会直接影响汽车外观，影响人们对汽车质量的评价。但无论汽车漆膜质量如何优良，在使用过程中，气候的变化以及各种原因引起的接触、擦刮甚至碰撞等诸多原因都会导致漆膜的劣化和损伤。如何保持、恢复汽车良好的外表，满足客户的要求，尤其是车主的特殊要求，越来越引起汽车修理业的重视。

三、涂装的分类

1. 按被涂物的材质分类

按被涂物的材质不同，涂装可分为金属涂装（黑色金属涂装、有色金属涂装）和非金属涂装（木工涂装、混凝土表面涂装、塑料涂装等）。

2. 按被涂物的范围分类

由于被涂物的性能要求、使用环境和生产方式等不同，所采用的涂料和涂装工艺也各不相同，尤其是工业制品千差万别，所以工业涂装一般均按产品名称来分类，例如，汽车涂装、船舶涂装、飞机涂装、铁道车辆涂装、轻工产品涂装（自行车、缝纫机等）、家用电器涂装（洗衣机、电冰箱、电视机、电风扇等）、仪器涂装、家具涂装、桥梁涂装、建筑涂装、机床和机电产品涂装等。

3. 按涂层的性能和用途分类

按涂层的性能和用途不同，涂装可分为装饰性涂装（分高级涂装、中级涂装和一般装饰性涂装）、装饰防腐涂装、防腐蚀涂装（分为一般防腐蚀涂装和重防腐蚀涂装）、电气绝缘涂装、防声涂装等。

4. 按涂装生产方式分类

按涂装生产方式不同，涂装可分为家庭涂装（以手工作业、自然干燥为主）、结构物涂装、建筑物涂装（在现场施工，作业环境差，自然干燥）、工业涂装（涂装工艺已形成工业生产的流程，流水作业生产，涂装的机械化、自动化程度较高，漆膜干燥一般采用烘干方式）。

5. 按涂装方法分类

按涂装方法不同，涂装可分为手工涂装、静电涂装、电泳涂装、粉末涂装等。各种涂装均有各自的特点，所采用的涂料和涂装方式也有较大的差异，涉及面很广。

6. 汽车涂装的分类

汽车涂装大体可以分为新车制造涂装和汽车修补涂装。

（1）新车制造涂装包括车身外表涂装、车厢内部涂装、车身骨架涂装、底盘部件涂装、发动机部件涂装、电气设备部件涂装等内容。车身外表涂装是汽车制造涂装的重点，要求达到高装饰性和耐腐蚀的目的，并且与汽车用途相适应，具有优良的耐久性。

（2）汽车修补涂装就是为了要恢复汽车原有的涂层技术标准和达到无痕迹修补的目的。根据需要修补部位和修补面积的大小可以分为重新喷涂（简称重涂或全车喷漆）、局部修补（根据修补面积又可分点修补和板修补）和零部件修补涂装。

四、汽车涂装的特点

1. 公共性能与特点

（1）公共性能。

① 遮盖力：遮盖力通常用能够完全遮盖规定的黑白格所需的涂料质量来表示，质量越大，遮盖力越小。

② 漆膜附着力：表示漆膜与基层的黏合力。

③ 黏度：黏度的大小影响施工性能，不同的施工方法要求涂料有不同的黏度。

④ 细度：细度大小直接影响漆膜表面的平整性和光泽。

（2）特点。

① 耐污染性。

② 耐久性：耐久性包括耐冻融性、耐洗刷性、耐老化性。

③ 耐碱性：涂料的装饰对象主要是一些碱性材料，因此耐碱性是涂料的重要特性。

④ 最低成膜温度：每种涂料都具有一个最低成膜温度，不同的涂料最低成膜温度不同。

2. 新车制造涂装的特点

（1）新车制造涂装属于高级保护性涂装。汽车涂层必须具备极优良的耐腐蚀性、耐候性（主要指抗紫外线的能力），并且能耐沥青、油污、酸碱、鸟粪等物质的侵蚀作用，对汽车车体起到保护效果。汽车属于户外用品，因而要求汽车涂层能够适应寒冷地区、沙漠戈壁、湿热带和沿海等各种地理和气候条件。在国际上具有竞争能力的汽车以及汽车涂料都能很好地适应世界各地的气候条件。

（2）新车制造涂装属于中、高级装饰性涂装。车身（尤其是轿车的车身）必须进行精心的涂装设计，在良好的涂装设备条件和环境下，才能使涂层具有优良的装饰性。

汽车的装饰性除车型设计外，主要靠涂装。汽车涂层的装饰性直接影响汽车的商品价值，而汽车涂层的装饰性主要取决于其色彩、光泽、鲜映性、丰满度和涂层外观等。汽车的色彩一般根据汽车类型、汽车外形设计和时代流行色来选择。除特殊用途的汽车（如军用汽车）外，一般都希望汽车涂层具有极好的色彩、光泽和鲜映性。例如，运动型跑车的色彩多采用明快的大红色、明黄色等，给人以强烈的动感；高级轿车多采用较深的色调，给人以庄重、稳健的感觉。

涂层的外观优劣直接影响涂层的装饰性，漆膜的橘皮、颗粒等缺陷是影响涂层外观的主要因素。一般要求汽车外表涂层平整光滑，镜物清晰，不应有颗粒。

（3）新车制造涂装是最典型的工业涂装。汽车制造涂装流水线的生产节奏一般为几十秒至几分钟，为此必须选用高效快速的涂装前的表面预处理方法、涂装方法、干燥方法、传送方法和工艺设备。汽车修补涂装也是如此，为恢复汽车涂层的要求，达到无痕修补的目的，汽车修补涂装也采用了与新车制造涂装相类似的先进的涂装设备、涂料和施工工艺（通常采用该类工艺的企业需具有一定的规模），因此可以达到与新车制造涂装相同的良好效果。

（4）新车制造涂装为多涂层涂装。汽车车身涂层如果是单涂层则会失去它的装饰性效果，漆面会显得不够饱满，色彩干涩且达不到优良的保护性。所以，汽车涂层一般都是由 3 层以上的涂层组成的，如轿车车身的涂层就是由底涂层（也称底漆，主要是防锈底漆层）、中间涂层（也称中间漆或中漆层，提高上下涂层的结合能力，提供韧性和抗冲击能力）和面涂层（也称面漆，提供多彩的颜色）组成的，涂层的总厚度一般控制在 125μm 左右。

3．汽车修补涂装的特点

（1）汽车修补涂装属于恢复性涂装。汽车修补涂装是指对局部损坏的涂层或老化褪色的涂层进行恢复性的涂装，目的是恢复涂层的保护和装饰作用，并力求达到与原车涂层一致。汽车修补涂装与新车制造涂装存在较大的差别，如新车的车身一般采用模压而成，涂装过程中不需要刮涂和打磨原子灰；喷涂面漆时不需要单独调配颜色。而修补涂装中难免要刮涂原子灰来填补车身缺陷，并打磨平整；涂装前处理以手工为主，且有对旧漆、油脂及其污物的清除工序，但还是很难达到新车的前处理效果；调配面漆颜色是汽车修补涂装较为困难的工序，尽管使用先进的调色设备，也很难达到与原车漆色一致，只能做到接近。所以，汽车修补涂装在保证质量方面比新车制造涂装更难。

（2）汽车修补涂装品种多而数量少。需修补涂装的车辆在类型、颜色、损坏的部位和损坏的程度等方面都不尽相同，使得修补涂装必须针对具体的车辆进行施工，不可能使用同一种修补工艺或方法。需修补的车辆数量少且无规律，这使得修补涂装的生产难以组织，不可能有计划地安排维修工作量。

（3）汽车修补涂装质量要求高。汽车修补涂装最大的缺陷就是不可能达到与原车涂层绝对一致，但用户的要求常常较高，所以，从事汽车修补涂装的个人和企业，必须不断改进工艺，采用新技术，精心施工、严格管理，从而提高修补质量，最大限度地满足用户的要求。

（4）汽车修补涂装以手工操作为主。因需修补涂装的车辆少、品种多、损坏部位和损坏程度等千差万别，只能采用适应性强的手工操作方法进行施工，所以，汽车修补涂装劳动强度大、工作环境差。涂层质量的高低与涂料的选择、涂装操作及涂装环境等有很大关系。为了减轻操作者的劳动强度，改善工作环境，提高涂层质量，汽车修补涂装业多已采用机械打磨、专业的喷涂室、烘干室及个人防护器具等。

五、汽车涂装的三要素

为使涂层满足底材及被涂物要求的技术条件和使用环境所需要的功能，保证涂装质量，获得最佳的涂层和最好的经济效益，必须精心设计涂装工艺，掌握涂装各要素。无论是新车制造涂装还是汽车修补涂装，其关键是涂装材料、涂装工艺和涂装管理这 3 个要素。

（1）涂装材料。涂装材料质量和作业配套性是获得优质涂层的基本保障。汽车修补涂料和新车制造涂料是不同的，因此在选择涂料时应根据实际情况，从漆膜性能、作业性能和经济效益等方面综合衡量，汲取他人的经验或通过实验进行确定。如果忽视漆膜的性能，单纯考虑涂料的价格，有时会影响漆膜的质量，缩短涂层的使用寿命，从而造成更大的经济损失。如果涂料选用不当，即使精心施工，所得涂层也不可能获得优良的效果。如果将内用涂料用作面漆，就会早期失光、变色和粉化；在硝基旧漆层上施涂双组分面漆会出现咬底、开裂等现象。又如含铁颜料涂在钢铁材料表面是好的防锈涂料，而涂在铝制品上反而会促进铝的腐蚀。此外，鉴于环保因素，采用水性漆也是未来的趋势。

（2）涂装工艺。涂装工艺是充分发挥涂装材料的性能获得优质涂层，以降低生产成本的必要条件。涂装工艺包括：涂装技术的合理性和先进性；涂装设备的先进性和可靠性；涂装环境和工作人员的技能、素质等。如果涂装工艺和设备选择配合不当，则即使使用优质的涂料，也难以获得优质的漆膜。若设备生产率低，则势必会造成涂装工程的成本增高，使经济效益下降。涂装环境的好坏直接影响漆膜的质量，高级装饰性的汽车车身涂装必须在除尘、通风的环境下进行。涂装操作人员的技能熟练度和责任心是影响涂装质量的人为因素，加强操作人员的培训、提高人员的素质是非常有必要的。

（3）涂装管理。涂装管理是确保按所制定的工艺实施、确保涂装质量的稳定、达到涂装目的和最佳经济效益的重要条件。涂装管理包括工艺管理、设备管理、工艺纪律管理、质量管理、现场环境管理和人员管理等。

六、涂料的发展趋势

随着涂料行业竞争的不断加剧，大型涂料企业间并购整合与资本运作日趋频繁，国内优秀的涂料生产企业愈来愈重视对行业市场的研究，特别是对企业发展环境和客户需求趋势变化的深入研究。正因为如此，一大批国内优秀的涂料品牌迅速崛起，逐渐成为涂料行业中的翘楚。

近几年来，汽车涂料在其耐候性、耐石击性、外观装饰性、高艺术观赏性等方面都取得了很大的进步。但随着人们环保意识的增强，汽车用涂料又面临种种新的课题。当今对汽车涂料的要求是提高涂层品质、保护地球环境和降低成本。针对这些要求，涂料制造厂家从涂料本身出发，进行了大量的研究，开发了一系列新型涂料。

随着各国对环保的日益重视，21 世纪汽车涂料的主要发展趋势是，除了为适应市场竞争的需要和追赶新潮流，努力提高汽车涂层的外观装饰性（高光泽度、高鲜映性、多色彩化、增加立体感等）、耐擦洗性、耐石击性和耐环境对漆膜的污染性外，还必须降低汽车涂装过程中对环境的污染。为了控制汽车涂装生产带来的环境污染，美国和欧洲的环保法规对挥发性有机物都有明确规定。如德国的法规限制挥发性有机化合物（VOC）的排放量为：本色漆涂层不大于 $60g/m^2$，金属闪光色涂层不大于 $120g/m^2$。

为减少 VOC 的排量，汽车涂料正在向水性化、高固体化和非异氰酸酯化方向发展。

1. 水性化
目前汽车修补涂料水性化比较成功的品种，是双组分聚氨酯系涂料（PPG）。PPG 水性漆如图 1-1-5 所示。

2. 高固体化
高固体成分涂料的出现，可以大大减少有机溶剂的挥发量。

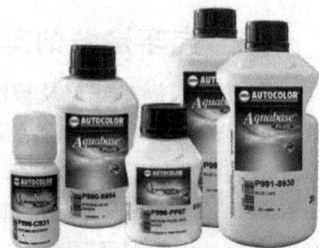

图 1-1-5　PPG 水性漆

3. 非异氰酸酯化
双组分聚氨酯系涂料具有很多突出的性能，多年来一直受到涂装业的普遍欢迎，但是这里所用的异氰酸酯衍生物具有较大的毒性，势必严重危及操作人员的身体健康。据了解，欧洲、美国及日本等国家和地区已经明令禁止在涂料中使用含异氰酸酯基的化合物作交联剂，几乎可以肯定地说，在近几年内，其他各国也将逐渐停止使用含异氰酸酯基的衍生物作为汽车修补涂料的交联剂。荷兰阿克苏公司开发了一种非异氰酸酯系双组分汽车修补涂料，这种涂料具有双组分聚氨酯系涂料的几乎所有特点，且交联剂不采用含异氰酸酯基团的化合物，干燥速度特别快，可低温干燥。

有机硅改性丙烯酸涂料中的丙烯酸树脂，与涂料常用的丙烯酸树脂基本相同。但它是利用硅烷上的烷氧基在酸、碱及有机金属化合物催化剂存在下的水解、缩合，从而交联成膜，是一类非异氰酸酯衍生物作交联剂的涂料。有机硅改性丙烯酸涂料具有超耐候性、耐沸水性、耐溶剂性、耐极性介质性、抗污染性，以及漆膜平整、光滑、丰满、机械性能良好等特点。其唯一的缺点是价格偏高，目前大范围推广尚存在一定的困难。但是随着有机工业的不断发展、技术的进一步完善、成本的进一步降低，有机硅改性丙烯酸树脂系涂料将逐步取代传统的聚酯聚氨酯、丙烯酸聚氨酯系涂料，而成为新一代汽车修补涂料的主要产品。

▯任务总结▯

概述——涂装定义

涂装

将涂料涂覆于经过处理的物体表面上经干燥成膜的工艺。
固化的涂料膜称为涂膜(也称漆膜)。
由两层以上漆膜组成的复合层称为涂层。

视频

汽车涂装概述

1．涂装的定义

（1）定义。涂装是指将涂料涂覆于经过处理的物体表面（基底表面）上，经干燥成膜的工艺。有时将涂料在被涂物表面扩散开的操作也称为涂装，俗称涂漆或油漆。

（2）漆膜。已经固化了的涂料膜称为漆膜（也称涂膜）。

（3）涂层。由两层以上的漆膜组成的复合层称为涂层。

2．汽车涂装的作用

汽车的涂装主要起到保护作用、装饰作用、标识作用、特定作用。

3．汽车涂装的分类

（1）按涂装对象不同，汽车涂装大体可以分为新车制造涂装和汽车修补涂装。

（2）汽车修补涂装的种类。根据需要修补部位和修补面积的大小可以分为重新喷涂、局部修补和零部件修补涂装。

4．汽车涂装的特点

（1）新车制造涂装属保护性涂装、装饰性涂装，是最典型的工业涂装，大部分为多涂层涂装。

（2）汽车修补涂装属恢复性涂装，品种多而数量少，质量要求高，以手工操作为主。

5. 汽车涂装的三要素

汽车涂装的三要素：涂装材料、涂装工艺、涂装管理。

6. 涂料发展趋势

汽车涂料向水性化、高固体化、非异氰酸酯化、安全和环保方面发展。

□ 问题思考 □

1. 汽车涂装有哪些作用？
2. 新车制造涂装的特点有哪些？
3. 汽车修补涂装有哪些特点？
4. 水性漆的特点是什么？

学习任务二　汽车涂装工艺认知

□ 学习目标 □

1. 能够简单描述新车制造涂装工艺流程。
2. 能够正确描述汽车修补涂装与新车制造涂装的差异。
3. 能够正确列举汽车修补涂装常用的方法及各种方法的应用场合。
4. 能够正确描述汽车修补涂装的工艺流程。
5. 能够根据具体情况选择合适的漆膜修复工艺。

□ 相关知识 □

一、汽车涂装工艺的定义

汽车涂装工艺是指从开始准备到底材处理、中涂施工、面漆喷涂和漆面微修复的整个施工工艺过程。

二、汽车涂装工艺分类

不同的车辆、不同类型的损伤漆膜及采用不同的涂料，其涂装工艺是不同的。总体上，汽车涂装工艺分为新车制造涂装和汽车修补涂装两大类。

1. 新车制造涂装工艺

新车制造涂装是指对新车车身各部件进行原始涂装处理的施工工艺过程。

汽车涂装的发展在 1985 年以后进入一个新的阶段，即净化工程阶段（防止公害）。为了环保，汽车涂装多采用环保型涂料（如水性漆），并采用无铬钝化或以高磷化膜的磷化处理代替表面钝化等；在喷涂工艺方面，采用全自动喷涂（包括适用于水性漆或金属漆等导电型漆的静电喷涂）、湿对湿喷涂，水性底漆、面漆吹干水分后喷涂水性漆或溶剂型涂料统一烘干。

新车制造涂装工艺发展到现在已经达到了一个相当高的水平，对底材的防腐蚀性能和面层的装饰性处理工艺都已经非常成熟。尤其是随着各种新型涂料的不断开发和涂装设备的进一步完善，新车制造涂装这一工艺在质量和数量等方面都达到了相当的高度。汽车制造厂对车身进行涂装时，通常采用以下工艺流程。

（1）化学处理。采用全浸法，将整个车身浸入碱液槽内，以清除油、脂及其他杂质，然后再将其浸入另一处理液槽内，以形成结晶的磷化锌层。

（2）底层处理。为改善车辆的持久防锈特性，重新将车辆浸入漆槽内进行电泳涂装，以便在车身内部所有部位形成高质量的底漆层。电泳涂装时，采用环氧树脂漆，如图1-2-1所示。

（3）密封。采用加压给料型密封胶枪，在各部件的焊接接缝、零件接合缝以及卷边部位涂密封胶。密封这些部位可以确保车身板件内部的水密性、防锈性、防尘性。

（4）底漆层涂装。在包括轮罩在内的车身下部区域涂聚氯乙烯（PVC）。通过此项处理，不仅可以保护车身下部不因飞石而造成破裂，还可以改善其隔声、防振及隔热性能，如图1-2-2所示。

图1-2-1 电泳涂装

图1-2-2 底漆层涂装

（5）硬性防碎石漆层涂装。在侧门槛下部处涂硬性防碎石漆层，防止因飞石撞击而造成漆层损坏，如图1-2-3所示。

（6）软性防碎石漆层涂装（沿海地区使用）。沿发动机罩、车顶和车门的边缘涂软性防碎石漆层，用于防止漆层破裂损坏。

（7）中间漆层的涂装。确保必要的漆层厚度，以保持包括面漆层在内的整个涂装表面的光泽和亮度。采用中控自动涂装机来确保均匀涂装。

（8）中间漆层打磨处理。打磨中间漆层表面，以改善其漆层表面的光滑度，并保证与面漆间的良好附着力。

（9）面漆处理。利用自动涂装机器人，在车身内外施涂面漆，如图1-2-4所示。对于金属色漆或珍珠色漆的车辆，在色漆涂装后，还要喷涂一层透明清漆。施涂面漆时，采用高质量的丙烯酸漆或水溶性漆，以进一步改善其防锈性能，并提高其商业价值。

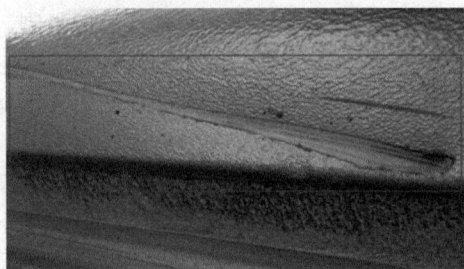

图1-2-3 硬性防碎石漆层涂装

图1-2-4 面漆自动施涂

（10）最终检验。依据评判标准，检查涂装质量。通过外观检查与仪器测量相结合，对漆层的状态、厚度、硬度以及各漆层间的附着力进行检查。

（11）内部防锈处理。使用喷枪在需要进行防锈处理的部位上施涂特种锌基防锈漆或石蜡，以进一步改善其防锈性能。

（12）整车防锈处理。板件内侧和外侧均需进行防锈处理。利用专用的涂蜡枪，将石蜡均匀涂至背门、车门板和车身上，以保证持久的耐锈蚀性能。

注意

不同品牌、不同级别的车辆，原厂涂装施工工艺是有所不同的。

2.汽车修补涂装工艺

（1）定义。汽车修补涂装是指对旧车翻新或对因车身损伤变形通过钣金修复（小微损伤可免钣金修复）的部位进行装饰改色的涂装工艺。

（2）目的。汽车在使用过程中常常会出现碰撞、剐蹭等事故，造成车身外部覆盖件损伤和涂层破坏，另外由于涂层使用时间过长，达到或超出其使用年限而丧失或部分丧失其保护性和装饰性，致使车身出现锈斑、孔洞等。这时需要对车辆的涂层进行修复，使其恢复原有的状态，达到保护的目的和良好的装饰效果。

（3）要求。对于出现碰撞、剐蹭等事故车辆的损伤部位和锈斑、孔洞等漆膜缺陷，修复部位要达到与未修补部位相同的保护和装饰效果，外观上要无修补痕迹，要求非常之高。对于车身良好，只是涂层已经失光、粉化等漆膜失效缺陷，往往采用重新喷涂等工艺，使其恢复良好的装饰性和保护性。由于是全车喷涂，所以对颜色的微小差异要求不高，相对而言，容易操作。

（4）特点。汽车修补涂装与新车制造涂装没有本质的差异，但由于汽车修补涂装多为旧车修复，受车辆条件的限制不能进行高温烘烤，所以多采用低温烘烤的修补涂料或自干型涂料。从施工工艺上来讲，因汽车修补涂装的修补面积一般比较小，所以采用手工涂装工艺，另外手工操作也有利于主观掌握操作质量，更容易达到无痕迹修补的目的。

（5）方法。汽车修补涂装的方法很多，常用的有刷涂、浸涂、辊涂、空气喷涂等，各有优缺点。一般根据被涂表面的材料、规格形状、尺寸大小，使用的涂料的性质及对漆膜质量的要求，生产批量的大小、涂装的环境和经济价值等来综合考虑采用何种方法。

① 刷涂。刷涂是人工用毛刷涂装的一种方法，是最古老同时也是应用最普遍的一种涂装方法。它的优点是：工具简单，操作容易，节省涂料，不受施工场地和工件大小的限制，通用性和适应性比较强；缺点是：劳动强度大，工作效率低，漆膜质量和外观受人为因素影响大，装饰性差。刷涂主要用于底盘零件及总成涂装，以及面积不大的底漆和表面要求不高的面漆涂装。

② 浸涂。浸涂是将工件浸于盛漆的容器中，经一定的时间取出即在工件表面形成漆膜的涂装方法。其特点是省工、省料，生产效率高，设备（见图1-2-5）及操作简单；适用于小型、多面及对漆膜外观要求不高的较大批量的零件类涂装。在涂装小型少量的工件时一般采用手工浸涂方法。

③ 辊涂（也称滚涂）。辊涂是利用蘸有涂料的转动滚筒，使工件表面涂覆上涂料而形成漆膜的涂装方法，如图 1-2-6 所示。辊涂的优点是可以采用较高黏度的涂料，漆膜较厚，节省稀释剂，漆膜质量比较好，特别是生产效率高，改善了劳动条件。汽车修补涂装中常用辊涂的方法进行比较大平面的平板状工件的中漆层涂装，如大客车的车体、顶板等部位底漆或中漆层。因为底漆和中漆层还需要进行磨平后才进行面漆的涂装，所以对漆膜外观质量的要求不是很高，但需要足够的膜厚。应用辊涂的方法一次即可达到比较理想的厚度，所以进行大面积底漆的施工，辊涂的效率要高于刷涂和喷涂。

图 1-2-5 浸涂设备及工艺

图 1-2-6 辊涂工艺

④ 空气喷涂。空气喷涂是利用压缩空气使涂料从喷枪中喷出并雾化，喷在工件形成漆膜的涂装方法，如图 1-2-7 所示。空气喷涂是涂装施工中应用较为普遍的涂装方法，无论是汽车的制造还是修补，无论是汽车的车身还是零部件，都可以用空气喷涂进行涂装。其优点是设备简单、容易操作，能够形成薄而均匀的高质量漆膜，对于有缝隙、小孔的工件表面，以及倾斜、弯曲、凹凸不平的表面都能比较均匀地喷涂涂料，工作效率比刷涂高 5～10 倍。由于空气喷涂具有如上的许多优点，所以广泛应用于汽车修补涂装领域，大部分涂料都可以用这种方法施工，尤其是绝大多数的面漆，都使用空气喷涂的方法来完成。但空气喷涂也有很多的缺点，如有相当一部分涂料随压缩空气飞散，既污染了环境，又造成了很大的浪费（普通喷枪涂料利用率只有 30%～40%）；对操作环境要求比较高，漆膜较薄等。

三、汽车修补涂装工艺

通常从接收一台漆面受损的汽车，到修复后交车，一般要经过如下一系列工作。

1. 清洗

修补涂装前进行汽车清洗的目的是：保持涂装车内外的清洁，便于准确评估漆膜损伤程度，防止在之后的涂装作业过程中产生缺陷，如图 1-2-8 所示。

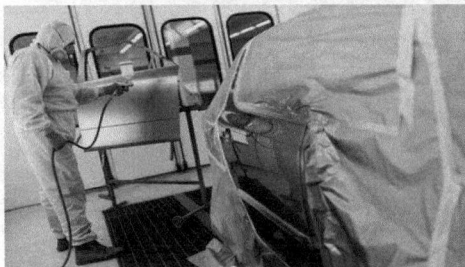
图 1-2-7 空气喷涂

图 1-2-8 全车清洗

2．损伤评估

修补涂装操作人员必须全车查找漆膜损伤的地方，包括板件的轻微变形（可以用涂装方法修复），评估损伤的程度（范围、深度等），认真做好记录后，在精心研究的基础上，才能制订合理的修复方案，如图 1-2-9 所示。

如果车身损伤严重，则首先需要进行钣金处理。当钣金工作结束后转入涂装工序时，涂装技师需要对钣金修复的效果进行过程检验，以确定是否满足涂装的条件。

车身钢板变形损伤修复最终要求是恢复板件原来的形状，修复部位可以比原表面低，但涂装可以弥补的凹陷深度最大不能超过 3mm。

3．表面预处理

对于损伤（或老化）的旧漆膜，在进行修补涂装前，必须将旧漆膜进行适当处理，如将损坏的部分打磨掉，才能进行修补施工，如图 1-2-10 所示。打磨完成后再根据实际需要进行脱脂清洁并干燥处理。

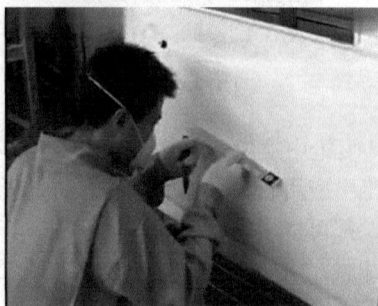

图 1-2-9　损伤评估

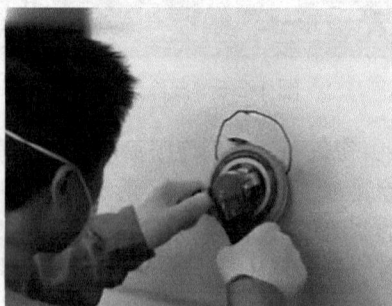

图 1-2-10　表面预处理

4．涂装底漆

底处理打磨后，如果露出金属的面积较大，按标准要求应该施涂一层环氧底漆，以提高底材的防腐能力并提高其与修补涂层的附着力，如图 1-2-11 所示。

5．原子灰施涂与打磨

损伤处通常会有板件表面凸凹不平的现象，为了快速将凹陷处填平，通常用刮涂的方法施涂一层填补原子灰，如图 1-2-12 所示。施涂完成后烘烤干燥，并进行打磨处理。

图 1-2-11　涂装底漆

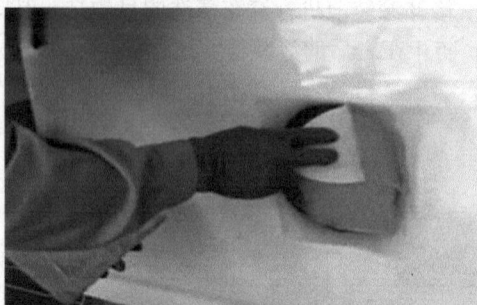

图 1-2-12　原子灰施涂

6. 中涂漆喷涂与打磨

为了遮盖原子灰打磨后表面留下的轻微缺陷，保证面漆施工质量，需在原子灰层表面喷涂一层底漆（中涂漆），如图1-2-13所示。喷涂前要进行必要的遮蔽防护，喷涂完成后烘烤干燥，并进行打磨处理。

7. 面漆调色

为了使修补的漆膜的颜色与原车身颜色一致，涂料商需提供车身颜色代码及色母特性表（有限的颜色种类）进行颜色调配，如图1-2-14所示。

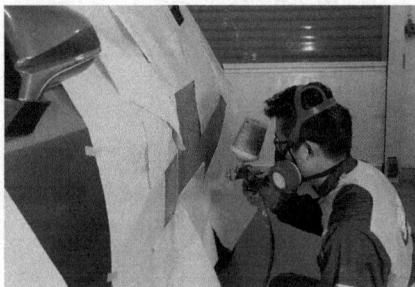

图1-2-13 中涂漆喷涂

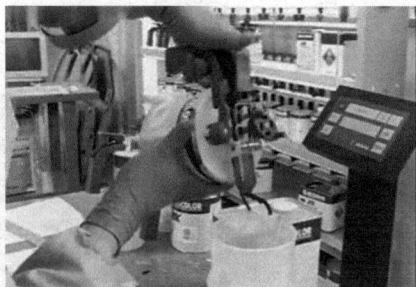

图1-2-14 面漆调色

8. 面漆喷涂

调好颜色的涂料，通常用喷涂的方式喷涂于中涂漆的表面，如图1-2-15所示。喷涂前要进行必要的遮蔽防护。

9. 面漆层干燥

刚喷涂的面漆层为湿状态，必须经过足够时间的干燥，才能形成具有良好性能的漆膜（注：双组分素色漆），如图1-2-16所示。

图1-2-15 面漆喷涂

图1-2-16 面漆层干燥

10. 涂装后处理

面漆干燥后，表面会留下种种缺陷（如流挂、痱子、针孔、渗色、尘点等），须经过各种处理工艺将其消除，如图1-2-17所示。

11. 交车

经过上述修复施工后，再经详细的检验，确认修补质量达到要求且没有遗漏之处（包括修补过程拆下的零件均已安装到位），即可进行交车，如图1-2-18所示。

图 1-2-17　涂装后处理

图 1-2-18　检验交车

□ 任务总结 □

视频

汽车涂装工艺认知

1. 汽车涂装工艺定义

汽车涂装工艺是指从开始准备，经过一系列的操作，直到完成全部涂装工作的操作过程。

2. 新车制造涂装工艺

化学处理→底层处理→密封→底漆层涂装→硬性防碎石漆层涂装→软性防碎石漆层涂装→中间漆层的涂装→中间漆层打磨处理→面漆处理→最终检验→内部防锈处理→整车防锈处理。

3. 汽车修补涂装工艺

（1）工艺流程：清洗→评估损坏→表面预处理→涂装底漆→原子灰施涂与打磨→中涂漆与打磨→面漆调色→面漆喷涂→面漆层干燥→涂装后处理→交车。

（2）涂装方法。汽车修补涂装常用的方法有刷涂、辊涂、浸涂、空气喷涂等。

（3）空气喷涂是利用压缩空气使涂料从喷枪中喷出并雾化，喷在工件表面形成涂层的涂装方法。

□ 问题思考 □

1. 什么是汽车涂装工艺？
2. 原厂涂装一般包含哪些操作步骤？
3. 汽车修补涂装与新车制造涂装有哪些差异？
4. 汽车修补涂装有哪些方法？
5. 通常汽车修补涂装包含哪些操作步骤？

学习任务三　汽车涂装安全

1. 了解汽车涂装常见安全用品。
2. 能够正确使用防毒面罩。
3. 能够正确准备和使用紧急洗眼器。

□ 相关知识 □

一、个人安全防护

1. 呼吸系统的安全防护

磨料的粉尘、腐蚀性液体及溶剂蒸发的气体和喷漆时的漆雾都会给呼吸系统带来危害。即使在通风良好的环境中，操作者仍然需要佩戴呼吸系统防护用品。防护用品有 3 种：防尘口罩、供气式面罩和活性炭过滤面罩。

（1）防尘口罩。防尘口罩可以防止灰尘、漆雾和烟雾等空气中的浮游微粒通过口鼻吸入人体，以保护肺、预防哮喘以及避免中枢神经受损害。防尘口罩有可更换过滤芯的防尘口罩和简单的一次性防尘口罩两类，如图 1-3-1 和图 1-3-2 所示，在原子灰施工和打磨、除尘等操作时使用。

图 1-3-1　可更换过滤芯的防尘口罩

图 1-3-2　一次性防尘口罩

（2）供气式面罩。供气式面罩可防止混有溶剂的空气通过口鼻吸入人体，分为半面罩和全面罩两种，如图 1-3-3 与图 1-3-4 所示。它可利用压缩空气供气系统，通过供气软管向面罩内提供新鲜空气，也可用单独小型空气压缩机提供新鲜空气。新鲜空气的入口必须置于清洁、远离喷漆的区域，必须加装可滤油、滤水的空气过滤器及冷冻干燥机，以确保空气的品质。供气式面罩主要在如下喷漆情况和环境下使用：大量并长时间喷漆；在不通风或封闭的环境，如烤漆房等。

图 1-3-3　半面罩

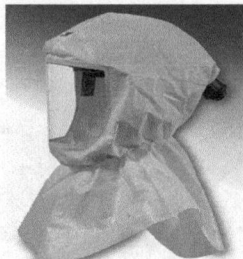

图 1-3-4　全面罩

（3）活性炭过滤面罩。喷涂磁漆以及其他非氰化物的涂料和喷涂量较少时，操作者可以戴活性炭过滤面罩。这种面罩由一个适应人脸形并具有密封作用的橡皮面具构成，如图 1-3-5 所示。它包括可拆卸的前置活性炭滤芯，可以滤去空气中的溶剂或漆雾。呼吸器还有进气阀和排气阀，以保证呼吸畅通。

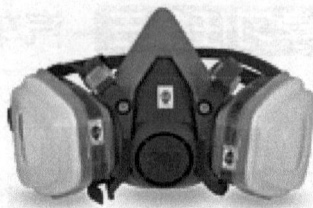

图 1-3-5　活性炭过滤面罩

2. 人体其他部位的防护

（1）头部的保护。无论男女（如果头发较长，涂装作业时应将头发扎在头后），始终要戴安全帽。

（2）眼睛和脸部的保护。戴护目镜、防漆雾眼镜或防护面具，如图 1-3-6、图 1-3-7 和图 1-3-8 所示。防止眼睛受到灰尘、溶剂蒸气、涂料及溶剂溅出等的损伤，一般用于打磨、喷涂、抛光处理等操作情况。

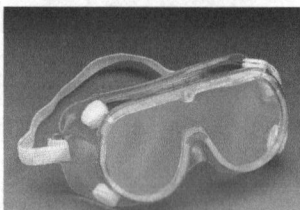

图 1-3-6　护目镜　　　　图 1-3-7　防漆雾眼镜　　　　图 1-3-8　防护面具

（3）耳朵的保护。敲打钢板、打磨或喷涂时所发出的噪声，对人的听觉有不利的影响，重者会损伤耳膜。因此在打磨、喷涂、敲击时应戴耳塞或耳罩，如图 1-3-9 所示。

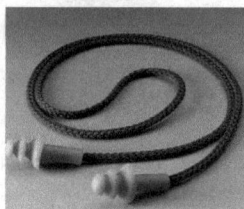

图 1-3-9　耳塞、耳罩

（4）手的防护。为防止溶液、涂料或打磨时器具对手的伤害，工作时应佩戴相应的防护手套进行操作，如图 1-3-10 所示。

（5）脚的防护。在工作时，应穿带有金属脚尖衬垫并防滑的安全工作鞋。金属脚尖衬垫可以保护脚趾不受落下物体砸伤，如图 1-3-11 所示。

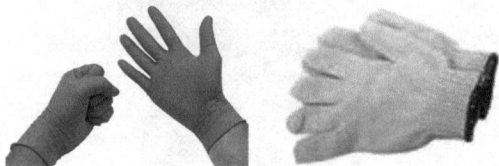

图 1-3-10　防护手套　　　　　　图 1-3-11　安全工作鞋

（6）身体的保护。按规定穿着工作服进行作业。在喷漆场地，应穿清洁的喷涂防护服，此类防护服面料不起毛，以免影响漆面质量。喷涂防护服的上衣应是长袖的，袖口必须是橡皮扎口；裤装要足够长，裤脚口也以橡皮扎口为好，如图 1-3-12 所示。

图 1-3-12　喷涂防护服

二、防毒面罩的使用

1. 防毒面罩的检查

防毒面罩在每次使用之前必须检查，如面罩损坏或零件缺损，面罩必须丢弃，检查程序如下。

（1）如图 1-3-13 所示，检查面罩有无裂痕、撕破或污物。面罩尤其是面罩与脸部贴合密封部分不能弯曲变形。

（2）如图 1-3-14 所示，检查呼吸阀有无变形、裂痕或撕裂，将呼吸阀提起，检查阀座有无脏物或裂痕。

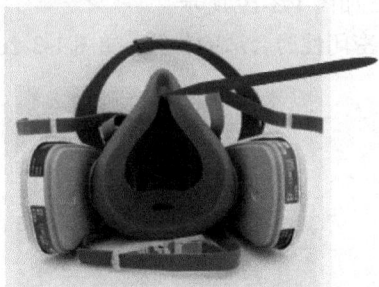

图 1-3-13　检查面罩

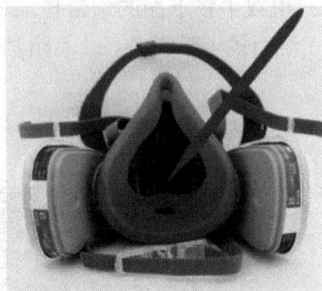

图 1-3-14　检查呼吸阀

（3）检查头颈带是否完整并有弹性。

（4）检查所有的塑料部件是否有裂痕，检查过滤盒安装座是否完好。

2. 过滤盒装配

（1）更换过滤棉时，首先将塑料盖打开，如图 1-3-15 所示。

（2）如图 1-3-16 所示，将过滤棉放入塑料盖中，使印有字体的一面朝向塑料盖。

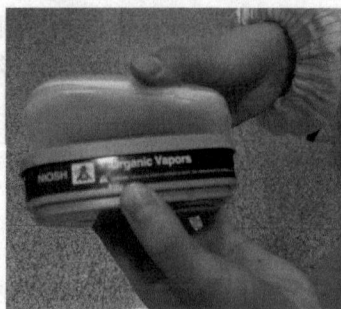

图 1-3-15　打开塑料盖

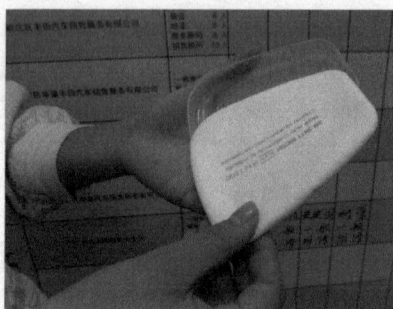

图 1-3-16　安装过滤棉

（3）将塑料盖扣向过滤盒并卡紧。如装配正确，过滤棉将完全遮住过滤盒表面。

（4）先将过滤盒标记部分对准面罩本体的标记部分，然后扣上，如图 1-3-17 所示。

（5）以顺时针方向扭转过滤盒至锁紧位置（约 1/4 圈）。

3. 佩戴

（1）将面罩盖住口鼻，然后将头带拉至头顶，如图 1-3-18 所示。

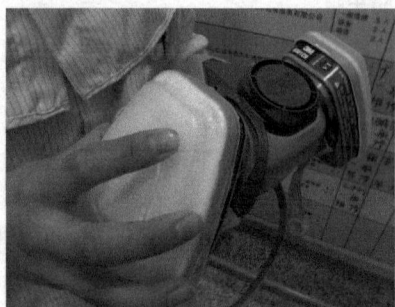

图 1-3-17　安装过滤盒

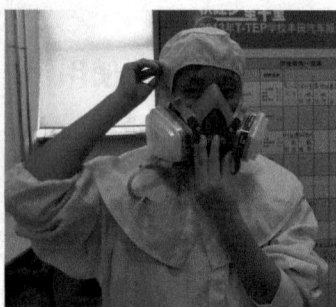

图 1-3-18　套头带

（2）用双手将下面的颈带拉向颈后，然后扣住，如图 1-3-19 所示。

（3）将面罩上下调整，以不阻挡视线并保持良好密闭性为合适的位置，如图 1-3-20 所示。

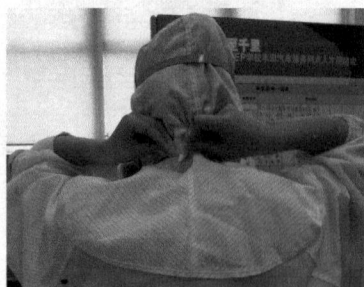

图 1-3-19　扣紧颈带

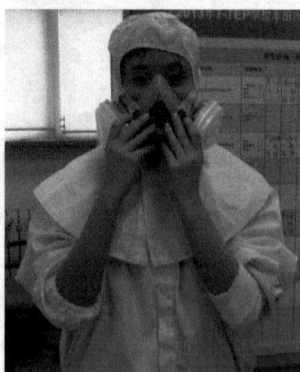

图 1-3-20　调整面罩位置

（4）先调整头带，然后调整颈带，不要拉得过紧（如果过紧，可向外推塑料卡扣，将头带、颈带放松）。

4．密封性测试

（1）正压测试。如图 1-3-21 所示，将手掌盖住呼气阀并向外慢慢呼气，如面罩向外轻轻鼓胀，而没有感觉气体从面部及面罩之间泄漏，则表示佩戴密封性良好；如感觉有气体泄漏，重新调整面罩位置或调整系带的松紧度，重做以上的正压测试，直至密封性良好。

（2）负压测试。如图 1-3-22 所示，用手掌抵住过滤棉的中心部分，轻轻吸气，如果面罩有轻微塌陷，并向脸部靠拢，而没有感觉气体从面部和面罩间漏进，则表示佩戴密封性良好；如感觉有气体漏进，重新调整面罩位置或调整系带的松紧度，重做以上负压测试，直至密封性良好。

如果佩戴的面罩不能达到良好的密封性要求，请勿进入污染区域。

5．防毒面罩的维护

（1）清洁。在每次使用后，应卸下过滤盒和过滤棉后，用医用酒精棉球清洁面罩，如图 1-3-23 所示。

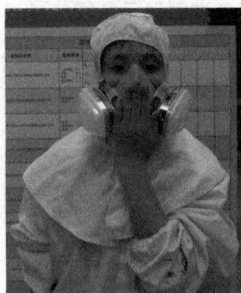

图 1-3-21　正压测试　　　　图 1-3-22　负压测试　　　　图 1-3-23　清洁面罩

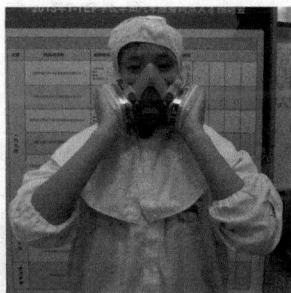

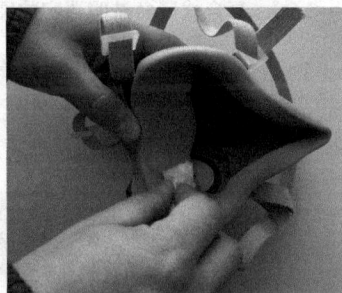

如果面罩脏污较严重，可将其浸在温热的清洗液中，清洗液温度不要超过 50℃，用擦布或软刷清洗直至清洁，如图 1-3-24 所示。用干净、温和的水冲洗，并在清洁的空气中风干。

（2）存放。清洁的防毒面罩必须在污染区以外区域密封保存，如图 1-3-25 所示。

图 1-3-24　清洗面罩　　　　　　　图 1-3-25　防毒面罩的存放

三、紧急洗眼器的准备和使用

复合式紧急洗眼器的实物图及示意图如图 1-3-26 和图 1-3-27 所示。

图 1-3-26　复合式紧急洗眼器实物图

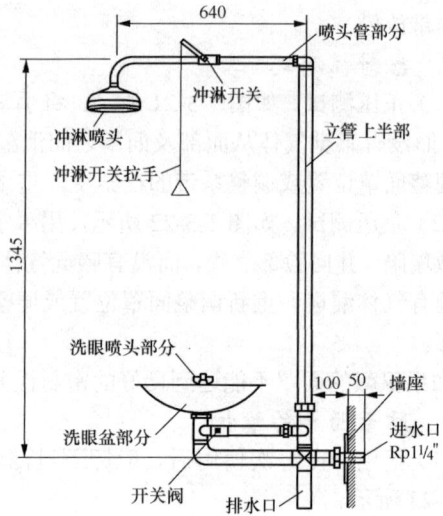

图 1-3-27　复合式紧急洗眼器示意图

1. 清洗溅到眼睛里的化学品时的使用方法

（1）打开防尘盖和开关阀，如图 1-3-28 所示。

（2）用手轻推手推阀，清洁水从洗眼喷头自动喷出，如图 1-3-29 所示。

图 1-3-28　打开防尘盖和开关阀

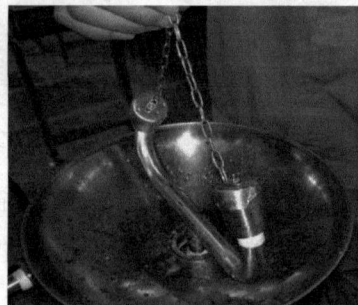

图 1-3-29　轻推手推阀，喷出清洁水

（3）双眼靠近洗眼喷头前，用大量清洁水冲洗 15min，如图 1-3-30 所示。

（4）用后须将手推阀复位并将防尘盖复位，如图 1-3-31 所示。

图 1-3-30　进行冲洗

图 1-3-31　冲洗后复位

2．清洗溅到身上的化学品时的使用方法

（1）用手向下拉冲淋开关拉手，水从冲淋喷头自动喷出，如图 1-3-32 所示。

（2）站到冲淋喷头下，用大量清水冲洗，如图 1-3-33 所示。

图 1-3-32　拉下冲淋开关拉手

图 1-3-33　进行冲洗

（3）使用完后，须将冲淋开关拉手复位，如图 1-3-34 所示。

（4）注意事项。

① 洗眼器的安装高度应在 1.2～1.5m。

② 洗眼器应安装在各个车间的危险品存放处附近（30m 以内）。

③ 洗眼器用于紧急情况下暂时减缓有害物体对身体的伤害，进一步的处理和治疗须遵从医生的指导。

④ 若现场无洗眼器，一旦出现眼睛溅入有害液体的情况，可先用自来水进行冲洗。如较为严重，应立即送往医院治疗。

图 1-3-34　冲洗后，将冲淋开关拉手复位

注意

安全是汽车涂装的重要方面。其中人身安全是首要重点。特别要注意"四不一规范"，即：不穿护具不进入涂装现场；不戴呼吸面具不接触涂料；连续作业不超过 50min；涂料溅出不要用手直接清除（尤其是溅入眼睛时）；"一规范"是指严格按照规范流程清洗。

四、设备和工具安全

1．设备安全

通常，喷烤漆房内存在大量与喷漆有关的工具和装置以及易爆、易燃且有毒性的物质。应始终使这些设备保持良好的工作状态，并正确地使用和储存涂料和稀释剂。

2．通风设备

为了防止有机溶剂中毒（吸入有毒气体），保持良好的通风是重中之重。需要设计通风顺畅的涂装车间或安装高性能的通风设备。

3. 干燥设备

应始终注意下列事项：指定喷漆及烘干设备的监管责任人；实施设备安全运行管理，设备检查间隔不得超过一年；喷烤漆房加热方式有热风型和红外线加热型，它们的电源开关应安装在喷烤漆房外部；采取措施预防静电累积，设备上应连接接地线。喷烤漆房应定期清洁；烘烤车辆漆膜时，设定烘烤温度不能超过 60°。

4. 电气设备

涂装车间的电气设备应采用防爆型结构。预先检查是否有火花或漏电现象；将设备的照明灯及开关安装在喷烤漆房外部；设备应连接接地电缆，并采取必要措施防止静电累积。

5. 灭火设备

液体涂料和稀释剂均具有一定的可燃性，所以存在火灾危险。这些易燃物质造成的火灾要比其他类型的火灾更为危险，作业人员必须充分了解灭火方法。如果发生火灾，在火灾的初始阶段及时选用正确类型的灭火设备灭火对减少损失至关重要。重要注意事项：发现火灾时，不要恐慌，应首先根据现场观察作出判断，然后采取相应措施；灭火时，应从上风口开始，并随时注意风速与风向变化；了解火灾发生的环境因素，然后开始灭火；如果附近有易燃材料，必须阻止火势向其所在方向蔓延。有效灭火器的类型见表 1-3-1。

表 1-3-1　　　　　　　　　　　有效灭火器的类型

灭火器类型	火灾类型		
	普通	油	电
ABC 型	○	○	○
粉末型	△	○	○
泡沫型	○	○	×
二氧化碳型	△	○	○
四氯化物型	△	○	○

注：○—良好；△—一般；×—不能使用。

6. 紧急电话

当伤害事故、车间火灾或者其他事故发生时，应该知道如何应对这些紧急情况，所有车间都应该在电话的旁边张贴紧急情况电话号码表，这些重要的电话号码包括匪警电话、火警电话、急救中心电话、最近医院的电话或者医生的电话等。

7. 工具和设备安全使用

电器、照明等各种设备及工具必须符合安全生产的要求，不应存在安全隐患。特别是动力系统，不应违反规程操作。汽车涂装作业中使用工具和设备的基本安全要求如下。

（1）手动工具要保持清洁和完好。应经常清洁沾有油污和其他杂物的工具，检查其是否有破损，以免使用时发生机械事故，伤及人身。

（2）使用锐利或有尖角的工具时应当小心操作。不要将锐利工具或物品放在口袋中，以免伤及本人或划伤汽车表面。

（3）专用工具只能用于专门操作，不能移作他用。

（4）使用电动工具之前应检查是否接地，检查导线的绝缘是否良好。操作时应站在绝缘橡胶地板上（或穿有绝缘鞋）。无保护装置的电动设备不要使用。

（5）用气动或电动工具从事打磨、修正或类似作业时，必须戴护目镜。

（6）必须确认电动工具上的电路开关处于断开位置后，才允许接通电源。电动工具使用完毕，应切断电路，并从电源上拔下来。

五、涂装车间安全

汽车维修企业的涂装车间多是立体作业，自动化程度不高，使用酸、碱和其他易燃物及处理被涂件时，如果操作不当，很容易发生人身伤害和设备事故。另外，在涂装过程中产生的废气、废水和废弃物等容易污染环境，所以涂装车间是工厂的公害防治重点和防毒防火要害区。因此，从事涂装工作的人员和管理人员必须全面熟悉涂装安全知识，并能采用有效的办法控制污染和灾害的发生。在进行涂装作业时，所使用的材料若含有有害物质，可能会使操作人员发生急性中毒或患上职业病（如皮肤病等），因此必须加强工作环境的保护、劳动保护和技师的健康保护工作。

1. 一般安全措施

（1）手工清除铁锈、旧漆膜、焊渣及打磨时应该戴护目镜、棉纱手套、防尘口罩，穿工作服和带金属脚尖衬垫的防滑安全工作鞋。用溶剂型清洁剂清洗工件或用脱漆水脱漆和喷涂时应该戴护目镜、橡胶手套、活性炭口罩，穿抗静电工作服和带金属脚尖衬垫的防滑安全工作鞋。如果喷涂的是含异氰酸酯的双组分涂料，必须戴供气式面罩。

（2）施工环境要有良好的通风条件，尤其是在室内施工时。在喷烤漆房内，充足的空气交换量不仅有利于涂层干燥，还能及时排出有害漆雾和挥发性气体。如果是干打磨，要安装吸尘装置。

（3）在进行登高作业时，要注意凳子是否牢固，严禁穿拖鞋操作和登高，超过一定高度必须系安全带。

（4）使用电动工具操作时，应该检查工具是否接地，电线要用胶管保护。在潮湿场地作业时，必须穿胶皮鞋，戴橡胶手套。

（5）施工场地的照明设备必须有防爆装置，涂料仓库照明开关应安装在库房外面。

（6）电气设备（空气压缩机、电动工具、照明设备）发生故障时，应立即切断电源，并且立即报告，由专业人员进行检修。修理电气设备时，要切断电源，所有能够接通电源的配电柜或开关箱都要上锁，并且挂上禁止开启的警示牌。

（7）操作人员要熟悉所使用的设备（空气压缩机、通风设备及其他设备），定期检查有关设备和装置（如储气筒、安全阀等）。

（8）使用空气压缩机的安全阀时，要随时注意压力计的指针不要超过极限红线。

（9）施工场地的易燃品、棉纱等要随时清除，并且严禁烟火。涂料库房要隔绝火源，配备消防器材和严禁烟火的标志。

（10）施工完毕后，盖紧涂料桶盖，收拾工具，清理余料和棉纱，防护用品放在专用柜中。

2. 防火防爆措施

（1）由于涂料在施工中有大量溶剂挥发，并且相当一部分溶剂是一级易燃品，其闪点低，极易燃烧，因此施工场地应该配备防火设备，涂料桶盖要盖紧，防止溶剂蒸发而使空气中的溶剂浓度超过规定的界限。

（2）施工完毕，应该清理易燃材料，并且把材料入库。

（3）清理所用过的浸有涂料、溶剂的棉纱、碎布等易燃物，应该将其集中存放在金属桶内，并用清水浸没，防止材料因过热而自燃。

（4）施工场地严禁明火操作和吸烟等，附近也不得有明火，消除发生火灾的隐患。

（5）施工现场的电气设备必须有防爆装置，必须使用防爆插座，禁止使用闸刀开关。专业人员必须经常检查电气设备，消除隐患。

（6）施工现场必须放置足够数量的灭火器、沙土及其他防火器材。

（7）施工场地不准堆放易燃品，出入口及其通道上严禁堆放任何货物，易燃品应放入危险品仓库。

3．防毒措施

（1）施工场地应该有良好的通风或者安装排风设备，使空气流通，加速溶剂气体散发，降低溶剂在空气中的浓度。要有吸尘装置，可以及时抽走磨料粉尘。

（2）施工时如果感到头痛、眩晕、心悸、恶心，应该立即停止工作，到室外空气清新的地方休息，严重的应该及时治疗。

（3）长期接触漆雾和有机溶剂气体的人，有可能发生慢性中毒，所以涂装施工人员要定期检查身体，发现有中毒迹象，应该调离原工作岗位。

（4）涂料及有机溶剂通过肺部吸入人体，因此在喷涂时要戴供气式面罩或活性炭过滤面罩。

（5）有机溶剂蒸气可以通过皮肤渗入人体，因此在喷涂完毕后，要用肥皂洗脸和手；条件许可时，喷涂完毕后应该淋浴。为了保护皮肤，施工前可在暴露在外的皮肤上涂抹防护油膏，施工后洗干净，再涂抹其他润肤霜以保护皮肤。

（6）有些含铅质颜料的涂料（如红丹）毒性较大，不可以喷涂，只宜刷涂。一些含有毒重金属如铬、镉的底漆，打磨时一定要注意防尘。

（7）施工时若溶剂溅入眼睛内，应立即用清水冲洗，然后送医院治疗。

（8）喷涂完毕后要多喝开水，以湿润气管，增强排毒能力。平时多喝牛奶，可有利于排毒。

4．涂料存放和保管

（1）存放涂料的库房必须专用，不得与其他物品（特别是易燃材料）存放在一起。库房要干燥、隔热，避免阳光直射。库房要有通风口，防止因库房密封使得库房内有机溶剂的浓度过高而发生危险。库房内的照明应该使用防爆灯，开关应该安装在库房外面，防止开或关时产生电火花而引起火灾。

（2）库房必须远离火源，库房门口应该有"严禁烟火"的醒目标志。火柴、打火机、移动电话机不得带进库房。库房外应该放置灭火器、黄沙及其他灭火材料。

（3）库房室温不得超过28℃，夏季高温时应有降温措施，取料时尽量避开中午高温时段，在早、晚温度较低时取料。

（4）库房内不同性质的涂料，应该分堆或者分层存放，以免由于牌号不明而混淆不清，造成错发而发生生产事故。

（5）库房内不得调配涂料，涂料桶不得有裂缝，使用过的涂料桶盖必须盖紧，不准存放敞口的涂料桶。

（6）库房内不准存放使用过的棉纱、纸屑。涂料空桶不可以存放在库房内，应该集中存放在通风好、无易燃物品的地方，并定期处理。

（7）库房进料应该登记涂料出厂日期、进库日期和规定的保质期，做到先进先出，防止因存放过期而造成涂料变质（如干化、结皮、沉淀等）。

（8）对于用量小或容易变质凝结的涂料，不宜大量进货，防止造成积压。

（9）根据自己的经营规模，选择合适的计算机软件管理库房。

5. 急救与医护

尽管技术上、组织上和个人的安全措施已相当周全，有时仍无法避免发生事故，还要考虑到员工突然发病的可能性。因此，急救在发生事故损伤和其他紧急情况时是必不可少的。

车间应有急救箱，急救箱中有处理车间中经常发生的轻伤的医疗器，如消毒纱布、绷带、剪刀、杀菌药水和其他工具，用这些物品可以处理轻的割伤和烧伤。应将一个常用的急救箱放在随手可以取到的位置，通常靠近办公室和休息室，并指定 1～2 名责任心强、有一定医药知识的专人保管。对从事有毒作业的操作人员，应定期进行体检。

汽车维修企业、相关培训机构等，只允许安排在经过认证的救助机构中接受过培训和进修的人员作为急救员。只有受过培训的、熟悉各种必要措施的急救员才能提供有效的急救。因此，必须在适当的时间范围内提升和更新急救员的知识和能力。

> **注意**
>
> 设备、工具使用"五法则"，即进场防护、人走电断、电漆分离、严禁明火、消防常在。车间管理的"四要"，即场地要通风、电器要防爆、存料与调制要分开、安全设施要到位。

六、环境保护

1. 有机物排放的环保措施

（1）选择固体含量高的涂料。可以通过选择固体含量高的涂料来降低涂料中有机溶剂的排放。这是世界发达国家的潮流，也必将给中国的汽车维修行业带来重大影响。

（2）选择好的喷涂设备。通过对喷涂设备的选择来降低涂料的浪费，如 HVLP（高流低压）喷枪的使用可以提高涂料的利用率而达到降低 VOC（有机溶剂）排放的目的。德国 ABAG 研究院（废物处理顾问协会）研究了采用不同喷涂技术保护环境和节省用量的可行性。采用 HVLP 喷枪可以大大降低溶剂的散失，即降低 VOC 排放，同时经济效益也很可观。但是，我国汽车维修企业为什么没有普遍使用 HVLP 喷枪呢？原因有以下几点：HVLP 喷枪价格比较高；汽车维修企业的空气压缩系统供气量不足，或者压力不稳定，用 HVLP 喷枪会提高空气消耗量；喷涂速度比传统喷枪速度慢 5%～10%；由于一些涂装技师使用 HVLP 喷枪时仍旧按照传统喷枪工艺操作，达不到好的效果，因此阻碍了 HVLP 喷枪的推广。

随着对环境保护工作重视程度的不断提高，环保喷枪也会得到广泛的应用。另外，无气喷涂和静电喷涂能更好地降低 VOC 排放，但是目前在一般汽车维修企业还没能得到应用。

（3）使用水性涂料。水性涂料是降低 VOC 排放的最佳方法之一，由于水性涂料技术目前还存在一定的局限，难以在各个领域推广，如汽车修补涂料的单工序纯色面漆就很难通过使用水性涂料达到和溶剂型涂料一致或接近的效果。但在底色漆领域，水性涂料则被广泛运用。

水性底色漆的主要溶剂是水，因此产品体系中的 VOC 与传统的溶剂型底色漆相比有显著的下降。通过实践证明，与传统的溶剂型产品体系相比，若结合溶剂型底漆的产品体系，则可降低 50%的 VOC 排放；若结合水性底漆的产品体系，则 VOC 排放下降幅度可达 72%。

由此可以看出，就修补涂装而言，若使用传统的溶剂型底漆，则即使是将清漆由中固体含量型上升为特高固体含量，其 VOC 下降幅度也仅为 37%；若使用水性底色漆结合高固体含量的清漆，则 VOC 下降幅度可达 64%。因此，在双工序的面漆体系中，使用水性底色漆是降低喷涂体系 VOC 的最佳方法。

2. 废气处理

（1）活性炭吸附法。这种方法是利用活性炭作为物理吸附剂，有机物吸附在活性炭表面，使废气净化。具有吸附能力的物质还有氧化硅和氧化铝等，但以活性炭应用最为广泛。将活性炭装入容器内，废气从一端进入容器，通过活性炭吸附后从容器的另一端排出净化的空气。使用过的活性炭可以再生，可以使用蒸汽脱附的方法，即将水蒸气通入活性炭层中干燥后再使用；还可以用减压脱附和高温燃烧脱附等。当然脱附介质还要经过处理，才可以排放。还有把使用过的活性炭直接燃烧掉更换新的活性炭的处理方法，此法最为简便，但成本较高。

（2）催化剂燃烧法。这种方法是利用催化剂使废气中可燃物质在较低温度下氧化分解成二氧化碳和水，使废气净化。催化燃烧过程是指废气进入预热室升温至起燃温度的 50%左右，然后通过催化剂层进行催化燃烧，完成废气净化。起燃温度是催化剂的重要活性指标，与废气类别、浓度有关。如果用铂和钯作为催化剂，甲醇气体在 100℃左右开始燃烧，酯类、酮类、其他醇类和碳氢化合物等在 200℃开始燃烧，在 300℃以上时几乎所有的有机溶剂气体都能完全燃烧。

（3）液体吸附法。这种方法是利用吸收液吸收废气中的有机溶剂使废气净化。溶剂分为溶于水的、微溶于水的和不溶于水的。溶于水的有甲醇、丙酮、丁醇和醚类；微溶于水的有乙酸乙酯、乙酸丁酯等；不溶于水的有苯、甲苯和二甲苯等。涂装作业废气中含甲苯和二甲苯最多，可以用柴油或机油洗涤吸收。洗涤吸收装置一般做成塔式，常用的有填料塔、喷淋塔和斜孔塔 3 种。

（4）直接燃烧法。直接燃烧法是将含有有机溶剂气体的混合气直接燃烧生成水和二氧化碳，放出的热量还可用于漆膜干燥，是一种经济、简便的废气处理方法。

3. 工业废水处理

（1）废水处理级别。废水排放标准分为 3 个等级，等级数越大，排放要求越低。废水处理标准也分 3 个等级，但是等级数越大，处理力度越大。

① 一级处理。一级处理主要是预处理，用机械方法或者简单的化学方法使废水中的悬浮物或者胶状物沉淀分离，中和溶液的酸碱度。

② 二级处理。二级处理主要是解决可以分解或氧化的有机物和部分悬浮固体物的污染。常采用生物化学分解废水中的有机物，或者添加凝聚剂使悬浮固体物凝聚分离。经二级处理后水质明显改善，大部分可以达到排放标准。

③ 三级处理。三级处理是深度处理，主要处理难分解的有机物。处理方法有活性炭吸附、离子交换、电渗析、反渗透和化学氧化等。通过三级处理，废水达到地面水、工业用水或生活用水的水质标准。

（2）废水处理方法。废水处理方法主要有以下几种。

① 凝集沉淀法。凝集沉淀法指靠自然沉淀，从水中分离出污染物的方法。

② 不浮分离法。不浮分离法适用于凝集物质密度比水轻的场合。其中单靠与水的密度

差分离的称为重力分离法或上浮分离法。在凝集浮游物上附着细小的气泡，使其密度减小，浮在废水表面上分离的方法，称为加压上浮分离法。

③ 离子交换法。离子交换法指利用离子交换树脂基上的离子交换基和水中同符号的离子相互交换的方法。

④ 膜分离法。膜分离法指用膜透过溶液使物质分离的方法。

⑤ 生化处理法。靠自然界中的细菌等微生物作用，分解出以有机物为主的废水处理方法。

4. 废渣处理

汽车修补涂装生产产生的废渣主要有以下几种。

（1）前处理过程中产生的各种沉淀物，如锈蚀残渣等。

（2）在清理涂料容器时产生的各种凝固层或凝块涂料。

（3）清理喷漆室、烘干室及涂装设备时所产生的各种凝固层或凝块涂料。

（4）水性树脂涂料所产生的各种残渣。

（5）在涂装水处理过程中产生的各种残渣。

这些废渣的成分大多呈固态或半固态，如原子灰、废漆渣、旧漆膜等。这些废渣如果不进行适当的处理，随意丢弃，不控制排放，对人类所处的自然环境将会造成一定的危害。对于修复涂装过程中产生的各种废渣，能回收利用的则回收利用；不能回收利用的，根据我国相关法规，应当在适当的场所进行深埋、焚烧等处理。

5. 其他废弃物处理

所有废弃物必须分类处理，危险废弃物需由具备当地环保局认可资质的废物处理中心，经由固体废物管理中心审批同意后进行处理，并需登记备案。

（1）浸蘸溶剂的抹布、棉纱、废纸或其他可燃物会产生热量，引起自燃，因此要浸没在水中，储存在密闭容器中，必须抛弃时应投入隔开的有盖的金属容器内，并于每日工作完后或换班时清理出喷漆场地，或送往厂房外面的安全区，以避免其自燃。

（2）严禁向下水道倒入易燃溶剂或涂料，应收集进行回收处理或送往锅炉房当燃料处理。

（3）喷漆房的废漆渣绝不可与其他产品混合并储存，应深埋或当燃料处理。

（4）过氧化物的抛弃应绝对小心，以防引起火灾。

（5）异氰酸硬化物的残渣需以砂、土或其他无化学变化的物质吸取后，置于密封的容器中。含异氰酸基的涂料和固化剂要废弃时，应先中和，用90%的水稀释，再用5%尿酸溶液再加2%（质量分数）的洗衣粉中和。中和后，该混合物应放置24h以上，且瓶盖应打开，如此产生的物质变化才不会污染环境。

（6）空的油漆桶比装满油漆的桶更具爆炸的危险，绝不允许堆积在工厂内，必须每天处理。

（7）在搬运和涂装过程中应尽量避免敲打、碰撞和摩擦等动作，开桶时应使用非铁质的工具，不穿带钉子的工作鞋，以免产生火花或静电放电，而引起着火。

（8）涂装中的废涂料、粉尘、废抹布、废纸和废溶剂等，经分类及循环使用后无法再使用的，一般采用直接燃烧法，即在专用焚烧炉集中烧掉。该法效果好、方法简便。

（9）国内一些汽车维修企业一般用沉淀和漂浮等分离方法处理湿打磨、水帘净化废气等产生的废水，达到初步净化后排放；用活性炭吸附法净化废气；用直接燃烧法处理废物。

注意

汽车涂装安全及环保"三要素"：

- 环保观念常在；
- 过程环保靠设备（废水、废气、噪声）；
- 废料处理按规范（稀释、掩埋、吸附、焚烧等）。

□ 任务总结 □

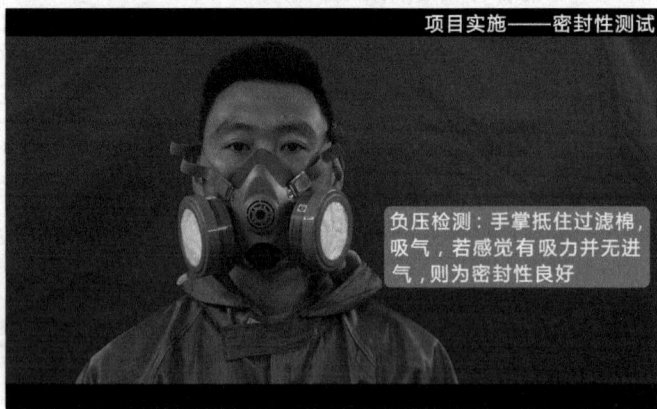

项目实施——密封性测试

负压检测：手掌抵住过滤棉，吸气，若感觉有吸力并无进气，则为密封性良好

视频

汽车涂装安全用品使用

AR 汽车涂装

1. 防毒面罩的使用

（1）防毒面罩的检查。防毒面罩在每次使用之前必须检查，如面罩损坏或零件缺损，面罩必须丢弃。

（2）防毒面罩气密性测试。

① 正压测试。手掌盖住呼气阀并向外慢慢呼气，检查漏气情况。

② 负压测试。用手掌抵住过滤棉的中心部分轻轻吸气，检查漏气情况。

（3）防毒面罩的维护。在每次使用后，应卸下过滤盒和过滤棉，用医用酒精棉球清洁面罩。

（4）防毒面罩的存放。清洁的防毒面罩必须在污染区以外区域密封保存。

2. 紧急洗眼器的准备和使用

在涂装施工现场，应准备好紧急洗眼器，并保持随时可用状态。准备方法查阅使用说明书。

3. 涂装车间应急设备

涂装车间应急设备主要有灭火设备、紧急电话、眼睛紧急冲洗设备、急救箱。

4. 涂装车间安全

涂装车间安全包括一般安全措施、防火防爆措施、防毒措施、涂料的存放和保管、急救与医护等。

5. 环境保护措施

（1）种类：有机物排放的环保措施、废气处理、工业废水处理、废弃物处理。

（2）具体措施。

① 有机物排放的环保措施：选择固体含量高的涂料，选择好的喷涂设备，使用水性涂料。

② 废气处理措施：有活性炭吸附法、催化剂燃烧法、液体吸附法、直接燃烧法。

③ 废水处理标准：分 3 个等级，等级数越大，处理力度越大。

④ 废弃物处理：所有废物必须分类处理，危险废弃物需由具备当地环保局认可资质的废物处理中心，经由固体废物管理中心审批同意后进行处理，并需登记备案。

·· □ 问题思考 □ ··

1．在使用防毒面罩前，应进行哪些检查？

2．如何进行防毒面罩的正压测试？

3．如何进行防毒面罩的负压测试？

4．如何进行防毒面罩的维护？

5．如何存放防毒面罩？

6．紧急洗眼器的洗眼液加注量是多少？所加的内部压力是多少为合适？

7．涂装车间防火防爆措施有哪些？

8．涂装车间环境保护措施有哪些？

9．喷漆时应佩戴哪些劳动保护装备？

10．对涂装中的各类废弃物，应如何处理？

学习任务一　涂装设备

口学习目标口

1. 能够正确描述打磨设备的种类与作用。
2. 能够正确描述固定式打磨设备的组成及各组成部分的作用。
3. 能够正确描述压缩空气喷涂系统的组成及各组成部分的功能。
4. 能够正确描述喷漆房和喷烤两用房的基本结构与工作原理。
5. 能够正确描述涂料干燥设备的种类及各类型干燥设备的特点。
6. 能够正确描述烤漆房的结构与工作原理。
7. 培养规范操作的行为习惯。
8. 建立自信，端正学习态度，培养合作、协调能力。

口相关知识口

一、打磨设备

汽车涂装使用的打磨设备均为干磨式（传统模式为手工水磨），分为固定式和移动式两种。

1. 固定式

固定式打磨设备包括无尘干磨房、中央集尘系统和配电系统等。

（1）无尘干磨房。如图 2-1-1 所示，无尘干磨房通常是在整个涂装车间内以围帘分割而成的一个或多个独立工作区域。

无尘干磨房是为干磨操作来设计的，可以进行打磨，也可用于底漆喷涂、原子灰的刮涂、小修补及抛光等作业。工作区域内的空气在鼓风机的作用下，经过初级过滤装置过滤后，再

图 2-1-1　无尘干磨房

经过两道过滤装置，将较洁净空气引入风机，80%的风量从进风弯头进入处理室顶部的静压室，20%从排风筒排出室外（保证操作人员始终工作在新鲜空气中）。进入静压室的空气经第二级过滤进入到工作区域中，这时空气内 98%的杂物被过滤掉，有效地保证了工作区域内所需的洁净空气。向下流动的空气将打磨或喷漆产生的灰尘等杂质带走，保证了操作人员的身体健康及前处理的表面质量。

（2）中央集尘系统。中央集尘系统包括悬挂功能单元、管路、吸尘机、吸尘机控制面板等。

① 悬挂功能单元。如图 2-1-2 所示，悬挂功能单元具有压缩空气的净化与自动润滑及远程控制等功能。其通过摇臂固定，使用方便，占用的空间少。悬挂功能单元一端与吸尘机相连，另一端通过供气管路、集尘管路和电源线与打磨工具连接。

② 管路。管路的两端通过可以 360° 旋转的快速接头，如图 2-1-3（a）所示，连接吸尘设备和打磨机，提供压缩空气驱动打磨头，排放的废气通过消声器排出（见图 2-1-3（b））。吸尘管将打磨下的灰尘回收到集尘器，所以管路又称为三合一套管（见图 2-1-3（c））。吸尘管还能自动周期性

图 2-1-2 悬挂功能单元

（1 次/10min）地供应润滑油润滑打磨机，控制气动马达噪声，带有润滑油的废气经消声器过滤后排出，避免油污直接排放到喷漆环境中。

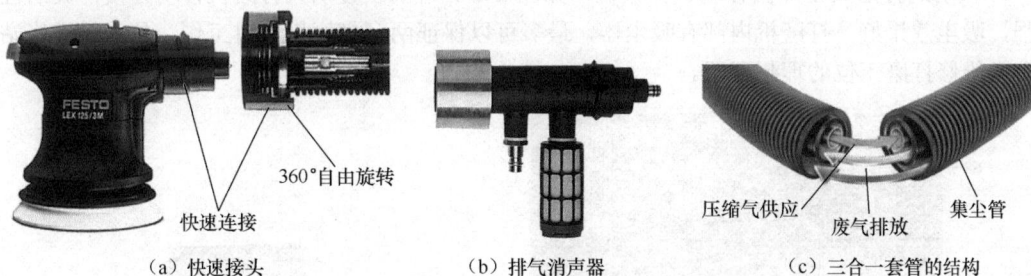

（a）快速接头　　　　　（b）排气消声器　　　　　（c）三合一套管的结构

图 2-1-3 空气管路

③ 吸尘机。吸尘机的功能是收集打磨产生的灰尘。干磨房配备的吸尘机有集中式和分散式两种。

集中式吸尘机，即所有悬挂功能单元所连接的全部打磨机产生的灰尘，均由同一台吸尘主机收集。集尘主机通过空间布置的压缩空气供气管路、集尘管路和电源线路与悬挂功能单元连接。集尘主机通常布置在干磨房外部，以增加房内的有效工作面积。

分散式吸尘机，即每一个悬挂功能单元与单独的吸尘机连接，也就是一个吸尘机只负责收集一个悬挂功能单元打磨产生的灰尘。分散式吸尘机体积小，并可以在有限的区域内移动，如图 2-1-4 所示。

④ 吸尘机控制面板。吸尘机的操作控制面板如图 2-1-5 所示。在使用时如果采用手工打磨时选择 MAN 挡位；如果选用干磨机打磨应选择自动挡（AUTO）进行打磨操作。根据实际打磨情况来调节吸力调节旋钮可改变吸力的大小。

（3）配电系统。不同厂家设计的干磨房配备的配电系统有所不同，图 2-1-6 所示为典型的配电柜控制面板。

照明开关用于控制整个打磨车间的照明灯，当开关打开时，照明指示灯同时点亮。喷漆开关用于控制干磨房的鼓风机，当开关打开时，鼓风机通电转动，同时喷漆指示灯点亮。风门开关用于控制下部或侧下部排风风门，当开关打开时，风门打开，鼓风机产生的空气流动得以顺利进

行，同时风门指示灯点亮。主令开关用于控制整个干磨房的电源，当开关打开（压下）时，电源接通，同时电源指示灯点亮；开关顺时针旋转即可弹起，关闭电源，同时电源指示灯熄灭。

图 2-1-4　分散式吸尘机

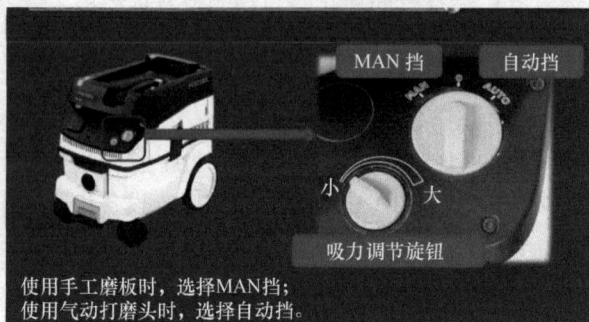

MAN挡　　自动挡

小　　大

吸力调节旋钮

使用手工磨板时，选择MAN挡；
使用气动打磨头时，选择自动挡。

图 2-1-5　吸尘机的操作控制面板

2. 移动式

移动式打磨设备即指移动式打磨机，如图 2-1-7 所示。移动式打磨机移动方便，灵活性强，吸尘效果好。打磨机内部有吸尘器，最多可以保证两台打磨机同时工作，是一般维修站车身维修打磨工位的理想配置。

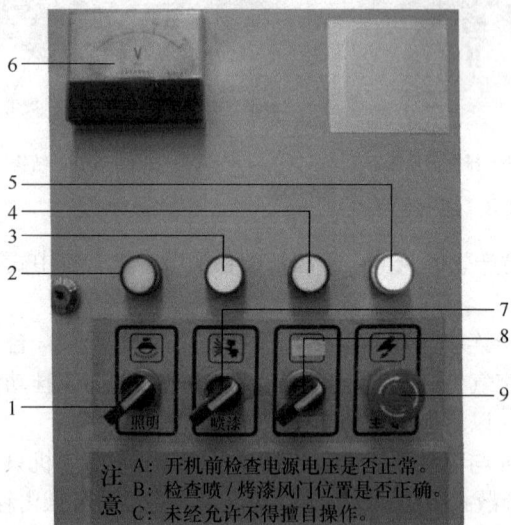

注意　A：开机前检查电源电压是否正常。
B：检查喷/烤漆风门位置是否正确。
C：未经允许不得擅自操作。

图 2-1-6　典型的配电柜控制面板

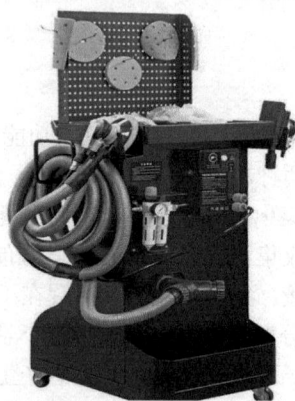

图 2-1-7　移动式打磨机

1—照明开关；2—照明指示灯；3—喷漆指示灯；4—风门指示灯；5—电源指示灯；6—电压指示表；7—喷漆开关；8—风门开关；9—主电源开关（主令开关）

二、压缩空气供给系统

压缩空气供给系统用于提供充足的达到预定压力值的压缩空气，以确保涂装车间所有的气动设备都能有效地工作，如图 2-1-8 所示。系统的规格从小型的便携式装置到大型的安装在车间内的设备应有尽有。这些系统的基本配置和安装要求都有以下相同点：一台或一组空气压缩机；动力源一般为电动机，室外工作时可使用便携式汽油机驱动的压缩机；一只或一组用于调节压缩机和电动机工作的控制器；规格合适的储气罐或容器。分配系统是指从空气容器到需要压缩空气的分配点的软管和固定管道，或者软管和固定管道的组合，包括规格合适的软或固定管道、接头阀、油水分离器、气压调节器、仪表和其他能使特定的气动工具以及喷涂设备有效工作的空气与流体控制装置，是压缩空气系统连接的关键。

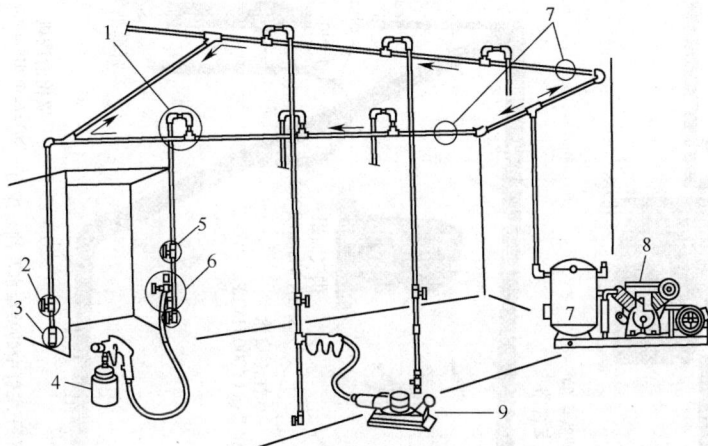

图 2-1-8　压缩空气供给系统

1—二级管道；2、5—截止阀；3—自动排水阀；4—空气喷枪；6—气压调节器；
7—主供气管道；8—空气压缩机；9—轨道式打磨机

由于各种压缩空气使用设备对所用的压缩空气的清洁度和压力要求不同，所以对通往各快换接口的连接管直径及油水分离器的要求有所不同。图 2-1-9 所示为 SATA 公司建议的压缩空气管路连接示意图。

1. 空气压缩机

喷枪的喷涂、打蜡机的打蜡、打磨机的研磨等均需使用压缩空气，空气压缩机即是产生压缩空气的装置。

空气压缩机总成由压缩机、储气罐和电动机组成。空气压缩机可以分为移动式（见图 2-1-10）和固定式（见图 2-1-11）。涂装车间多采用固定式空气压缩机。

根据压缩机的结构原理，空气压缩机可分为多种类型，涂装车间常用的空气压缩机主要有活塞式和螺杆式两种。

（1）活塞式空气压缩机。活塞式空气压缩机主要由活塞、活塞环、气缸、连杆、进气阀、排气阀等组成，如图 2-1-12 所示。它的工作原理就像汽车发动机一样，是通过往复式活塞的运动来增压的。空气通过进气阀进入空气压缩机，然后被压缩，通过排气阀送往储气罐或压缩空气管道。空气由进气阀进入气缸，经一次压缩行程后，由排气阀直接排入储气罐，称一级压缩式；如压缩后空气由排气阀再进入高压气缸，经 2 次行程压缩后，由高压气缸排气阀送入储气罐，称二级压缩式。二级压缩式的效率优于一级压缩式。一级压缩式空气压力为 0.7MPa，二级压缩式为 1～3MPa。一般涂装修理用压力不高，一级压缩式就能满足要求。同时在选择空气压缩机时要考虑的另一个重要参数是它的送风量，确定送风量的原则是：0.7355kW（1 马力）至少应能产生 0.11m^3/min 的送风量。

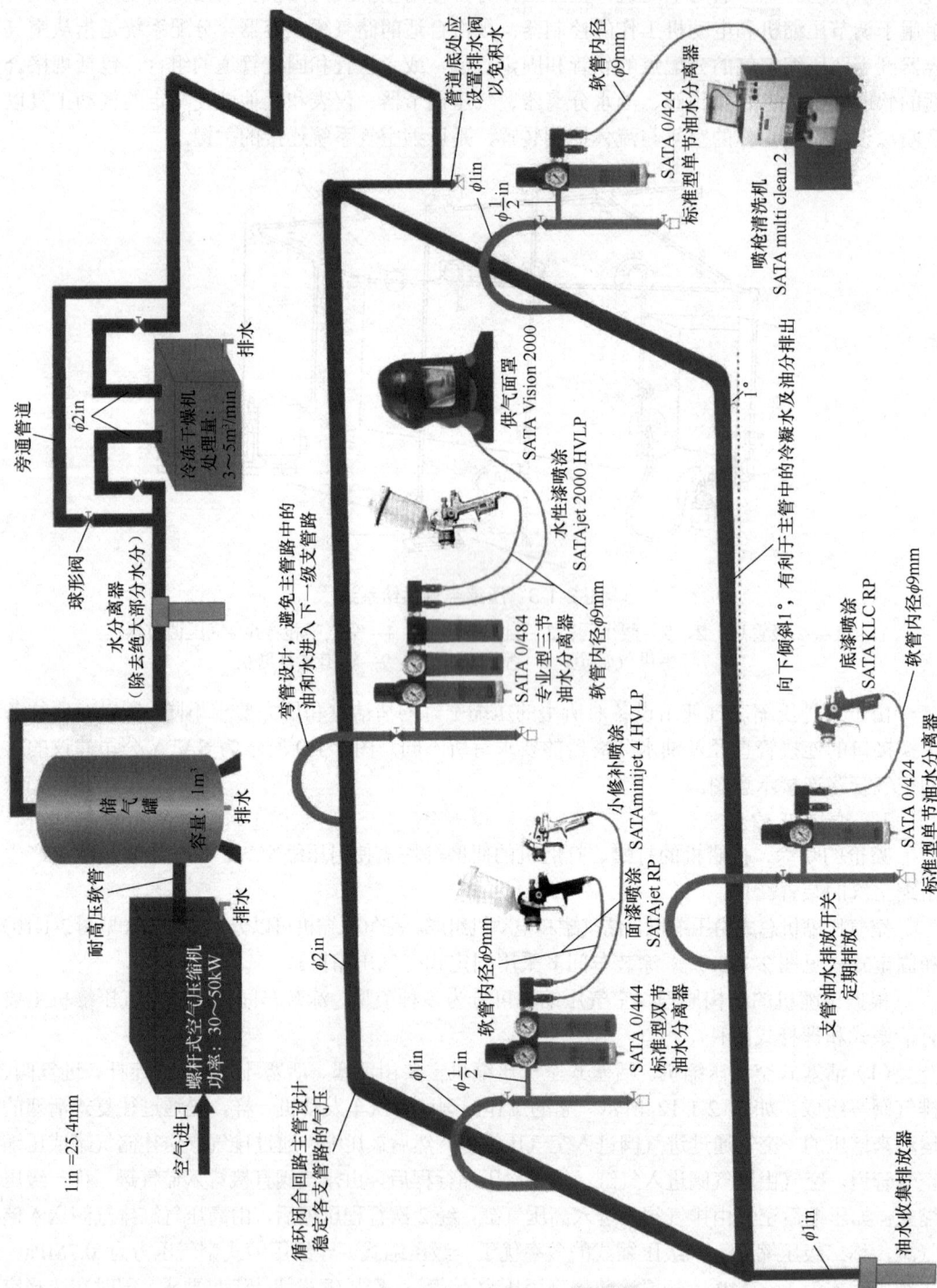

图 2-1-9 压缩空气管路连接示意图

图 2-1-10 移动式空气压缩机

图 2-1-11 固定式空气压缩机

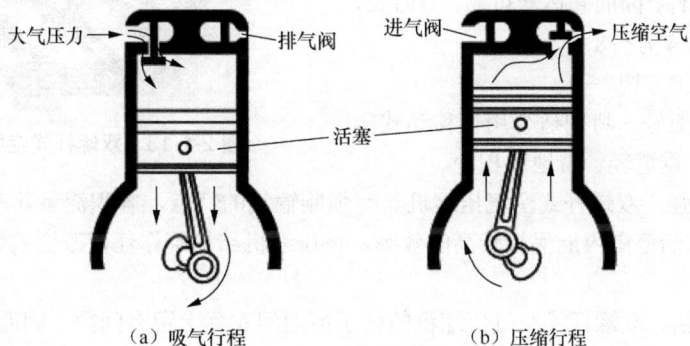

（a）吸气行程　　　　（b）压缩行程

图 2-1-12 活塞式空气压缩机

活塞式空气压缩机具有以下缺点。

① 体积大，结构复杂，零件多，附属设备多，移动不便。

② 活塞在气缸中往复运动，工作分吸气、压缩、膨胀、排气 4 个过程来完成，不仅振动和噪声大，而且压力波动也较大。

③ 由于结构、制造、装配、运转等方面的需要，在气缸中必须留有一定的余隙容积。由于余隙容积的存在，致使气缸工作容积的一部分失去了吸气作用，对空气压缩机的排气量影响较大，实际排气量随余隙容积的增大而减小。

④ 吸气阀存在着弹簧阻力，使吸气终点压力通常低于公称吸气压力，要想使气缸里的压力达到公称吸气压力，需经一段的预压缩，这相当于吸气容积减小，吸气能力下降。

⑤ 即使采用中间冷却的方式，通常二级压缩的终点温度可达 140～160℃。由于吸气过程中，吸进的空气与气缸内残余高温空气混合，同时高温的气缸壁和活塞也对空气加热，致使吸气终了的空气温度高于大气温度，实际上是公称压力和公称温度状态下的吸气容积减少。

⑥ 活塞式空气压缩机相对运动的构件较多，如气缸和活塞环，活塞环和填料环，吸、排气阀的阀片和阀座，这些部件的漏气均会造成能量的损失。

⑦ 由于活塞式空气压缩机压力波动较大，必须安装风包，来减小压力波动的影响，这样使压风设备增多，同时风包也是压风系统中最容易发生爆炸的地方。

（2）螺杆式空气压缩机。螺杆式空气压缩机分双螺杆与单螺杆两种。

① 双螺杆式空气压缩机。双螺杆式空气压缩机是一种双轴容积式回转型压缩机，其主

要是主（阳）、副（阴）两根转子（螺杆）配合，组成啮合副，主、副转子齿形外部同机壳内壁构成封闭的基元容积，如图 2-1-13 所示。

电动机经联轴器、增速齿轮或皮带带动主转子。由于两转子互相啮合，主转子可直接带动副转子一同旋转。在相对负压作用下，空气吸入，在齿峰与齿沟吻合作用下，气体被输送压缩，当转子啮合面转到与机壳排气口相通时，被压缩气体开始排出。

双螺杆式空气压缩机有以下优点。

a．可靠性高。双螺杆式空气压缩机零部件少，没有易损件，因而它运转可靠，寿命长，大修间隔期可达 4 万～8 万小时。

b．操作维护方便。

c．动力平衡好。特别适合用作移动式压缩机，体积小、重量轻、占地面积少。

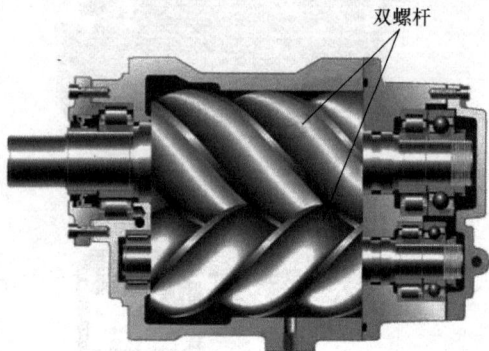

图 2-1-13　双螺杆式空气压缩机

d．适应性强。双螺杆式空气压缩机具有强制输气的特点，容积流量几乎不受排气压力的影响，在宽广的范围内能保持较高的效率，在压缩机结构不作任何改变的情况下，适用于多种工况。

e．多相混输。双螺杆式空气压缩机的转子齿面间实际上留有间隙，因而能耐液体冲击，可输送含液气体、含粉尘气体、易聚合气体等。

② 单螺杆式空气压缩机。单螺杆式空气压缩机也称为蜗杆式空气压缩机。

单螺杆式空气压缩机是由一个圆柱形的螺杆与两个对称配置的平面星轮组成啮合副，装在主机壳内，如图 2-1-14 所示。螺杆的螺槽、主机壳的内壁、星轮的齿面三者围成的空间构成了压缩机的工作容积。电动机直接带动螺杆轴转动，螺杆再带动星轮旋转。气体由主机上的吸气口进入螺槽内，经压缩后再由主机壳上的排气孔排出。主机壳上还开有喷液孔，将润滑油喷入工作容积内，起到密封、冷却和润滑的作用。

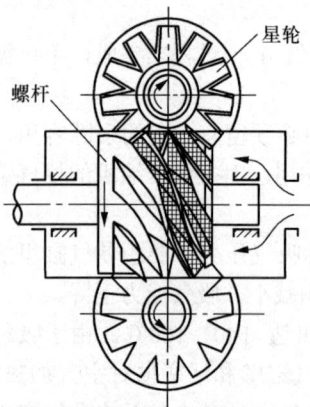

图 2-1-14　单螺杆式空气
压缩机示意图

单螺杆式空气压缩机的发明比双螺杆式空气压缩机晚十几年，设计上更趋合理先进，单螺杆式空气压缩机克服了双螺杆式空气压缩机不平衡、轴承易损的缺点，具有寿命长、噪声低、更加节能等优点。20 世纪 80 年代技术成熟后，其应用范围在日渐扩大。

由于压缩空气含有压缩热且压缩气体断续产生，不能直接使用。可使用油水分离器分离压缩空气中凝聚的水分和油分等杂质，使压缩空气得到净化后储入储气罐使用。

如图 2-1-15 所示，空气压缩机应安装在平坦地面上，并确保有充足的通风，以避免潮湿和灰尘。即使在夏季，也必须保持室温在 40℃ 以下，并避免阳光直射；保证充足的维护和检查空间，通常压缩机与墙面保持 300mm 以上的距离。在车间内安装空气压缩机时，确保选用防烛机型，以防止火灾和爆炸。

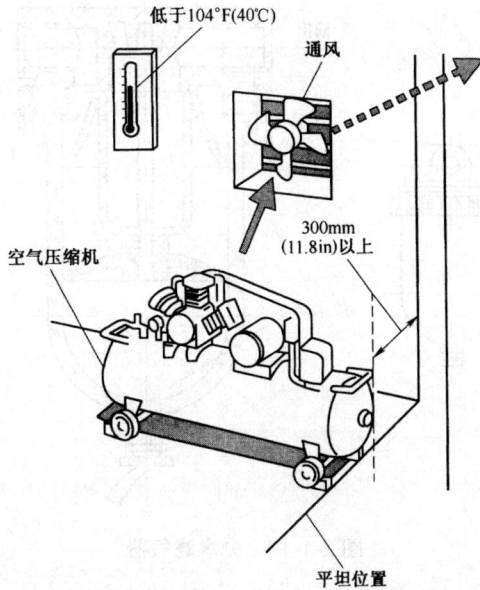

图 2-1-15　空气压缩机安装要求

2. 空气清洁器（空气过滤器、空气转换器）

空气清洁器的作用是分离油、水、气，并滤除微细粉尘。如图 2-1-16 所示，空气清洁器将压缩空气通过金属网、PVC 海绵等空气滤清器，除去微细粉尘、水、气及油分，水气、油分在清洁器内膨胀所致的降温作用下而成为水滴、油滴，从下部的排泄阀排出。

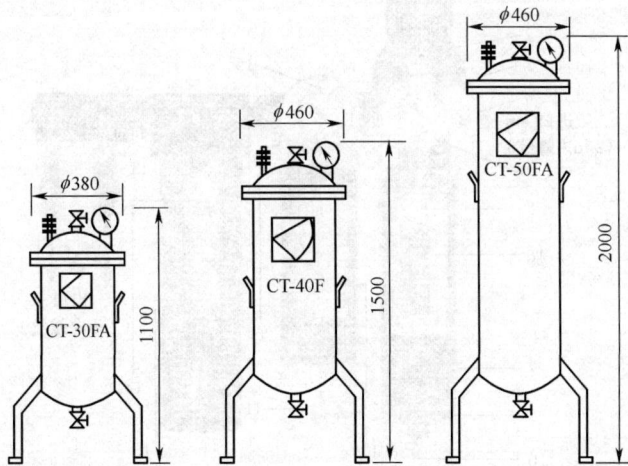

图 2-1-16　空气清洁器

3. 分水滤气器

如图 2-1-17 所示，主要起水气分离和过滤空气的作用，为喷枪提供纯净而干燥的空气。由于空气中水分经压缩机压缩后，气体中带有油气，这些油气和水分若随漆雾喷涂到工件上，会使漆膜表面产生"水泡"和"麻点"，影响漆膜的质量，所以在空气压缩机上都装有分水滤气器。

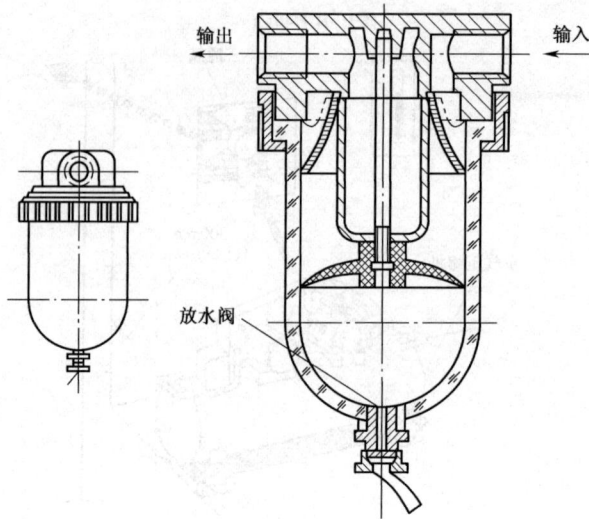

图 2-1-17　分水滤气器

4．油水分离器

油水分离器有单节式，也有两节或三节组合式，其结构如图 2-1-18 所示。油水分离器能凝结空气中的油和水分，调节空气的压力和过滤空气的灰尘，它的空气出口可以连接喷枪、除尘器等。变压器能借助机械装置和空气膨胀分离油和水分，只允许清洁干燥的空气到达喷枪。如果有任何一点水分和油污通过喷枪到达涂层表面，将会破坏漆面质量。

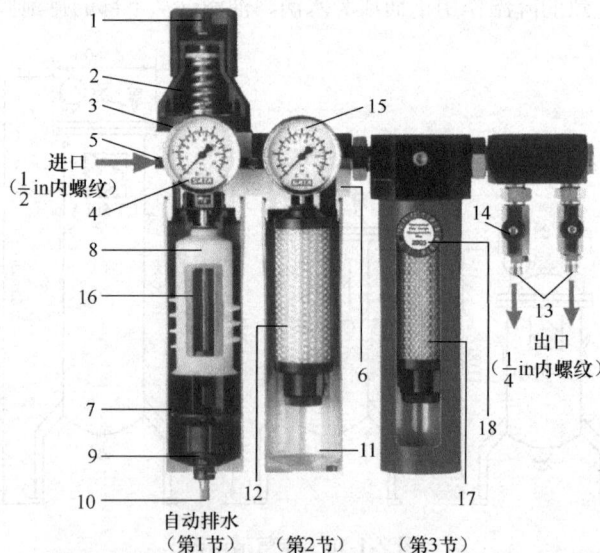

图 2-1-18　典型的油水分离器

1—压力调节旋钮；2—固定螺套；3—隔膜和调压阀（内部）；4—气压表（第 2 节滤芯进口压力）；
5—空气进口；6—连接螺母；7—第 1 节过滤器外壳；8—旋风分离器；9—自动排水阀；
10—冷凝水排泄软管；11—第 2 节过滤器外壳；12—纤维棉滤芯；13—两个空气出口；14—球阀；
15—气压表（第 2 节过滤出口压力）；16—黄铜滤芯；17—活性炭滤芯；18—标签

油水分离器能调节和控制喷枪压力，得到理想的雾化效果；并装备有主通道压力表和工作压力表，有主通道压力出口和工作压力出口。油水分离器的旋钮能调节空气的工件压力，通过气缸底部的放水阀可以排出凝结的水分。油水分离器通常安装在主管路上距离压缩机1～2m 的地方。

油水分离器的工作原理相当简单：空气进入变压器主通道后，利用调整手柄可以把压力调整到所需值。空气经过金属滤网、水分离器和节气门冷凝器，去除杂质后，通过变压器的侧面出口到达喷枪，应该定期进行排水。

5．压缩空气软管与液体涂料软管

压缩空气软管用于输送压缩空气。液体涂料软管用于输送液体涂料。

软管一般由主管、骨架和管套组成。用于喷漆系统的压缩空气软管主管为丁腈橡胶，由高强度补强黏胶纤维布做骨架，能够耐各种润滑油、燃料油的污染。软管的直径对大型喷枪而言为 0.8cm，修补施工中最通用的长度为 7.5～15m。液体涂料软管的主管为尼龙，由高强度补强黏胶纤维布做骨架，能够耐多种涂料用溶剂，如丙烯酸漆、聚酯聚氨酯漆、氨基醇酸漆以及水溶性涂料和各类涂料稀释剂等。液体涂料软管主要用于压送式喷漆系统，内径一般为 0.8～1cm，在大型喷漆房，其长度一般为 7.5～15m。

图 2-1-19 为两纺织层结构的液体涂料软管结构图，图 2-1-20 为典型的空气软管结构图。

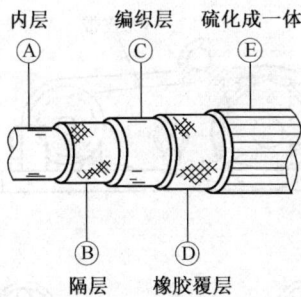

图 2-1-19　两纺织层结构的液体涂料软管结构图

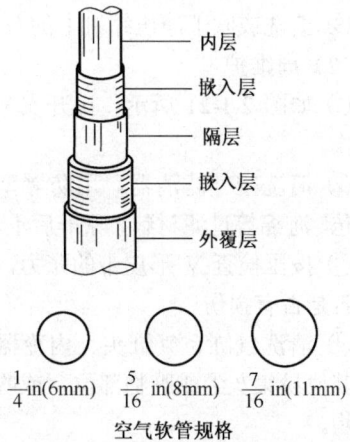

图 2-1-20　典型的空气软管结构图

采用任何管道输送液体或气体，都会因流体与软管壁之间的摩擦产生一定的压力降。表 2-1-1 为软管直径、长度与压力降之间的关系。

表 2-1-1　　　　　　　　　　　软管直径、长度与压力降之间的关系表

软管直径/in	软管长度/ft	气压表读数/psi						
	0	30	40	50	60	70	80	90
	5	26	34	43	51	59	68	76
1/4	10	24	32	40	18	56	64	71
	15	23	31	38	46	53	61	68
	20	22	29	36	43	51	58	65

软管直径/in	软管长度/ft	气压表读数/psi						
1/4	25	21	27	34	41	48	55	61
	50	9	16	22	29	36	43	51
5/16	0	30	40	50	60	70	80	
	5	29	38	47	57	66	75	
	10	28.5	37	47	56	65	74	
	15	28	37	46	55	64	73	
	20	27.5	37	46	55	63	72	
	25	27	36	45	54	63	71	
	50	23	32	40	49	57	66	

注：1. 1psi≈6.89kPa；

2. 1ft=12in=304.8mm；

3. 1in=25.4mm。

6. 压缩空气系统维护

（1）日常维护。

① 放掉储气罐、油水分离器、气压调节器、过滤器中的水。

② 检查曲轴箱的润滑油面，确认是否在规定的油尺标线区间。

③ 清洗或吹干净压缩机上的灰尘。

（2）周维护。

① 如图 2-1-21 所示，拉开安全阀上的拉环，使其打开。若不能正常工作，应立即检修或更换。

② 清洗空气滤清器。用防爆型溶剂清洗毛毡、海绵等过滤材料，晾干后重新装好。

③ 按压检查 V 形皮带的张力，目视检查皮带是否有损伤。

④ 清洗气缸、气缸头、内冷器、电动机及其他易集灰尘或脏物部位，或吹掉其上的脏物。

（3）月维护。

① 添加或更换曲轴箱内的机油，一般压缩机应每 500h 或每 2 个月换一次机油，必要时可缩短更换时间。

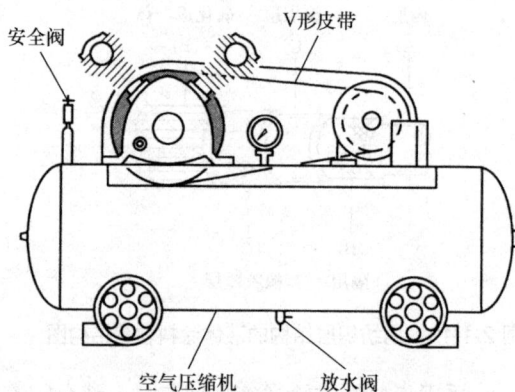

图 2-1-21 空气压缩机维护检查部位

② 调节压力开关的开机、关机设定点，检查压力表是否正常。

③ 检查皮带的松紧情况，视需要进行调整。

④ 检查电动机转轴和压缩机飞轮是否松动，视需要进行调整。

⑤ 上紧压缩机上所有的阀芯或气缸盖，确保每个气缸不会松动，以免损坏气缸或活塞。

⑥ 检查压缩机附件和供所管道系统有无空气泄漏和机油泄漏现象，视需要修复。

⑦ 关闭储气缸排气阀，检查泵锁止时间是否正常。

⑧ 检查是否有异常的噪声，检查所有电器开关是否正常。

⑨ 对于水冷式压缩机，还应检查冷却水是否畅通。

三、喷涂设备

喷涂设备主要指喷漆房。喷漆房的主要作用是提供干净、安全、照明良好的喷漆环境，使喷漆过程不受灰尘的干扰，并把漆雾限制在喷漆房内。由于涂装工艺有喷漆/烤漆顺序式和喷烤一体式两种，所以喷涂设备也有喷漆房和喷烤两用房两种。

1. 喷漆房

（1）喷漆房的性能要求。

① 可以防止尘埃等脏物混入喷漆房。

② 可以比较完全地清除漆雾、溶剂等有害人体健康的有机物质。

③ 喷漆房的噪声不允许超过 80dB，如果室内噪声过高，将分散操作人员的注意力，使其心情烦躁，影响工作质量。

④ 为了实现精确配色，喷漆房内要求采用"消色差"灯光，这样才能提供纯粹的中性光（因为不同类型的光线照射下涂料颜色的色光有所不同，如白炽灯光使颜色明显发红）。

⑤ 符合油漆厂安全防火的通则。

（2）喷漆房的种类。

① 按对污染物（漆雾）的处理方式，喷漆房可分为干式和湿式两大类。干式喷漆房为直接捕集，直接用过滤材料或设备将漆雾收集再处理。湿式喷漆房为间接捕集，通过液体去捕捉漆雾，再对含漆雾的废水进行处理。干式喷漆房没有二次污染，风压低，风量小，运行费用低，但漆雾捕集效率不高，设备自身污染严重，易发生火灾。湿式喷漆房捕集漆雾效率高、安全、干净，但运行费用高，含漆雾的水需设置专用废水处理装置。湿式喷漆房广泛使用在各种喷漆作业中。一般生产线上的喷漆房基本采用这种方式。按喷漆房的捕漆雾原理，湿式喷漆房也可分为过滤式、水帘式、文丘里式、水洗式、水旋式等。

② 按喷漆房内气流方向和抽风方式，其又可分为横向抽风、纵向抽风、底部抽风和上送下抽风 4 种。室内气流方向在水平面内与工件移动方向垂直，称横向抽风；与工件移动方向平行，称纵向抽风；室内气流方向在纵垂面内与工件移动方向垂直，称底部抽风和上送下抽风。横向抽风的喷漆房在汽车涂装中主要用于发动机、油箱、车桥、散热器等中小部件和在实验室里使用。而对于汽车车身等大的部件和装饰性要求高的部件，多用上送下抽风的气流方式。

③ 按喷漆房的内压，可分正压和负压两种。所谓正压是指车间内空气压力大于车间外压力，负压是车间内压力小于车间外压力。为了防止灰尘、油污颗粒、潮气等被带入喷漆房，建议选用正压喷漆房。某大型车厂进行有关数据测试时发现，当车间为负压时，含尘量为 891个/L；当车间为正压时，含尘量为 116 个/L。正负压对空气清洁度的影响是非常明显的，调整正负压的手段是调节送风量和排风量的比例。

喷漆房内空气的流速或者说通风量也很重要。流速过大，影响涂装施工，涂料损失过多，涂层状态不良；流速过小，对环境保护不利，也会影响到溶剂的正常挥发。一般垂直风速取16～40m/min，保证喷漆房内的空气半分钟即可全部更新。因此空气补给系统非常重要，它能从室外供给洁净、干燥、经过过滤的空气，并能在寒冷的冬天将空气加热。近年来，空气补给系统一般采用平吸式和下吸式两种，下吸式系统是目前应用最广的空气补给系统。其工作原理是空气从喷漆房天花板向下流动，形成一个空气层直接流过工件表面，流向排气口，这样可防止污物和飞漆落在汽车新涂层的表面上，同时将有毒的蒸气和有害的飞漆从工作场所带出，为喷漆房提供一个安全健康的工作环境。

（3）喷漆房的结构原理。

① 干式喷漆房。喷漆房都采用送排风装置将喷漆过程中产生的涂料和有机溶剂的逸雾收集到漆雾处理装置内进行处理。干式喷漆房的漆雾处理装置是折流板、过滤材料和蜂窝过滤纸，经过折流或过滤的空气一般可直接排放。被折流板或过滤材料留下的漆粒，经清理折流板或更换过滤材料后直接作固态废料处理，由于处理过程不涉及液态物，故称为干式漆雾处理装置，其喷漆房也称为干式喷漆房。

干式喷漆房由室体、漆雾处理装置和排风装置组成，如图 2-1-22 所示。室体一般是钢结构件。漆雾处理装置通过减慢流速和增加漆雾与折流板或过滤材料的接触机会来收集漆雾，折流板一般用金属板和厚纸板；过滤材料常采用纸纤维、玻璃纤维等，最近出现的蜂窝形和多孔帘式纸质漆雾过滤材料是专用漆雾过滤材料。排风装置是由排风机及风管组成。排风机排风量的大小，直接影响喷漆房内气流的方向和速度。

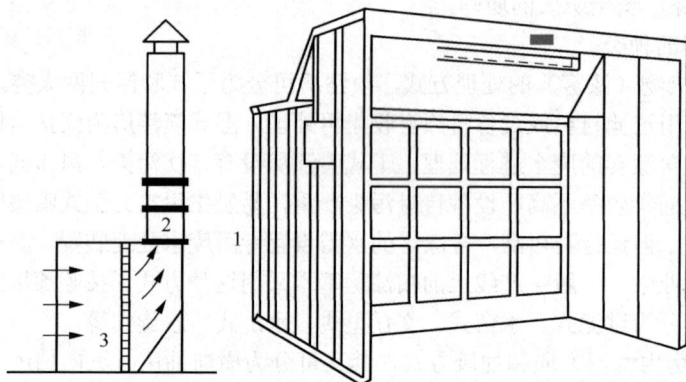

图 2-1-22　干式喷漆房
1—室体；2—排风装置；3—漆雾处理装置

常见的干式喷漆房有以下几种。

a. 折流板式喷漆房。折流板式喷漆房的折流板一般设置在排气孔前，当含漆雾空气通过时，由于空气流速减慢或折流板造成空气突然改变方向，使空气中漆雾粒冲向折流板，靠其黏性附在折流板上。由于漆雾粒子相当小，可悬浮在空气中，故用这种方法收集效率不高。实际应用中，由于折流板上堆集的漆粒难清理，常常在板上粘一层纸，定期更换。

b. 过滤网式喷漆房。过滤网式喷漆房把过滤材料设置在排气孔前，利用过滤材料收集空气中的漆雾，其过滤效率决定于过滤材料本身的过滤精度。其过滤效率随漆雾对过滤孔堵塞而下降。在喷漆量大时，过滤材料更换频繁。

c. 蜂窝过滤式喷漆房。蜂窝过滤式喷漆房是一种新型的干式喷漆房。其漆雾处理装置是蜂窝形纸质漆雾过滤器。该过滤器由框、支架、蜂窝形滤纸组成一个单元，根据需要可将单元组成各种大小的过滤面。蜂窝形滤纸是一种专用漆雾过滤材料，具有防火、抗静电性能，过滤时空气阻力小、容漆量大，因此使用周期长，是一种较理想的漆雾过滤材料。由蜂窝形滤纸组成的过滤器，漆雾过滤效率大于 92%，漆雾平均截获量约 3kg/m^3，过滤器空气阻力小于 200Pa。

d. Ω 喷漆房。Ω 喷漆房是一种特殊的干式喷漆房，如图 2-1-23 所示。这种喷漆房是专供圆盘式静电装置用的。喷漆时，圆盘在 Ω 中心上下运动，同时涂料靠圆盘旋转的离心力和高压静电的电场力飞向工件，工件在沿 Ω 线上运动时可连续自转。在 Ω 喷漆房内，漆雾逃逸的可能性很小。排风口一般设在喷漆房下部，排气风速在喷漆房的开口部为 0.1～0.2m/s。由于排出空气内漆雾量少，而有机溶剂蒸气中的漆雾量较多，减少喷漆房内的漆雾量应以有机溶剂蒸气为主。

干式喷漆房的优点是结构简单，通风量和风压均小，涂料损耗小，且由于漆雾处理不用水，因此避免了二次污染，能耗小，运行费用低；缺点是室内壁及折流板易积漆粒，必须经常清扫。另外，其过滤材料消耗较大，沉积在风道、滤料中的涂料不可能及时彻底清理，容易着火。

② 湿式喷漆房。湿式喷漆房分为水帘式、水洗式、文氏管式和水旋式等多种形式。

a. 水帘式喷漆房。水帘式喷漆房是利用流动的帘状水层来收集并带走漆雾，如图 2-1-24 所示。帘状水层一般设置在含漆雾空气流的正前方。在横送风的喷漆房内，水帘像布帘一样垂放在操作者正前方的壁上。大型上送下抽风喷漆房内水帘被布置在室底，斜坡放置。气流冲向水帘时，漆粒冲击水滴而被附着留下。水帘由专用循环水泵维持，调节阀调节水量大小，以控制水帘形状的完整，避免污染设备和降低对漆雾的收集能力。水帘喷漆房的室壁不易污染，处理漆雾效果较好，结构简单，但由于用水收集漆雾，因此含漆雾的废气转化为含漆雾的废水，形成二次污染，废水必须进行再处理。另外，由于使用大面积水帘，水的蒸发面积大，因此室内空气湿度大，可能影响喷涂层的装饰质量。

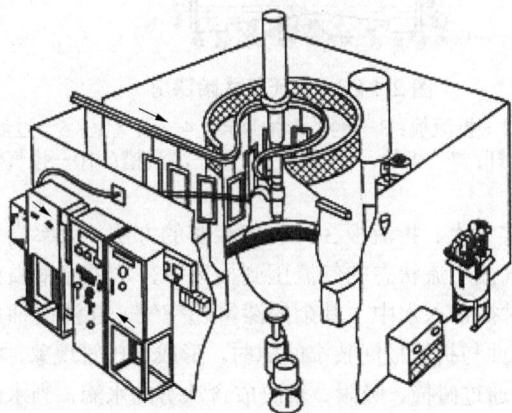

图 2-1-23　Ω 喷漆房

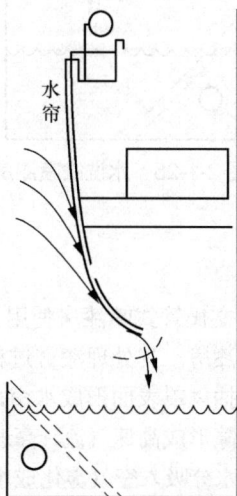

图 2-1-24　水帘式喷漆房

b. 水洗式喷漆房。水洗式喷漆房是通过水泵喷嘴将水雾化喷向含漆雾的空气，利用水粒子的扩散，水粒子与漆粒子的相互碰撞、相互凝聚将漆雾收集到水中，然后对水进行再处理，如图 2-1-25 所示。水粒子的多少，即水量和水的雾化效果直接影响漆雾收集效率，含漆雾空气的流动速度也会影响漆雾的收集效率。

　　普通水洗式喷漆房属于较老式的喷漆房，喷漆房的室壁容易污染，喷嘴容易堵塞，处理漆雾的效果较差，现已逐渐被其他类型的湿式喷漆房所代替。新式喷漆房多为组合式，如水帘-水洗组合式喷漆房，组合方式有多级水帘式或多级水洗式，水帘、水洗多级组合式和水帘、水洗加上曲形风道式等。

　　c. 文氏管式喷漆房。在喷漆环境的温度、湿度、洁净度达不到要求的地方或对涂层有较高要求的地方，常需将经过处理的风从顶部送入，漆雾从底部的格栅或水帘的下部进入过滤装置，达到上述要求和处理漆雾，并进一步改善技师的操作环境。文氏管式喷漆房主要是利用文氏管将水雾化来捕捉漆雾，由顶部送风、底部排风的一种喷漆房，如图2-1-26所示。和普通顶送风底抽风的喷漆房相比，文氏管式喷漆房在栅格板之下，安装有倒喇叭形抽风罩，抽风罩使从室顶送进室内的空气逐渐收缩，然后由抽风罩中心的间隙排出，使室内的气流成为向中间收缩的层流状，有效地把漆雾向中间压，这可使漆雾不向操作者方向扩散。

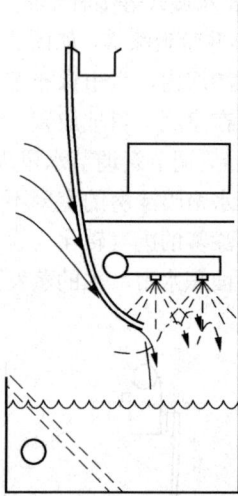

图 2-1-25　水洗式喷漆房

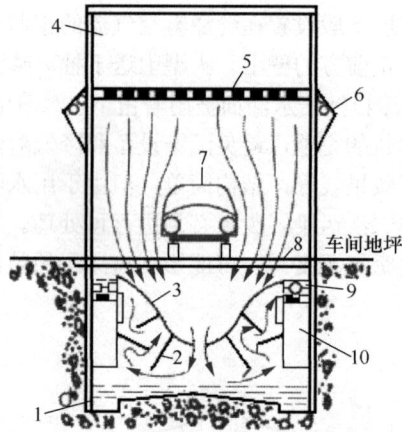

图 2-1-26　文氏管式喷漆房

1—水箱；2—折流板；3—喇叭形抽风罩；4—供气室；5—过滤网；
6—照明灯；7—工件；8—栅格板；9—溢流槽；10—排气管

　　文氏管式喷漆房使用了水帘、文氏管雾化水、折流板3种收集漆雾的方法，效率高于一般喷漆房，其处理漆雾过程是含漆雾的空气被层流状态的气流压到抽风罩，从溢流槽溢出的水在抽风罩表面形成水帘，漆雾接触水帘时被带入水中，其余的漆雾随空气一起流向抽风罩的间隙形成高速气流，高速气流经过槽下水面与折流板间狭窄间隙时，形成文氏管现象，将水面的水分吸入空气雾化成水粒。水粒与漆粒通过碰撞、吸附、聚凝成含漆雾的水滴，当水滴通过折流板后，含漆雾的水滴及其他水被分离掉入水槽中，被净化的空气则从排气管排向室外。

　　文氏管式喷漆房的优点是：处理漆雾的效率高，一般除去漆雾的效率可达97%～98%；文氏管式喷漆房采用文氏管现象使水雾化，不仅效率高而且由于没有复杂的喷管系统和分离器，结构简单，不存在堵塞问题，整个系统的保养、管理、维修工作量小。文氏管式喷漆房的送入空气可预先经过处理，使其温度、湿度和洁净度达到工艺要求，可以满足高质量涂层的施工要求。在要求高的喷漆房中，送风量应稍大于抽风量，使喷漆房内保持正压，防止灰尘、水分侵入室内，保证室内的温度、湿度和高洁净度。

文氏管式喷漆房的缺点是：由于文氏管现象要求狭缝小，雾化水的效果才好，所以为了提高处理效率，抽风机必须有较大的静压，因此设备耗能大。文氏管式喷漆房用水量较大，处理每千克含漆雾的空气需 3～3.3kg 水。另外，由于使用下吸风罩，必须有较深的地坑，这给整个喷漆房制作增加了难度和费用。

文氏管式喷漆房的室体一般用镀锌板和型钢制成，两侧开有大面积的玻璃窗。为减少因操作人员出入喷漆房带进尘埃，在人员出入的进口设有风力吹净间。文氏管式喷漆房的室体与擦净间、晾干间连在一起，防止车间不洁净的空气窜入喷漆房内。

一般文氏管式喷漆房宽敞明亮，室内温度、湿度稳定，室内洁净度高，适用于装饰性要求高的大型工件施工，特别是各类中小型客车、轿车。

d. 水旋式喷漆房。水旋式喷漆房是 20 世纪 70 年代后期在国外出现的技术上较完备的喷漆房。在地面上，该喷漆房与文氏管式喷漆房相似，采用层流技术从上向下送风，防止漆雾扩散，将漆雾压向中间从下抽走。但在地面下，水旋式喷漆房完全改变了以上喷漆房所用的水帘、文氏管雾化水、折流板的除去漆雾的方法，而采用一种称为水旋器的结构来除去漆雾，其效率可达 98%～99.5%，而且结构简单，用水量小，约为文氏管式喷漆房的一半，地坑浅，为 1～1.4m。水旋式喷漆房是当前汽车车身涂装应用较多的一种大型喷漆房，如图 2-1-27 所示。

水旋式喷漆房的室体为钢结构，其形式基本上有两种，一种为弓形顶棚双侧下抽风，另一种为平面顶棚单侧下抽风。该室体上部主风道与送风系统连接，设静压室、空气过滤层、照明系统、施工平台或小车、防火系统、地坪栅格板等。送风系统送来的气流由主风道进入室体上方经过多孔调节板，均匀进入静压室。静压室起稳压作用，使整个静压室到地坪栅格板间形成稳定的压差，保证室内空气流速均匀。无纺布的过滤层直接对气流的均匀性和涂装质量造成影响，铺设厚

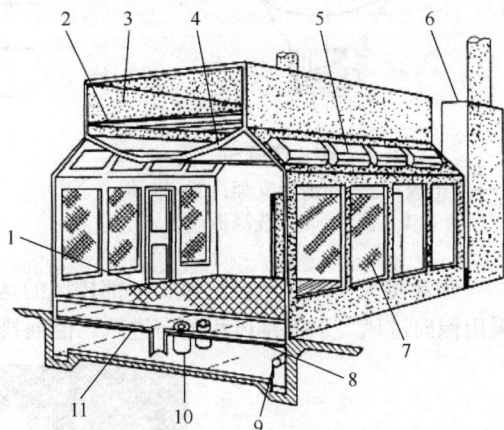

图 2-1-27　水旋式喷漆房
1—栅格地板；2—过滤板；3—供风；4—轮廓顶板；5—照明灯；6—排风；7—玻璃壁板；8—排渣门；9—循环水管；10—水旋器；11—溢水底板

度要均匀，要夹紧，不应有缝隙。当工件（如汽车）进入室内，室内气流速度发生变化，靠近工件附近的空气流速增加，工件边较高的气流可保证漆雾被气流带走，限制了漆雾的飞扬，保护室壁及照明装置不被漆雾污染。工件边的气流流速应考虑喷漆时的漆雾流速，气流速度太小，保证不了室内空气的卫生要求；气流速度太大，又会过多地带走漆雾，增加了耗漆量和加重漆雾处理装置的负担。

水旋式漆雾处理装置由溢水底板和水旋器组成。溢水底板上的水层垂直于喷漆房内空气流向，成为过滤漆雾的一道水帘，初步收集空气里的较大漆粒。水旋器由洗涤板、管子、锥体、冲击板等组成，如图 2-1-28 所示。

水和空气按一定比例同时进入圆管子，水由洗涤板溢入圆管，在圆管中形成中空的螺旋

圆柱水面。空气在风机的抽力下从螺旋圆柱水面进入水旋器，空气进入水旋器的风速推荐为15～20m/s，空气在锥体出口的风速推荐为20～30m/s。由于水和空气的速度相差很大，根据有关气液两相混合物的雾化原理，水在空气中能很好地被雾化，与空气中漆雾充分接触、凝聚，然后其混合物以20～30m/s的速度冲向冲击板，水和漆雾的粒子进一步接触凝聚，空气冲向冲击板后突然转向，水和漆雾被留在水中，然后对水进行进一步处理。

送风装置是向喷漆房提供合乎工艺要求的温度、湿度和洁净度的新鲜空气的设备，如图 2-1-29 所示。送风量、空气温度、湿度和洁净度取决于涂层外观的质量要求、喷漆房所在地的环境和操作人员的作业要求。

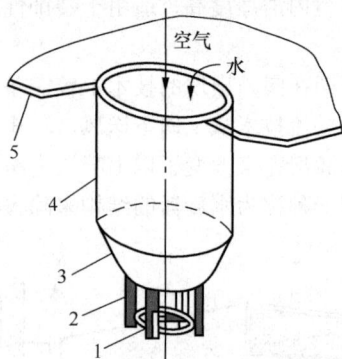

图 2-1-28　水旋器

1—冲击板；2—冲击板支架；3—锥体；
4—管子；5—洗涤板

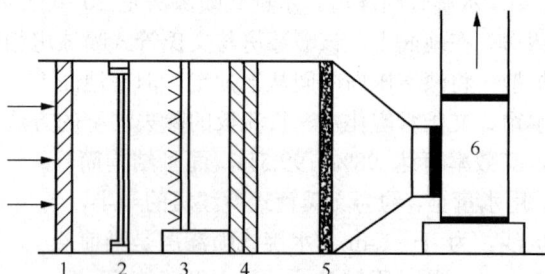

图 2-1-29　送风装置

1—空气吸入口；2—过滤器；3—喷水口；
4—水滴分离器；5—加热管；6—送风机

喷漆房大多采用上部进风、下部排风的送风方式（即下吸式），如图 2-1-30 所示，也有采用侧向进风、下部排风和侧向进风、侧向排风的形式。

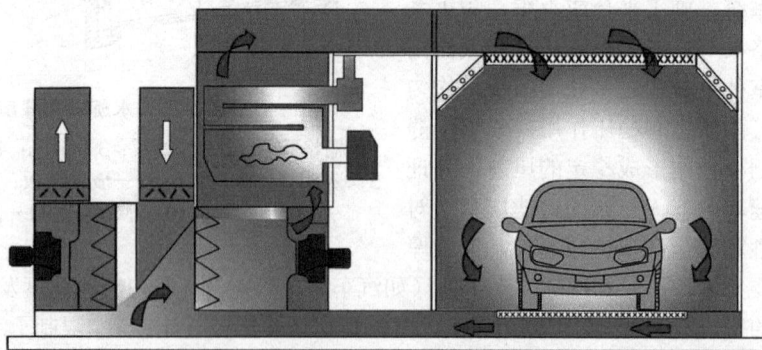

图 2-1-30　喷漆房的进、排风方式

2. 喷烤两用房

喷烤两用房（也称喷烤漆房）集喷漆与烤漆为一体，采用高能钢组件式房体、无接缝式无机过滤棉，配合进风过滤系统及正风压，确保进入房内的空气 100%净化。全自动循环进风活门使烤漆时的热空气以循环方式在烤漆房内循环，配合房体的夹心式隔热棉，升温及保温效果特佳。烤漆房还采用无影灯式日光照明光管，色温与太阳光线极为接近，使颜色校对更准确。全自动操作控制仪表台一经预调，便能自动提供适当的喷漆、挥发、烤红、冷却等工序所需的时间及温度。

喷烤两用房的工作原理是：当作喷漆房时，其室内温度可控制在 20~22℃；同时，从天花板送下暖空气，空气流速为 16~40m/min，顺重力方向至底部并被抽出，经排风系统分离出漆雾和空气后排出室外。

喷漆完毕后的工件静置 10min 左右后，随即进行加温。送进经热能转换器加温的热空气，使房内温度达到指定的烘烤温度。空气流速为 3m/min 左右（流速太高，会使漆膜出现小凸泡）。此时气流为封闭式循环系统，空气为加速工件干燥做重复循环。

在喷烤两用房中有的还配备活动旋转台、轨道式拖车系统，便于操作人员喷涂施工、烘烤，以及加速车辆的进出。一间喷烤两用房每天可喷烤 7~9 辆车。图 2-1-31 所示为喷烤两用房外形图，其结构示意图如图 2-1-32 所示。

图 2-1-31　喷烤两用房外形图

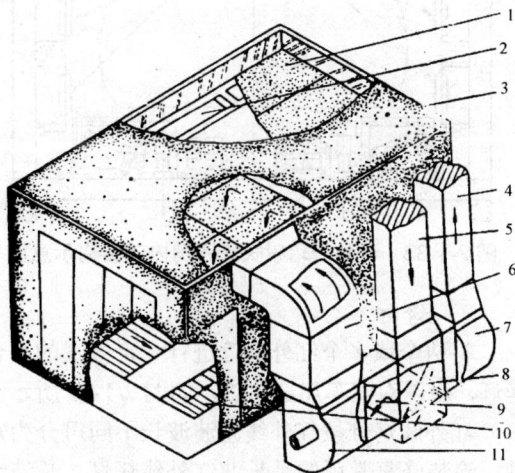

图 2-1-32　喷烤两用房结构示意图

1—顶部过滤网；2—日光灯；3—室体；4—排气管；5—进气管；6—加热器；7—排风机；8—工作状态选择活门；9—二次过滤网；10—底沟；11—进气机

四、干燥设备

干燥设备是用于烘烤原子灰和漆膜的设备，有固定式和移动式两种。固定式干燥设备即通常所说的烤漆房，包括在烤漆房墙壁上固定的组合烤灯；移动式干燥设备主要指远红外线烤灯。根据加热原理，干燥设备可分为热空气对流式、紫外线式和红外线式。采用热空气对流式加热的烤漆房一般均设计成喷烤两用型；采用紫外线加热方式通常是在烤漆房墙壁上加装固定的紫外线组合灯管，主要用于紫外线光固化型涂料的干燥，也可用紫外线灯管组合成矩阵，做成移动式紫外线烤灯；红外线加热方式通常被应用于单一功能的烤漆房。

1. 烤漆房

红外线辐射式烤漆房的结构示意图如图 2-1-33 所示，采用红外线辐射干燥，由于其优点较多，被广泛使用。

这一类烤漆房的投资不大，绝大部分采用远红外加热装置作为热源。所采用的红外灯管灵活多变，如图 2-1-34 所示。汽车修配厂既可要求涂装设备制造商将远红外灯管设计为一个方阵，构成一个真正的烘房，以对整车进行烘烤，也可设计成相互独立的灯管，以便于对部件进行烘烤。

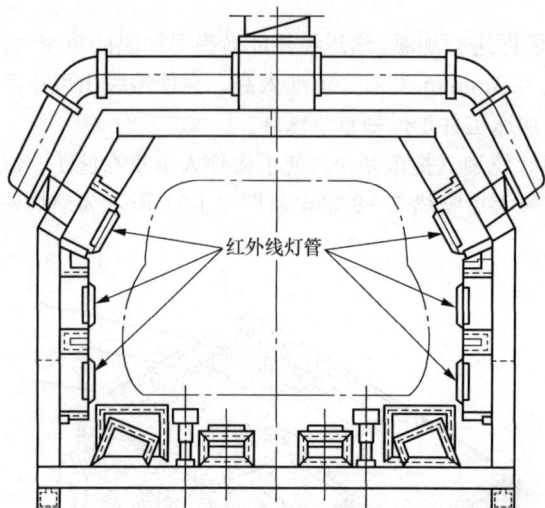

图 2-1-33　红外线辐射式烤漆房内部结构示意图

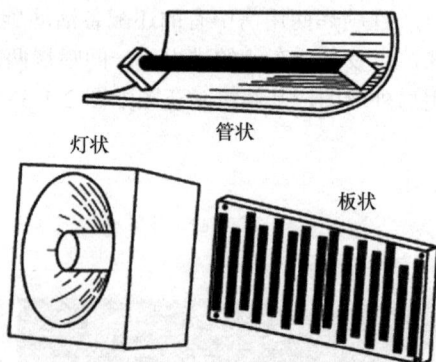

图 2-1-34　红外线烤灯

2. 烤灯

将两个或多个红外灯管进行一定方式的组合，即可制成红外线烤灯，用以对汽车局部加热，如图 2-1-35 所示。

红外线烤灯按红外线光波波长不同可分为短波、中波和长波 3 种。涂装修复常用的是长波红外线烤灯。长波红外线烤灯也称为远红外线烤灯。远红外加热与热空气循环不同，其在运行时，有可能挟带空气中的尘埃吹向未干燥的漆膜，从而给修补加工的质量带来灾难性的损害。远红外加热的能量转换形式是热辐射，此时基本上没有气流的流动，所以只要周围空气中所含尘埃不是太多，相对而言这些尘埃沉积在未干燥漆膜表面上的可能性就会小得多。

图 2-1-35　红外线烤灯

□ 任务总结 □

视频

涂装设备

1. 打磨设备

汽车涂装使用的打磨设备均为干磨式，分为固定式和移动式两种。

（1）固定式打磨设备。

① 固定式打磨设备包括无尘干磨房、中央集尘系统和配电系统等。

② 无尘干磨房。其主要用于打磨，也可用于底漆喷涂、原子灰的刮涂、小修补及抛光等作业。

（2）移动式打磨设备。移动式打磨设备即指移动式打磨机。移动式打磨机移动方便，灵活性强，吸尘效果好。

2. 压缩空气供给系统

（1）作用。压缩空气供给系统用于提供充足的达到预定压力值的压缩空气，以确保涂装车间所有的气动设备都能有效地工作。

（2）空气压缩机。

① 作用。空气压缩机用于产生压缩空气。

② 种类。根据固定方式可分为移动式和固定式两种，涂装车间多采用固定式。根据压缩机的结构原理可分为多种类型，涂装车间常用的空气压缩机主要有活塞式和螺杆式两种。

（3）空气清洁器、分水滤气器和油水分离器。其作用是分离油、水、气，并滤除微细粉尘。

3. 喷涂设备

（1）作用。喷涂设备可为涂装操作提供干净、安全、照明良好的喷漆环境，使喷漆过程不受灰尘的干扰，并把挥发性漆雾限制在喷漆房内。

（2）种类。喷涂设备有喷漆房和喷烤两用房两种。汽车维修企业所采用的喷漆房通常为集喷漆与烤漆为一体的喷烤两用房。

4. 干燥设备

（1）作用。干燥设备用于烘烤原子灰和漆膜。

（2）种类。根据安装方式，干燥设备有固定式和移动式两种；根据加热原理，干燥设备分为红外线式、紫外线式和热空气对流式。

（3）红外线烤灯按红外光波波长不同可分为短波、中波和长波 3 种，涂装修复常用的是长波红外线烤灯，即远红外线烤灯。

□ 问题思考 □

1. 打磨设备的作用是什么？有哪些种类？

2. 无尘干磨系统由哪几部分组成？各组成部分的作用是什么？

3. 汽车修补涂装用的空气压缩机有哪几种？哪种最好？

4. 喷漆房的作用是什么？有哪些种类？

5. 干燥设备的作用是什么？有哪些种类？

学习任务二 涂装工具

1. 能够正确描述打磨机的种类及各类型打磨机的用途。
2. 能够正确描述喷枪的种类及各类型喷枪的用途。
3. 能够正确拆装喷枪。
4. 能够识读调漆比例尺上面的数据标注，解释各数据之间的关系。
5. 能够正确描述原子灰刮涂工具的种类及各类型工具的用途。

□ 相关知识 □

一、打磨机

打磨机是利用电或压缩空气作为动力源，带动砂纸等研磨材料，对工件需要修整部位进行研磨操作的工具。使用打磨机明显减少了操作者的劳动量，提高了工作效率。为了适应汽车车身维修发展的需要，打磨机生产企业不断设计出各种形式和型号的产品，使车身维修工作变得越来越轻松。

1. 打磨机种类

根据所使用的动力源不同，打磨机可分为电动式和气动式两种。电动式打磨机与气动式打磨机的外形如图 2-2-1 和图 2-2-2 所示。

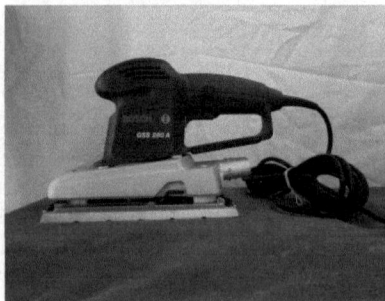

图 2-2-1 电动式打磨机

图 2-2-2 气动式打磨机

由于喷漆车间内有易燃物品，要尽量减少电动工具的使用，所以主要采用压缩空气驱动的气动式打磨机。与悬挂单元配套的打磨机均为气动式。

（1）气动式打磨机。气动式打磨机主要有单作用式、轨道式、双作用式、往复直线式 4 种类型。

① 单作用式打磨机。打磨头绕一个固定的点（中心）转动，砂纸只做单一圆周运动，称为单一运动打磨机或单作用式打磨机，如图 2-2-3 所示。这种打磨机的扭矩大，低速打磨机主要用于磨去旧涂层；高速打磨机主要用于漆面的抛光，也就是抛光机。

使用单作用式打磨机除旧漆膜时，由于打磨头中心没有切削力，主要是靠旋转力切削，所以打磨头与旧漆膜的接触方式应如图 2-2-4 所示，保持与漆膜表面 15°～20° 的夹角；除此之外，压力不能过大。但用于原子灰和中涂漆表面打磨时，由于要求获得平滑的表面，所以磨头必须平贴于表面。

注意

由于打磨机转速非常高，使用时一定要牢牢握住打磨机，以避免脱手的危险。

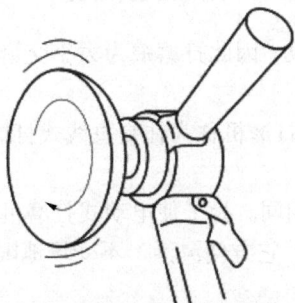

图 2-2-3　单作用式打磨机

底板

图 2-2-4　单作用式打磨机的使用（打磨旧漆膜）

单作用式打磨机由于只做旋转运动，所以打磨痕为大圆弧形，且较深，如图 2-2-5 所示。

② 轨道式打磨机。轨道式打磨机的打磨头外形都呈矩形，便于在工件表面上沿直线轨迹移动，整个打磨头以小圆圈振动。此类打磨机主要用于原子灰的打磨，如图 2-2-6 所示。该类打磨机可以根据工件表面情况选用各种尺寸的打磨头，以提高工作效率，轨迹直径亦可调整。

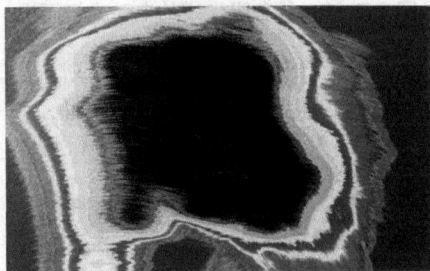

图 2-2-5　单作用式打磨机的打磨痕

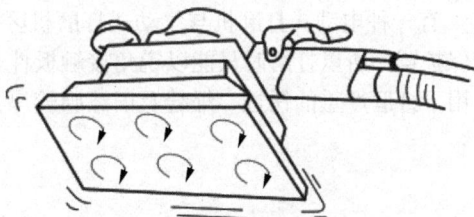

图 2-2-6　轨道式打磨机

轨道式打磨机打磨头只做小圆圈振动，打磨痕为小圆弧形，较浅，如图 2-2-7 所示。

③ 双作用式打磨机（也称为偏心振动式、双轨道式、双动式打磨机等）。打磨头本身以小圆圈振动，同时又绕其自身的中心转动，因而兼有单作用式及轨道式打磨机的运动特点，如图 2-2-8 所示。其切削力比轨道式打磨机大。在将该种打磨机用于表面平整或初步打磨时，要考虑轨道的直径，轨道直径大的打磨较粗糙，反之较细。

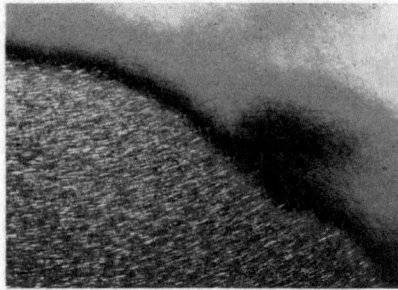

图 2-2-7　轨道式打磨机的打磨痕

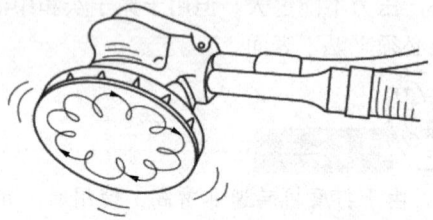

图 2-2-8　双作用式打磨机

　　双作用式打磨机由于打磨头既做旋转运用又做小圆圈振动，因此打磨痕为大小交错的圆弧形，较浅，如图 2-2-9 所示。

　　④ 往复直线式打磨机。工作时打磨头做往复直线运动的打磨机称为往复直线式打磨机，主要用于车身上的特征线和凸起部位的打磨。

　　（2）电动式打磨机。电动式打磨机的类型与气动式基本相同。为了使电动式打磨机具有吸尘功能，常在打磨机上直接配置吸尘袋，如图 2-2-10 所示。它方便灵活，不受场地限制，但是吸尘效果稍差。

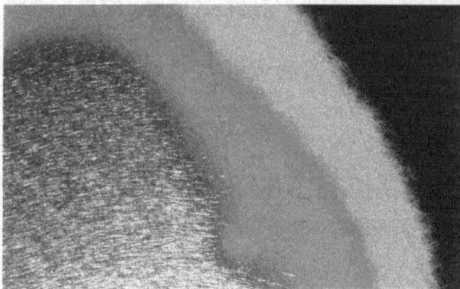

图 2-2-9　双作用式打磨机的打磨痕

图 2-2-10　具有吸尘袋的电动式打磨机

　　有一种电动式打磨机与气动式打磨机区别较大，称为锐角打磨机，如图 2-2-11 所示。因有保护罩，所以打磨时只能以锐角接触板件表面，如图 2-2-12 所示，故也称为角磨机。其主要用于打磨严重的锈蚀、焊缝及旧漆膜较厚处。

图 2-2-11　锐角打磨机

图 2-2-12　角磨机的使用

角磨机切削力较大，速度快，因而其打磨痕非常深，如图 2-2-13 所示。

2．打磨机的选择

电动式打磨机选择时，首先应根据操作者的体力，选择大小适宜的打磨机，否则，太大则很快疲劳，不能持续作业；太小则效率低。然后再选择转速稳定、输出力量大、振动小的为宜。

打磨头的形状有两种，如图 2-2-14 所示。其中有倒角的一种使用起来比较方便，对于板件的边角均能进行很好的打磨。

图 2-2-13　角磨机的打磨痕

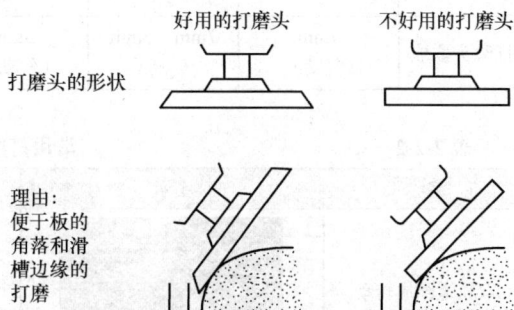

好用的打磨头　　不好用的打磨头

打磨头的形状

理由：
便于板的
角落和滑
槽边缘的
打磨

图 2-2-14　两种形状打磨头的使用比较

打磨头尺寸的大小选择应视打磨面积来决定。如对车顶和发动机罩等件大面积打磨时，可使用直径为 18cm 的打磨头，以加快作业速度；小面积打磨时，可以使用直径为 10～12cm 的打磨头，使用起来比较方便。

> **注意**
>
> 电动式打磨机在打磨漆膜作业时，如果使用的是硬性打磨头，则要与漆膜表面保持平行，否则会在金属表面留下划痕；如果是软性打磨头，与漆膜表面的接触方式应采用图 2-2-15 所示的方式。

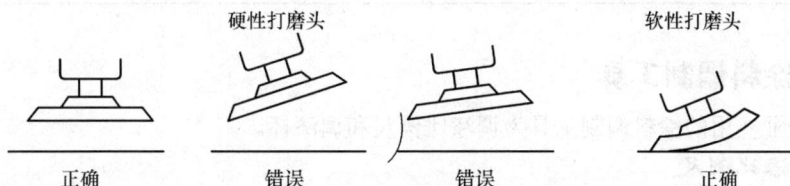

硬性打磨头　　　　　　　　　　　　　软性打磨头

正确　　　　错误　　　　错误　　　　正确

图 2-2-15　硬性打磨头与软性打磨头的正确使用

振动式打磨机有振动幅度大小之分（磨头型号），不同型号的打磨头与砂纸配套，以及适应的打磨要求不同，见表 2-2-1。振动幅度为 7mm 的圆形气动式打磨机以及振动幅度为 5mm 的圆形电动式打磨机振动幅度大、力量更强，适合于粗打磨、中间打磨；振动幅度为 3mm 的圆形气动式打磨机振动幅度较小，力量也较小，更适合于细磨的要求；振动幅度为 2～2.5mm 的圆形电动式打磨机，特别适合小面积超精细研磨处理。

常用打磨机的选择，见表 2-2-2。

表 2-2-1　　　　　打磨机与砂纸配套适合不同的打磨作业

打磨要求	预磨	粗磨	中级磨	细磨	精细打磨	超精细打磨
打磨过程	打磨损毁部位、打磨钢板、打磨焊缝	打磨损毁部位、打磨钢板、粗磨原子灰	中级磨原子灰、打磨底涂层	细磨中涂层	喷面漆前精细打磨中涂层、打磨原有漆膜	打磨细小缺陷、驳口处理等
砂纸型号	P24～P60	P80～P180	P120～P240	P240～P360	P320～P500 S500～S1000	P1200～P3000 S1000～S4000
打磨头型号	7mm（气动）	7mm、5mm（气动）	5mm（气动）	3mm（气动）	3mm（气动）	2～2.5mm 的圆形电动式打磨机

表 2-2-2　　　　　常用打磨机的选择

名称	图示	打磨痕	适用范围
双轨道圆周转动打磨机			• 损坏表面、原子灰 • 底漆、补土 • 菜瓜布打磨
旋转式打磨机			• 除去锐角打磨机的刮痕 • 完全除去漆层
方形轨迹打磨机			• 打磨大面积的原子灰

二、涂料调制工具

目前企业实用的涂料调制工具为调漆比例尺和调漆杯。

1. 调漆比例尺

调漆比例尺是用来调涂料黏度的工具，有时也充当搅拌棒使用。为了避免涂料、稀释剂等的称重调配误差，各涂料生产厂商均会提供系列涂料调漆比例尺，便于调漆工简化操作。如 PPG 公司提供的调漆比例尺选用铝质底材，每边用不同颜色蚀刻上不同比例的刻度，图 2-2-16 所示为调漆比例尺的一种，其中一面是为调配比例为 2∶1∶（5%～10%）的产品而设计的，即主剂（底漆、中涂漆、调好色的色浆等）∶固化剂∶稀释剂＝2∶1∶（5%～10%），另一面则是为 4∶1∶1 的产品设计的，即主剂∶固化剂∶稀释剂＝4∶1∶1。

2. 调漆杯

调漆杯的材料有铁和塑料两种，应用比较多的是塑料杯，如图 2-2-17 所示。为了方便倾倒涂料,调漆杯带有握把,顶口边缘有一 V 形口。也有塑料杯和带有握把的杯架组装的结构。

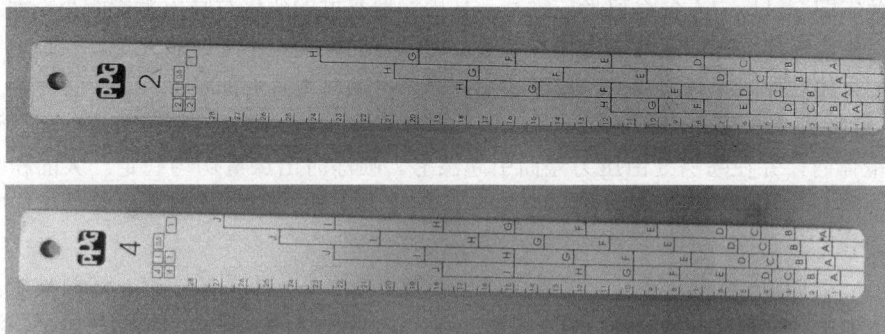

图 2-2-16 调漆比例尺

图 2-2-17 调漆杯

三、喷枪

喷枪是将涂料喷涂于工件表面的工具。

1. 喷枪的品种

喷枪的种类和型号很多,各涂装设备制造公司的命名方法和分类有所不同,常用的分类方法有按涂料供给方式、涂料雾化技术和用途 3 种。

(1) 按涂料的供给方式分类。按此方法,喷枪可分为重力式、虹吸式和压送式 3 种类型,如图 2-2-18 所示。

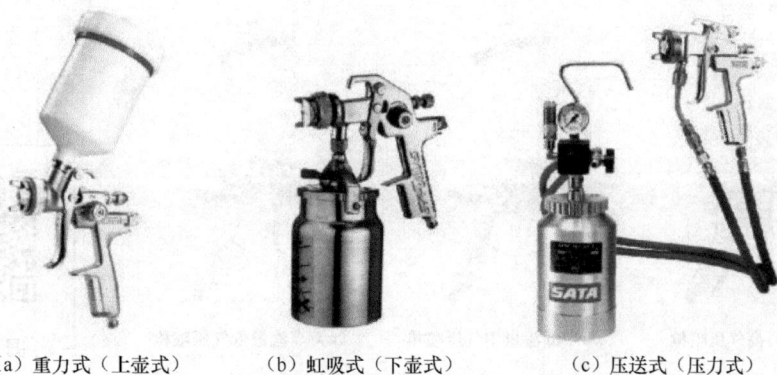

(a) 重力式 (上壶式)   (b) 虹吸式 (下壶式)   (c) 压送式 (压力式)

图 2-2-18 按涂料供给方式分类的 3 种喷枪

① 重力式（上壶式）喷枪。涂料杯位于喷嘴的后上方，喷涂时利用涂料自重及涂料喷嘴尖端产生的空气压力差使涂料形成漆雾。杯内涂料黏度的变化对喷出量影响小，而且涂料杯的角度可由操作者在一定范围内任意调节。但是它的容量较小（约 0.5L），仅适用于小物件涂装，且随着杯内涂料的减少，喷涂稳定性降低，同时不宜仰面喷涂。

② 虹吸式（下壶式）喷枪。涂料杯位于喷嘴的后下方，喷涂时利用气流作用，将涂料吸引至枪体内，并在喷嘴处由压力差而引起漆雾。喷涂时出漆量均匀稳定。大面积喷涂时可换掉涂料杯，抽料皮管直接从容器中抽吸涂料连续工作，但当黏度变化时易引起喷出量的变化。

③ 压送式（压力式）喷枪。涂料喷嘴与气帽正面平齐，不形成真空。漆料被压力压向喷枪，压力由一个独立的压力瓶（罐）提供。它适合连续喷涂，喷涂方位调整容易，涂料喷出量调整范围大。其缺点是需要增添设备、清洗麻烦、稀释剂损耗大，不适合汽车修理厂小面积部件的修补漆方面应用。

上述 3 种类型喷枪的供漆方式如图 2-2-19 所示。

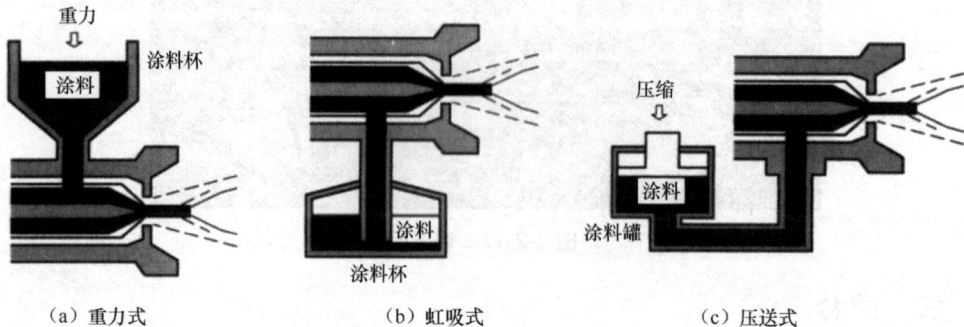

（a）重力式　　　　　（b）虹吸式　　　　　（c）压送式

图 2-2-19　3 种类型喷枪供漆方式

（2）按涂料雾化技术分类。按涂料雾化技术分类，喷枪可分为高气压、低流量中气压和高流量低气压 3 种，如图 2-2-20 所示。此 3 种喷枪在外形上没有多大区别，只是在内部结构上会有所不同，从而产生不同的雾化效果，并且为便于区别，也会在外观颜色设计上有所不同。

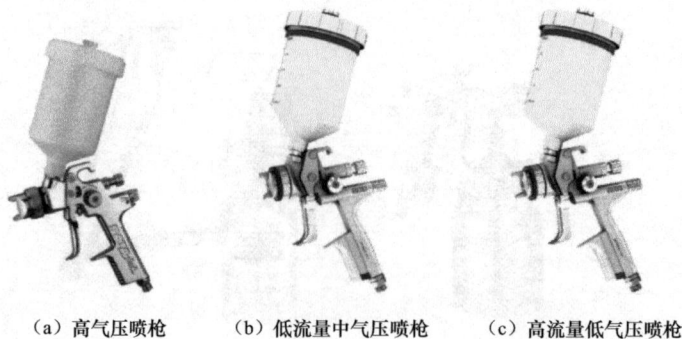

（a）高气压喷枪　　（b）低流量中气压喷枪　　（c）高流量低气压喷枪

彩图

图 2-2-20

图 2-2-20　按涂料雾化技术分类的 3 种喷枪

高气压喷枪，即传统喷枪，其雾化气压较高，耗气量大，上漆率低；高流量低气压喷枪也称为 HVLP 喷枪或环保喷枪，其雾化气压低，上漆率高（在 65% 以上）；低流量中气压（RP）喷枪的各项性能居中。表 2-2-3 为以上 3 种喷枪的使用技术参数差异比较。

表 2-2-3 　　　　　　　　　　3 种喷枪的使用技术参数差异比较

喷枪类型	雾化方式	技术参数		
		进气压力/MPa	雾化压力/MPa	耗气量/（L/min）
传统（高气压）	气压雾化	0.3~0.4	0.2~0.3	380
RP（中气压）	气压、气流雾化	0.25	0.13	295
HVLP（低气压）	气流雾化	0.2	0.07	430

HVLP 喷枪之所以称为环保喷枪，主要是因为其喷涂过程中飞散的漆雾少。如图 2-2-21 所示，高气压喷枪主要利用高压气体将涂料吹成小液滴，在这一过程中，将产生大量多余的喷雾。小液滴吹到板件的表面后，有大量的液滴又被弹了回来，形成大量漆雾，如图 2-2-21（a）所示；而 HVLP 喷枪在低压下将涂料分解成小液滴，当涂料流进入气流后，由于没有（或很少有）回弹现象，减少了飞散的漆雾，因而上漆率高，对环境污染少，如图 2-2-21（b）所示。

（3）按用途分类。按此种分类方法，喷枪可分为底漆用喷枪、中涂漆用喷枪、面漆用喷枪、清漆用喷枪、金属漆专用喷枪、小修补喷枪等。图 2-2-22 所示为 SATA minijet 4 HVLP 型小修补喷枪的外形图，其特点是体积小，操作方便，备有标准的喷嘴及独特的 SR 喷嘴，喷嘴采用空气扰流原理设计，采用较低的气压即可达到较好的雾化效果，特别适合小面积修补使用。

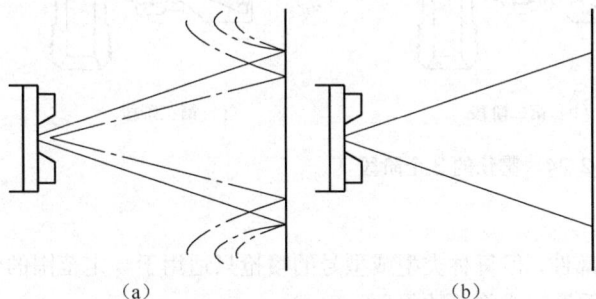

（a）　　　　　　　　（b）
图 2-2-21　传统喷枪与 HVLP 喷枪对比

图 2-2-22　小修补喷枪

2. 喷枪的雾化原理

空气喷枪是利用空气压力将液体转化为液滴的喷涂工具，该过程称为雾化。雾化过程就是喷枪工作过程，雾化使涂料成为可喷涂的细小且均匀的液滴。当这些小液滴被以正确的方式喷到板件表面后，就会结合形成一层厚度极薄又平整的漆膜。

如图 2-2-23 所示，当压缩空气从气罩的气孔中高速喷出后，在涂料喷嘴处形成一个负压，该负压对罐中的涂料施加吸力将涂料吸出，然后涂料在高速气流的冲击下被雾化，以漆雾的形式喷出。

雾化分为以下 3 个阶段进行，如图 2-2-24 所示。

第一阶段，涂料从喷嘴喷出后，被从环形口喷出的气流包围，气流产生的气旋使涂料分散。

第二阶段，涂料的液流与从辅助孔喷出的气流相遇时，气流控制液流的运动，并进一步使其分散。

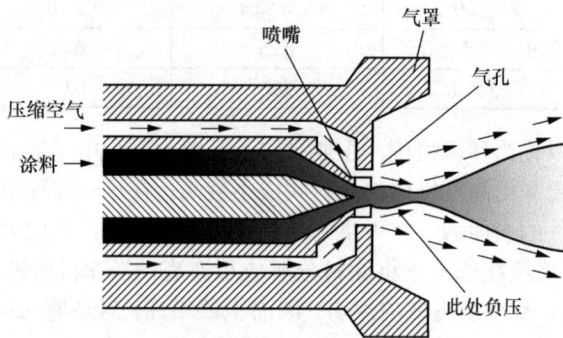

图 2-2-23 雾化原理

第三阶段，涂料受到从空气帽喇叭口喷出的气流作用，气流从相反的方向冲击涂料，使其成为扇形液雾。

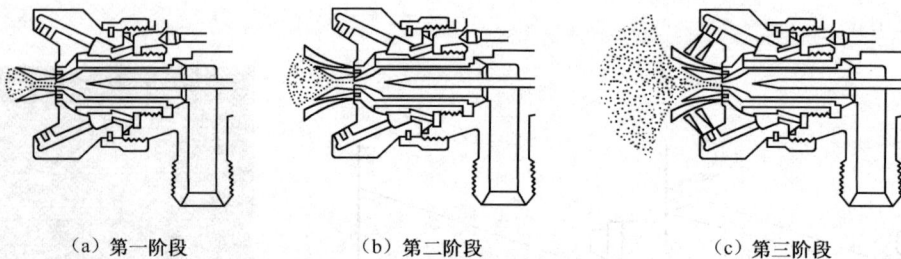

（a）第一阶段　　　　　（b）第二阶段　　　　　（c）第三阶段

图 2-2-24 雾化的 3 个阶段

3. 喷枪的结构

虽然不同的喷枪有许多通用的零部件，但每种类型或型号的喷枪只适用于一定范围的作业。选择合适的工具是以最短时间高质量完成作业的保证。

典型的重力式喷枪结构如图 2-2-25 所示，喷枪上有 3 个主要的调节装置，分别是气压调节旋钮、涂料流量调节旋钮和喷幅调节旋钮。

① 气压调节旋钮用于调节喷枪的出口气压。

② 涂料流量调节旋钮用于调节供给涂料的量。

③ 喷幅调节旋钮用于调节喷涂雾的形状。

典型的虹吸式喷枪结构如图 2-2-26 所示。

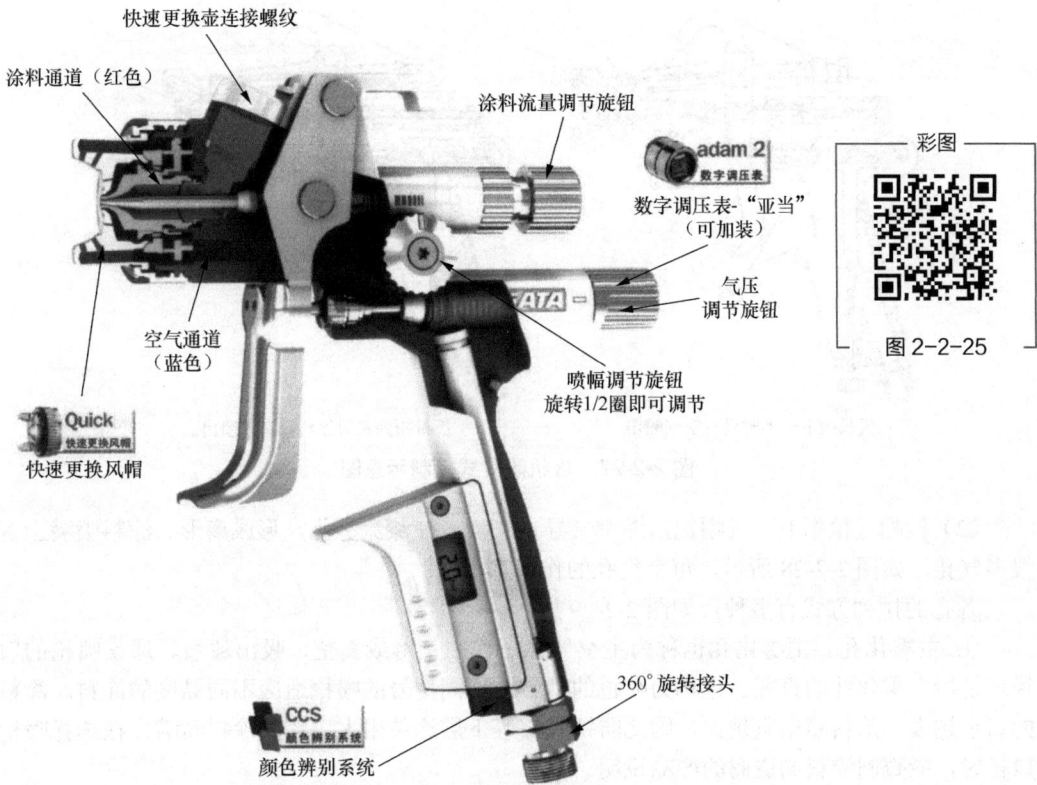

图 2-2-25 典型重力式喷枪构造

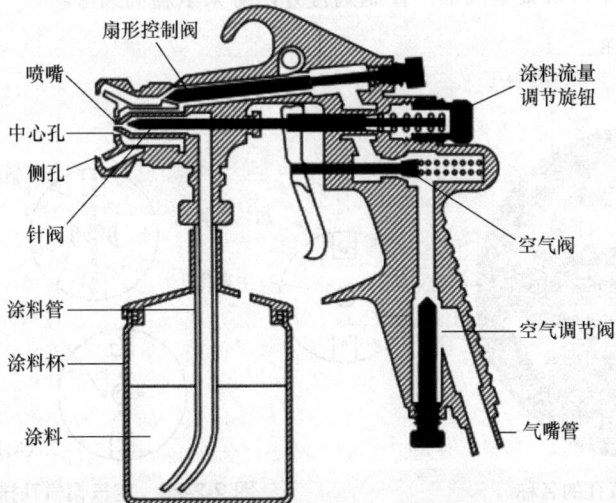

图 2-2-26 典型虹吸式喷枪结构

（1）扳机。图 2-2-27 所示的扳机为阶段式控制，刚扣下喷枪扳机时，空气阀先开放，从空气孔以高速喷出的压缩空气在涂料喷嘴前面形成低压区；再用力扣下扳机时，涂料孔打开，调整气流吸引涂料。

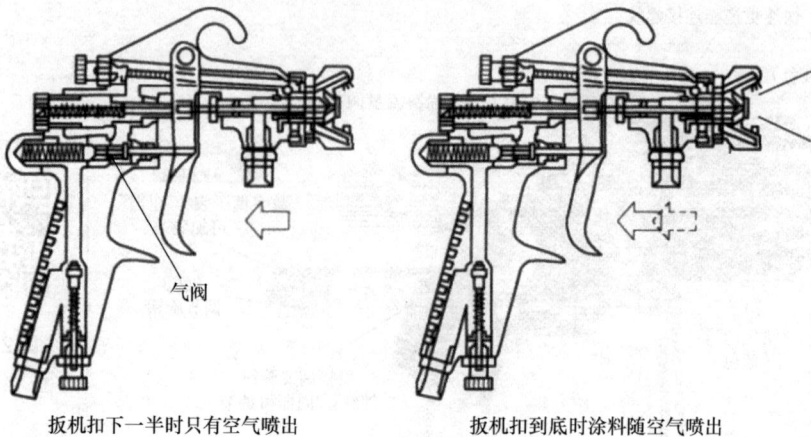

扳机扣下一半时只有空气喷出　　　　　　　扳机扣到底时涂料随空气喷出

图 2-2-27　扳机阶段式控制示意图

（2）气帽（枪帽）。气帽把压缩空气导入漆流，使漆流雾化，形成扇形。涂料喷嘴上有很多气孔，如图 2-2-28 所示，每个气孔的作用都不同。

各孔的排列方式有多种，如图 2-2-29 所示。

① 主雾化孔。主雾化孔也称为主空气孔，作用是形成真空，吸出漆液。通常喷枪的口径就是指主雾化孔的直径，也称为喷枪的型号。不同型号的喷枪适应不同黏度的涂料。涂料的口径越大，涂料喷出量越大，因此防锈底漆等下层涂装用大口径的涂料喷嘴。在选择喷枪口径时，应查阅涂料制造商的产品说明。

② 扇幅控制孔。扇幅控制孔也称为角孔，一般有 2～4 个。它借助空气压力控制雾束形状，扇幅控制阀关上，雾束呈圆形；控制阀打开，雾束呈扁椭圆形。

图 2-2-28　气孔的名称

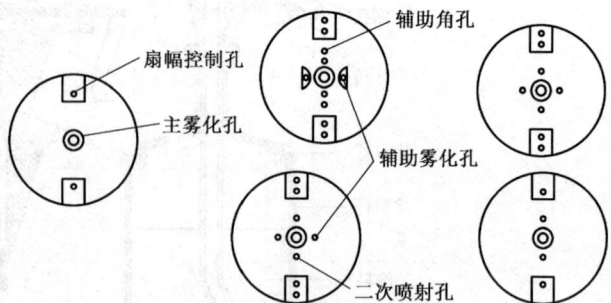

图 2-2-29　空气帽气孔排列

③ 辅助雾化孔。辅助雾化孔也称辅助空气孔，主要作用是促进漆液雾化，一般有 4～10 个对喷枪性能有明显影响，如图 2-2-30 所示。孔大或多，则雾化能力强，能以较快的速度喷涂大型工件；孔小或少，则需要的空气少，扇形小，涂料雾化程度差，喷涂量小，但便于小工件的喷涂或低速喷涂。

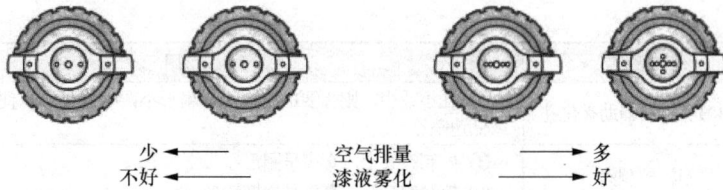

少 ← 空气排量 → 多
不好 ← 漆液雾化 → 好

图 2-2-30　辅助雾化孔与喷枪性能的关系

④ 辅助角孔。其主要作用是辅助扇幅控制孔借助空气压力控制雾束形状。

⑤ 二次喷射孔。其作用是辅助主雾化孔出漆，并进一步促进漆液雾化达到最佳效果，比较高效省料，一般在高性能环保喷枪中应用较多。

气帽还有改变喷雾形状的作用，如图 2-2-31 所示。当气帽角处于水平位置时，喷出的雾形为长椭圆形；当气帽角处于垂直位置时，喷出的雾形为扁椭圆形；当气帽角位于其他位置时，喷出的雾形为斜椭圆形。

（3）针阀和涂料喷嘴。它们的作用都是控制喷漆量，并把漆流从喷枪中导向气流。

涂料喷嘴内有针阀座，针阀顶靠内座时可切断漆流。从喷枪喷出的实际漆流量由针阀顶靠到阀座时涂料喷嘴开口的大小决定。控制阀可以改变扣动扳机时针阀离开其阀座的距离（间隙），如图 2-2-32 所示。

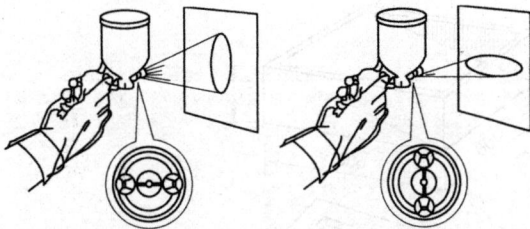

图 2-2-31　用气帽改变雾形状

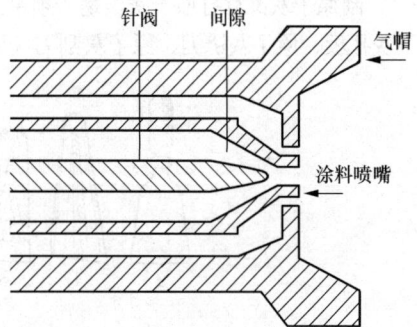

图 2-2-32　针阀与阀座间隙

喷枪的性能取决于涂料喷出量与空气消耗量的关系，即涂料喷出量少而空气消耗量大时涂料粒度较小；涂料喷出量多而空气量少时涂料粒度较大、较粗，涂面的效果较差。通常小型喷枪的涂料喷出量为 10～200mL/min，大型的为 120～600mL/min。小型喷枪的空气使用量为 40～290L/min，大型的为 280～520L/min。涂料喷出量大，则空气使用量越大。

喷枪主要零件的名称及作用列于表 2-2-4 中。

表 2-2-4　喷枪主要零件的名称及作用

序号	零件名称	作用
1	气帽	把压缩空气导入漆流，使漆液雾化，形成扇形
2	涂料喷嘴上的主雾化孔	形成真空，吸出漆液
3	涂料喷嘴上的辅助角孔	借助空气压力控制雾束形状
4	涂料喷嘴上的辅助雾化孔	① 促进漆液雾化； ② 孔大或多，则雾化能力强，能以较快的速度喷涂大型工件；

序号	零件名称	作用
4	涂料喷嘴上的辅助雾化孔	③ 孔小或少，则需要的空气少，扇形小，喷涂量小，便于小工件的喷涂或低速喷涂
5	扇幅控制阀	① 控制阀关上，雾束呈圆形； ② 控制阀打开，雾束呈扁椭圆形
6	针阀	控制液体涂料的流量。喷涂时，通过扳机的动作来控制。连接针阀的尾部有一个螺母，用以调节针阀的伸缩幅度，这是喷枪调整的最基本的操作
7	针阀填料套	起密封作用
8	针阀弹簧	当扣机放开时，将针阀压靠喷嘴，封闭喷嘴，控制液体涂料的流动
9	漆流控制阀	当扣动扳机时，控制液体涂料的流量。当其全关时，即使扣死扳机也没有液体涂料流出；当其全开时，液体涂料的流量最大。这是调节喷枪的最为重要的零件之一
10	空气阀	空气阀的开关由扳机控制。打开空气阀所需的扳机行程可由一个螺钉控制。开始扣扳机时空气阀打开，再扣扳机，喷漆嘴打开
11	扳机	扳机用来控制空气和液体涂料的流量。扣动扳机时，最先启动的仅仅是空气，然后才带动针阀运动，开启漆流控制阀，使液体涂料喷出

四、刮涂原子灰工具

刮原子灰又称打原子灰，是一项手工作业。常用工具有原子灰调拌盒（木制或金属制作）、原子灰托板、原子灰铲刀、原子灰刮刀（又分牛角刮刀、橡胶刮刀、钢刮刀）等，如图 2-2-33 所示。

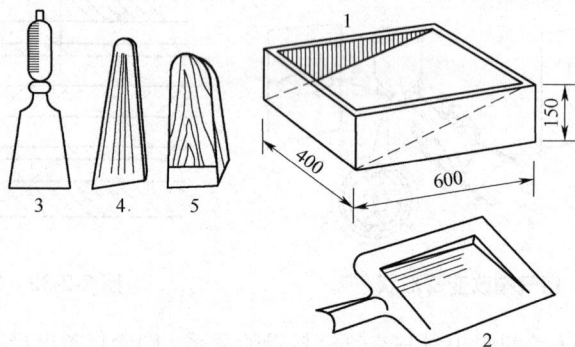

图 2-2-33　刮原子灰的常用工具

1—原子灰调拌盒；2—钢制原子灰托板；3—原子灰铲刀；4—牛角刮刀；5—橡胶刮刀

1. 刮刀/刮板

刮刀/刮板的作用是将原子灰刮涂于待修补区域。刮刀/刮板按其制作材料可分为钢制、塑料制、橡胶制、仿牛筋制等。修补涂装中常用的是钢制和橡胶制两种。

（1）钢刮刀。钢刮刀分为带柄的和钢片两种。带柄钢刮刀的柄可用塑料、桦木、松木等制作，如图 2-2-34（a）和图 2-2-34（b）所示，刀板用弹性较好的钢板制作，刃口平直。钢片为高弹性不锈钢制作，有的为节省钢板料采用塑料板嵌装钢刮口的组合形式，如图 2-2-34（c）和图 2-2-34（d）所示。每种类型的钢刮刀又有不同的规格，各自形成一个系列。

（2）橡胶刮刀。橡胶刮刀采用耐油、耐溶剂的橡胶板制成，外形尺寸和形状根据需要确定，如图 2-2-35（a）所示。有的橡胶刮刀为彩色，不同的颜色代表不同的硬度，如图 2-2-35（b）所示。

（a）塑料柄钢刮刀　　　　　　　　（b）木柄钢刮刀

（c）钢片　　　　　　　　　　　（d）钢刮口

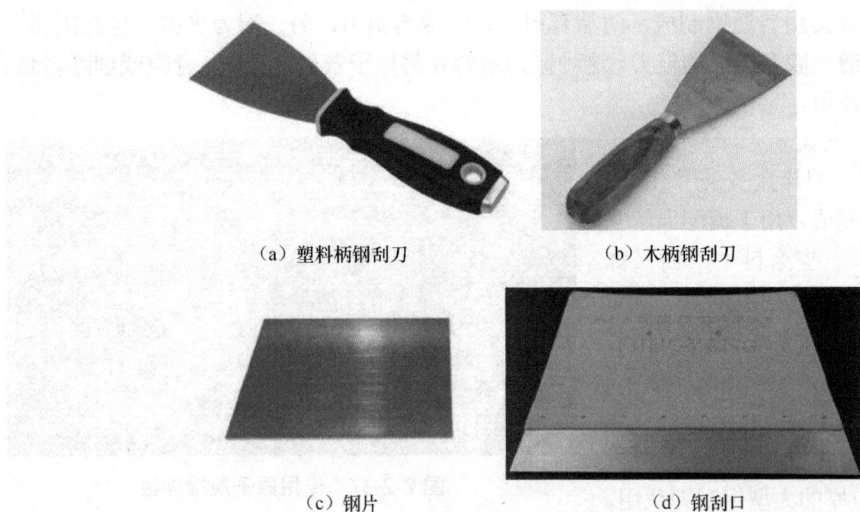

图 2-2-34　钢刮刀

　　橡胶刮刀有很好的弹性，对于刮涂形状复杂面非常适用，尤其是圆角、沟槽等处特别适用。它还可根据工件形状将刃口做成相应形状。橡胶刮刀用后需擦净保管。

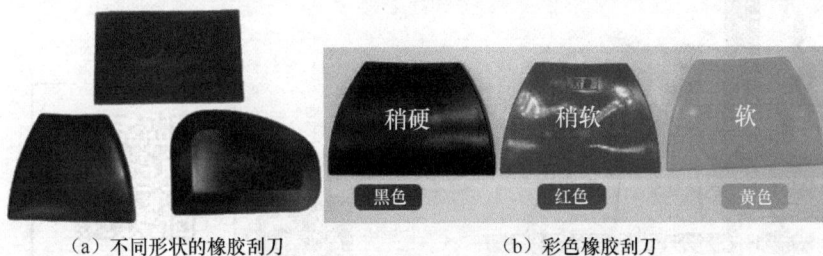

（a）不同形状的橡胶刮刀　　　　　　（b）彩色橡胶刮刀

图 2-2-35　橡胶刮板

　　（3）塑料刮刀和仿牛筋刮刀。塑料刮刀的硬度介于钢刮刀和橡胶刮刀之间，其特点是成本低，如图 2-2-36（a）所示；仿牛筋刮刀有较高的弹性和耐磨性，成本较高，如图 2-2-36（b）所示。

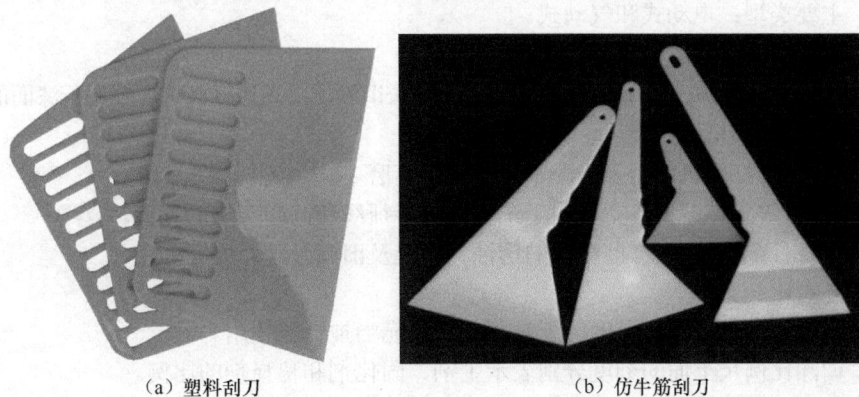

（a）塑料刮刀　　　　　　　　　（b）仿牛筋刮刀

图 2-2-36　塑料刮刀和仿牛筋刮刀

（4）嵌刀。嵌刀用普通钢制成，两端有刃口，一端为斜刃，另一端为平刃。也有用钳工手锯条磨出刃口缠上胶布制成的嵌刀。这种嵌刀适合在将原子灰嵌入孔眼、缝隙或剔除转角、夹缝中的异物时使用。

2．调拌盒/托板

（1）调拌盒。调拌盒多采用 1.0～1.5mm 低碳钢板制成，用于调配原子灰或盛装原子灰。一些涂料生产商（如 BASF 公司）配套生产专用搅拌板，为纸质多页装订式，用完后撕掉一张即可，省去了清洁的烦琐工作，如图 2-2-37 所示。

（2）托板。原子灰托板用钢板或木板等制成，在刮涂时放少量原子灰以方便施工，也可用较厚的大型钢刮刀代用。

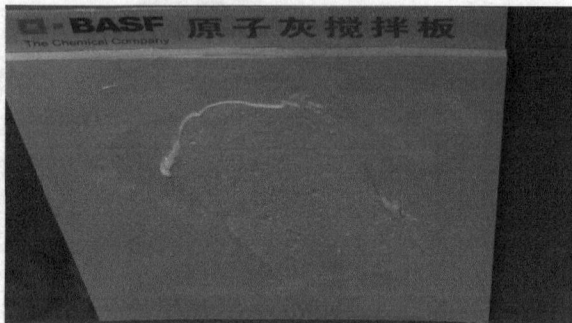

图 2-2-37　专用原子灰搅拌板

□ 任务总结 □

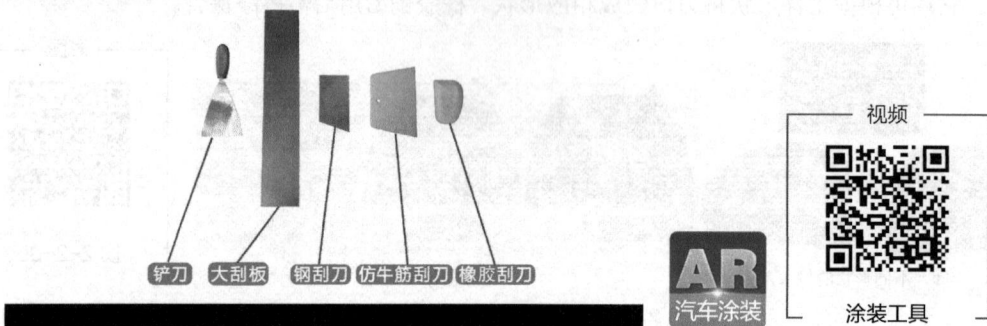

1．打磨机

（1）作用：对工件需要修整部位进行研磨。

（2）主要类型：电动式和气动式。

（3）用途。

① 单作用式打磨机：低速打磨机主要用于磨去旧涂层；高速打磨机主要用于漆面的抛光。

② 轨道式打磨机：主要用于原子灰的打磨。

③ 双作用式打磨机：用于表面平整或初步打磨。

④ 往复直线式打磨机：主要用于车身上的特征线和凸起部位的打磨。

⑤ 角磨机：主要用于打磨严重的锈蚀、焊缝及旧漆膜较厚处。

2．调漆比例尺

（1）用途：用来调涂料黏度的工具，有时也充当搅拌棒使用。

（2）调漆比例尺上面的刻度分别表示主剂、固化剂和稀释剂的比例。

3．喷枪

（1）用途：将涂料喷涂于工件表面。

（2）分类。

① 按涂料的供给方式分类。喷枪可分为重力式、虹吸式和压送式 3 种类型。重力式喷枪适用于小物件涂装；虹吸式喷枪适用于大面积喷涂；压力式喷枪适用于连续喷涂，不适用于汽车修理厂修补漆。

② 按涂料雾化技术分类。喷枪可分为高气压喷枪、低流量中气压喷枪和高流量低气压喷枪 3 种。高流量低气压喷枪（HVLP 喷枪）也被称为环保喷枪，主要是因为其喷涂过程中飞散的漆雾少。

③ 按用途分类。喷枪可分为底漆用喷枪、面漆用喷枪、小修补喷枪等。

（3）结构。喷枪上有 3 个主要的调节装置，分别是气压调节旋钮、涂料流量调节旋钮和喷幅调节旋钮。

4．原子灰刮涂工具

（1）种类。原子灰刮涂工具有原子灰调拌盒（木制或金属制作）、原子灰托板、原子灰铲刀、原子灰刮刀（又分牛角刮刀、橡胶刮刀、钢刮刀）等。

（2）刮刀/刮板的作用是将原子灰刮涂于待修补区域。

（3）调拌盒用于调配原子灰或盛装原子灰。

（4）原子灰托板的作用是，在刮涂时，盛放少量原子灰在托板上，以方便施工。

<h3 align="center">◻ 问题思考 ◻</h3>

1．打磨机的作用是什么？有哪些类型？

2．气动式打磨机有哪些类型？各类型气动式打磨机的用途是什么？

3．调漆比例尺的用途是什么？调漆比例尺上面的刻度分别表示涂料中哪些成分的比例？

4．喷枪的作用是什么？有哪些类型？

5．在使用喷枪时，通常需要调节喷枪上的哪些装置？

6．为什么建议汽车修补涂装选用 HVLP 喷枪？

7．喷枪气帽上有哪几种小孔？各类型孔的作用是什么？

8．原子灰刮涂工具有哪些？各自的作用是什么？

学习任务三　常用涂装材料

<h3 align="center">◻ 学习目标 ◻</h3>

1．能够正确描述砂纸的种类及各类型砂纸的主要用途。
2．能够正确描述打磨垫的种类及各类型打磨垫的主要用途。
3．能够正确描述遮蔽胶带的种类及各类型胶带的主要用途。
4．能够正确描述常用清洁材料的种类及各类型清洁材料的主要用途。
5．能够正确描述常用原子灰的种类及各类型原子灰的特点及用途。

□ 相关知识 □

一、涂料概述

1. 定义

涂料，是指涂布于物体的表面，能够形成具有保护、装饰或其他特殊功能的固态保护膜的一类液体或固体材料的总称。

以前，人们大多以植物油脂为主要原料制漆，故有"油漆"之称。随着科学技术的发展，石油化学工业为制漆提供了各种人工合成树脂原料，丰富了漆的品种，提高了漆的质量，扩大了漆的使用范围，使"油漆"产品的面貌发生了很大的变化，"油漆"一词已经不能恰当地表示其真正的形态。从功效角度出发，用"涂料"一词来表示更为恰当，因此现在已经正式采用涂料这个名词了。但在具体的涂料产品品种名称中，仍可以用"漆"来表示，如醇酸瓷漆、硝基清漆、丙烯酸漆等。

汽车涂装材料一般指用于涂装和修补汽车、摩托车和其他机动车及其零部件所用的涂料及其辅助材料。由于汽车工业对涂装材料的性能要求很高，需要的品种多而且量很大，因而早已成为一种专用涂料。在汽车工业发达的国家，汽车涂料在工业用涂料的发展中处于领导地位，一般占涂料总产量的15%～20%。为适应汽车涂层的高装饰性、防腐蚀性和现代化涂装工艺的要求，近30年来，汽车涂料有了较大的发展，开发了很多新的涂料品种，实现了多次的更新换代。

2. 作用

涂料的作用是涂覆在汽车零件的外表，使其形成一层薄的保护膜，起到保护和装饰的作用。

3. 种类

汽车修补涂料通常是指底漆、原子灰、中涂漆、面漆（底色漆）和清漆。各种涂料的特点与作用将于本套教材之一《汽车涂装色彩与调色技术（AR版）》中相关章节详细介绍。

二、打磨材料

1. 砂纸

（1）作用。砂纸是汽车维修中经常使用的打磨材料，用于除锈，打磨旧涂层、原子灰及中涂漆等。

（2）结构。图 2-3-1 所示是典型干磨砂纸的结构。砂纸是通过将各种不同粒度的磨料 5 通过黏结层 4 粘于基材 2 上所制成的。粒度不同，所制成砂纸的规格不同。通常基材为纸质材料时称为砂纸，基材为布质材料时称为砂布。磨料黏结牢固程度是砂纸质量的一个重要标志。操作人员选择合适的砂纸规格并正确使用才能产生良好效果。

制造砂纸的磨料根据原料可分为氧化铝（刚玉）、碳化硅（金刚砂）和锆铝 3 种；根据磨料在基材上的疏密分布情况，可将砂纸分为密砂纸和疏砂纸两种，密砂纸上的磨料几乎完全粘满磨料面，疏砂纸的磨料只占磨料面积的 50%～70%。

磨料颗粒的大小称作粒度，颗粒的直径称作粒径。一般用粒径来表示粒度。通常只有圆球形的几何体才有直径，而实际测量的磨料形状各异，是不存在真实直径的。因此在粒度分布测量过程中所说的粒径并非颗粒的真实直径，而是虚拟的"等效直径"。当被测颗粒的某一物理特性与某一直径相同的球体最相近时，就把该球体的直径作为被测颗粒的等效直径。因此用不同原理设计的粒度测量方法的数据经常有较大的差异。

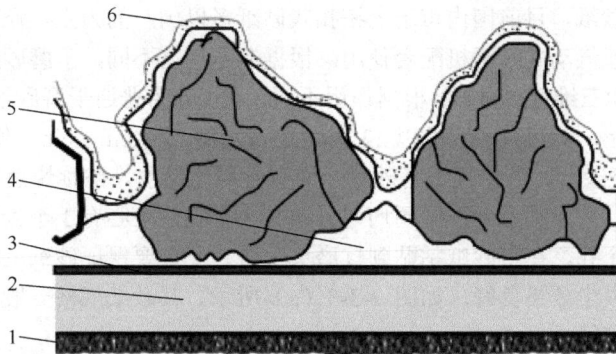

图 2-3-1　干磨砂纸结构

1—丝网连接层；2—基材；3—乳胶涂层；4—黏结层；5—磨料；6—特制抗灰涂层

（3）砂纸的规格与用途。砂纸的规格用磨料粒度的大小表示，一般标注在砂纸的背面，用"F××"和"P××"表示，比如"F60""P80"等。F 是固结磨具（如砂轮）用磨料的粒度标准，P 是涂附磨具（如砂纸）的标准。磨料的粒度越大，砂纸越粗，适合进行要求不高的粗打磨，主要用来处理缺陷、打磨形状等；磨料的粒度越小，砂纸越细，适合进行精细打磨，主要用作喷涂前修整和喷涂后涂层缺陷的处理。

各国的砂纸粒度划分不是完全一致的，欧洲标准为 PEPA、美国标准为 ANSI、日本标准为 JIS 等。

（4）砂纸的分类。按不同的分类方法，砂纸可分为很多种类型，具体见表 2-3-1。

表 2-3-1　　　　　　　　　　　　　　砂纸的类型

分类方法	类型
按形状	圈形（圆形、长方形）、片形（圆形、长方形）
按安装方法	黏合剂型、非黏合剂型、尼龙拉扣型
按背衬材料	纸、防水纸、布、玻璃纤维
按磨料	火石、石榴石、金刚砂、氧化铁、碳化硅、氧化铝、氧化锆
按磨粒在砂纸表面的分布	密涂层砂纸、稀涂层砂纸
按磨料粒度大小	微细、超细、极细、细、中、粗、极粗
按打磨方法	手工打磨（湿打磨型、干打磨型）、打磨机打磨（干打磨型）

与实际操作较密切相关的类型是与手工操作配套的水磨砂纸和与打磨机配套的干磨砂纸。

（1）水磨砂纸。水磨砂纸是汽车修理厂最常用的砂纸之一，其大小规格为 23cm×28cm，如图 2-3-2 所示。根据修理作业的不同，打磨部位的形状、大小的不同，可以将砂纸裁成适合打磨的尺寸。水磨砂纸湿打磨使用时应先浸水，使砂纸完全浸湿，这样可防止因为手工打磨折叠而引起的脆裂，特别是冬天气温低时，应用温水浸泡，以防止砂纸脆裂。

（2）干磨砂纸。汽车修补涂装中所使用的干磨砂纸多为搭扣

图 2-3-2　水磨砂纸

式（也称粘扣式）砂纸，目前国内市场上搭扣式砂纸多以国产的为主，还有部分进口品牌。使用时需与电动式或气动式打磨机配套使用。根据制作工艺不同，干磨砂纸可分为搭扣式干磨砂纸、干磨砂网和三维打磨材料；根据作用不同，又可分为普通干磨砂纸和漆面干磨砂纸；其形状有圆形和方形，圆形直径尺寸以 12.7cm（5in）和 15.24cm（6in）使用较多。

① 搭扣式干磨砂纸。搭扣式干磨砂纸一面有丝网连接层，俗称快速搭扣，可以跟打磨头快速黏结和分离。一般圆形砂纸圆周均匀分布 8 个小孔，中心有 1 个大孔；方形砂纸在长边边缘均匀分布 8 个孔，在将砂纸粘贴到打磨头上时，一定要保证砂纸上的圆孔与打磨头上的孔相吻合，确保吸尘效果良好，如图 2-3-3（a）所示。其砂纸规格一般为 P60～P500，用于除旧漆、金属打磨等。

② 干磨砂网。干磨砂网是干磨设备制造商 MIRKA 公司的专利打磨产品，它是将不同规格的磨料黏结到网状的基材上制成的打磨材料。干磨砂网的规格与干磨砂纸一样，形状有圆形和方形。与干磨砂纸不同的是它的吸尘通路更大，吸尘效果更好，如图 2-3-3（b）所示。

③ 三维打磨材料。三维打磨材料是研磨颗粒附着在三维纤维上形成的打磨材料，这类材料有着非常好的柔性，适合打磨外形复杂或特殊材料的表面，可用于各种条件下的打磨。如菜瓜布，又称百洁布（菜瓜布是指一种软性打磨材料，其材料在结构上很像干的丝瓜瓤，故称为菜瓜布），是三维打磨材料中的一种，如图 2-3-3（c）所示。其主要用于塑料件喷涂前的研磨、驳口前对漆膜的研磨、板件背面打磨以及修补前去除漆膜表面的细小缺陷等。

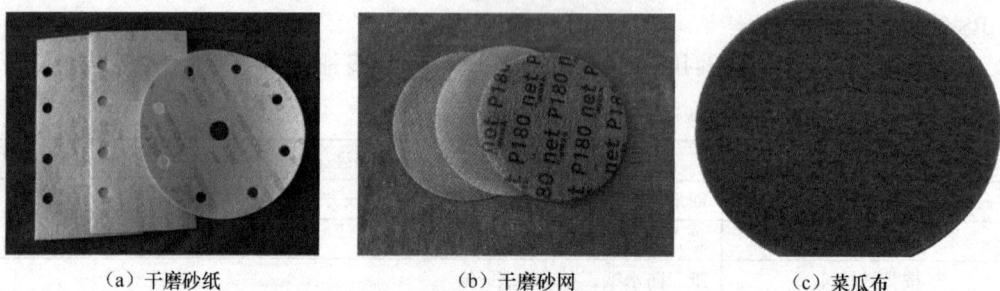

（a）干磨砂纸　　　　　　　（b）干磨砂网　　　　　　　（c）菜瓜布

图 2-3-3　干磨砂纸

百洁布有不同的颜色，以代表不同的砂纸粒度型号，通常红色百洁布相当于 P320～P400 水磨砂纸；灰色百洁布相当于 P800～P1000 水磨砂纸。

（3）干磨砂纸与水磨砂纸号数的比较。一般来说，在进行打磨操作时，采用干磨砂纸打磨时对砂纸的号数要求较严格，不同号数砂纸间的过渡要合理，号数变化不要超过 P100。与水磨砂纸相比，相同号数的干磨砂纸用机器法打磨后的痕迹要比水磨砂纸小得多。打磨效果相同时，采用干磨砂纸与水磨砂纸的号数对比，见表 2-3-2。

表 2-3-2　　　　　　　　　　　　干磨砂纸与水磨砂纸的号数对比

砂之种类	号数对比									
干磨砂纸	P60	P80	P120	P150	P180	P240	P280	P320	P360	P400
水磨砂纸	P150～P180	P180～P220	P240～P280	P280～P320	P320～P360	P400～P500	P500～P600	P600～P800	P800～P1000	P1000～P1200

2．打磨垫

（1）作用。打磨垫的作用是与砂纸配合进行打磨。无论是使用水磨砂纸还是干磨砂纸进行打磨操作时，尽量不要直接用手握砂纸打磨，这样会使打磨的质量无法保证，与砂纸配套的打磨垫是用砂纸打磨工件操作中必不可少的工具。

（2）种类。打磨垫有手工打磨垫和打磨机专用托盘两种。

① 手工打磨垫。手工打磨垫（也称磨块）分为水磨垫和干磨垫（干磨手刨）。水磨垫有硬橡胶垫、中等弹性橡胶垫及海绵垫 3 种。

a．硬橡胶垫。硬橡胶垫使用时要外垫水磨砂纸，一般用于湿磨原子灰层，把高凸的原子灰部分打磨掉，使表面达到平整的要求，如图 2-3-4（a）所示。其长短大小对磨平原子灰层有一定的影响，自制的打磨垫一般取厚 2～3cm 橡胶块裁剪成 11.5cm×5.5cm 的长方形，此打磨块适用于一张水磨砂纸竖横裁剪成 4 份，即尺寸为 11.5cm×14cm，既有利于水磨砂纸的充分利用，又灵活方便，是汽车维修业施工人员较普遍使用的操作工具。对于大面积波浪形物面的原子灰层可适当使用加长的打磨垫，也可用平整的水浸不易变形的木板代替。

b．中等弹性橡胶垫。中等弹性橡胶垫是一种辅助打磨工具，可利用它的柔软性，外包水磨砂纸打磨棱角和形状多变部位。市场上大部分中等弹性橡胶垫分两层（两面），一面是中等弹性橡胶，另一面是硬质塑料，兼具硬打磨块和中等弹性打磨块的功能，如图 2-3-4（b）所示。

c．海绵垫（见图 2-3-4（c））。海绵垫适用于漆面处理，如抛光漆面前垫细水砂纸磨平颗粒、橘皮纹等，不易对漆面造成大的伤害。还可将抛光砂纸与 3mm 厚海绵黏结成一体，制成打磨垫，进行抛光等精细研磨操作。

| (a) 硬橡胶垫 | (b) 中等弹性橡胶垫 | (c) 海绵垫 |

图 2-3-4　手工打磨垫

d．干磨手刨。干磨手刨是用来干磨的手工打磨垫，可以与搭扣式砂纸或纱网配合使用，形状为方形，根据实际工作需要有大、中、小各种不同的规格，如图 2-3-5 所示。干磨手刨握持舒适，操作方便。它最大的优点是能够与吸尘器连接，将打磨掉的粉尘收集，安全环保。它还可以在一定程度上弥补机器打磨不能灵活机动的缺点，操作方法更接近手工水磨。

② 打磨机专用托盘。用于电动式、气动式打磨机的打磨垫称为托盘。根据功能的不同，它有以下两种托盘。

a．快速搭扣式干磨托盘。此托盘由高密度海绵材料

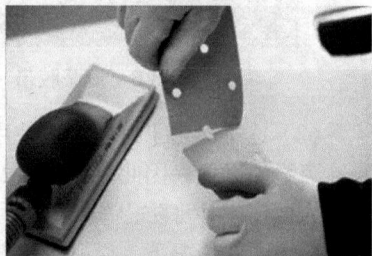

图 2-3-5　干磨手刨

制成，硬度适中，通过内六角头螺栓与打磨头连接，配合干磨砂纸，特殊表面设计能紧扣砂纸，装卸快速、方便、牢固，打磨时省时省力。由 FESTOOL 公司喷射流专利技术设计的九孔磨垫，气流通道设计能够显著增强吸尘效果，延长砂纸使用寿命，可大大降低砂纸消耗达30%，如图 2-3-6 所示。

b．软托盘。软托盘安装在快速搭扣式干磨托盘与搭扣式干磨砂纸之间，主要用于中涂漆打磨等后续较细研磨，如图 2-3-7 所示。

（a）托盘外形　　　（b）托盘内部气流路线

图 2-3-6　快速搭扣式干磨托盘

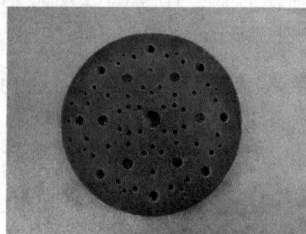

图 2-3-7　软托盘

三、遮蔽材料

在准备喷涂过程中，遮蔽是很重要的一个环节。对于不需要涂装的表面一定要遮蔽好，否则会引起不必要的收尾工作。遮蔽需要使用遮蔽材料，常用的遮盖材料为遮蔽纸和遮蔽胶带、遮蔽膜等。

1．遮蔽胶带

（1）作用。遮蔽胶带，又称美纹纸，俗称胶带，在家庭中也经常可以用到，所以其用途较广泛，如图 2-3-8 所示。

其涂胶面条纹呈纵向，黏性十足，耐高温性极佳，经高温剥离后不留残胶，具有易撕、黏性好、抗不同温度、不留残胶、柔韧性佳、容易清除不污染等特性。根据其纸张特质及胶系的配制不同而广泛应用于各种行业。其宜在常温下使用，适用于民用商业建筑装饰装修装潢、油漆、喷漆、分色、粉刷遮蔽及电子行业，如图 2-3-9 所示。

图 2-3-8　遮蔽胶带

图 2-3-9　遮蔽胶带的应用

（2）选择。由于遮蔽胶带使用的环境复杂，有的使用于炎热干燥的地区，有的则使用于寒冷潮湿的区域。因此，为了很好地完成喷漆前的遮蔽工作，所选用遮蔽胶带必须满足气候环境的变化，并可防止车间污物和灰尘对漆面的影响。有些遮蔽胶带有专门的用途，例如用在风干漆面的情况下。而有些遮蔽胶带适合在烘干的情况下使用。

（3）规格。高质量的胶带应具有防水功能，并且在湿打磨时不脱落。市场上出售的遮蔽胶带有 3mm、6mm、12mm、18mm、24mm、36mm、48mm 和 72mm 等多种尺寸。最常用的胶带为 6mm 和 18mm 两种。

另外，还有一种细胶带，这种胶带常用在两种颜色交界处或非专业喷漆时用，因为这种胶带柔性好、较薄，并且专门的聚丙烯胶带底层允许胶带粘贴在新喷的瓷漆或清漆面上，不会留下痕迹，如图 2-3-10 所示。这种胶带具有防止溶剂浸透功能。常用的细胶带宽度有 1.5mm、3mm、5mm、6mm、10mm、12mm 和 18mm 等几种。

目前市场上还有各种各样的专用胶带，是专门为车身特殊部位遮盖而设计的，如风窗玻璃密封条胶带、塑料软发泡胶带、缝隙遮盖胶条等。

2. 遮蔽纸

（1）作用。遮蔽纸是一种耐溶剂的纸，喷涂时可保护较大面积的被覆盖部分不受涂料的影响。

（2）种类。遮蔽纸一般制成 100cm、80cm、50cm 等不同宽度系列的纸卷。通过中间通孔可将其装于专用的遮蔽纸架上。图 2-3-11 所示的是一种常用的遮蔽纸架，架子上装有不同宽度的遮蔽纸和不同规格的遮蔽胶带，可以很方便地把胶带按需要粘贴到遮蔽纸的边缘。同时，架子上还装有一个切刀，可以根据需要切断一定长度的遮蔽纸，从而有效地提高工作效率。

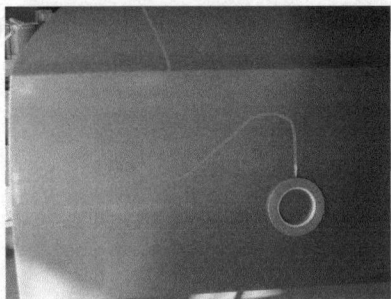

图 2-3-10　细胶带的应用

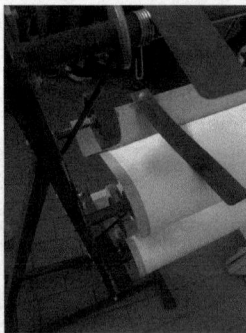

图 2-3-11　遮蔽纸架

还有一种经特殊处理的遮蔽纸，宽度有 8mm、15mm、23mm、30mm、38mm、46mm、69mm 和 91cm 几种。这种纸的一侧采用特殊材料处理，比另一侧光滑。通常应把光滑明亮的一侧朝外。也有的遮蔽纸两侧均用树脂进行浸渍处理，具有较好的防渗透功能和防污物功能，常用在基层和透明涂层喷涂过程中。

3. 遮蔽膜

遮蔽用的塑料薄膜通常为聚乙烯膜，如图 2-3-12 所示。其单位面积的价格要比专用遮蔽纸低，而遮蔽效率比遮蔽纸高。

4. 其他遮蔽材料

（1）车身罩。车身罩也称车衣，用于快速将整车遮蔽，只需将待涂装部位露出，并进行必要的遮蔽（用胶带及遮蔽纸等）即可，如图 2-3-13 所示。

图 2-3-12　聚乙烯膜

（2）车轮罩。车轮罩按车轮外形设计制造，能够快速遮蔽车轮，如图 2-3-14 所示。

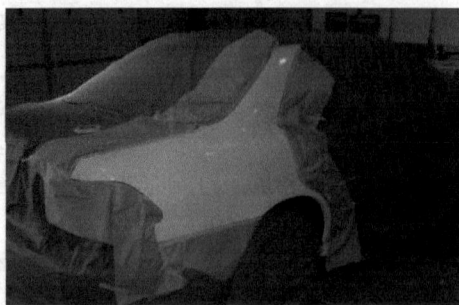

图 2-3-13　车身罩

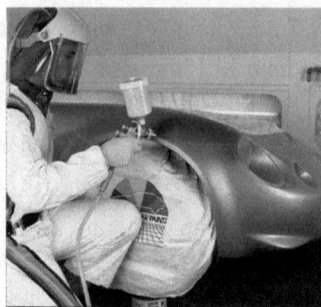

图 2-3-14　车轮罩的使用

一些小型的汽车维修企业常用报纸进行遮蔽。由于报纸较易被撕裂，因此使用报纸作遮蔽物时应小心。因为报纸中含有油墨，油墨可能会溶入涂料的溶剂中，使漆层存有走珠等缺陷。遮蔽纸和遮蔽胶带的使用是为了防止某些区域被喷溅到漆雾。

喷涂清漆时，应采用双层遮蔽纸进行遮盖，这样可以防止涂料中的稀料渗入，而损坏原漆面。当涂料足够干燥后，应立即拆除遮蔽纸和遮蔽胶带。由于遮蔽胶带拆除时会粘掉新喷的漆膜，所以通常不允许胶带接触或粘贴到新涂装的漆面上。

（3）缝隙胶带。缝隙胶带又称为泡棉胶带。它是用聚氨酯泡沫体加入黏结剂而制成的，呈圆柱形，能高效完成工件之间缝隙的遮蔽，防止涂料喷入缝隙，防止形成喷涂台阶。缝隙胶带有不同的尺寸，可根据缝隙的大小选择合适粗细的胶带，如图 2-3-15 所示。

图 2-3-15　缝隙胶带

注意

使用时应将胶带均匀贴在缝隙边缘处，不可突出或缩入缝隙边缘。

使用时反复调整到位置刚好合适，在弧度位置不可拉扯得过紧，避免回弹脱落。缝隙胶带使用时不要断断，而是从包装盒中持续拉出使用，以免断开部位补贴胶带，否则不仅浪费时间且效果还不好。喷涂完毕后，去除缝隙胶带时应沿着缝隙胶带水平方向缓慢用力拉除，否则容易拉断，速度反而更慢，如图 2-3-16所示。

（4）水性遮蔽液。水性遮蔽液是一种新型的遮蔽材料，水性遮蔽液的优点是可以直接用喷枪喷在需要遮蔽的板件上，方便高效，如图 2-3-17 所示。

图 2-3-16　缝隙胶带的使用

水性遮蔽液可在车辆施工前就涂于汽车表面，15min 即可固化成一层透明保护膜，对车身起到保护作用，另外，也能防止维修中轻微的划伤，抛光时还可以免受飞蜡污染。车辆表面的灰尘会被水性遮蔽膜黏附封闭在里面，这样也会减少喷涂面漆时的清洁工作，减少漆面脏点，减少抛光工作量。

当使用遮蔽膜、遮蔽纸遮蔽时，为了不影响视线及车辆移动，汽车要在驶入烤漆房后才能遮蔽风窗玻璃及轮胎。而喷涂的水性遮蔽膜是透明的，它可以提前喷涂在风窗玻璃和轮胎上，不影响车辆的移动，抛光完成后正常洗车，即可连同灰尘、表面的飞漆一并清除，从而大大减轻遮蔽、清洁的工作量。

图 2-3-17　水性遮蔽液

水性遮蔽膜属于水性产品，无毒、无刺激性气味、无重金属，对人体无害，故可以在车间里直接喷涂。其使用环保材料，可生物降解，所以下车废水可直接排入市政排水系统。使用水性遮蔽膜时，由于喷涂件旁边区域涂上去的涂料比较多，故需要在待喷涂部件周围贴一圈遮蔽纸，与完全使用报纸、遮蔽纸、遮蔽膜相比，它能大大减少固体垃圾，降低火灾隐患，故水性遮蔽膜属于一种先进的环保高效产品。

四、清洁材料

1. 擦拭纸

擦拭纸用于擦拭散落的涂料、清洗擦拭喷枪、清洁工作台等，也可用于清除板件表面的灰尘。汽车修补涂装所用的专用擦拭纸为大小不一的卷状，如图 2-3-18 所示。

2. 粘尘布

打磨后的板件尽管经过压缩空气吹拂甚至经擦拭纸等擦拭，但也不能完全清除灰尘，所以最好使用专用的粘尘布（见图 2-3-19）再将整个待涂装表面仔细擦拭一遍。

图 2-3-18　擦拭纸

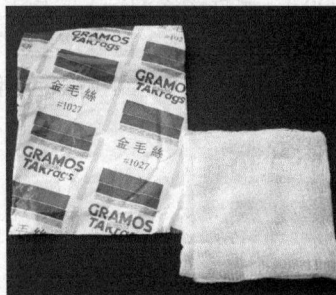

图 2-3-19　粘尘布

3. 除油剂/清洁剂

汽车的主要部件由钢铁等材料制成，在加工、储运过程中常使用以矿物或动、植物油脂为基础成分，加有各种有机添加剂或无机物质的油品进行保护。这是汽车钢铁部件表面的主要油污来源。另外，经除旧漆处理后的裸露金属表面，也会因操作过程（如手触摸）而沾有油脂。油污的存在，会影响酸洗除锈和磷化质量，影响涂层的干燥性能，降低涂层的附着力。

在进行正式喷涂之前，必须确保板件表面没有灰尘和油污，否则必然会造成喷涂缺陷。因此在正式喷涂之前，必须进行除油操作。

除油剂，也称为脱脂剂，一般封装于金属或塑料容器内，如图 2-3-20 所示。使用时可先将其倒在喷水壶内，如图 2-3-21 所示。

图 2-3-20 除油剂

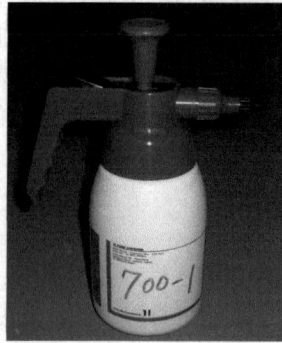

图 2-3-21 喷水壶

同一个涂料生产商所供应的除油剂会有不同的规格（型号），每一种类型的除油剂都有各自的特点和用途。

（1）360-4（金属除油剂）。其主要用于钢材、镀锌板及铝合金表面的清洁与除油。

（2）541-30（通用塑料除油剂）。其主要用于塑料表面的清洁、除油，并能清除塑料表面的脱模剂。

（3）541-5（除硅除蜡除油剂）。其主要用于有原厂底漆的新板件、旧漆层的清洁，能够清除灰尘、硅油、石蜡等。

（4）700-10（水性漆除油剂）。其主要用于水性漆系统，能够清除硅油、油脂和打蜡的残留物以及塑料件表面的脱模剂，并可消除塑料件表面的静电。

（5）700-1（水性漆除油剂）。其主要用于 1K（1K 表示单组分）中涂漆或水性底色漆系统。在中涂漆和底色漆施工前以及 90 系列水性漆驳口区域预处理时使用该除油剂，能够清除灰尘；用于塑料件时可起到抗静电的作用；还可以用来清洗水性漆喷枪。

五、原子灰

1. 定义

原子灰又称为聚合型腻子（俗称腻子），是一种膏状或厚浆状的涂料。它容易干燥，干后坚硬，能耐砂磨。

严格来讲，原子灰与通常所指的腻子是有区别的。通常所指的腻子一般是用油基漆作为黏结剂，加以熟石膏粉等填充料，并加入少量的颜料和稀释剂调和后作填补用。这种腻子干燥时间长，干燥后质地比较软而且会出现不同程度的塌陷，对其上面的漆膜具有一定的吸收作用，不利于涂装修补和面漆的美观，现已很少使用。20 世纪 80 年代，我国研制出了水性腻子，即用水作为稀释剂调和后使用。该种腻子在一定程度上对油性腻子的性能有所改善，但仍存在塌陷、吸收、质软等缺点，现在也已少用。而原子灰硬化时间短，常温下 0.5h 即可干燥硬化，并可以进行打磨；经打磨后的原子灰表面细腻光洁，表面坚硬，基本无塌陷，对其上面的涂料吸收很少甚至不吸收；附着能力强，耐高温，正常使用时不出现开裂和脱落现象，因此现在被广泛应用于汽车的维修和修补工艺中。

2. 作用

原子灰一般使用刮具刮涂于底材的表面（也有使用大口径喷枪喷涂的浆状原子灰，称为喷涂原子灰），用来填平底材上的凹坑、缝隙、孔眼、焊疤、刮痕以及加工过程中所造成的物面缺陷等。它可使底材表面平整、均匀，使面漆的丰满度和光泽度等能够充分地显现。

3. 组成

原子灰是由树脂、颜料、溶剂和填充材料等组成的。现在较为常用的原子灰树脂有聚酯树脂和环氧树脂等。环氧树脂原子灰具有良好的附着力、耐水性和防化学腐蚀性能，但涂层坚硬不易打磨，由于其附着力优良，可以刮涂得较厚而不脱落、开裂，多用于涂有底漆的金属或裸金属表面。聚酯树脂原子灰也有着优良的附着力、耐水性和防化学腐蚀性能，而且干后漆膜软硬适中，容易打磨，经打磨后表面光滑圆润，适用于很多底材表面（不能用于经磷化处理的裸金属表面，否则会发生盐化反应造成接触面不能干燥而影响附着力）。其经多次刮涂后，膜厚可达 20mm 以上而不开裂、脱落，所以是应用最为广泛的一种原子灰。现在常见的原子灰基本都是聚酯树脂原子灰。

原子灰中的颜料以体质颜料为主要物质，配以少量的着色颜料。填充材料主要使用滑石粉、碳酸钙、沉淀硫酸钡等，起填充作用并提高原子灰的弹性、抗裂性、硬度以及施工性能等。着色颜料以黄、白两色为主，主要是为了降低彩度，提高面层的遮盖能力。

原子灰多为双组分产品，以提高硬度和缩短干燥时间，但需要加入固化剂后方能干燥固化。聚酯树脂型原子灰多用过氧化物作为固化剂，环氧树脂型原子灰多用胺类作为固化剂。

4. 种类

按不同的分类方式，原子灰有不同的种类，表 2-3-3 给出了原子灰的分类方式、名称及特性。由于分类方式的不同，可能同一种原子灰会有不同的名称。

表 2-3-3　　　　　　　　　　　　　原子灰的种类及特性

分类方式	名称	特性
按漆基（黏结剂）	聚酯原子灰	是双组分涂料，漆基是聚酯树脂，使用有机过氧化物作为固化剂。 良好的附着力，刮涂厚度可达 3mm；良好的耐水性和耐化学品性能；涂层坚硬话中，易打磨；多用于旧涂层或裸钢板，不适用于镀锌板、不锈钢板、铝板和磷化处理的钢板，但喷一层底漆后可使用。这种原子灰在汽车维修业广泛采用
	环氧原子灰	是双组分涂料，漆基是环氧树脂，使用胺作为固化剂。 附着力强、可刮涂较厚、耐水和防腐性强，但干后坚硬不易打磨，涂厚也不脱落或开裂，多用于有底漆钢板或裸钢板。该材料不如聚酯原子灰，但常用于塑料类零件的修理
	硝基原子灰	是单组分涂料，主要是由硝酸纤维和醇酸树脂或丙烯酸树脂组成。 用于刮涂填补中涂漆打磨后的划痕、针孔，不能填充大的缺陷。由于是单组分，应限制其用量
按作用	普通原子灰	通常指聚酯原子灰
	合金原子灰	也称金属原子灰，性能比普通原子灰优良。除了不适用磷化处理的探金属表面，其他表面都可以使用
	纤维原子灰	适用于需要修补直径小于 5mm 小洞钢板的填平。表面有纤维状，需要聚酯原子灰补平
	塑料原子灰	专用于塑料件的填平，质地软，可干磨也可水磨。需用聚酯原子灰补平。一般漆基是环氧树脂、颜料或填料。是短或长的玻璃纤维

续表

分类方式	名称	特性	
按作用	幼滑原子灰	又称填眼灰、快干腻子、油灰、拉克腻子。通常指硝基原子灰	
按颜料或填料	重型腻子	聚酯树脂和滑石粉	共性：漆基都是聚酯树酯
	轻型腻子	微型球状玻璃颗粒，极细的滑石粉，聚酯树脂	
	优质腻子	微型球状玻璃颗粒，滑石粉、聚酯树脂、特殊化学添加剂	
	短纤维型	短玻璃纤维丝，聚酯树脂	填补小面积锈穿和缺口
	长纤维型	长玻璃纤维丝，聚酯树脂	修补≥40mm 的孔洞、划伤、裂纹
	加铝型腻子	铝片或铝粉，聚酯树脂	修复古董车
	聚酯油灰	高树脂成分，细滑石粉，微型球状玻璃颗粒	与硝基填眼灰不同，可喷涂
	可喷漆型腻子/聚酯底层	高黏度聚酯树脂，滑石粉颗粒，液态硬化剂	指现在所说的中涂

不同涂料生产厂家对其生产的原子灰分类方法不同，所生产的各类型原子灰的特点与用途也各有差异。如日本立邦油漆公司生产的"耐可施（nax）"系列汽车修补原子灰主要有：修补原子灰（为单组分硝基原子灰，主要用于细小凹陷修补）、中间原子灰（为双组分不饱和聚酯原子灰，主要用于防锈钢板和浅度或中度凹陷修补）、钣金原子灰（为双组分不饱和聚酯原子灰，主要用于防锈钢板和深度凹陷修补）。德国 BASF 油漆公司生产的汽车修补用原子灰有多功能原子灰（839-20/20K，米色）、超细原子灰（839-25）、通常型原子灰（839-70/70K，浅灰）、刷涂型原子灰（839-80）、塑料件原子灰（839-90）、玻璃纤维原子灰（901-21）、高浓聚酯喷涂原子灰（1006-23，灰色）等。每一种原子灰都具有各自的特点、适用范围及工艺要求，选择及使用时，一定要认真阅读其技术说明书。

······□ 任务总结 □······

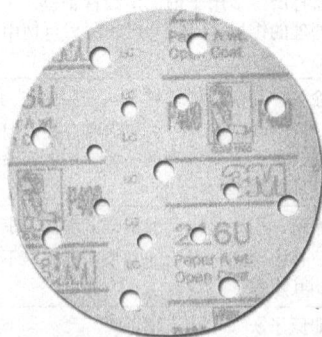

视频

常用涂装材料

1. 涂料

（1）定义。涂料是涂布于物体的表面，能够形成具有保护、装饰或其他特殊功能的固态保护膜的一类液体或固体材料的总称。

（2）作用。涂料涂覆在汽车零件的外表，使其形成一层薄的保护膜，起到保护和装饰的作用。

（3）种类。汽车修补涂料通常是指底漆、原子灰、中涂漆、面漆（底色漆）和清漆。

2. 打磨材料

（1）砂纸。

① 用途。砂纸用于除锈，打磨旧涂层、原子灰及中涂漆等。

② 结构。将各种不同粒度的磨料通过黏结层黏结于基材上，制成各种规格的砂纸。

③ 规格。砂纸的规格用磨料粒度的大小表示，一般标注在砂纸的背面，用"F××"和"P××"表示。

④ 分类。砂纸分为水磨砂纸和干磨砂纸。

（2）打磨垫。

① 作用。打磨垫的作用是与砂纸配合进行打磨。

② 种类。打磨垫有手工打磨垫和打磨机专用托盘。

③ 手工打磨垫。手工打磨垫分为水磨垫和干磨垫（干磨手刨）两种。

3. 常用遮蔽材料

（1）遮蔽胶带。

① 作用。遮蔽胶带用于将遮蔽纸粘贴于车身表面。

② 选择。根据使用环境选择胶带类型。

（2）遮蔽纸。

① 作用。喷涂时，遮蔽纸可保护较大面积的被覆盖部分不受涂料的影响。

② 种类。遮蔽纸一般制成 100cm、80cm、50cm 等不同宽度系列的纸卷。

（3）遮蔽膜。用于遮蔽更大面积车身的塑料薄膜通常为聚乙烯膜。

（4）其他遮蔽材料：车身罩、车轮罩、缝隙胶带、水性遮蔽液等。

4. 清洁材料

（1）种类。清洁材料主要有擦拭纸、粘尘布、除油/清洁剂等。

（2）擦拭纸。擦拭纸用于擦拭散落的涂料、清洗擦拭喷枪、清洁工作台等。

（3）粘尘布。粘尘布用于清除灰尘。

（4）除油剂。除油剂配合除油布清除板件表面的油污。

5. 原子灰

（1）定义。原子灰又称为聚合型腻子（俗称腻子），是一种膏状或厚浆状的涂料。

（2）作用。原子灰用来填平底材上的凹坑、缝隙、孔眼、焊疤、刮痕以及加工过程中所造成的物面缺陷等，使底材表面平整、均匀，使面漆的丰满度和光泽度等能够充分地显现。

（3）组成。原子灰由树脂、颜料、溶剂和填充材料等组成。

（4）种类。原子灰按作用分类主要有普通原子灰、合金原子灰、纤维原子灰、幼滑原子灰等。

□ 问题思考 □

1. 解释砂纸型号"F60"和"P80"的含义。
2. 砂纸有哪些种类？各类型砂纸的主要用途是什么？
3. 水磨垫有哪些种类？各类型水磨垫的主要用途是什么？
4. 遮蔽胶带有哪些种类？各类型胶带的主要用途是什么？
5. 常用的清洁材料有哪些种类？各类型清洁材料的主要用途是什么？
6. 常用的原子灰有哪些种类？各类型原子灰的主要用途是什么？

□ 学习目标 □

1. 正确描述进行漆膜损伤评估的重要性。
2. 正确描述汽车涂层的类型及各类型涂层的特点。
3. 正确描述各类型原厂涂层的厚度范围。
4. 正确使用高压水清洗机进行全车清洗。
5. 能够用稀释剂法鉴别涂层的类型。
6. 能够用目测法、触摸法和直尺法评估漆膜损伤的程度。
7. 能够用观察法和打磨法鉴别不同结构涂层。
8. 能够采用不同的方法鉴别漆膜的类型。
9. 能够用打磨法、测量涂层厚度法、磁力检测法判定汽车是否经过漆膜修补。
10. 培养安全操作规范意识。
11. 培养分析并解决问题的能力，培养团队协作的能力。

□ 相关知识 □

一、损伤评估的重要性

如图 3-1-1 所示，这是一台漆膜受损的车辆，其前、后门中部有漆膜损伤。对这类漆膜损伤进行修复时，第一步便是进行漆膜损伤程度的评估。

正确地评估损伤程度，是确定维修成本、保证涂装质量的关键因素之一。对漆膜损伤进行了正确的评估后，才能确定修补范围，从而确定各道工序处理的范围、过渡区域、需遮盖保护的部位、需拆卸的零件等，为后续工作的正确实施及保证满意的修补质量奠定基础。

鉴别车身表面的涂层类别，在修补涂装工艺中是非常重要的。如果漆膜没有正确鉴别，那么在施涂面漆时会出现严重的问题。例如，准备修理的车身板件以前涂装的是硝基漆，那么在中涂漆后面的涂层中，所含有的

图 3-1-1　漆膜受损的车辆

稀释剂就会透入以前施涂的硝基漆，这会引起涂装表面产生"皱纹咬底"（收缩）等缺陷。为了防止发生此类问题，在处理底材时须正确鉴别涂层的类型，以便选用与其配套的涂装

材料。

为了便于进行漆膜损伤评估及后续作业，首先应进行全车清洗（或对损伤区域局部清洁）。虽然涂装操作可能只针对车身的某一块板件或板件的某一部分，但仍需要彻底清洗车上的泥土、污垢和其他异物，尤其注意门边框、行李箱、发动机罩缝隙和轮罩处的污垢，避免新涂装漆膜上沾上尘点。

二、涂层标准

1. 车身涂层的类型

按面漆的施工工艺，车身涂层可分为单工序面漆、双工序面漆和三工序面漆。

（1）单工序面漆。单工序面漆也称素色漆，其涂层结构如图 3-1-2 所示。单工序是指面漆仅施工一次即可获得所需颜色和光泽。形成的漆膜既有遮盖力（能遮盖住底漆颜色，呈现需要的颜色），还有一定的光泽度，并且还有很好的抗机械损伤能力。白色的普通桑塔纳轿车和红色捷达轿车多为单工序面漆。

（2）双工序面漆。双工序面漆通常指金属漆，其涂层结构如图 3-1-3 所示。双工序是指面漆需要分两次施工才能达到施工要求：第一次要喷涂底色漆，底色漆为金属漆或珍珠漆，干燥以后只能提供遮盖力，展现出绚丽的金属光泽；第二次要喷涂清漆，清漆层能提供光泽度和抗机械损伤的能力。底色漆层和清漆层合起来构成面漆层（见图 3-1-3 中的 D），现代轿车绝大多数是双工序或多工序的面漆。

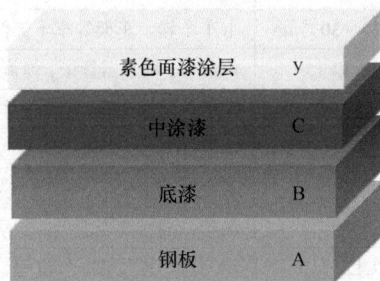

图 3-1-2　单工序面漆　　　　　图 3-1-3　双工序面漆

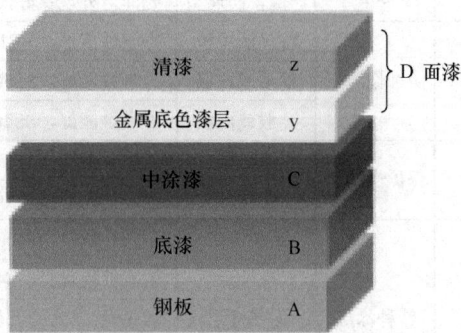

目前，素色漆也有采用双工序结构的，即在喷涂面漆时，第一层为素色漆，第二层为清漆。在进行漆膜修补时，操作人员通常使用原子灰。修补后的双工序金属漆涂层结构如图 3-1-4 所示。

（3）三工序面漆。三工序面漆顾名思义就是面漆层要分 3 次施工才能获得，通常指部分种类的珍珠漆，如图 3-1-5 所示。施工时第一次要喷涂底色漆，这种底色漆为没有金属颗粒的素色；第二次喷涂珍珠层，喷涂的方法和喷涂的道数有严格要求，否则会影响到涂层的颜色；第三次喷涂清漆层，喷涂方法与双工序一致。

2. 车身涂层的等级

车身涂层根据汽车各零部件的使用条件、涂装要求、材质及结构的不同，又可分为若干组和若干等级，见表 3-1-1。

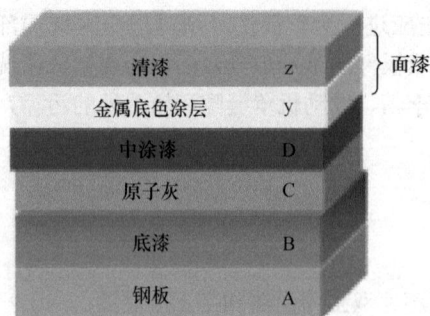

图 3-1-4　修补过的双工序金属漆涂层结构　　图 3-1-5　三工序漆膜结构

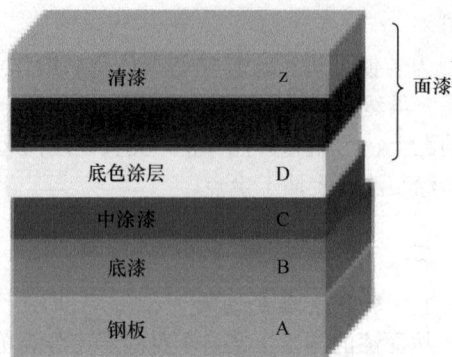

表 3-1-1　　　　　　　　　　　　　　　汽车涂层的等级

分组	涂层名称	等级	涂层特性及主要指标	适用对象举例
1	装饰保护性涂层	高级或甲级	DOI 0.9～1.0，S.S1000 h 以上，δ100μm 以上	中高级轿车车身
		优质或乙级	DOI 0.6～0.8，S.S720 h 以上，δ（80～100）μm	轻卡车身，面包车和客车车身 大众化的轿车车身
		一般或丙级	DOI 0.3～0.5，S.S500 h 以上，δ55μm 以上	载重汽车驾驶室，轿车车内装饰件，车身塑料件
2	保护装饰性涂层	优质，防蚀型	光泽，外观优良 S.S500 h 以上，δ50 以上	金属货箱
		一般，防腐型	光泽，外观良好，防腐蚀性良好	铁木混合货箱
3	防蚀性涂层	特优或甲级	力学性能好，S.S1000h 以上，δ30μm 以上	轿车车架、车轮等车下部件
		优质或乙级	力学性能好，SS500h 以上，δ（20～30）μm	卡车车轮，车架等车下部件
		一般或丙级	力学性能好，SS200h 以上，δ20μm 以上	内部件，散热器管子、弹簧等
4	保护性涂层	快干型	能快干或自干，S.S100h 以上，δ（20～30）μm	发动机总成车轿，传动轴总成
		防腐型	耐水性，耐酸性好	木质件
5	特种涂层	耐酸涂层	耐酸性优良，δ40μm 以上	蓄电池固定架
		耐汽油涂层	耐汽油性优良，δ40μm 以上	油箱、油精内表面
		耐热涂层	耐热性（500℃）优良，δ20μm 以上	消声器、排气管、气缸垫
		防声绝热涂层	对声音振动的阻尼性好，δ（2～3）μm	车身底部下表面，夹层内
		抗崩裂涂层	抗石击，耐崩裂性优良	轿车车身的门槛以下

注：1. 表中 DOI 为鲜映性（以车身水平面涂层的 DOI 值为准），S.S 为耐盐雾性，δ 为涂层的总厚度；

2. 第 1、2 组涂层的耐候性也应是其主要指标，即在广州、南海岛地区晒 2～3 年或使用 3～4 年，耐候性应优良（如不起泡、不粉化、不生锈、不开裂、失光和变色不超过明显级等）

　　汽车涂层标准是汽车产品设计和涂装工艺设计的依据，是涂层质量认可和现场质量检查的基准及指南。出于市场竞争之需要，各汽车公司都有自己独特的涂层标准，其质量指标往往高于国家的统一标准。涂层性能的测试方法一般是采用国际标准和国家标准方法，但也有很多汽车公司是采用自己制定的方法，或与材料供应厂商协商确定的测试方法。各汽车集团公司的涂层标准一般属技术机密。

3. 原厂涂层结构

　　汽车涂装一般属于多层涂装，按涂层（Coat）的层数及烘干（Bake）次数不同，又可分为单层（1Coat 1Bake，1C1B）、双层（2C2B）、三层（3C3B）、四层（4C4B）、五层（5C5B）和发展到今天的最高达 7C5B 等涂装体系。涂层的总厚度也由原来的 30～40μm 增加到 130～150μm，逐步实现了由低级到高级的过渡，能够初步满足汽车工业对不同档次车辆涂装的要求。汽车总装厂通常所采用的涂装系统大体上可归纳为以下几类。

（1）底漆→原子灰→本色面漆。

（2）底漆→原子灰→中间涂料→本色面漆。

（3）底漆→原子灰→中间涂料→单层金属闪光漆。

（4）底漆→原子灰→中间涂料→金属闪光底色漆→罩光清漆。

（5）底漆→原子灰→中间涂料→本色底色漆→罩光清漆。

（6）底漆→原子灰→防石击中间涂料→中间涂料→金属闪光底色漆→罩光清漆。

（7）底漆→原子灰→中间涂料→金属闪光底漆→底色漆→罩光清漆。

（8）底漆→原子灰→防石击中间涂料→中间涂料→金属闪光底漆→底色漆→罩光清漆。

上述涂装系统中，第（1）类是汽车工业发展初期所采用的涂装系统，国外基本不采用了，但在我国的一些低档车辆如载货车、农用车、公共汽车等仍然采用；第（2）、（3）类在国外被用于大型车辆如巴士、卡车等中档车上，国内则用于小型面包车、各种微型车等中高档车上；第（4）、（5）类则用于轿车的涂装中；第（6）、（7）、（8）类是最近几年才发展成功的一种新型的涂装系统，其中的金属闪光底漆不同于以往的金属闪光底色漆。在这一道涂层中不含着色的透明颜料，只有铝粉、珠光粉之类的闪光颜料，而在底色漆中则仅仅含有某些透明的着色颜料，不含闪光颜料。采用这类涂装系统，涂层装饰性更为优越，外观显得更加美观、豪华、别致；铝粉和珠光粉的排列更为规整，闪烁均匀，立体感强。观察这类涂层时，明显地感受到它不同寻常的丰满度、深度，其艺术感染力更为强烈。现代轿车涂装系统中，由于板材加工成形工艺精湛，因此原子灰层多数都被取消了。典型的原厂金属漆涂层结构如图 3-1-6 所示。

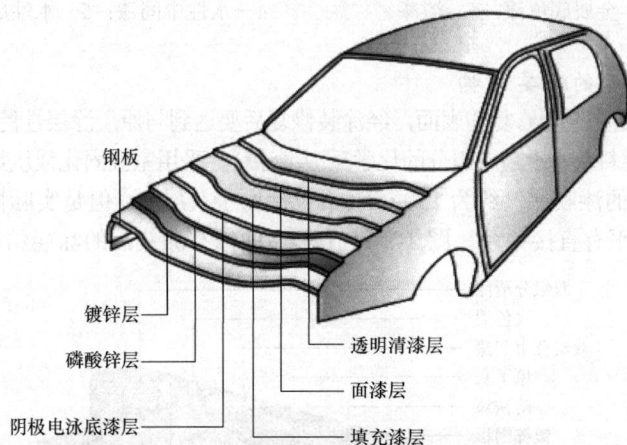

钢板
镀锌层
磷酸锌层
阴极电泳底漆层
透明清漆层
面漆层
填充漆层

图 3-1-6　原厂金属漆涂层结构图

4．原厂涂层厚度

（1）单工序的素色漆。如图 3-1-7 所示，传统型（溶剂涂料）单工序的素色漆从底到面的总膜厚度为 100～120μm。单工序水性素色漆涂层厚度为 110～130μm，其涂层结构如图 3-1-8 所示。

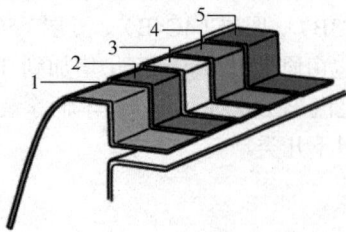

图 3-1-7　单工序素色漆原厂涂层结构

1—钢板；2—磷酸锌涂层；3—阴极电泳涂层；
4—中间漆；5—单色面漆

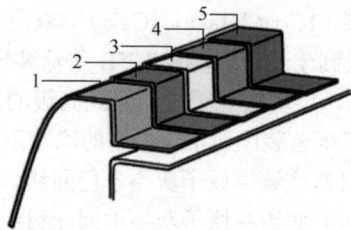

图 3-1-8　单工序水性素色漆涂层结构

1—钢板；2—磷酸锌涂层；3—阴极电泳涂层；
4—水性中间漆；5—水性面漆

（2）双工序的金属漆。如图 3-1-9 所示，双工序的金属漆从金属底材到表面的总膜厚度为 $100\sim130\mu m$。漆膜抗刮、抗磨等机械性能好，光泽均匀。双工序水性金属漆涂层的厚度为 $110\sim140\mu m$，其涂层结构如图 3-1-10 所示。

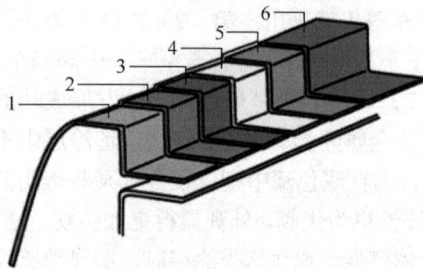

图 3-1-9　双工序金属漆原厂涂层结构

1—钢板；2—磷酸锌涂层；3—阴极电泳涂层；
4—中间漆；5—金属底色漆；6—清漆

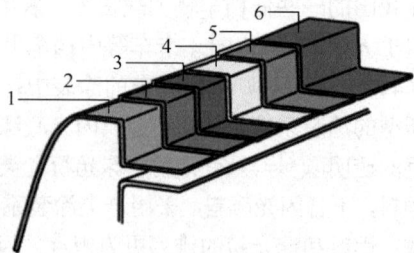

图 3-1-10　双工序水性金属漆涂层结构

1—钢板；2—磷酸锌涂层；3—阴极电泳涂层；
4—水性中间漆；5—水性底色漆；6—2K 清漆

5. 修补涂装后的涂层结构

修补后的涂层是指钣金修复的表面，经涂装修复后要达到与原厂涂层性能相近的漆膜。修补涂装过程所用的原材料基本上为双组分的化学反应型涂料，采用室温固化或烘烤强制固化工艺。

按要求维修后的漆膜厚度约为 $150\mu m$（不包括原子灰层），但是实际情况与维修材料和维修技师的技术水平有直接关系。图 3-1-11 为典型的修补涂装后的涂层结构。

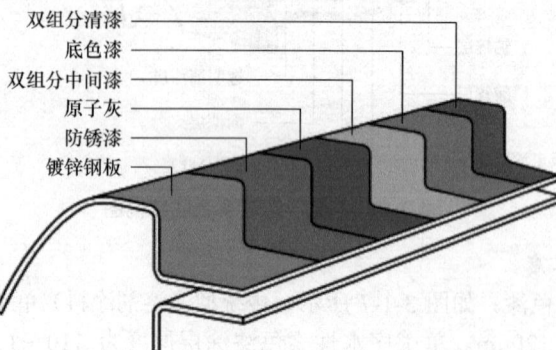

双组分清漆
底色漆
双组分中间漆
原子灰
防锈漆
镀锌钢板

图 3-1-11　典型的修补涂装后的涂层结构

三、全车清洗

全车清洗的一般方法是：先用干净水冲洗表面，使用专用车辆清洗剂清洗，然后用水彻底冲净，再用压缩空气吹干。

如车体较干净，而漆膜损伤区域较小，可以用擦拭纸在较大范围内进行清洁处理。

1．劳动安全与防护

操作前，必须牢记以下劳动安全事项。

（1）必须穿好工作服。

（2）在使用高压水清洗机时，必须穿戴好护目镜（或面罩）、橡胶手套、水鞋及防水围裙。

（3）无论何时，禁止将压缩空气气枪对着别人。

（4）无论何时，禁止将高压水清洗机喷枪对着别人。

（5）剩余的洗涤剂、门窗玻璃清洁剂等，不能随意倒掉。

2．场地准备

（1）可停放大型车辆的混凝土地坪或相当于混凝土的地坪，操作、排污水方便。

（2）高压水源。最好使用冷热水高压泵。

（3）足够长度的水管，这种水管的手柄上装有控制水流的开关。

3．设备与工具准备

（1）高压水清洗机、泡沫机、一定数量的水桶、专用洗车手套、海绵或泡沫塑料、洗涤剂、门窗玻璃清洁剂、泡沫液、喷水壶、刮水板、抹布、大毛巾、麂皮布等。

（2）空气压缩机、气管、气枪等。

4．清洗步骤

（1）连接好高压水清洗机的电源和进水管。

注意

洗车作业用水要求清洁无污染，严禁使用未经过滤或受污染的水源，以免影响清洗效果，或对汽车外表产生损伤。但在通常情况下，只要使用自来水或符合标准的循环水就基本符合要求。

（2）连接好泡沫机的压缩空气管，按规定比例从加液口加入泡沫液和水（水和泡沫液加入量通过观察泡沫机侧面的透明刻度管来确定），如图 3-1-12 所示。

（3）调整泡沫机的气压至规定值（泡沫机说明书建议值），如图 3-1-13 所示。

（4）取出地毯清洗、晾干，清理烟灰盒、沙发坐垫等物品。

（5）关好车门窗（这一操作很重要）。

（6）在开始清洗汽车之前将汽车表面淋湿，可以大大减少划伤汽车表面的可能性。可以用高压水清洗机，调整水枪花洒喷射水流进行清洗。

（7）调整高压水清洗机为柱状水流，对缝隙和拐角等容易积存砂土的地方进行冲洗，特别是车轮上方的车身圆弧里，由于车轮滚动甩上来大量的泥沙和污物，一定要清洗干净。

（8）喷洒泡沫。喷洒的泡沫要均匀、适量，喷洒泡沫应按从上到下的顺序来进行。

图 3-1-12　加泡沫液和水

图 3-1-13　调整泡沫机气压

（9）戴好专用洗车手套（或用软海绵块）擦车，如图 3-1-14 所示。擦车的顺序是：车顶、风窗玻璃、发动机罩、保险杠、灯具、车的一个侧面（包括玻璃）、车身后部（包括玻璃、尾灯）、车身的另一侧（包括玻璃）以及车轮。

注意

对于轮胎和门槛下缘等车体下部部位，一定要用专用的海绵或刷子单独清理，防止工具混用对车漆和玻璃造成意外损伤，如图 3-1-15 所示。必要时可配合喷水壶进行辅助喷水。

图 3-1-14　用专用洗车手套擦车

图 3-1-15　用刷子清洁车轮

（10）二次冲洗。水压调低，扇面调大，冲掉泡沫即可。

（11）刮水。用刮水板将车身上的水膜刮干净，如图 3-1-16 所示。

（12）精细擦拭。用大毛巾及麂皮布将整个车身擦拭干净。

麂皮布一定要浸泡透、拧干后再使用，这样它的吸水性会更好。

（13）吹干。锁孔、门缝、车窗密封条、后视镜、油箱盖等部位用压缩空气辅助吹干，尤其是钥匙孔里的水分更要吹干净，如图 3-1-17 所示。

图 3-1-16　刮水

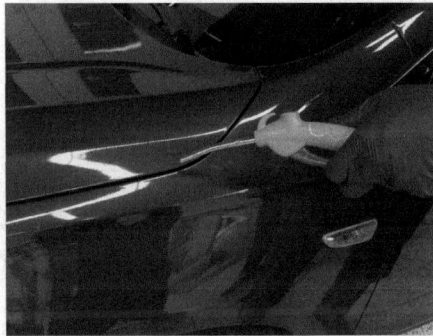

图 3-1-17　用压缩空气吹净缝孔内的积液

四、漆膜损伤程度评估

由于碰撞造成的车身损伤外观上看较明显，关于该种损伤的分类和评价在车身钣金维修中会有详细的介绍，对于涂装维修来说不做过多要求。汽车涂装技师要掌握的是车身覆盖件的轻微变形（不需要钣金修复或者只要简单的敲打就可恢复的变形），以及车身板件的腐蚀等损伤的评估方法。

评估漆膜损伤程度的方法有目测法、触摸法和直尺法。

1. 目测法

根据光照射板件的反射情况，以评估其损伤的程度及受影响的面积的大小，如图 3-1-18 所示。稍微改变人的眼睛相对于板件的位置，即可看到微小的变形和损伤。

目测评估车身损伤的内容主要有：观察车身有无划伤、锈蚀损伤，车身覆盖件有无凹坑和凸起变形等。

（1）对于板件外表破损形成锈蚀的部位，一般都会有红色或黄色的锈迹，比较容易观察到，如图 3-1-19 所示。需要注意的是，有些锈蚀是从板材的底部开始的，尤其是经过车身修复的部位，从外表看不到锈迹，只是在板件表面有不规则的凸起。把凸起部分敲破就能看到板材的锈蚀情况。一般情况下，已经在板件表面产生凸起的，基本上板材都已经被锈蚀穿了。修复锈蚀损伤时，必须要处理到金属板材，并做防腐处理。

（2）观察车身覆盖件的凹坑和凸起变形。根据光线照射到不同形状板件后反射的情况进行判别。观察时目光不要与板件垂直，而是有一定的角度，角度的大小根据光线来调整，以能看清板件表面情况为准。如果板件表面有变形，由于变形部位与良好部位反射光线不同，眼睛就会很容易地观察到变形的部位。找到损伤部位以后，要及时做好标记，便于维修。

图 3-1-18　目测法评估漆膜损伤

图 3-1-19　车身锈蚀

2. 触摸法

如图 3-1-20 所示，戴上手套（最好为棉质），从各个方向触摸受损的区域，但不要用任何压力。触摸的时候要将注意力集中在手掌上的感觉，以感觉来评定板件的不平度及漆膜损伤情况。为了能准确地找到受影响区域的不平整部分，手的移动范围要大，要包括没有被损伤的区域，而不是仅触摸损坏的部分。此外，有些损伤的区域，手在向某个方向移动时，可能比向另一个方向移动时更易感觉到。

彩图

图 3-1-19

3. 直尺法

如图 3-1-21 所示，将一把直尺放在车身与损坏区域对称的没有被损伤的区域上，检查车身和直尺间的间隙；然后将直尺放在被损伤的车身板件上，评估被损伤的和未被损伤的车身板之间的间隙相差多少，来判断损伤的情况。同时可用直尺测量损伤区域的相关尺寸，以估算损伤面积。

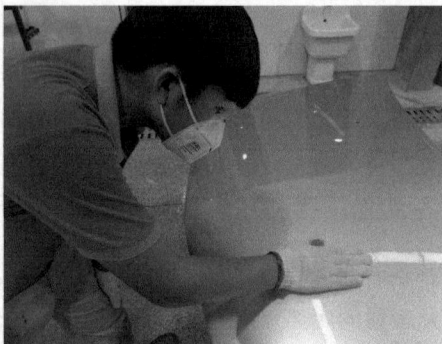

图 3-1-20　触摸法评估损伤程度

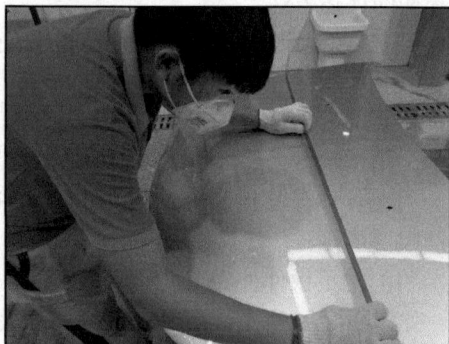

图 3-1-21　直尺法评估损伤程度

如果在用直尺进行评估时，损伤件有凸出部分，将影响评估操作，此时可用冲子或鸭嘴锤，将凸起的区域敲平或稍稍低于正常表面，如图 3-1-22 所示。

实际评估时，通常是各种方法综合运用，以获得准确的评估结果。评估过程中，一定要随时做好记录，以便为后续的维修方案制订提供依据。

对于损伤的表面（包括做完钣金修复后的表面），如果凹陷深度不超过 3mm，可直接进行涂装修复；如果大于 3mm，则需要先进行钣金修整，直到凹陷深度符合要求，再进行涂装修复。

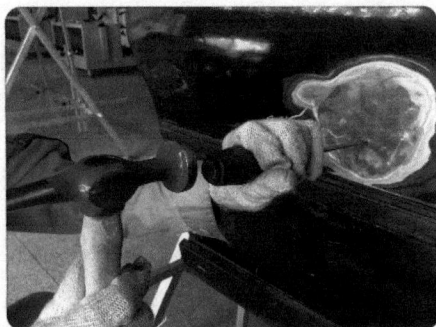

图 3-1-22　敲平损伤件的凸出部分

五、不同结构涂层鉴别

1. 观察法

因为单工序面漆（素色漆）中没有金属颗粒，只有颜料，比如红、白、黑、偏黄白等。漆膜外观看上去没有金属闪烁感，同时，由于面漆之上没有清漆层，立体感不强，即各方向观察颜色基本一致。

多工序面漆多为金属漆，底色漆里含有金属及金属氧化物颗粒，比如铜、铝、氧化铜等。阳光反射后，其有明显的金属闪光感。加上透明的清漆层对光线的折射作用，使漆面富有立体感。如果角度合适还会发生光线干涉现象，使漆膜表现得更加耀眼夺目。另外，银粉呈现出与铝材或者不锈钢一样的金属闪光感，珍珠漆呈现出各自颜色的闪光感，如蓝珍珠呈现出蓝色的闪光感、红珍珠呈现出红色的闪光感。

2. 打磨法

（1）工具准备。P2000 抛光砂纸、喷水壶、抹布等。

（2）操作步骤。

① 在车身涂层上选一块不显眼的位置，比如车门、油箱盖、行李箱盖等处的内侧。用P2000 抛光砂纸轻轻打磨。打磨时一定要加水湿磨，因为干磨下来的清漆也呈现灰白颜色，不容易分辨。加些水湿打磨后，磨掉的清漆就不会显示颜色了。

② 观察打磨后砂纸上附着的涂料颜色，如果是带颜色的（与车身漆色相同），说明面漆是单工序的。如果打磨后砂纸上没有颜色，说明面漆是双工序或三工序漆层，打磨下来的是清漆，如图 3-1-23 所示。

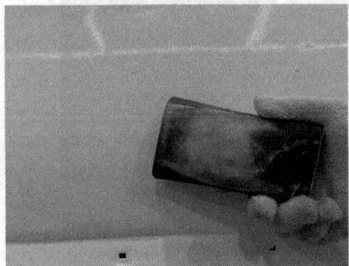
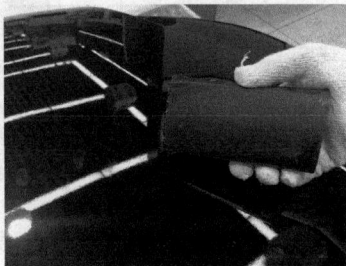

彩图

（a）打磨后有颜色　　　　　　（b）打磨后没有颜色　　　　　图 3-1-23

图 3-1-23　打磨后砂纸附着色

3. 仪器测试法

分光测色仪是颜色测量中最基本的仪器，通过测量物体的光谱反射因数或光谱透射比，计算求得样品颜色的三刺激值及其他颜色参数。它使用方便，精度高，获得表征颜色的各种参数方便，如今已经成为颜色测量行业应用最为广泛的仪器。使用颜色测量仪器来代替人眼分辨颜色，不仅可非常有效地提高产品质量，且高精度的颜色测量是计算机配色的前提条件。它可以显示可见光波段（400~700nm）中物体的反射比与透射比，并可通过接口与计算机通信，给出物体反射色的光谱曲线，大大方便了对物体色彩的分析，从而快速地获取面漆的配方表，根据配方表中的色母种类，知道面漆是哪种类型的金属漆。

（1）使用设备。分光测色仪、计算机、数据库等。

（2）操作步骤。

① 清洁。汽车在日常使用过程中漆面有氧化物或者表面有许多污物，会影响颜色测量和比对效果，所以首先要对损伤部位表面进行清洁和抛光处理，以免与车身有颜色差异。

② 测试。将分光测色仪贴于车身面漆表面，按"测试"键测试色漆光谱。然后连接计算机生成颜色配方，就可以根据配方中的色母知道是哪种类型的金属漆。

4. 计算机查询法

打开计算机的配方查询系统，输入车型、生产日期、颜色代码，然后按"回车"键查询。根据查询的配方，就能知道所用的色母类别，从而知道面漆是哪一类金属漆。

六、不同类型漆膜鉴别

1. 溶剂擦拭法

用普通的硝基稀释剂在原涂层上进行涂抹擦拭，通过观察有无溶解现象判别原涂层是否为溶剂挥发干燥型涂料。

检查时使用白色的除油布浸适量的硝基稀释剂在破损涂层周围或在车身隐蔽处轻轻擦拭，如果原涂层溶解，并在布上留下颜色痕迹，说明原涂层属于溶剂挥发干燥型涂料，如图3-1-24所示。如果原涂层不溶解，说明原涂层属于烘干型或双组分型涂料。丙烯酸聚氨酯型漆层不易溶解，但稀释剂会减少漆面光泽。若原涂层为溶剂挥发干燥型涂料，则在修补喷涂时要充分考虑新涂层中的溶剂成分是否会溶解原涂层，造成咬底等漆膜缺陷。

（a）溶剂挥发干燥型　　　　　　　　　　　　（b）烘干型或双组分型

图3-1-24　用溶剂擦拭法确定车身原有涂层类型

2. 加热判定法

加热判定法可用来判别原涂层是热塑性还是热固性涂料。如果原涂层为热塑性涂料，则在修补喷涂时应选用同类型的涂料，或将旧涂层完全打磨掉后再进行涂装。用红外线烤灯对漆膜进行加热，如图 3-1-25 所示（注意控制加热温度，过热易损伤漆膜），如果漆面有软化现象则可证明为热塑性涂料。

3．硬度测定法

由于各种涂料干燥后漆膜的硬度不同，大体上看，双组分型涂料和烘干型涂料硬度较高，而溶剂挥发干燥型涂料硬度较低，所以可使用硬度计测量漆膜的硬度来进行区分。

4．厚度测试法

各种涂料由于性质不同，其涂层厚度是不一样的，所以可通过用膜厚仪（见图 3-1-26）测定漆膜厚度来判定涂料的大致类型。但是这种方法测定结果不是十分准确，它主要用来检测漆膜的损伤。因为修补过的涂层厚度基本都会超过 150μm，要比原厂漆膜厚，但这种方法不会损伤漆面。

图 3-1-25　加热判定法判定漆膜类型

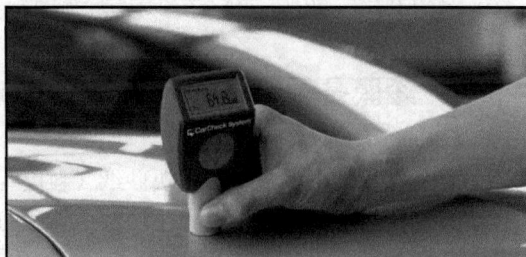

图 3-1-26　膜厚仪

5．计算机检测仪法

利用计算机调色系统可直接获得原车面漆的有关资料，这是目前涂装行业中普遍使用的检测方法。此方法方便快捷，只需利用原车车身加油口盖，仪器很快就能准确无误地判别面漆的类型。

判断漆面的类型是为了便于进行维修时选用合适的材料，表 3-1-2 列出了各种类型的原有涂层和能够涂敷在这些涂层上的涂料的配套性（注：因现在涂料经常更新，表 3-1-2 仅供参考）。

表 3-1-2　　　　　　　　　　　　　　　　　原有涂层与修补涂料的配套性

修补涂料 原有涂层	颜色	双组分丙烯酸	热塑性丙烯酸喷漆（TPA）	硝基（N/C）喷漆	合成烤漆
高温烤漆	本色	可以	可以	可以	可以
热固性丙烯酸（TSA）	本色	可以	可以	可以	可以
	银粉色	对银粉漆配色最佳	可以	可以	难以配对银粉色外观
	底色漆+罩光	可以	可以	可以与丙烯酸清漆	
热处理过的热塑性丙烯酸（TPA）	本色	可以	可以	可以	只能整车重喷
	银粉色	调配银粉色外观时需注意[1]	可以	只能常温使用	
	底色漆+罩光	可以	可以	可以与丙烯酸清漆	

续表

原有涂层 \ 修补涂料	颜色	双组分丙烯酸	热塑性丙烯酸喷漆（TPA）	硝基（N/C）喷漆	合成烤漆
双组分丙烯酸	本色	可以	可以	可以	可以
	银粉色	可以	可以，调配银粉色外观可能困难	只能常温时使用	难以配对银粉色外观
	底色漆+罩光	可以	可以	可以与丙烯酸清漆	
硝基喷漆	本色	可以	可能	视硝基（N/C）漆的配方而定	可以，但外表不同
	银粉色	可以，调配银粉色外观时需注意	视硝基（N/C）漆的配方而定		只能整车重喷
	底色漆+罩光	可以	可以	可以	
自干/低温合成烤漆	本色	可以 / 干固不完全时有胀裂的危险	否 / 有胀裂的危险	否 / 有胀裂的危险	可以
	银粉色	可以	银粉外表同，否	否 / 危险	可以

注：① 最好让其自干，因烘干可能会有漆面移动的结果。

七、漆膜是否经过修补涂装的判定

1．打磨法

（1）从整块砂纸上裁下一小块砂纸（粒度为 P60）。

（2）在漆膜受损区域内选一小块漆面，用打磨垫配合对漆膜进行打磨，直到露出金属，如图 3-1-27 所示。

（3）通过涂层的结构可以看出这辆汽车是否曾经进行了修补涂装。如图 3-1-27 所示，经过打磨，漆面内部有原子灰涂层，由此可以判断过去曾补涂过。

2．测量涂层厚度法

用膜厚仪测量车身涂层厚度，如果涂层厚度大于新车涂层的标准厚度，说明这辆汽车曾经进行过修补涂装。

3．磁力检测法

磁力检测法只适合检测磁吸性材料（主要是钢板）。用软布包好磁铁，在确定没有损伤的钢板件表

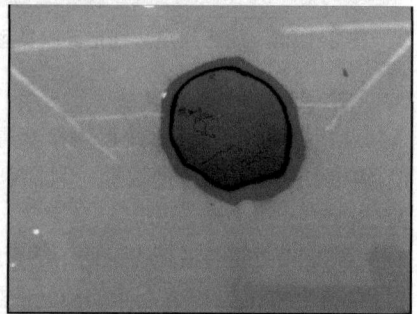

图 3-1-27　用砂纸打磨漆膜

面做磁吸性检测，感觉磁吸力的大小；然后在需要检查的部位做吸附测试，感觉磁吸力的大小。如果感觉测试区域的吸力明显小于完好区域的吸力，则可判定测试区域做过修补涂装。因为修补涂装后的漆膜较厚，特别是原子灰层对磁力的导通性较差。

□ 任务总结 □

1．漆膜损伤评估

（1）重要性。正确地评估损伤程度，是确定维修成本、保证涂装质量的关键因素之一。

（2）方法。漆膜损伤评估方法有目测法、触摸法和直尺法等。

（3）目测评估车身损伤的主要内容：观察车身有无划伤、锈蚀损伤，车身覆盖件有无凹坑和凸起变形等。

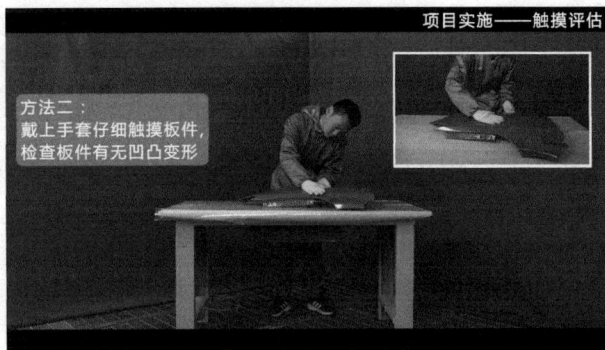

2. 车身涂层鉴别

（1）重要性。如果漆膜没有正确鉴别，在施涂涂料时，可能由于选择的涂料种类与原涂层不配套而出现严重的问题。

（2）车身涂层的类型。按涂料的施工工艺，车身涂层可分为单工序面漆、双工序面漆和三工序面漆。

（3）不同结构涂层的鉴别方法。有观察法、打磨法和仪器测试法等。

（4）不同类型漆膜的鉴别方法。有溶剂擦拭法、加热判定法、硬度测定法、厚度测试法和计算机检测仪法等。

（5）漆膜是否经过修补涂装的判定方法。有打磨法、测量涂层厚度法、磁力检测法等。

3. 全车清洗

（1）重要性。便于准确鉴定漆膜损伤，保证修补涂装的质量。

（2）一般方法。先使用干净水冲洗，再用专用车辆清洗剂清洗，然后用水彻底冲净，最后用压缩空气吹干。

□ 问题思考 □

1．为什么要正确地评估漆膜损伤程度和鉴别车身表面的涂层类别？
2．车身涂层有哪些类型？各类型涂层的特点是什么？
3．评估漆膜损伤程度的方法有哪些？
4．描述用打磨法判别漆膜结构种类的操作过程。
5．判别漆膜类型的方法有哪些？
6．判定漆膜是否经过修补涂装的方法有哪些？

学习任务二　底层处理

□ 学习目标 □

1．能够正确准备损伤处理前的工具、设备。
2．能够正确描述对不同损伤的漆膜的处理要求。

3. 能够用砂纸与打磨垫配合清除损伤的旧漆膜。

4. 能够正确使用打磨机清除损伤的旧漆膜。

5. 能够用手工或使用电动工具、气动工具清除钢板表面的锈蚀。

□ 相关知识 □

一、底层处理的工作流程

汽车清洗好后，要仔细检查车身漆面，寻找漆膜损伤的迹象，如气泡、龟裂、脱落、锈蚀以及在钣金修理过程中引起的部分损伤。

对于上述损伤，必须将旧漆膜清除掉，清除程度可根据旧漆膜的损伤程度和重新涂装后的质量要求，进行全部和部分清除。如图 3-2-1（a）所示的损伤漆膜，必须经底层处理（清除损伤的旧漆膜和做羽状边等），如图 3-2-1（b）所示，以达到可以进行后续的工作（如施涂原子灰、喷底漆等）的要求。底层处理的一般流程如图 3-2-2 所示。

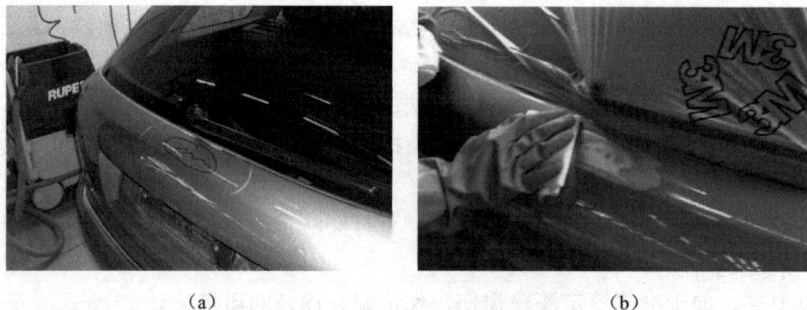

（a）　　　　　　　　　　（b）

图 3-2-1　板件的漆膜损伤与处理后的状态

二、不同程度漆膜损伤的处理要求

对于损伤漆膜的处理原则是，损伤到哪一层，即处理到哪一层。

（1）如果损伤仅限于面漆层，打磨时只要将损伤部分磨掉即可。

（2）如果损伤到了中涂层，则需打磨到原厂底漆层。因原厂底漆层性能非常好，所以打磨时一定注意，尽量保留完好的原厂底漆。

（3）如果损伤到了原厂底漆层，则需打磨到露出底板表面，并对底材表面可能存在的锈蚀、穿孔等进行修复。

（4）对于严重漆膜损伤，通常需要将较大面积区域内的旧漆膜清除至裸金属（板材表面）。

三、劳动保护与安全注意事项

1. 劳动保护

手工除旧漆膜（打磨）时，除要穿着工作服外，还需配备的劳动保护用品有防尘口罩、棉手套等。用打磨机进行打磨时需佩戴护目镜；在进行除油操作时，需佩戴橡胶手套和防护面罩。

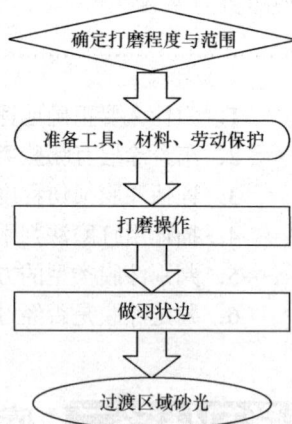

确定打磨程度与范围

↓

准备工具、材料、劳动保护

↓

打磨操作

↓

做羽状边

↓

过渡区域砂光

图 3-2-2　底层处理流程

2. 安全注意事项

（1）采用加热法除旧漆膜时，应时刻关注电加热器的温度，过高时应关闭电源冷却。不可以用火焰加热；还要控制好板件的加热温度，以免因温度过高而使板件变形。

（2）用铲刀除旧漆膜时，应注意使用安全，以免划伤底材。切记不要用刀尖用力铲漆膜，以免对板件表面造成深度划伤。

（3）用打磨机打磨时应该佩戴棉纱手套、护目镜和防护面罩。

（4）要检查打磨机叶轮（针对角磨机而言）的品种及规格是否与当前操作所要求的性能相一致。破损的叶轮，哪怕只有很小一点缺陷，也绝不能继续使用。

（5）检查电源是否在该产品所规定的使用范围内。

（6）将电源插头插入电源插座之前应仔细检查打磨机的电源开关是否关闭。

（7）更换叶轮时（针对角磨机而言），务必认真按照说明书的要求进行操作。

（8）绝不可采用电动式打磨机打磨铝材、塑料等。可采用磁铁检查基材。

（9）绝不可采用电动式打磨机交叉打磨曲面弧度较大、凸出很高的表面或非常凹的表面。

（10）绝不可采用电动式打磨机打磨边角、皱褶缝、焊缝、黏结处或刮涂过塑料密封胶的区域。

四、手工除旧漆膜

因为除旧漆膜时，通常会打磨到裸露钢板，此时如果有水沾到钢板上，会很快产生锈蚀。所以在除旧漆膜时，建议使用干打磨。

1. 裁剪砂纸

先选择合适的磨料，比如氧化铝磨料的疏式砂纸比较适合干打磨，粒度为 P80；再根据打磨的需要，将砂纸裁成适合打磨的大小。汽车修理行业普遍采用以下几种砂纸裁剪方式，如图 3-2-3 所示。

(a) 小面积打磨　　　　　　　　　(b) 常规打磨　　　　　　　　　(c) 大面积打磨

图 3-2-3　砂纸裁剪法

（1）小面积打磨。将水磨砂纸长边对折 2 次，短边对折 1 次，裁成 1/8 大小，约 11.5cm×7cm，如图 3-2-3（a）所示。以这种尺寸配合小垫板适合小面积打磨及处理漆面局部流痕处的磨平，或者直接用手对拐角等处打磨操作。

（2）常规打磨。将水磨砂纸竖、横各对折 1 次，裁成 1/4 大小，约 11.5cm×14cm，如图 3-2-3（b）所示。这种尺寸大小适中，适合手握操作，方便灵活，是修理时最常用的。打磨时将其包在小垫块上，大约 1/2 为打磨面。

（3）大面积打磨。将水磨砂纸沿长边对折 1 次，裁成 1/2 大小，如图 3-2-3（c）所示，约 14cm×23cm（这需要根据打磨板的规格而裁剪，如果自制的垫板较长也可以沿短边对折）。一般打磨前先把砂纸固定在标准打磨板上再进行打磨，对于较大平面上的缺陷有较好的平整作用。

2. 打磨

将裁好的砂纸用手握住，如图 3-2-4 所示，在需要清除旧漆处进行打磨。如果要配合打磨垫打磨，应将裁好的砂纸平贴于打磨垫下面，两边多出的部分向上折，贴靠到打磨垫边缘以便用手握住，如图 3-2-5 所示。将打磨垫平放于打磨表面，前后及左右移动。打磨时，打磨垫须保持平移，用力要适当。

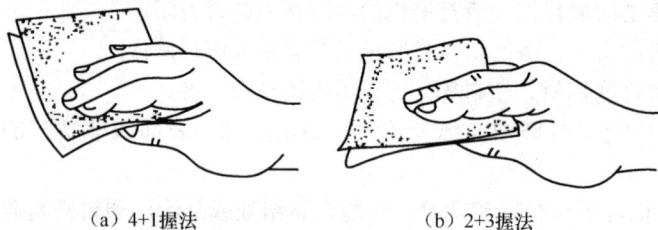

（a）4+1握法　　　　　　（b）2+3握法

图 3-2-4　砂纸的握法　　　　　　图 3-2-5　打磨垫的握法

手工打磨的姿势应该以舒服、顺手为原则。对于较大表面，最好采用拇指和小指夹住打磨垫、中间三指配合手掌的握法。

打磨时应尽量轻地握住砂纸，施加于表面的压力仅仅限于手掌的力量。有时还必须经常改变打磨姿势，以适应不同部位的表面结构。

打磨时可采用以下手法。

（1）手指打磨法。在对汽车某个特殊的部位进行打磨时，有时需要将手掌稍微抬起来一点，将力量加到手指上，进行所谓的手指打磨；有时甚至还要将手掌再抬高一点，将力量加到指尖上，用指尖进行打磨。

视频

交叉打磨法

（2）画圈打磨法。用手指按住砂纸，在一个小范围内快速做圆周运动进行打磨。这种画圈打磨方式不得用于打磨直径大于 25cm 的缺陷。

（3）交叉打磨法。在打磨较大面积的表面时，最好采用走直线的方法。而在过渡区对相邻表面打磨时，应采用交叉打磨法（也称为米字形打磨），如图 3-2-6 所示，就是打磨时经常地改变打磨方向，因为这样操作获

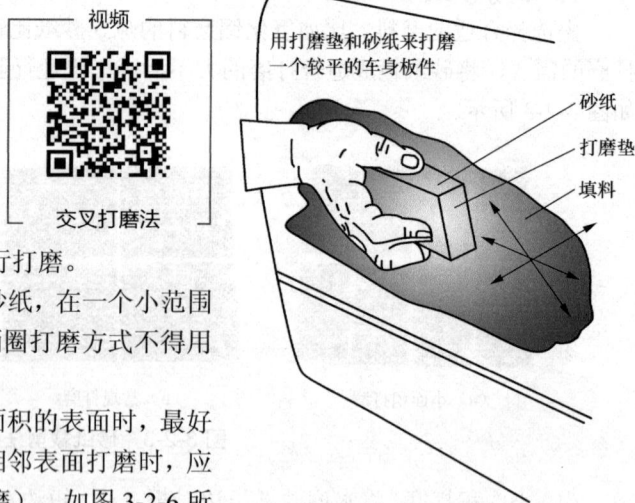

用打磨垫和砂纸来打磨一个较平的车身板件

砂纸
打磨垫
填料

图 3-2-6　交叉打磨法

得的基材表面较平整。改变打磨方向可以起到和切削差不多的作用，打磨的速度最快。如果以 90° 角改变方向，就无法采用交叉打磨法，这主要是受汽车表面绝大部分结构所限，只有以角度为 30° 或 45° 改变方向时才有可能。

打磨时来回的行程应长而直，如果掌心没有平压在表面上，手指就会接触到打磨表面，

这将导致手指与表面之间受力不均匀,所以应避免手指接触打磨表面。打磨时尽量不要进行圆周运动,否则会在表面涂层上产生可见的磨痕。为了获得最好的打磨效果,打磨时应该始终与车身轮廓相同的方向进行打磨,如图 3-2-7 所示,也可采用 45º角方向交叉打磨。如果进行的是大面积的打磨,则应该分成块,一块一块地进行打磨。每一块的面积最好不大于 $0.1m^2$。不得将身体的重量加压在砂纸上,只能轻轻地压着砂纸进行打磨。用手摸、眼看的方法及时检查打磨是否符合要求。

初步打磨后,需换用 P150 砂纸再全部打磨一遍。

对于旧漆膜有剥离或裂纹处,以铲刀(见图 3-2-8)的刀尖部插入剥离层间或缝隙处可以一块块铲掉旧漆膜。

图 3-2-7　打磨运动方向

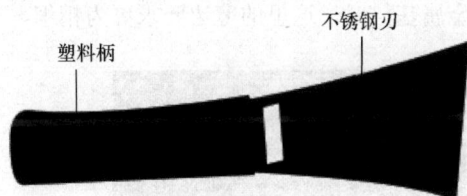

图 3-2-8　铲刀

对于黏结较实的旧漆膜或凹槽、拐角等特殊部位,可配合使用其他手工工具(见图 3-2-9)清除。

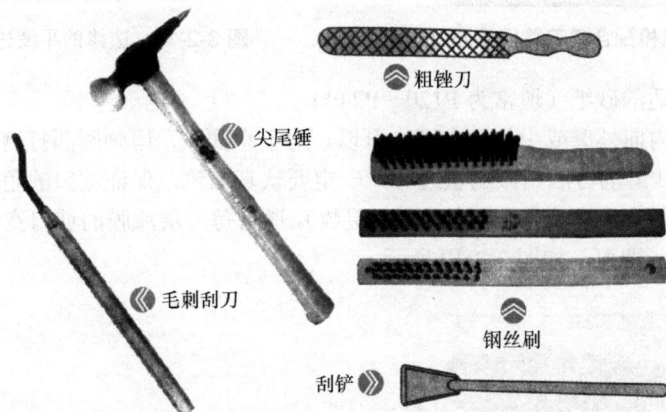

图 3-2-9　除旧漆膜常用工具

除旧漆膜过程中,也可配合加热法。加热法除旧漆膜就是利用烤灯或热风枪的高温使旧漆膜软化或炭化(烤焦)从而配合铲刀等工具清除旧漆膜的一种方法,如图 3-2-10 所示。

3. 清除旧漆膜的注意事项

(1)加热法除旧漆膜的缺点是如果加热温度过高,板件会产生热变形,从而产生不良后果。所以使用中一定要注意控制加热温度,必要时可采用多层多次清除。

（2）如果打磨的表面经过钣金处理，表面凸凹不平，则旧的涂层需完全清除掉，以便刮涂原子灰；如果打磨表面没有经过钣金处理，表面平整，只是旧漆膜损坏，则应打磨到原底漆层，若由于失误将底漆打磨过度，则应重新喷涂底漆。

（3）由于清除旧漆膜时，通常要清除到露出金属为止，如果此时金属表面沾上水，会引起金属表面生锈，给后续工作带来很大麻烦，甚至使接下来的涂装产生缺陷，因此，清除旧漆膜时建议用干磨法。

（4）无论是打磨大面积还是小面积的漆膜，要先用粗砂纸打磨 50%～75%，再用细砂纸进行精加工。粗砂纸打磨的目的是尽快打磨掉旧漆膜、原子灰、锈斑、大块的底漆等。

（5）用铲刀或加热法清除旧漆膜后，仍需用 P80～P150 的砂纸再打磨。

4. 做羽状边

所谓做羽状边（也称为砂薄漆膜边缘）是指在已清除旧漆膜区域的周围，将完整漆膜的边缘打磨成逐渐变薄的平滑过渡状态，如图 3-2-11 所示。当待修补漆膜的破坏程度还没有深入到金属基材时，这里的薄边要求更为精细、平滑，为无痕迹修补创造先决条件。

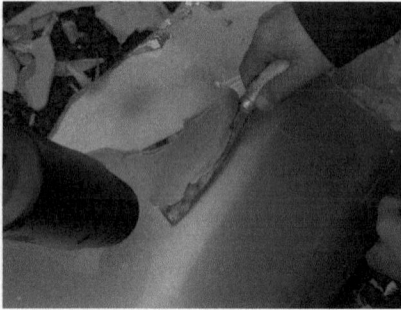

图 3-2-10　用热风枪配合铲刀除旧漆膜

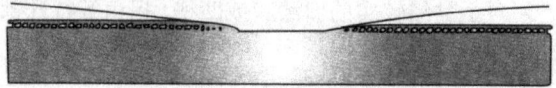

图 3-2-11　边缘的平滑过渡

（1）选择合适的砂纸（通常为 P120～P240）。

（2）采用由内向外磨或由外向内磨均可以。对于小面积，用画圆圈打磨的方法；对于大面积，则用走直线磨的方法。做羽状边时，一定要认真细致，保证坡口的角度基本一致。

羽状边坡口的大小取决于漆膜的厚度（层数），通常每一层漆膜的坡口宽约为 5mm 以上，总坡口宽大于 3cm 即可，如图 3-2-12 所示。

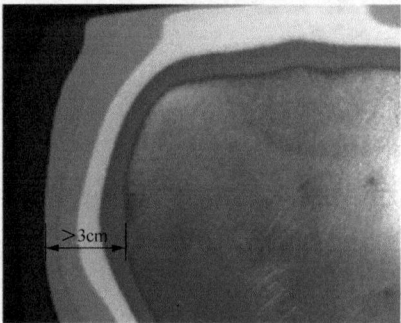

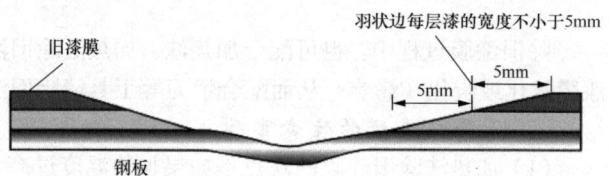

图 3-2-12　羽状边的宽度

5. 砂光

砂光是对损伤部位周围区域（过渡区）的表面进行处理，使表面无光、粗糙，这样新喷涂的漆膜才能牢固地黏附在旧漆膜表面上。如果下道工序为刮原子灰或喷涂头道底漆，则不需进行砂光操作（因砂光过程已含在工序中）。

（1）选择合适的砂纸，一般为 P320 或 P400。

（2）将砂纸按需要裁开。

（3）按干打磨的工艺走直线的方式进行打磨，如图 3-2-13 所示。

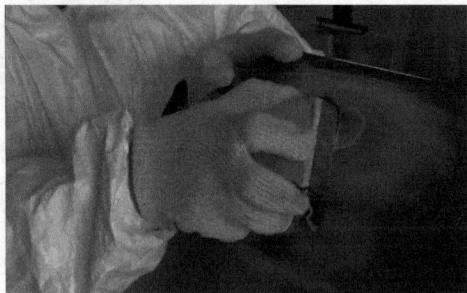

（4）经常检查砂纸的表面状态，如果砂纸上的漆灰较多，应用手刷或压缩空气将它清理干净。

（5）刮涂原子灰和喷涂底漆时应将羽状边的边缘向外 3～5cm 的范围内进行砂光打磨，为施工提供足够的操作区域。

图 3-2-13　砂光

（6）喷涂中涂漆时，应将羽状边的边缘向外 5～15cm 的范围内进行磨毛区打磨，为遮蔽和喷涂操作提供足够的操作区域。

除旧漆区域最后一道打磨所用的砂纸型号应视下道工序而定。如果下道工序为刮原子灰，则用 P180 砂纸做完羽状边即可；如果下道工序为喷涂底漆或喷涂中涂漆，则最后用 P320 砂纸打磨（包括羽状边及过渡区域）；如果下道工序为喷涂面漆，单工序需用 P400 砂纸打磨，双工序需用 P500 砂纸打磨（包括羽状边及过渡区域）。砂纸的递进不应超过 60 号。

6. 整车清理

采用粘尘布或吹尘枪对整车进行清理。

注意

吹尘枪应配合粘尘布进行除尘，吹尘枪应保持和被除尘表面平行移动，不能划伤油漆表面。

五、用打磨机除旧漆膜

1. 干磨系统准备

（1）打磨车间准备。图 3-2-14 所示为典型的打磨间配电箱面板图，打开主电源开关（主令开关）8、照明开关 1、风门开关 7，就可以进行打磨操作。如果要在打磨间内进行喷涂操作（通常是小面积的底漆喷涂），则还需打开喷漆开关 6。

注意

实际工作中很多人会因为工作时间短，而不打开打磨间排风系统就直接进行打磨操作，这样做不但会影响工作质量，还会污染整个车间，是绝对要禁止的。

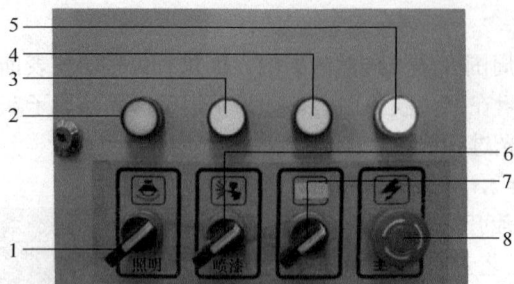

图 3-2-14　打磨间配电箱面板

1—照明开关；2—照明指示灯；3—喷漆指示灯；4—风门指示灯；5—电源指示灯；
6—喷漆开关；7—风门开关；8—主电源开关（主令开关）

（2）干磨机的准备。

① 连接打磨头。使用前，先将三合一套管分别与吸尘器和打磨机连接，检查吸尘器选择旋钮是否转到"AUTO"挡，电源、气源是否接通。启动打磨机开关试运行一下，如图 3-2-15 所示。

② 安装砂纸。选择合适的砂纸后（清除旧漆膜时，开始应选用 P80 的砂纸，然后根据下道工序要求，逐级递进至下道工序要求的砂纸型号），将砂纸孔对准打磨垫孔，砂纸应完全覆盖打磨垫，如图 3-2-16 所示。

注意

绝对避免不装砂纸打磨或装上砂纸后打磨垫搭扣层没有被完全覆盖的情况。

图 3-2-15　安装打磨头

图 3-2-16　安装砂纸

③ 调节压力。打磨机工作的标准压力是在工作状态下 6bar（1bar＝0.1MPa），工作状态下压力低于 6bar 会影响打磨机工作的力量，工作状态下压力超过 6.5bar 会导致打磨机加速磨损。

向上拔起压力调节旋钮，顺时针旋转为提高压力，逆时针旋转为降低压力。

使打磨机处于工作状态下，旋转调节旋钮，将压力调节到"6"的刻度，按下旋钮锁定，如图 3-2-17 所示。

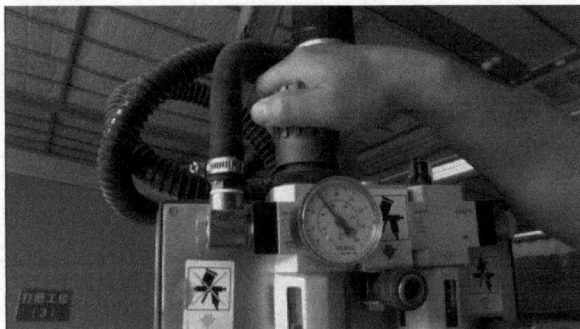

图 3-2-17　调节气压

注意

通过压力表调节压力只能在既定的上游压力范围内调节，不可能通过调节压力表将压力调高到上游既定压力以上。在没有向上提起调节旋钮的情况下旋动调节旋钮，应旋不动，如果强行旋转可能会损坏调节旋钮。

2. 打磨

（1）操作流程。

① 穿戴好安全劳保用品。

② 戴好手套，然后轻轻地摸一遍待打磨表面，这有助于操作技师决定如何进行打磨。

③ 握紧打磨机，将打磨机以 5°～10°角贴于待打磨表面，打开开关。

④ 使打磨机向右移动，打磨机叶轮左上方的 1/4 对准加工表面，如图 3-2-18 所示。

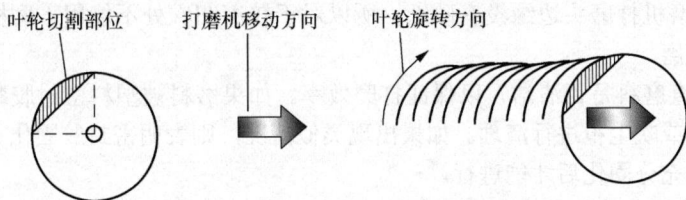

图 3-2-18　打磨机右向移动的操作

⑤ 当打磨机从右向左移动时，叶轮右上方的 1/4 对准加工表面，如图 3-2-19 所示。

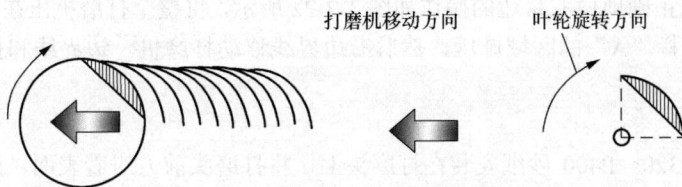

图 3-2-19　打磨机左向移动的操作

⑥ 打磨较为平整的表面时的移动方式如图 3-2-20 所示。

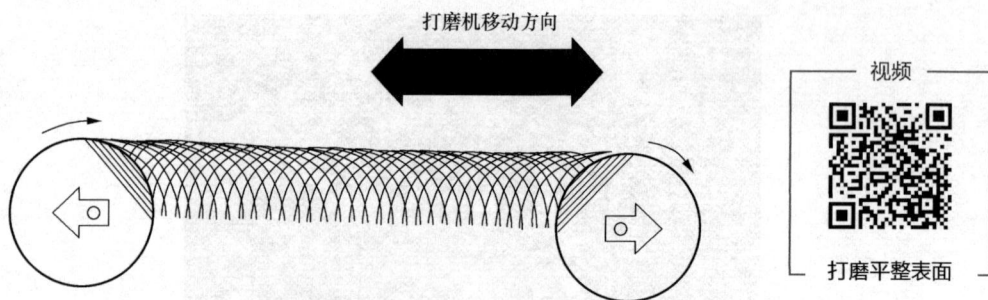

图 3-2-20　打磨较为平整表面时的移动的操作

　　⑦ 对于较小的凹穴处，应采用图 3-2-21 所示的方法。注意，此方法仅限于使用角磨机。

　　（2）打磨操作时注意事项。

　　① 操作打磨机时，一定要在接触到板件表面后，才能开动打磨机。如果打磨机在接触到板件表面之前开动，由于空转转速过高，会在初始接触的区域产生很深的划痕并且使打磨机控制困难。

　　② 为了防止板件过热变形，不要让打磨机在一个位置打磨时间过长。

　　③ 不允许采用粗砂磨料以 90° 角交叉打磨凸出很高的表面，这样做将会造成很深的打磨伤痕，以后将很难将其除去。

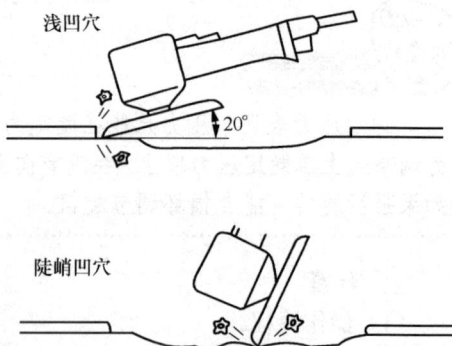

图 3-2-21　打磨小凹穴的操作

　　④ 千万不要让粗砂磨料接触打磨区域附近完好的漆膜表面，最好用胶带把完好的涂层部位保护起来。

　　⑤ 由于干磨机打磨头边缘没有砂纸，所以对于较深凹穴处不能用干磨机打磨，可换用角磨机或手工打磨。

　　⑥ 经常检查磨料是否清洁，以保证打磨效率。如果磨料被塑料密封胶黏附，应该及时用毛刷、钢丝刷或吹尘枪进行清理。如果出现类似情况，则表明密封胶固化不完全。打磨操作应该在密封胶充分固化后才能进行。

　　⑦ 对于边角、棱线等处，打磨机无法进行打磨，这时需用手工配合砂纸进行打磨，最好选用带软衬垫的砂纸打磨。

　　3．做羽状边

　　使用干磨机正确地做羽状边的操作如图 3-2-22 所示，将整个打磨机压在车身板上，提起一边，仅向板上标"A"的区域施压，然后沿边界线移动打磨机。边界线和打磨机之间的关系必须保持恒定。

　　4．砂光

　　（1）选用 P320～P400 砂纸安装在打磨头上，将打磨头前方对着表面，而后方稍稍离开表面一点。保持这个方位，上下移动打磨机进行打磨。每一道磨痕之间覆盖面积为 50%～60%，如图 3-2-23 所示，这将有利于打磨平整。

　　（2）用戴着手套的手在打磨过的表面上来回摸一下，检查打磨效果。重复上述打磨过程，直到完成打磨工作的 3/4 左右。

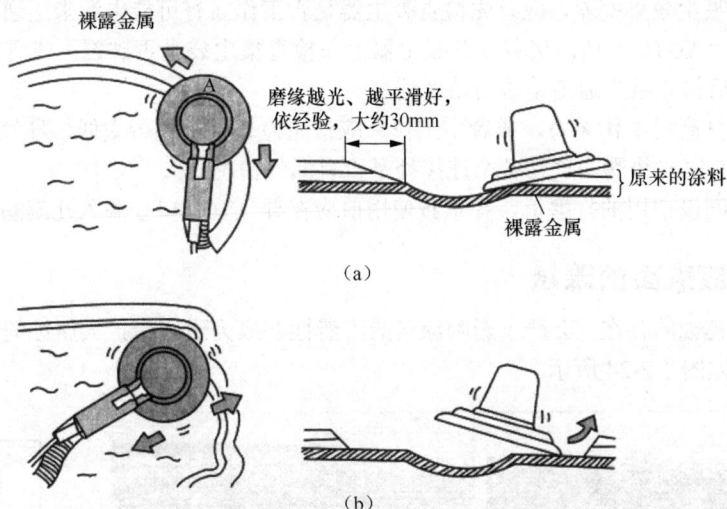

（a）

（b）

图 3-2-22　做羽状边的方法

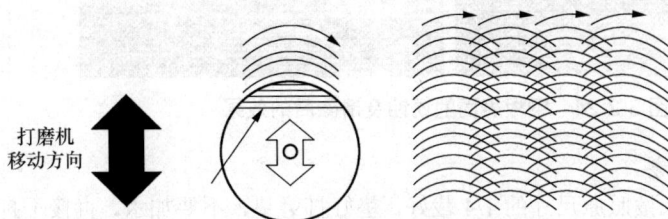

图 3-2-23　砂光操作时砂轮叶片的移动

（3）更换细砂纸。

（4）重复打磨操作，先用打磨的方法，再用砂光的方法，直到表面达到所要求的平整度。

5. 清洁车身

最好用吸尘器吸净打磨灰尘，必要时可配合使用粘尘布进一步除尘。

6. 打磨机的使用注意事项

（1）由于打磨机转速较快，一定要时时观察打磨进度，千万不要打磨过度。尤其是玻璃钢及塑料件，因其与涂层颜色差较小，更容易打磨过度甚至将板件打磨出孔洞。

（2）尽量避免倾斜打磨，避免让打磨垫的边沿碰触板面。

（3）不要让重物挤压三合一套管，以免导致三合一套管损伤；在移动设备时，应将三合一套管缠绕好后再移动，以免三合一套管在移动的过程中磨穿或被尖锐物体划伤而导致吸尘效果不好。

（4）不要让三合一套管两端沾水。如果三合一套管两端沾水将可能导致里面的轴承锈死而引起旋钮旋转不灵活，最后导致三合一套管破裂。

（5）绝对避免用三合一套管来吸尘。

（6）绝对避免在没有装吸尘袋或吸尘袋破裂的情况下继续打磨操作。如果空气滤清器破损，应立即更换，这些情况可能导致吸尘器电动机损坏或打磨机损坏。

（7）如果吸尘效果变差，应首先检查吸尘器是否工作（有可能电源未连通）、控制选择开关是否置于"AUTO"挡，接着打开吸尘器上盖检查集尘袋是否破裂，或有其他地方出现破裂情况，最后检查吸尘通道是否有堵塞情况。

（8）如果打磨机工作无力，或者不工作，应首先检查气压是否太低、导气管是否断裂、导气管上是否有密封垫圈、气路各个连接处是否有漏气情况。

（9）长时间没使用的打磨机，在重新使用前应在导气管开口处滴入几滴润滑油。

六、钢板表面的除锈

钢板表面锈蚀的存在，会严重影响涂料的附着性并成为进一步扩大腐蚀的根源，所以必须清除干净，如图 3-2-24 所示。

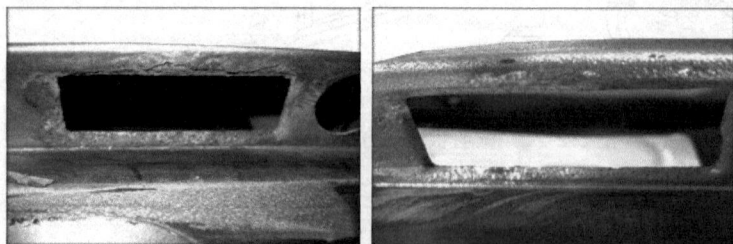

彩图

图 3-2-24

图 3-2-24　钢板表面的锈蚀及清除后的效果

1. 手工除锈

将 P100 砂纸按照原尺寸的 1/4 裁好，垫好打磨垫，不要加水，直接干打磨锈蚀部位。要把锈蚀完全处理掉，露出金属的本身颜色，并且打磨要向未锈蚀的部位扩展 10mm 左右的范围。手工除锈适合锈蚀不严重且范围小的情况。

2. 机器法除锈

（1）轻度锈蚀清除。对于轻度锈蚀，可选用专用毛刷配合专用打磨机进行清除。毛刷上黏附有磨料，如图 3-2-25 所示，依靠离心旋转力和磨料的磨削力清除锈蚀。该方法特别适合边角、缝隙等很难触及的地方，如图 3-2-26 所示。

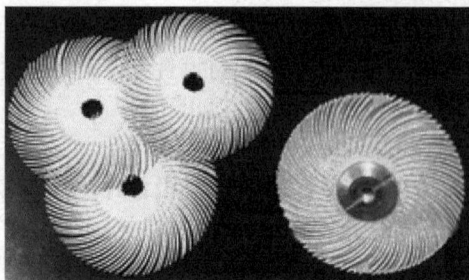

图 3-2-25　除锈专用毛刷

图 3-2-26　用专用毛刷清除狭缝中的锈蚀

使用打磨机时应注意以下几点。

① 必须佩戴护目镜。

② 由于转盘需要以较高转速运转，因此打磨下来的颗粒会飞溅到空气中，应注意防护。

③ 必须始终注意旋转方向（参见转盘上的说明），否则如果安装错误，刷毛就会破裂。

④ 注意要达到足够的转速和扭矩，只有这样转盘才能高效工作。

⑤ 使用时不要施加压力，它的性能是由离心力和磨粒的共同作用产生的。这样可以显著延长转盘的使用寿命。

⑥ 锈蚀严重时禁止使用。

（2）严重锈蚀的清除。如果锈蚀严重，可使用打磨机配合钢丝轮进行打磨。

① 拆下打磨机上的砂轮片，换上钢丝轮并按规定的力矩紧固，如图 3-2-27 所示。

② 在保证电动式打磨机上的开关处于关闭的状态下，将打磨机的电插头插入插座内。

③ 双手握住打磨机，置于身体前方，身体正对需要打磨部位，将打磨机靠近需要打磨的板件表面。

④ 扣动开关，将打磨机以大约 15°的倾角移向待打磨表面，以手腕的力量轻压，使钢丝刷紧贴金属表面进行切削除锈。

⑤ 用前后或左右移动的方式移动打磨机，直到将全部表面打磨至光亮无锈迹为止，如图 3-2-28 所示。

⑥ 关闭电源开关，等钢丝刷完全停止转动后，将电插头拔下，妥善放置打磨机。

图 3-2-27　装上钢丝轮的电动式打磨机

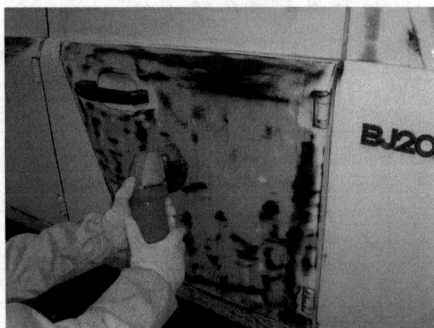

图 3-2-28　用带钢丝刷的电动式打磨机除锈

七、无损伤板件的表面预处理

不同的板材，涂装工艺（主要是使用的涂料品种）会有差别。因此，对板件进行涂装前，必须确认板件的材质，以便确定合理的涂装工艺。

汽车车身常用板材有电镀锌板（暗灰色）、森氏镀锌板（浅银色，带有小孔）、带电泳底漆的钢板（有黑色、棕色、灰色或绿色的涂层）、镀黄色铬板（透明的黄色，带有虹状效应）、铝合金板（浅银色，打磨时会变软）、钢板（深银色，耐磨）、各种塑料板及特殊材料板（玻璃纤维板、碳纤维板）等。

1. 裸金属板件的预处理

车身修复时，经常更换新的板件，如果所更换的金属板件为裸表面，通常需进行清洁和打磨处理。不同的涂料生产商所生产的涂料产品特点不同，其推荐的处理项目会有所差别。使用 PPG 系列产品对裸金属表面的预处理项目，如图 3-2-29 所示。

注意

对于钢板和镀锌板，进行上述预处理后，应尽快喷涂底漆（侵蚀性底漆或环氧底漆），以保护表面不产生锈蚀。

钢材	P850-14 PPG 除油剂	擦湿	擦干	P80~P240	P850-14 PPG 除油剂	擦湿	擦干
镀锌板	P850-14 PPG 除油剂	擦湿	擦干	菜瓜布 P320	P850-14 PPG 除油剂	擦湿	擦干

图 3-2-29　裸金属板材表面预处理

2. 裸塑料表面的预处理

新更换的塑料件通常为裸表面（可能黏附有脱模剂）。对该类板件进行预处理时，通常包括清洁、打磨和去湿等操作，如图 3-2-30 所示（以使用 PPG 涂装产品为例）。

塑料	P273-1333 PPG 清洁液	P273-1333:1份 水:2份	菜瓜布蘸 清洁液	擦湿	擦干	P273-1050 PPG 除静电 清洁剂	擦湿	擦干

图 3-2-30　裸塑料件的表面预处理

3. 有原厂底漆的板件表面预处理

更换的新板件有时已经有原厂底漆。对这类板件的表面预处理通常包括清洁、打磨，如图 3-2-31 所示（以使用 PPG 涂装产品为例）。

新板件 有原厂底漆	P850-14 PPG 除油剂	擦湿	擦干	P240~P320	P850-14 PPG 除油剂	擦湿	擦干

图 3-2-31　有原厂底漆的新板件的表面预处理

4. 无损伤漆面的表面预处理

无损伤漆面包括良好的旧漆膜及不耐溶剂旧漆膜两种。不耐溶剂旧漆膜是指溶剂挥发型旧漆膜或严重老化的旧漆膜。其表面预处理项目如图 3-2-32 所示。

旧漆膜	P850-14 PPG 除油剂	擦湿	擦干	P80～P240	P850-14 PPG 除油剂	擦湿	擦干

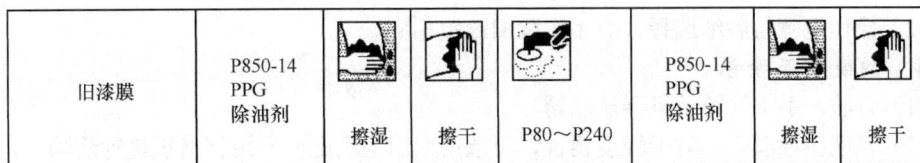

图 3-2-32　无损伤漆面的表面预处理

□ 任务总结 □

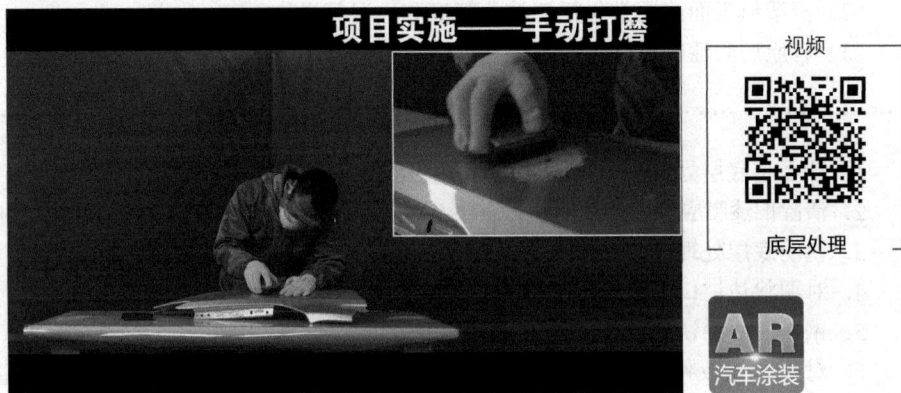

1. 底层处理概述

（1）目的。损伤的漆膜必须经底层处理（清除损坏的旧漆膜和做羽状边等），以达到可以进行后续工作（如施涂原子灰、喷底漆等）的状态。

（2）原则。损伤到哪一层，即处理到哪一层。

（3）劳动保护。除要穿着工作服外，还需配备的劳动保护用品有防尘口罩、棉纱手套等。用打磨机进行打磨时，须佩戴护目镜；在进行除油操作时，需佩戴橡胶手套。

2. 手工除旧漆

（1）主要工具、材料。砂纸、打磨垫。

（2）手法。手指打磨法、画圈打磨法、交叉打磨法。

（3）操作步骤。打磨→做羽状边→砂光→清洁。

（4）砂纸递进规则。P80→P120～P180→P240→P320。

（5）做羽状边。

① 定义。做羽状边指在已清除旧漆膜区域的周围，将完整漆膜的边缘打磨成逐渐变薄的平滑过渡状态。

② 要求。羽状边坡口的大小取决于漆膜的厚度（层数），通常每一层漆膜的坡口宽约为 5mm，总坡口宽大于 3cm 即可。

③ 选用砂纸型号。P120→P180→P240。

（6）磨毛区打磨，是对损伤部位周围区域（过渡区）的表面进行处理，使表面无光、粗糙，这样喷涂的漆膜才能增加附着力。

3. 用打磨机除旧漆膜

（1）主要工具、材料。砂纸、干磨机。

（2）操作步骤与砂纸选择。与手工除旧漆膜相同。

4. 钢板表面除锈

（1）方法。手工除锈、机器法除锈。

（2）轻度锈蚀清除。对于轻度锈蚀，可选用专用毛刷配合专用打磨机进行清除。

（3）严重锈蚀的清除。对于严重锈蚀可使用打磨机配合钢丝轮进行打磨。

5. 无损伤板件的表面预处理

（1）裸金属板件：通常需进行清洁和打磨处理。

（2）裸塑料表面：通常包括清洁、打磨和去湿等操作。

（3）有原厂底漆的板件：通常包括清洁、打磨。

□ 问题思考 □

1. 什么是底层处理？为什么要进行底层处理？

2. 清除旧漆膜应遵循什么原则？清除不同程度损伤的旧漆膜时，处理到什么程度合适？

3. 说明底层处理时，各打磨层次对砂纸粒度的要求。

4. 对羽状边坡口的大小是如何要求的？

5. 钢板表面除锈有哪些方法？

6. 对裸金属板件、裸塑料表面和有原厂底漆的板件表面，进行预处理的主要工作有哪些？

学习任务三 底漆的准备

□ 学习目标 □

1. 正确描述底漆的作用。

2. 正确描述底漆的种类及各类型底漆的用途。

3. 根据具体涂装的条件正确选配涂料。

4. 正确描述涂料干燥的方式及各类型干燥方式的特点。

5. 正确描述底漆的喷涂流程。

6. 根据涂料产品不同的包装方式，正确选择工具与方法进行开封、安装及搅拌。

7. 按涂料标准技术说明要求的标准比例调配底漆。

□ 相关知识 □

一、底漆概述

1. 作用

底漆即底涂层用漆，它一般直接涂覆于施工物体金属表面或涂于原子灰表面。它的作用体现在以下3个方面。

（1）防止金属表面的氧化腐蚀。

（2）增强金属表面与原子灰（或中间涂层、面漆）、原子灰与面漆之间的附着力。

（3）为面漆喷涂提供高质量的表面。

合适的底漆是面漆耐久、美观的前提。如果底漆不好，面漆的外观就会受影响，甚至出现裂纹或剥落。

如果漆膜损伤到了钢板，在对旧漆膜进行打磨处理后，应该对裸露钢板的表面施涂防锈底漆。

2．种类

（1）根据使用目的分类。根据使用目的的不同，底漆可分为：头道底漆、头二道合用底漆、二道底漆、封闭底漆等。

① 头道底漆。通常所说的底漆即指头道底漆，其颜料含量最低，填充性能较弱，具有较强的附着力，较难被砂纸打磨。由于其含黏结剂较多，因此上层涂料容易与之牢固地结合。应用于金属件表面的头道底漆，主要是防锈漆。头道底漆施工后，只要轻轻磨去一些浮粉即可，不必过多打磨。

② 头二道合用底漆。头二道合用底漆目前多称为填充底漆，相对头道底漆，其颜料含量多，黏结剂含量较少，附着力较差，但具有较强的填充性能，往往被用作单独的底漆，也可充作头道底漆。其应用于具有很好平整度、而不必用原子灰填嵌的工作表面上。

③ 二道底漆。二道底漆过去称为二道浆，目前多称为中涂漆，具有最高的填充颜料含量。它的功能是填塞针孔、细孔等，具有良好的打磨性。在涂装过程中，原子灰经打磨后，往往在原子灰表面有很多针孔、磨痕，在原子灰层表面施涂二道底漆，可使这些缺陷得到补救。但二道底漆的附着力较差，所以在涂二道底漆后，必须把表面的二道底漆大部分磨去，否则会影响面层涂料的附着力，造成面层涂料的浮脆、气泡等现象。由于目前生产的二道底漆性能大为提高，所以完全可以保留足够的厚度层，以求快速建立膜厚。

④ 封闭底漆。封闭底漆含颜料成分较低，主要用于填平打磨的痕迹，给面层漆膜提供最大的光滑度，使面层漆膜丰满，并可防止产生失光、斑点等现象。封闭底漆在木材表面，一般作为头道底漆，而在金属件表面，大都用于二道底漆层上。

（2）按涂料中的主要树脂分类。用于制造底漆的树脂种类比较多，现在汽车修补涂装中以环氧树脂和聚乙烯醇缩丁醛树脂最为多见。

① 环氧树脂底漆。环氧树脂底漆简称环氧底漆，是物理隔绝防腐底漆的代表。环氧树脂是线型的高聚物，以环氧丙烷和二酚基丙烷缩聚而成。环氧底漆具有如下优点。

a．附着力极强。对金属、木材、玻璃、塑料、陶瓷、纺织物等都有很好的附着力。

b．漆膜韧性好，耐挠曲，且硬度比较高。

c．耐化学品性优良，尤其是耐碱性更为突出。因为环氧树脂的分子结构内含有醚键，而醚键在化学上是最稳定的，所以对水、溶剂、酸、碱和其他化学品都有良好的抵抗力。

d．电绝缘性、耐久性、耐热性良好。

环氧树脂类涂料也存在一定的缺点，比如表面粉化较快，这也是它主要用于底层涂料的原因之一。环氧底漆使用胺类作为固化剂，胺类对人体有一定的刺激性，因此在使用时要注意防护。

② 侵蚀底漆。侵蚀底漆是以化学防腐手段来达到其防腐目的的，主要代表为磷化底漆。磷化底漆是以聚乙烯醇缩丁醛树脂溶于有机溶剂中，并加入防锈颜料四盐锌铬黄等制成，使用时与分开包装的磷化液按一定比例调配后喷涂。品牌漆中的磷化底漆一般都已经制

成成品，按一定的比例加入固化剂使用即可。

金属表面涂装磷化底漆后，磷化液（弱磷酸）与防锈颜料四盐锌铬黄反应生成同一般磷化处理相似的不溶性磷酸盐覆盖膜，同时生成的铬酸使金属表面钝化。聚乙烯醇缩丁醛树脂具有很多极性基团，它也参与了锌铬颜料与磷酸的反应，转变成不溶性络合物膜层，与上述的磷酸盐覆盖膜一起起防腐蚀和增强涂层附着力的作用。

磷化底漆作为有色金属及黑色金属的防锈涂料，能够代替金属的磷化处理，在提高耐腐蚀性和绝缘性、增强涂层与金属表面的附着力等方面比磷化处理层更好，而且工艺和设备要求比较简单。但磷化底漆漆膜很薄（8~15μm），因此一般不单独作为底漆使用，所以，在涂装磷化底漆后通常仍用一般底漆打底。

磷化底漆在使用时要注意的一点是，因其具有一定的侵蚀作用，所以不能用金属容器调配，使用的喷枪涂料罐也应使用塑料罐，在喷涂完毕后应马上清洗喷枪。磷化底漆施涂完毕后不要马上喷涂其他底漆，而应等待一段时间（20℃，2h）再进行下一步操作。

（3）其他类型底漆。在现代汽车修补涂装中，有时也使用聚氨酯底漆和硝基底漆，这两种底漆均属于物理隔绝性底漆，应用效果不如环氧底漆好，所以较少使用。

另外，按"汽车油漆涂层"的分组和等级分类，底漆可分为优质防腐蚀性涂层、高级装饰填充底漆、中级装饰性保护性涂层底漆、一般防锈保护性涂层底漆；按底漆使用漆料和颜料的不同可分为醇酸底漆、酚醛底漆、锌黄醇酸底漆等。

二、涂料选配原则

汽车涂料选配时，除应参考汽车原厂漆膜系统外，还应参考如下信息。

1. 被涂物面材料（底材）

由于各种物面材质的极性和吸附能力不同，因而需合理选用与物面材料性质相适应的涂料。

2. 使用的环境条件

不同的地区不同的气候，对汽车的适应性有不同的要求。如南方湿热地区使用的汽车，要求涂料对湿热、盐雾、霉菌有良好的三防性能；在北方干寒地区使用的汽车，要求其涂料有一定的耐寒性能。另外在不同的环境下，对涂料的耐候、耐磨、耐冲击和耐汽油等性能都有不同的要求。

3. 涂料施工条件

不同涂料的性能差异，导致要求的施工方法不同，因此选用涂料要根据现有的涂装设备和涂料所适应的涂装方法进行选择。

4. 涂料的配套性

在汽车涂装中，各种底漆、中涂漆、面漆，由于其性能不相同，并不是都能搭配。如果配套不当，会产生漆膜间附着力差、起层脱落、咬底泛色等现象，严重影响施工质量。

5. 涂层的厚度

涂层的保护力一般是随涂层厚度的增加而提高的，在不同使用条件下，涂层的厚度应控制在一定的范围内。若涂层低于厚度的下限，就不能有满意的保护作用，还会出现露底或肉眼看不见的针孔，外界的水分、化学腐蚀介质等容易侵蚀到涂层内部，降低涂层的寿命。但涂层过厚就会增加成本，还会引起回粘、起泡、皱纹等质量问题。

三、涂料干燥

涂料的干燥成膜是指涂料施工后，由液态或黏稠状漆膜转变成固态漆膜的化学和物理变化过程。为了达到预期的涂装目的，除了合理地选用涂料，正确地进行表面处理和施工外，充分而适宜的干燥过程也是重要的环节。涂料的干燥方式主要有自然干燥、加速干燥和高温烘烤干燥 3 种。

1. 自然干燥

自然干燥也称空气干燥，它是指漆膜可以在室温条件下干燥，其干燥条件是温度 15～20℃，相对湿度不大于 80%。可自然干燥的涂料有溶剂挥发型、氧化聚合型和双组分型涂料等。自然干燥型涂料由于在自然环境下就可以固化，对促进漆膜固化的设备要求不高或不要求，因此应用广泛。

2. 加速干燥

为了缩短涂装的施工周期，加快生产速度和效率，常常在自然干燥型涂料中加入适量的催干剂以促进固化。另一种加速干燥的方法是将自然干燥型涂料在一定的温度下（60～70℃）低温烘烤。例如，醇酸瓷漆在常温下完全干燥需要 24h，而在 70～80℃时仅仅需要 3～4h。适于低温烘烤加速干燥的涂料与一般自然干燥型涂料有一定的区别。涂料的主要成膜物质不同，有些树脂具有热塑性。即在常温下是固体性状，而加热到一定程度时会变软，恢复或部分恢复其可塑性。以这类树脂为主要成膜物的涂料，要加速干燥只能用加入催干剂的方法，而不能用低温烘烤的方法。

3. 高温烘烤干燥

有许多涂料在常温下是不能干燥成膜的，一定要在比较高的温度下（120～180℃），涂料中的树脂才会在高温的作用下引起化学反应而交联固化成膜，这一类涂料称为热聚合型涂料。热聚合型涂料经烘烤干燥后，其涂层在硬度、附着力、耐久性、耐腐蚀性、抗氧化性和保光能力、保色能力以及涂料的鲜映性等方面都要比自然干燥型涂料和加速干燥型涂料好得多，许多高品质、高装饰性的原厂涂层多用这种涂料。

自然干燥型涂料和加速干燥型涂料由于干燥温度比较低，所以又称为低温涂料。在汽车修补涂装中由于车身上许多部件不耐高温的烘烤，所以通常采用低温涂料。而大型的汽车制造厂家在新车制造的自动喷涂流水线上通常使用高温烘烤型涂料。

四、底漆喷涂流程

底漆喷涂操作流程如图 3-3-1 所示。

喷涂底漆前先进行一些工作准备，包括选择合适的涂料、上架搅拌及调比例等。

1. 遮盖（亦称遮蔽）

汽车维修行业对底漆的施工常使用喷涂法，为了防止不需要喷涂底漆的部位被喷上底漆，必须对这些部位进行遮盖。

2. 除尘、除油

为提高喷涂前板件的清洁度及防止喷涂缺陷（走珠、尘点、污垢等），确保底漆喷涂质量，需对喷涂部位进行除尘与除油。

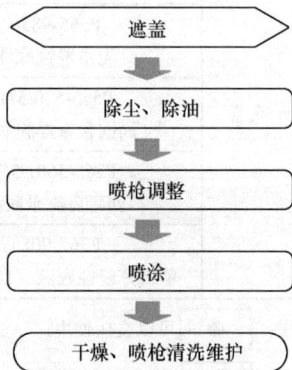

图 3-3-1　底漆喷涂操作流程

损伤的漆膜底层处理（露出金属板）、遮盖、除尘及除油后，喷涂中涂漆。原厂底漆大多采用自动化电泳涂装方法进行涂装，而修补漆则采用人工喷涂的方式进行涂装。

3. 调整喷枪

在进行喷涂前，应对喷枪进行必要的调整，以满足涂料的喷涂要求。喷枪的调整项目包括喷涂压力、喷涂流量和喷涂扇形的调整等。

4. 底漆喷涂

严格遵循涂料厂商的使用说明书，规范操作施工。

5. 干燥

底漆喷涂完成后，应采用合理的方法进行干燥，形成良好的漆膜质量。

6. 喷枪的清洗维护

喷涂工作完成后，应及时对喷枪进行清洗与维护。

五、常用底漆选配

不同材料的板材，要正确选择配套涂料（如防锈底漆、中涂漆、面漆、清漆等）。局部修补涂装时由于旧漆膜的种类不同，因此，涂装前正确选配涂料相当重要，否则可能会在涂装过程中或完成后出现严重的缺陷。

1. 金属基材常用底层涂料选配

金属基材常用的底层材料可分为钢铁、铝材（铝合金）、镀锌板等类型。

钢铁制品在汽车制造过程中常用的底层涂料主要有防锈漆和铁红底漆两种类型。铝材常用的底层涂料主要有锌黄底漆等。

汽车修补涂料一般都能适用喷涂方式，以满足汽车维修企业的要求。所以，在进行汽车修补漆选配时，重点考虑底漆与板材的适应性及各类底漆之间的配套性。

不同涂料生产商生产的底漆，均有多个种类，各类底漆与底材的适应性是不同的，选用时要仔细阅读涂料说明书。PPG系列汽车修补底漆与金属底材的适应性见表3-3-1。

表3-3-1　　　　　　　　PPG系列汽车修补底漆与金属基材的适应性

作用	编号/种类	钢材	镀锌钢板	铝板
底漆	P565-895 超快干无铬环氧底漆	●	●	●
	P565-9850 无铬侵蚀底漆	●	●	●
	P565-510/511 高固含量厚膜底漆	●	□	□
	P565-5601/5/7 创新自流平底漆	● 直径<10cm	● 直径<10cm	● 直径<10cm
	P565-9085 单组分侵蚀底漆（自喷罐）	● 直径<10cm	●	●

注：▢● 可以直接使用；

　　▢□ 先喷涂侵蚀底漆。

2. 非金属基材常用的底层涂料选配

汽车制造使用的非金属材料主要有玻璃钢和塑料两类材质，如各种轿车的保险杠、客车的保险杠多用玻璃钢或塑料材料制成，而各种中、高档客车的前后围则主要使用玻璃钢材料，同时各种汽车的前面罩、挡泥板、仪表板、轮罩等也由塑料或玻璃钢制成。对于这些基材的底漆涂装，必须使用专用底漆或多功能底漆，才能保证涂层的质量达到优良，并提高外表装饰性。而对于某些车辆的竹制地板，以及各种公交车、普通/中档长途客车内部使用的木制或塑料制地板，也要使用专用底漆进行涂装。

PPG 自流平底漆（P565-5601/5/7）可直接喷涂于做好预处理且干净的 ABS、NORYL、PC/PBT、LEXAN、PUR、SMC 类型塑料件底材上，以及已经涂装原厂塑料底漆并打磨好的保险杠上。

PP、TPO、PP/EPDM 类型大面积的裸塑材或磨损的保险杠，则需先薄喷一层 PPG 单组分塑料黏附底漆（P572-2001），闪干 10min 后再喷涂自流平底漆。

六、涂料准备

涂料制造商供应的涂料一般均装于铁制的罐内（也有部分涂料装于塑料瓶内），其规格有 2L、1L、0.5L 等。涂料选配完成后，应将选好的涂料准备好，以方便进行下一道工序。

1. 涂料罐开启

（1）如果涂料罐为永久性密封的包装，开罐时需用钢錾子与平头锤配合，如图 3-3-2 所示。沿着罐盖的边沿，依次将顶盖打开或大半打开，使搅拌棒能够顺利进行搅拌工作。各种防锈漆、中涂漆等都含有较多的体质颜料，在涂料储存过程中颜料易产生沉淀而影响施工质量，故在使用前必须充分搅拌。搅拌时，用专用的搅拌棒或调漆比例尺等，深入到涂料罐的底部，用顺/逆时针方向旋转的方式将涂料充分搅拌均匀。

一些涂装设备制造商根据开启的需要，特别制作了用于开罐的专门工具。图 3-3-3 所示为德国萨塔（SATA）公司生产的 SATA Dosenboy 开罐器，它可以切除圆形或方形罐的密封盖，切口平整，高度可调，适于开启各种规格的封闭式涂料罐。使用时请详细阅读产品使用说明书。

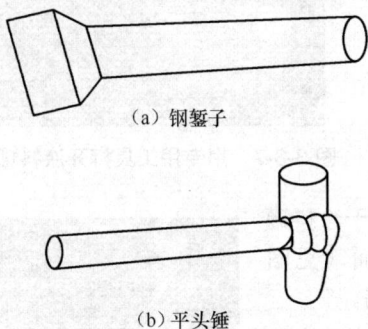

(a) 钢錾子

(b) 平头锤

图 3-3-2 涂料罐开盖工具

图 3-3-3 SATA Dosenboy 开罐器

（2）有些涂料罐顶部只设计有小的用于倒出涂料的小口，如图 3-3-4 所示。为防止倾倒涂料时射流不稳，出现一股一股的漆流而造成浪费（即在倾倒涂料时射流不稳而溢到地面上），有必要在涂料罐的顶部开一个通气孔。开孔时，先将涂料罐的密封小盖打开，然后用平头锤（或木榔头）配合钢冲子，如图 3-3-5 所示，在与密封小盖的对称边沿部位打一小孔，作为倾倒涂料时的回气孔。

图 3-3-4　顶部设有倒出小口的涂料罐

（a）钢冲子

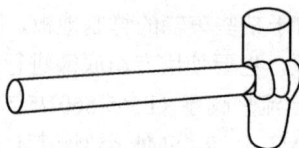

（b）平头锤

图 3-3-5　涂料罐开通气孔工具

2．涂料搅拌

涂料罐中的涂料除用手工搅拌外，还可使用搅拌机搅拌。涂料搅拌机是专门为搅拌涂料（色母）而设计的机器，如图 3-3-6 所示。使用时，只需启动搅拌电动机，即可完成机架上安装的所有涂料罐的搅拌，搅拌迅速、均匀、省力。

如果使用涂料搅拌机进行涂料的搅拌，应按下述程序准备涂料。

（1）用专用工具或一字螺丝刀，沿着涂料罐盖周边（此种涂料罐均为整体式顶盖，如图 3-3-7 所示）撬起顶盖并拆下。

图 3-3-6　涂料搅拌机

图 3-3-7　用专用工具打开涂料罐盖

（2）将合适规格的专用搅拌头（见图 3-3-8）压装于涂料罐顶部，注意涂料出口的方向应面向涂料说明签的侧面（见图 3-3-9），以防止涂料流滴于说明签上，影响阅读说明书。

（3）将搅拌头上面的锁紧扳手（见图 3-3-10），向中心方向拧到底，即可将搅拌头固定于涂料罐上。

将带有搅拌头的涂料罐安装于涂料搅拌机架上。搅拌机框架一般设计成 4～6 层，各层的高度是按照涂料罐的高度尺寸设计的，摆放涂料罐时，应根据所安装的涂料罐规格，选择合适的层，并确认机架上的搅拌蝶形头与涂料罐搅拌头上的卡口销之间位置正确，使蝶形头能够顺利带动搅拌头旋转。

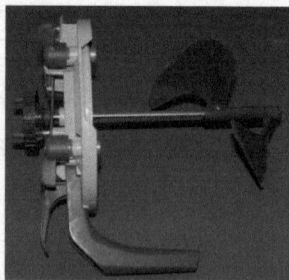

图 3-3-8　搅拌头

图 3-3-9　安装搅拌头后的涂料罐

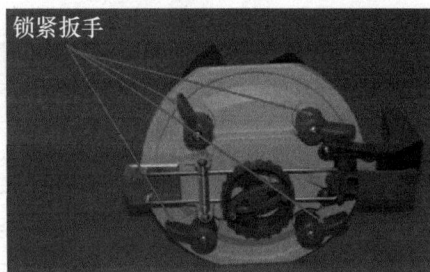

图 3-3-10　搅拌头上的锁紧扳手

注意

涂料罐在涂料搅拌机架上的摆放要有一定规律，素色漆的涂料罐与金属漆的涂料罐要分开摆放。汽车修补涂料中，系列素色色母，在涂料搅拌机架上要摆放到一起；系列金属漆色母要摆放在一起；水性漆色母要摆放在一起。同一系列的色母罐要根据色母代号的顺序摆放，以便于取用。

（4）启动搅拌机，进行涂料的搅拌，同时观察是否有没有被带动搅拌的涂料罐，如果有，应调整位置。

3. 底漆的调制

为适应涂装要求，对于双组分涂料（2K 型）应加入固化剂，然后根据涂料使用说明书的要求及环境温度的不同加入稀释剂进行稀释，以达到要求的施工黏度；对于单组分涂料（1K型）则直接加入稀释剂进行稀释。

涂料黏度的大小直接影响施工质量，黏度过高将会使表面粗糙不均、产生针孔和气孔等缺陷；黏度过低则会造成流挂、失光，使漆膜不丰满。不同的涂层对涂料的黏度要求也有所不同，所以，车身涂装作业中应根据技术要求调整黏度，并养成使用黏度计进行测量的习惯。

（1）确定调漆比例。各成分的混合比例，一定要按涂料生产商技术说明书的要求确定。为了形象描述涂料的技术特点，各涂料生产商设计了一些技术说明图标，使用者必须看懂这些图标，才能快速准确地解读技术说明书。PPG 漆技术说明书图标见表 3-3-2 和表 3-3-3。

表 3-3-2　　　　　　　　　　　　　　　　PPG 漆技术说明书图标

图标	说明	图标	说明	图标	说明
预处理					
	清洁		使用除油剂		擦干除油剂
产品准备					
	调配比例双组分		双组分调配比例 1∶1		调配比例三组分
	使用调漆比例尺		添加固化剂/催化剂		使用添加剂

续表

图标	说明	图标	说明	图标	说明
产品特性					
	使用寿命		使用黏度		
喷涂					
	重力式喷枪		重力式喷枪（环保型）		吸力式喷枪
	重力式喷枪设置		重力式喷枪（高流量低气压）设置		吸力式喷枪设置
	刮刀补涂		刷涂		辊筒使用
	喷雾罐使用		无气喷涂		压送式施工
干燥					
	闪干时间		自然干燥		强迫干燥
	干燥时间		红外线烘烤干燥时间		紫外线烘烤干燥时间
	重涂				
打磨及抛光					
	去除尘点		手工打磨，干磨		手工打磨，湿磨
	双动作打磨机，干磨（压缩空气）		双动作打磨机，湿磨（压缩空气）		方形打磨机，干磨
	方形打磨机，湿磨		抛光		
产品储存					
	无霜储存		阴凉处储存		防潮
	保存时间		盖紧		
其他					
	搅拌		使用搅拌机器搅拌		比色
	使用防护手套		使用防毒面具		佩戴护目镜
	不同部位比色		VOC 合规		

表 3-3-3　　　　　　　　　　**PPG 高固含量厚膜底漆（P565-510/511）技术说明**

图标	工艺及要求	
底材	裸钢材、玻璃钢、聚酯原子灰、预涂底漆和状态良好的旧漆膜	
	中涂	喷灰
	P565-510/511　　　　　　　　　　5 份 P210-938/790　　　　　　　　　　1 份 P850-2K 稀释剂　1 份	P850-2K 稀释剂　0.5 份
	20℃时： DIN 4 杯 19～26s	20℃时： DIN 4 杯 30～35s
	喷嘴设置： 重力式：1.6～1.9mm 压力：3.5～4.0bar	喷嘴设置： 重力式：1.7～2.0mm 压力：3.5～4.0bar
	施喷 2～3 层，漆膜厚度达到 80～120μm	施喷 3～4 层，漆膜厚度达到 150～200μm
	层间闪干约 5min	层间闪干 5～7min
	风干（20℃） 75～100μm　　2h 150μm　　3h 金属表面 60℃烘烤：20min	风干（20℃） 200μm　　3～4h
	红外线加热：8～12min	
	干磨砂纸 P400 或更细：DG 单工序面漆 干磨砂纸 P500 或更细：BC（三）工序面漆	
	可直接喷涂 2K 面漆	

　　表 3-3-3 中可以查到，其调配比例为底漆（P565-510/511）：固化剂（P210-938/790）：稀释剂（P850-1491/1492/1493/1494）＝5：1：0.5。

　　（2）确定调漆量。调漆量的多少，主要依据涂料技术说明规定的技术数据确定，如表 3-3-3所示。例如，"可喷涂面积效率：425m^2/L 在 1μm"，即环氧底漆喷涂 1μm 膜厚时，每升底漆可喷涂 425m^2。该种底漆需喷涂 2 层，总膜厚控制在 40～50μm。

　　根据所要喷涂区域的估计面积及规定的总膜厚，即可估算出底漆的用量。

　　（3）调制方法。

　　① 将调漆比例尺放置于调漆杯内，用手扶正，如图 3-3-11 所示。

　　② 选择标有 4：1：1 的一面，假设底漆的用量为 3，把底漆倒进容器至左边第一列刻度3，再将固化剂倒入至第二列刻度 3，其比例刚巧是 4：1。

　　③ 再加入稀释剂至第三列刻度（虚线刻度）3，则各成分的加入比例刚好是 4：1：1。

　　④ 各成分加好后，一定要充分搅拌均匀。

　　调配单组分涂料时，根据涂料的种类和施工方式，与配套的稀释剂进行混合调配。先将底漆充分搅拌均匀，然后按工艺制订的黏度标准加稀释剂，最后搅拌均匀即可。

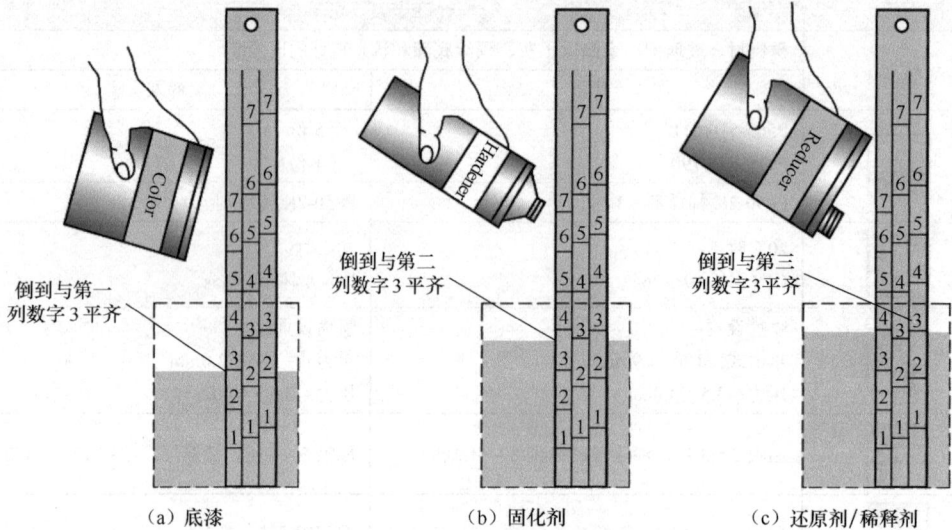

倒到与第一列数字3平齐

倒到与第二列数字3平齐

倒到与第三列数字3平齐

（a）底漆　　　　　　　　　（b）固化剂　　　　　　　　（c）还原剂/稀释剂

图 3-3-11　用调漆比例尺调制涂料

　　有些专用的调漆杯为透明的塑料，外表上有用于指示调漆量的刻度，相当于比例尺，如图 3-3-12 所示，使用时加入各成分的量直接观察刻度即可。

　　（4）黏度测试与调整。为了检验所调制的涂料的黏度是否符合要求，需要进行黏度测试。尽管在汽车维修行业中很少进行黏度测试，但为保证涂装质量，建议进行测试。进行黏度测试时，因所用的黏度计不同，测试方法也不同。

　　① 使用台式黏度计测试黏度时，可先利用黏度计台面下的 4 个螺栓使黏度计在工作台上调放平稳。用左手的中指堵严黏度杯底部的流孔，然后将加入稀释剂并充分搅拌均匀的涂料倒满黏度杯，用玻璃棒将液面刮平之后，松开堵孔的中指，并同时开动秒表，待杯中的涂料流完（断流）时，立即关闭秒表，秒表上的数据即为该漆的黏度。一般需要测试 3 次，取其平均值，做好记录。测试通常要求在室温（25±1）℃条件下进行。

　　② 使用手提式黏度计测试时，可在施工现场将黏度计直接浸入调好的涂料中灌满涂料液，提起黏度计，待黏度计脱离液面的同时立即开动秒表，观察黏度计底部的流孔，待涂料快流完且出现断流时，快速关闭秒表，表上的数据即为测试的黏度。其黏度测试方法如图 3-3-13 所示。

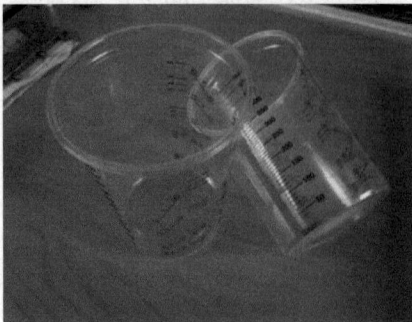

图 3-3-12　带刻度的调漆杯

图 3-3-13　使用手提式黏度计测试黏度

测试结束后，根据测试的结果与涂料技术参数手册要求（见图3-3-14）进行微调，即补加适量的底漆或稀释剂，并充分搅拌均匀。

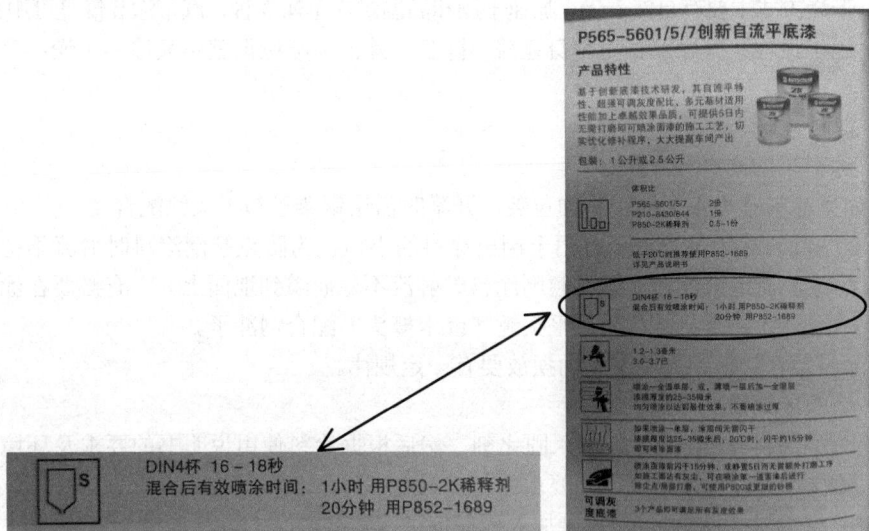

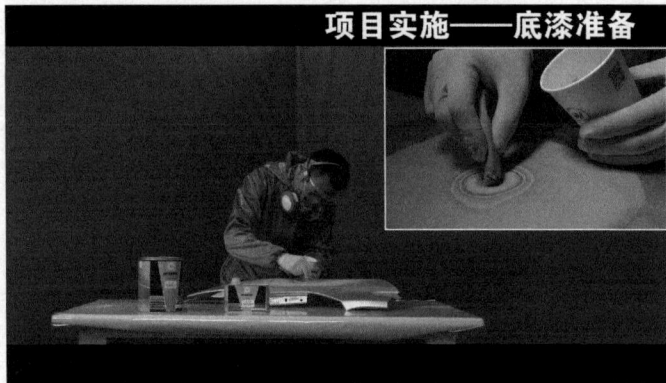

图 3-3-14 涂料技术参数手册

□ 任务总结 □

项目实施——底漆准备

视频

底漆的准备

AR
汽车涂装

1．底漆

（1）定义。底漆一般直接涂覆于施工物体表面或涂于原子灰表面。

（2）作用。

① 防止金属表面的氧化腐蚀。

② 增强金属表面与原子灰（或中间涂层、面漆）、原子灰与面漆之间的附着力。

③ 为面漆喷涂提供高质量的表面。

（3）种类。

① 根据使用目的分类：头道底漆、头二道合用底漆、二道底漆、封闭底漆等。

② 按涂料中的主要树脂分类：环氧底漆和磷化底漆。

（4）选配。除应参考汽车原厂漆膜系统外，还应参考的信息有被涂物面材料（底材）、使用的环境条件、涂料施工条件、涂料的配套性、涂层的厚度等。

（5）干燥方式主要有自然干燥、加速干燥和高温烘烤干燥 3 种，汽车涂装修复可用前两种。

（6）施工流程：底漆准备→车身遮盖→除尘、除油→喷枪调整→喷涂→干燥→喷枪的清洗维护。

2. 涂料准备

（1）涂料罐的开封与搅拌。

① 如果涂料罐为永久性密封的包装，开罐时需用钢錾子与平头锤配合。

② 有些涂料罐顶部只设计有用于倒出涂料的小口，为防止倾倒涂料时射流不稳，出现一股一股的漆流而造成浪费（即在倾倒涂料时射流不稳而溢到地面上），有必要在涂料罐的顶部开一个通气孔。开封时，需用平头锤（或木榔头）配合钢冲子。

③ 涂料罐在涂料搅拌机架上的摆放要有一定规律。

（2）底漆的调制。

双组分型涂料（2K 型）：加入固化剂，然后根据涂料使用说明书的要求及环境温度的不同加入稀释剂进行稀释，以达到要求的施工黏度。

单组分型涂料（1K 型）：直接加入稀释剂进行稀释。

□ 问题思考 □

1. 底漆有哪些作用？什么情况下应该喷涂底漆？
2. 说明头道底漆、头二道合用底漆、二道底漆、封闭底漆的特点及应用。
3. 说明环氧底漆和磷化底漆的作用及应用。
4. 说明涂料的选配应参考的信息。
5. 环氧底漆 801-72 技术说明如下：可喷涂面积效率为 425m²/L（在 1μm），喷涂 2 层，总膜厚 40～50μm。现准备喷涂该底漆的板件表面积为 0.5m²，请计算该底漆的用量。

学习任务四　车身（板件）的准备

□ 学习目标 □

1. 能够正确进行局部、整板及整车涂装的遮蔽。
2. 能够正确进行板件表面的除尘与除油。

□ 相关知识 □

一、遮蔽

1. 胶带的基本粘贴方法

（1）正向遮蔽法。正向遮蔽法指遮蔽纸的外面朝外、里面朝里的一种遮蔽方法。胶带应选用质量好的，若质量差，使用后会出现黏结剂残留或其他问题，造成不必要的麻烦。聚氨酯涂料需加热干燥，应使用耐热胶带。胶带的基本粘贴法如图 3-4-1 所示。

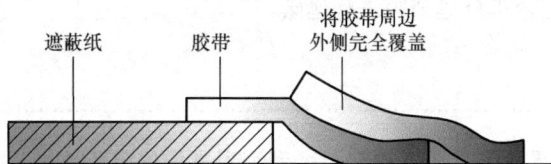

图 3-4-1 胶带的基本粘贴法

（2）反向遮蔽法。在对板件的局部修补涂装、整板涂装的过渡区域及流线型边缘进行遮蔽时，应该使用反向遮蔽法，如图 3-4-2 所示，一般在喷涂中涂漆和面漆时运用。采用反向遮蔽法，可以在待喷涂区域的边缘形成楔形间隙，喷漆时由于楔形间隙存在会形成边缘向外渐薄的漆膜，从而起到良好的过渡效果而不至于在边缘形成台阶。

注意

进行反向遮蔽时，应使用软的胶带，不能使用遮蔽膜。

沿流线型边缘进行反向粘贴时可以采用预先粘贴好胶带的遮蔽纸。首先把遮蔽纸沿流线型板件边缘的最高端放置好，用胶带固定。使遮蔽纸自然下垂，然后反向折叠，使反向折叠的弧线超过流线型边缘 12～20mm。最后，把遮蔽纸的另一边固定到板件合适的位置上。

掌握上述正向遮蔽法和反向遮蔽法后，即可运用其中的一种或两种方法的综合，对车身需要遮蔽的部位进行正确的遮蔽。对车身进行遮蔽的原则是：不需要喷涂的部位一定要遮蔽严实，需要喷涂的部位一定要露出来。

由于采用的遮蔽材料不同，遮蔽方法便有所不同。

2. 用遮蔽膜遮蔽

下面仅以用遮蔽膜来遮翼子板为例，介绍一般的遮蔽方法。

（1）将车身遮蔽膜覆盖车身。

（2）如图 3-4-3 所示，将车身遮蔽膜覆盖在翼子板部分，即可用专用刀具割开（车轮部位可以使用裁切下的车身遮蔽膜遮蔽）。

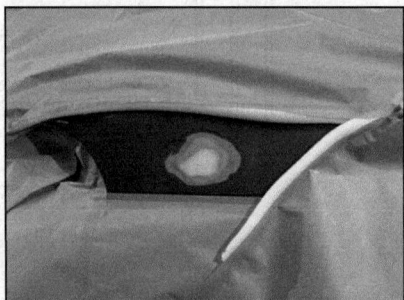

图 3-4-2 用胶带和遮蔽纸进行反向遮蔽

图 3-4-3 裁剪遮蔽膜

（3）为防止飞散的油漆污染发动机罩内板，门缝及翼子板与发动机罩接合缝最好使用缝隙胶条配合车身遮蔽膜进行密封，如图 3-4-4 所示。

（4）用遮蔽胶带配合车身遮蔽膜进行遮蔽。

注意

对于车灯等分色界面要求较高的部位，为达到更好的分色效果，需先用聚酯胶带遮蔽分色边缘，如图 3-4-5 所示。

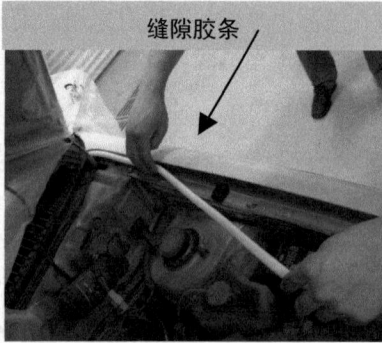

图 3-4-4　用缝隙胶条遮蔽缝隙

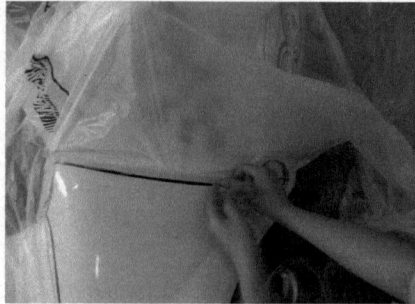

图 3-4-5　边缘的分色定位

（5）全部遮蔽完成后，做一次仔细检查，确定是否有遗漏处或过多遮蔽处。

3. 用遮蔽纸遮盖

（1）一般遮蔽方法。用遮蔽纸遮蔽时需与胶带配合，要根据具体需遮蔽部位的形状及周边结构特点，确定具体遮蔽方法，下面仅以车门洞为例，说明一般的遮蔽方法。

如图 3-4-6 所示，如果要将车门入口全部遮蔽，先要按入口宽度准备好遮蔽纸，一般是取 50cm 宽的纸两张，搭接成 1m 宽，对准入口，先贴住上部，在贴下边之前，要先将纸放松弛，办法是从中间折一下，这样车门才能关住。如果宽度还不够，再加一张 30cm 宽的纸。如果边切得不整齐，可用胶带补齐。纸与纸相重合的部分，要用胶带粘住，不能留缝隙。

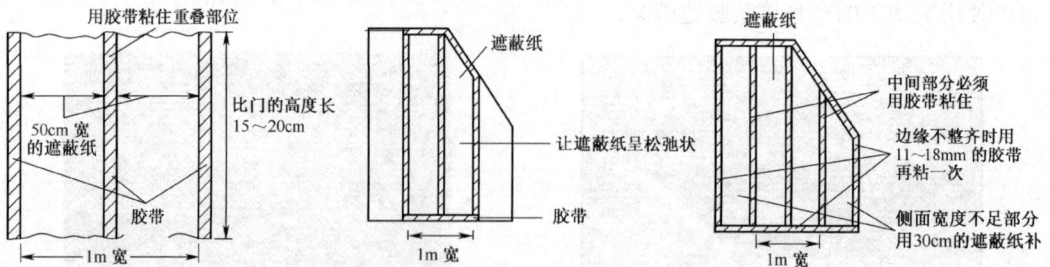

图 3-4-6　车门洞的遮蔽

（2）喷涂两种颜色时的遮蔽。当汽车被喷涂成两种不同的颜色时，应首先喷涂一种颜色。涂料干燥后，用 19mm 宽的胶带把这种颜色的周边遮蔽。有些车身喷漆工喜欢选用细胶带，因为细胶带薄，可以精确地把两种颜色的漆面分开，留下的条纹少。然后，把该颜色的漆层用合适尺寸形状的遮蔽纸遮盖好。遮蔽纸上的胶带粘到已粘好的周边胶带上，多余的边折叠，粘贴牢固。然后，根据需要，可以再用遮蔽胶带沿遮蔽纸的底部和边缘粘贴，清晰地标出另外一种颜色涂料的喷漆面。

（3）特殊部位遮蔽技巧。

① 装饰条和嵌条的遮盖。当用胶带粘贴装饰条、嵌条等表面时，用一只手的手指塞入胶带卷中间的孔中，把大拇指放在胶带的外面，控制胶带的方向。拉伸胶带时，胶带的粘贴面背向操作者。不要把胶带拉得过紧。然后把胶带的起始端粘到嵌条或车轮罩的边缘上，如图 3-4-7 所示。粘贴时，拉伸的胶带面与漆面的间距至少应为 0.7mm，这样可以方便粘贴并可以很好地控制胶带的方向。嵌条或需粘贴面的宽度决定所需胶带的条数。但是，一定要记住在所需喷漆的表面与嵌条间应留有一个小间隙，涂料特别是清漆会填补这个间隙。用足够的压力把胶带压牢。但是在曲面上粘贴胶带时，

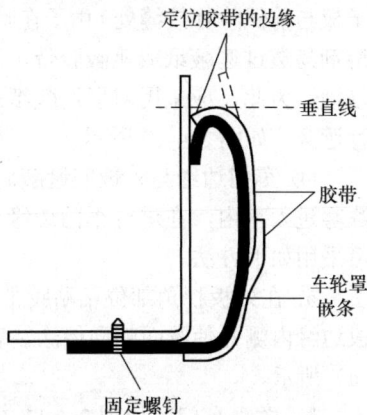

图 3-4-7　车轮罩嵌条的遮蔽

还必须拉伸胶带，以适应曲面的要求。如果胶带太宽，应用剪刀把胶带多余的宽度剪去。

胶带（或遮蔽纸）与板面间的预留间隙大小非常关键，如图 3-4-8 所示，间隙过大会形成涂料堆积；间隙过小则易形成明显的台阶。

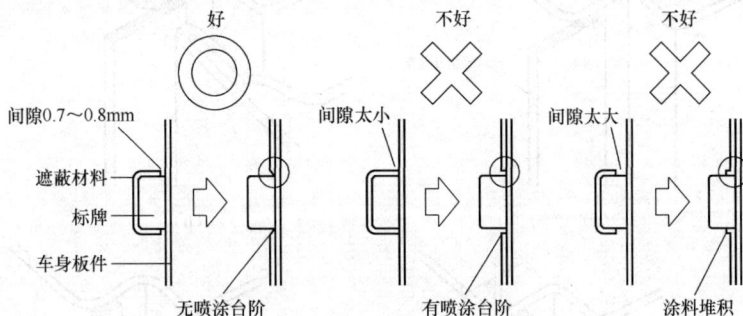

图 3-4-8　预留间隙大小的影响

② 曲面边缘遮蔽。如果必须沿一个曲面流线型边缘进行遮蔽，则必须使用遮蔽胶带。首先把 19mm 宽的胶带以正确的角度分别粘贴到流线型边缘上。每条胶带应有 10～13cm 长，胶带与胶带之间应有足够的重叠量，整个胶带的粘贴边缘应形成一个与流线型边缘相平行的曲线。然后，把胶带条反折，反折应从最后一条胶带开始，并保证有一个正确的弧度，如图 3-4-9 所示。最后，用一条胶带把所有反折过来的胶带端部粘贴固定。

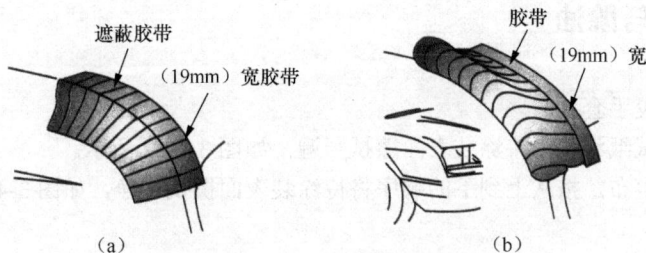

图 3-4-9　用胶带进行反向遮蔽

③ 易汇集漆液部位的遮蔽。这些部位（如前翼子板与前保险杠接缝处）由于在喷漆时易汇集漆液，溶剂易透过遮蔽纸或遮蔽胶带，造成旧漆膜受溶剂侵蚀，为此，应采用双层遮蔽纸或双层遮蔽胶带进行遮蔽，如图 3-4-10 所示。

④ 车门边缘与外板间遮蔽。为了防止喷漆时的漆雾进入车内，在进行车门边缘与外板间遮蔽时，可采用如下方法。

a. 在外板拐角部位粘贴胶带，胶带应伸入到外板边缘内侧并使胶面朝向待涂装表面，如图 3-4-11（a）所示。

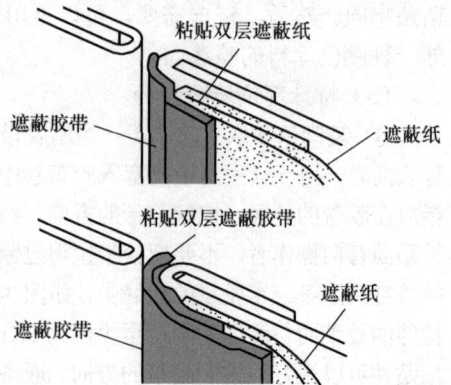

图 3-4-10　双层粘贴

b. 关上车门，如图 3-4-11（b）所示。

c. 将先贴好的胶带压靠到车门外板面，并用第二层胶带粘贴好，如图 3-4-11（c）所示。

d. 用胶带与遮蔽纸配合将车门遮盖好，如图 3-4-11（d）所示。

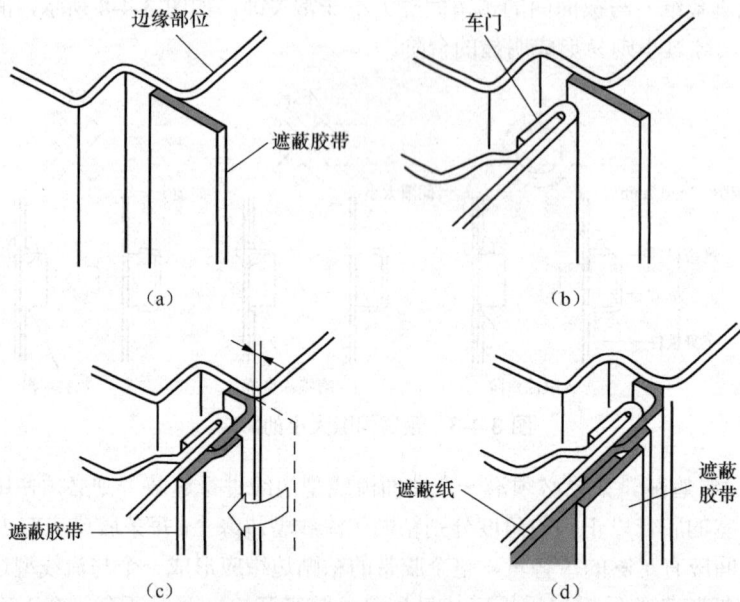

图 3-4-11　车门边缘与外板间遮蔽

二、除尘与除油

1. 除尘

（1）戴好橡胶手套。

（2）先用擦拭纸将整个待涂装表面擦拭一遍，如图 3-4-12 所示。

（3）手握粘尘布，按从上到下的顺序将待涂装表面擦拭干净，如图 3-4-13 所示。

2. 除油

除油有擦拭法和喷擦结合两种方法。

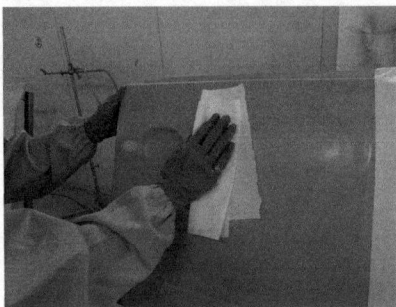

图 3-4-12 用擦拭纸除尘

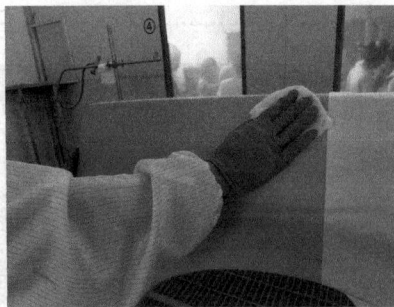

图 3-4-13 用粘尘布除尘

（1）擦拭法。

① 双手戴好橡胶手套。

② 双手各持一块干净的除油擦布，其中一块浸有脱脂剂。

③ 先用带脱脂剂的擦布擦拭待除油表面，一次不要多于一个来回。

④ 紧跟着用干爽的擦布擦拭沾有脱脂剂的表面。

⑤ 重复这样的动作，直到待清理表面全部清理完毕，如图 3-4-14 所示。

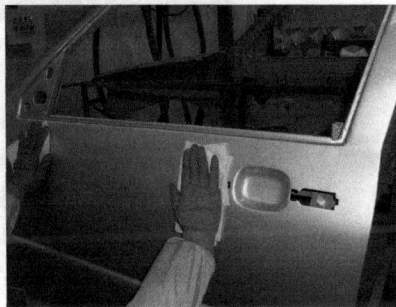

图 3-4-14 擦拭法除油

> **注意**
>
> 用擦拭法除油时应及时浸脱脂剂和更换擦布，并且注意不要触碰已经除过油的表面。

（2）喷擦结合法。

① 将除油剂装入喷液壶内。

② 反复按压喷液壶操纵手柄，直到感觉有足够的反弹力。

③ 手持喷液壶，对准需除油表面，保持 20cm 左右的距离，按压喷液开关，将除油剂均匀地喷到板件表面，如图 3-4-15 所示。

④ 手持一块干净的擦布，将喷淋的除油剂擦拭干净。

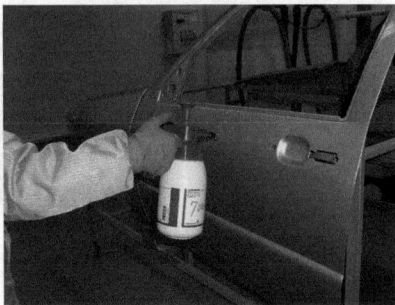

图 3-4-15 喷淋除油剂

1. 遮蔽

（1）遮蔽的原则：不需要喷涂的部位一定要遮蔽严实，需要喷涂的部位一定要露出来。

（2）可选用的遮蔽材料：遮蔽纸、遮蔽膜、遮蔽胶带、缝隙胶条等。

（3）正向遮蔽法：双层胶带粘贴。

（4）反向遮蔽法：在对板件的局部修补涂装、整板涂装的过渡区域及流线型边缘进行遮蔽时，应该使用反向遮蔽法，一般在喷涂中涂漆和面漆时运用。

2. 除尘与除油

（1）除尘。擦拭法。

（2）除油。擦拭法和喷擦结合法。

□ 问题思考 □

1. 什么是正向遮蔽法和反向遮蔽法？

2. 什么情况下应使用反向遮蔽法？为什么？

3. 遮蔽的最基本原则是什么？

4. 为什么在喷涂前需要除油？正确的除油操作步骤是什么？

学习任务五 喷涂技能训练

□ 学习目标 □

1. 能够规范地进行喷漆房的准备。

2. 能够规范地进行喷枪检查与调整。

3. 能够规范地进行喷涂操作。

□ 相关知识 □

一、喷漆房准备

典型的喷漆房（即喷烤漆房）控制箱面板，如图 3-5-1 所示。

图 3-5-1 喷烤漆房控制箱面板

1—电压表；2—温控仪；3—烘烤时间设定；4—电源指示灯；5—升温指示灯；
6—喷漆指示灯；7—烤漆指示灯；8—照明指示灯；9—电源开关；10—急停开关；
11—喷漆开关；12—烤漆开关；13—照明开关

（1）打开电源。使用喷漆房，首先要打开电源开关 9，电源指示灯 4 点亮，电压表显示 380V。

（2）打开照明。打开照明开关 13，照明指示灯 8 点亮，喷漆房内的光线达到施工要求。

（3）设定喷漆温度。常温喷漆时，不需要设定喷漆温度；需要加温喷漆时，逆时针转动喷漆开关 11，同时调整温控仪 2，设定恒定的喷涂温度到 18℃即可。

（4）开始喷漆。顺时针旋转喷漆开关 11，即可打开喷漆房排风系统，进行喷漆操作。

注意

喷漆完毕后风机再工作 5min，使喷漆房内的漆雾彻底排净后再关闭风机。

二、喷枪准备

1. 检查喷枪

（1）确保喷枪涂料杯上的气孔无污垢堵塞。

（2）确保喷枪涂料杯上的密封圈无破损，涂料无渗漏等。

2. 添加涂料

（1）将调好黏度的中涂漆通过漏斗过滤后装入喷枪涂料杯内，涂料的添加量不要超过枪壶容积的 2/3，如图 3-5-2 所示。

图 3-5-2 涂料的过滤与添加

注意

存放主剂和固化剂的容器，使用之后一定要盖严实。

（2）将喷枪通过快速接头接入压缩空气系统。

3. 喷枪调整

（1）气压调整。手握喷枪柄，压扣扳机到 1 挡位，压缩空气阀门首先打开，如图 3-5-3 所示。当喷涂气压调节旋钮处于与枪体垂直位置（最大雾化状态）时，顺时针旋转喷涂气压调节旋钮，喷涂气压变小；当喷涂气压调节旋钮处于与枪体平行位置（最小雾化状态）时，逆时针旋转喷涂气压调节旋钮，喷涂气压变大。调整过程中，观察气压表直到气压符合规定。调整气压的大小，一定要按涂料说明书的规定。

（2）扇幅调整。扇幅调节旋钮的位置如图 3-5-4 所示。增大扇幅，需要逆时针旋转扇幅调节旋钮；减小扇幅，需要顺时针旋转扇幅调节旋钮，如图 3-5-5 所示。扇幅的大小主要取决于修补面积的大小。一般情况下对于整板（或整车）喷涂，为了获得良好的喷涂效果，建议将喷枪扇幅调节到最大状态。

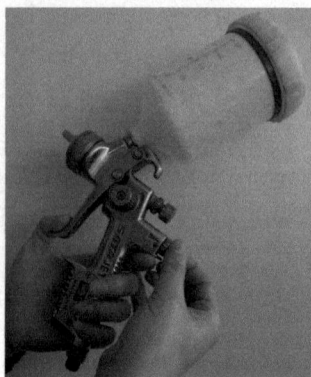

图 3-5-3　调整气压

图 3-5-4　扇幅调节旋钮

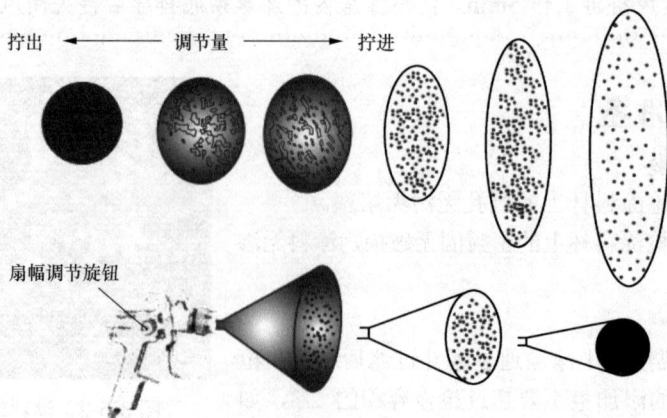

图 3-5-5　扇幅调节原理

（3）涂料流量调整。涂料流量调节旋钮的位置如图 3-5-6 所示。逆时针旋转涂料流量调节旋钮时，针阀行程增大，从而增大涂料流量；顺时针旋转涂料流量调节旋钮时，针阀行程减小，从而降低涂料流量，如图 3-5-7 所示。

图 3-5-6 涂料流量调节旋钮的位置

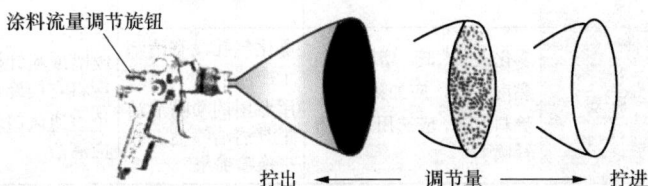

图 3-5-7 涂料流量调节原理

（4）扇形测试与调整。将空气帽角调整至垂直位置，使扇形呈水平状态，如图 3-5-8 所示，进行扇形测试，并视情况调整。

通过扇形测试，看流挂情况，检查调整是否正确。松开空气帽定位环并旋转空气帽，使喇叭口处于竖直位置，此时喷出的图案将是水平的，再喷一次，按住扳机直到涂料开始往下流，即产生流挂，检查流挂情况。如果各项调整正确，各段流挂的长度应近似相等，如图 3-5-9（b）所示。如果流挂呈分开的形状，是由于扇形太宽或气压太低。把扇幅调节旋钮拧紧半圈，或把气压提高一些，交替进行这两项直到流挂长度均匀。如果流挂中间长两边短，如图 3-5-9（a）所示，则是因喷出的涂料太多，应把涂料流量调节旋钮拧紧，直到流挂长度均匀。反之，涂料喷出太少的情况如图 3-5-9（c）所示。

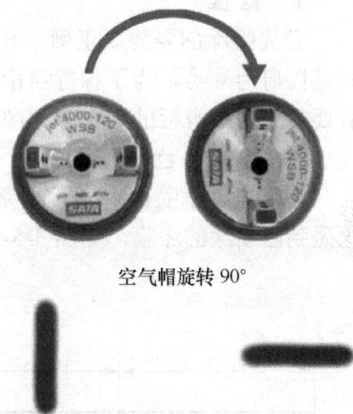

空气帽旋转 $90°$

图 3-5-8 空气帽位置与扇形测试

扇形测试时，可能会出现故障扇形，不同的故障扇形特点及产生的原因见表 3-5-1。

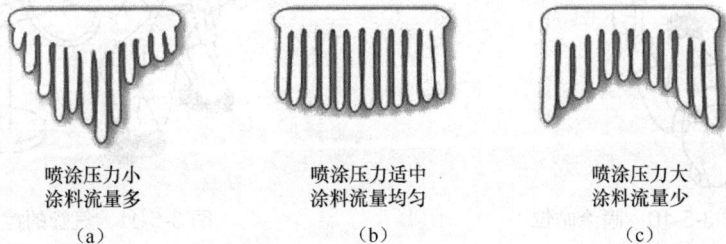

喷涂压力小 涂料流量多	喷涂压力适中 涂料流量均匀	喷涂压力大 涂料流量少
（a）	（b）	（c）

图 3-5-9 扇形测试

表 3-5-1   不同的故障扇形特点及产生的原因

故障扇形特点	喷幅中央涂料太多	倾向一边的圆形喷幅，严重弯曲	喷幅不连续，跳动	喷幅破裂，呈燕尾状	喷幅朝一边扭曲
图示					
原因	雾化压力太低，增加气压；黏度太高，应加稀释剂；涂料太多，应选用较小直径喷嘴	雾化气孔没有清洁干净；用专用的喷嘴清洁工具清洁喷嘴，或更换喷嘴组	喷嘴或喷针松动，应将它们旋紧；枪壶通风口堵塞，应清洁	稀释剂太多，气压太高，喷幅太宽	其中一边雾化孔不干净；清洁雾化孔或更换喷嘴组

三、喷涂要领

1. 站位

首先喷涂的姿势要正确。开始喷涂时，自然放松站立，两脚与肩同宽；由于喷枪在喷漆时是以肩为支点，为了保持喷枪距离与角度在运枪过程中恒定，必须使拿喷枪一侧的肩面对着要喷涂的车身板的中央，如图 3-5-10 所示。

2. 气管的控制

用一只手拿喷枪，将气管绕到身后，用另一只手从背后托住气管，防止在喷涂过程中气管碰到已喷涂的漆膜，如图 3-5-11 所示。

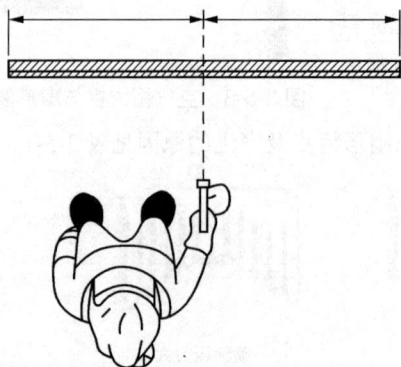

图 3-5-10 喷涂站位   图 3-5-11 气管的控制

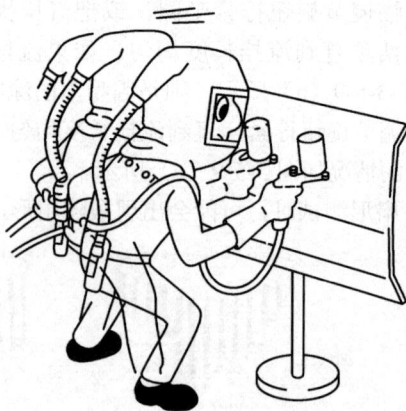

3. 喷枪与工件表面的角度

喷枪与工件表面必须保持垂直（90°），如图 3-5-12 所示。即使对于弧形表面，也应掌握这一要领，如图 3-5-13 所示。绝对不可由手腕或手肘作弧形的摆动，如图 3-5-14 所示。

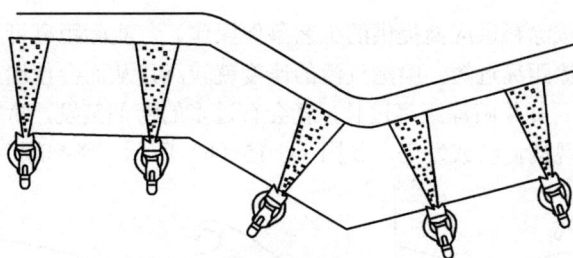

（a）正确

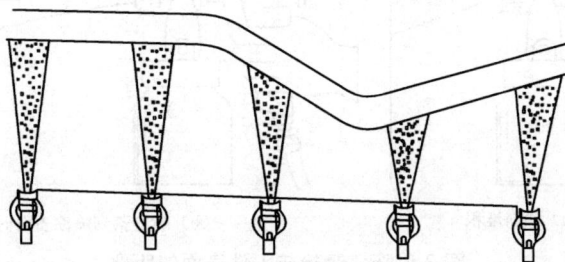

（b）不正确

图 3-5-12 喷枪与工件表面的角度

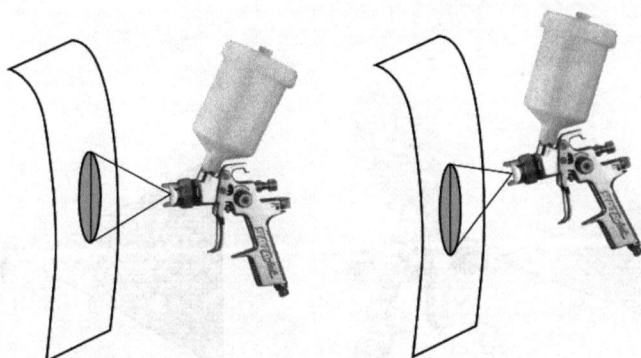
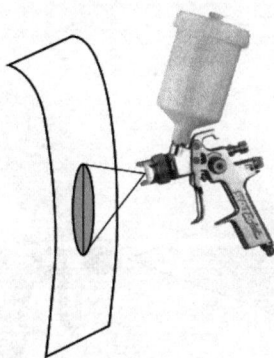

（a）正确   （b）不正确

图 3-5-13 弧形表面喷涂要领

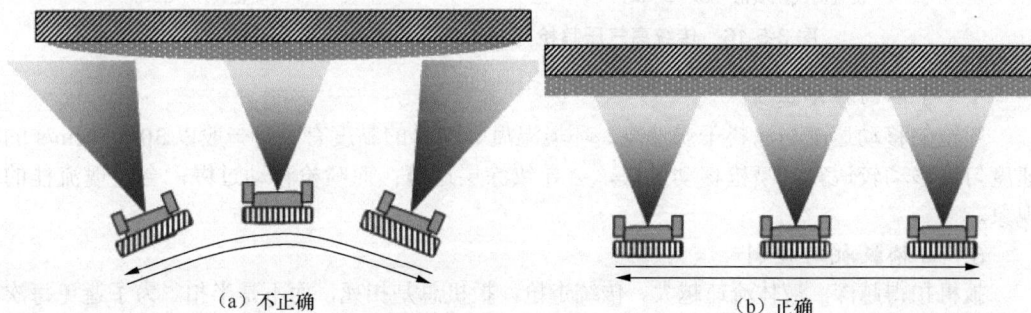
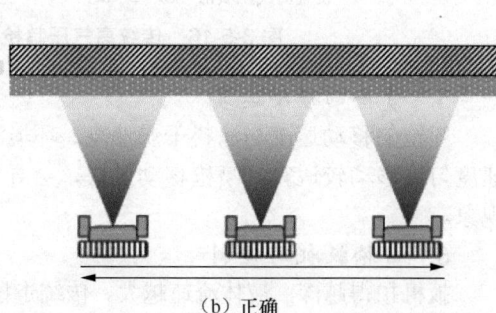

（a）不正确   （b）正确

图 3-5-14 喷枪的运行

4. 喷枪嘴与工件表面的距离

正常的喷涂距离应与喷枪的气压、喷枪的扇面大小以及涂料的种类相配合。一般喷涂距离为 20cm 左右（可按涂料供应商提供的工艺条件操作）。实际距离可通过对贴在墙上的纸张试喷而定。如果喷涂距离过短，喷涂气流的速度就较高，从而会使涂层堆积，出现波纹，如图 3-5-15（a）所示；如果喷涂距离过长，就会有过多的溶剂蒸发，喷雾落到喷涂表面时已经无力，导致涂层出现橘皮纹或发干，如图 3-5-15（b）所示，影响颜色的效果。

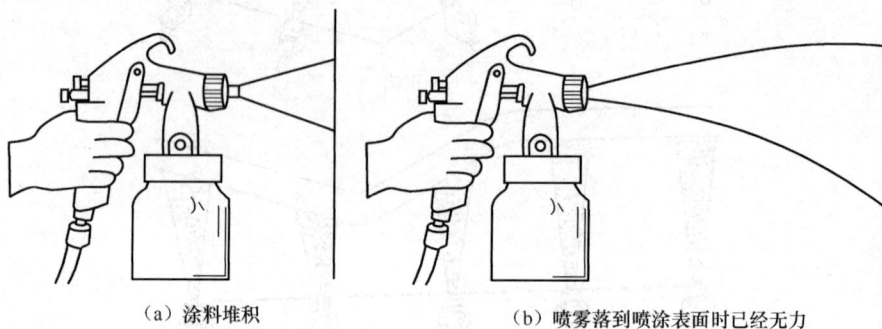

（a）涂料堆积　　　　　　　　　　　　（b）喷雾落到喷涂表面时已经无力

图 3-5-15　喷枪与工件表面的距离

喷涂距离还与喷枪的类型有关，传统高气压喷枪与 HVLP 喷枪喷涂距离的差别如图 3-5-16 所示。

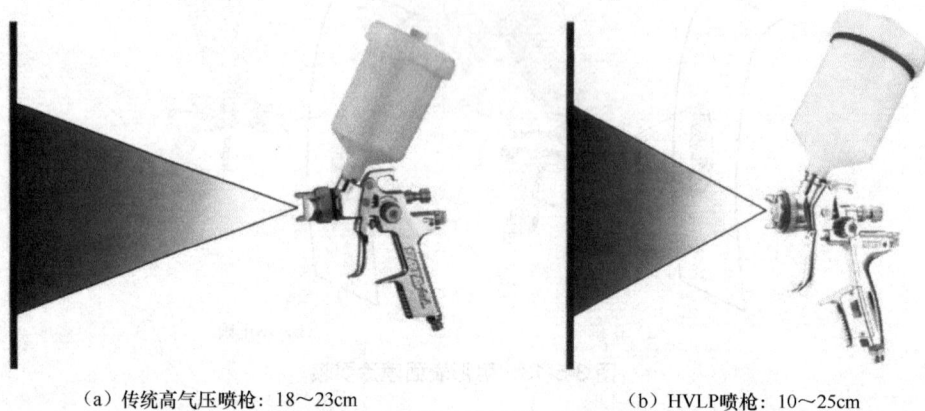

（a）传统高气压喷枪：18～23cm　　　　　　　（b）HVLP喷枪：10～25cm

图 3-5-16　传统高气压喷枪与 HVLP 喷枪喷涂距离的差别

5．喷枪的移动速度

喷枪的移动速度与涂料干燥速度、环境温度、涂料的黏度有关，一般以 30～50cm/s 的速度匀速移动较适宜。喷枪移动过快，会导致涂层过薄；而喷枪移动过慢，会出现流挂的现象。

6．喷枪扳机的控制

扳机扣得越深，液体流速越大。传统走枪，扳机总是扣死，而不是半扣。为了避免每次走枪行程即将结束时所喷出的涂料堆积，有经验的技师都要略略放松一点扳机，以减少供漆量，如图 3-5-17 所示。

扣扳机的正确操作一般分 4 步：先从遮蔽纸上开始走，扣下一半扳机，仅放出空气；当走到喷涂表面的边缘时，完全扣下扳机，喷出涂料；当走到另一头时，松开一半扳机，涂料停止流出；反向喷涂前再往前移动几厘米，然后重复上述操作步骤。

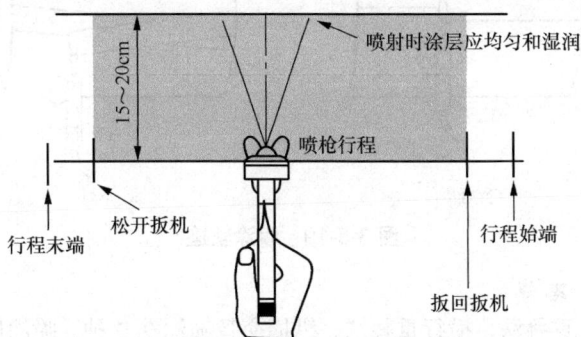

图 3-5-17　扳机的控制

在"斑点"修补或者新喷涂层与旧涂层的边缘润色加工时都要进行"收边"操作。意思就是在走枪开始时不扣死扳机，也就是说，开始时的供漆量很小，随着喷枪的移动，逐渐加大供漆量，直到走枪行程即将结束时再将扳机放开，使供漆量大大减少，从而获得一种特殊的过渡效果。

7. 姿势调整

喷涂过程中，应随时调整姿势，如按上下顺序喷涂时，操作者可能会从站立姿势过渡至下蹲姿势，这样才能保证喷枪与板件合理的角度和距离，如图 3-5-18 所示。

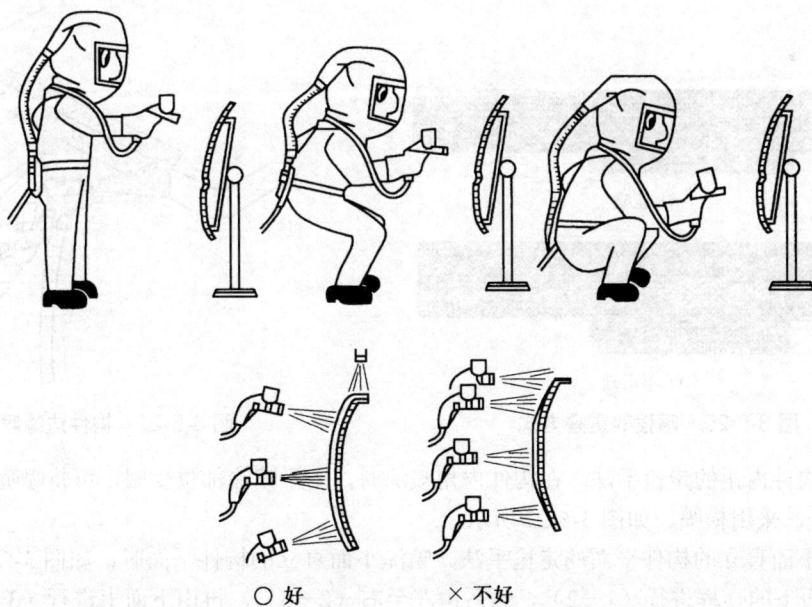

图 3-5-18　姿势调整

在平行移动喷枪喷涂过程中，要以腰为活动点平行移动上身，以防止出现喷涂轨迹不平行现象，从而影响喷涂质量，如图 3-5-19 所示。

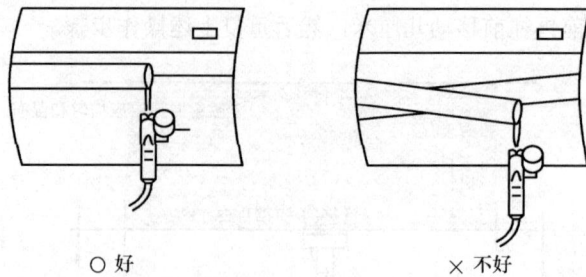

○ 好   × 不好

图 3-5-19　喷涂轨迹

8. 喷涂方法、路线

喷涂方法有纵行重叠法、横行重叠法、纵横交替喷涂法 3 种。喷涂应按从高到低、从左到右、从上到下、先里后外的顺序进行。在行程终点关闭喷枪，喷枪第二次单方向移动的行程与第一次相反，喷嘴与第一次行程的漆膜带边缘平齐，使第二次走枪行程的漆膜带的上半部与第一次行程漆膜带的下半部重叠，两次走枪漆膜带重叠幅度应为 1/3 或 1/2 左右，如图 3-5-20 所示。

9. 走枪的基本动作

汽车修补涂装中，被涂物的情况不同，喷漆走枪的手法也不同，以下叙述几种常用的喷漆走枪手法。

（1）构件边缘的走枪手法。在构件边缘喷涂时，一般采用由右至左的喷涂顺序，并采用纵喷（喷出扇形呈垂直方向扁椭圆），如图 3-5-21 所示。

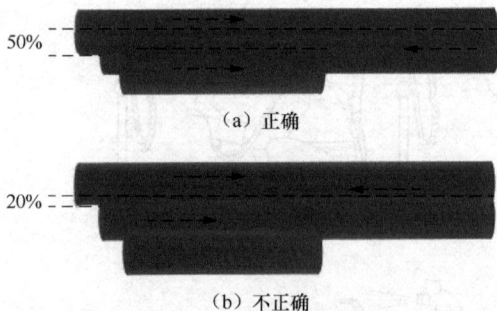

50%　（a）正确

20%　（b）不正确

图 3-5-20　喷程的重叠方式

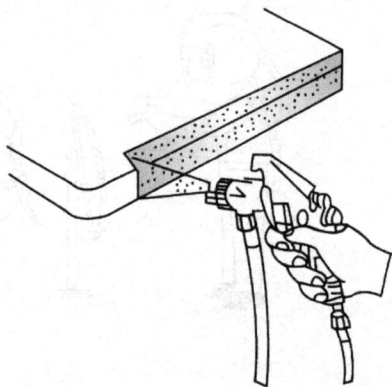

图 3-5-21　构件边缘喷涂

（2）构件内角的走枪手法。在构件内角喷涂时，由于喷涂部位受限，可将喷嘴调整至垂直（90°），采用横喷，如图 3-5-22 所示。

（3）小而直立的构件平面的走枪手法。喷涂小而直立的构件平面时，如图 3-5-23 所示，是按由上而下的行程进行（1—2），然后由左至右（2—3），再由下而上进行（3—4），依次完成（4—5—6—7—8—9）。

（4）长而直立的构件平面的走枪手法。如图 3-5-24 所示，喷涂长而直立的构件平面时也是按由上而下的行程进行，再由左而右，依次沿横向行程喷涂，每行程为 45～90cm，即按板长方向分段进行，每段之间交接处，有 10cm 左右的行程重叠。当喷至重叠区域时，要采用"飞枪"的手法，即在逐渐放松扳机的同时，向重叠区域外甩开喷枪，这样可以使双重区域与其他区域的膜厚基本一致，如图 3-5-25 所示。

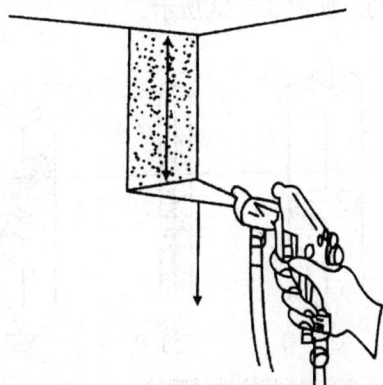

图 3-5-22　构件内角的喷涂

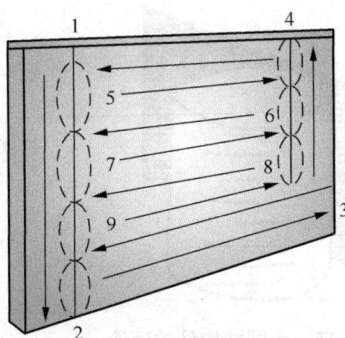

图 3-5-23　小而直立平面的喷涂

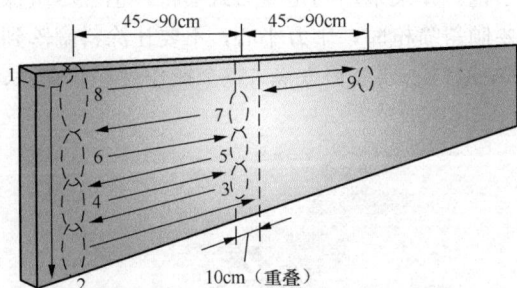

图 3-5-24　长而直立平面的喷涂

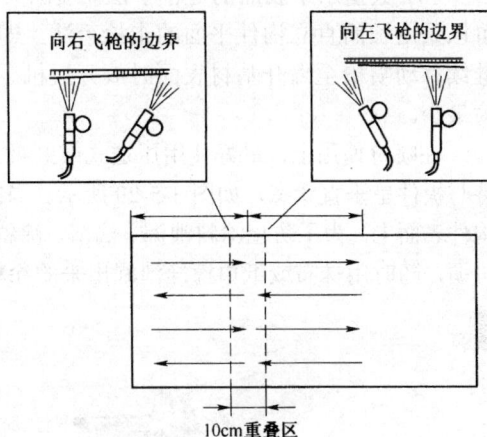

图 3-5-25　重叠区域喷涂手法

（5）小、中圆柱构件的走枪手法。如图 3-5-26 所示，喷涂小、中圆柱构件时，由圆柱顶自上往下再自下往上，分 3～6 道垂直行程喷完。

图 3-5-26　小、中圆柱构件的喷涂

（6）大圆柱构件的走枪手法。喷涂大圆柱构件时，则由左至右，再由右至左，按水平行程，依次喷完，如图 3-5-27 所示。

（7）棒状构件的走枪手法。喷涂较长的、直径不大的棒状构件时，最好将雾束调窄一些与之配合。然而很多涂装技师为了省事，不愿经常调整喷枪，而是将喷枪雾束的方位与棒状构件相适应。这样可达到既完全覆盖又不过喷的目的，如图 3-5-28 所示。

图 3-5-27　大圆柱构件的喷涂

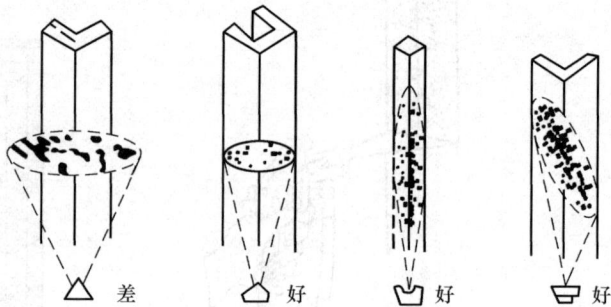

图 3-5-28　棒状构件的喷涂

（8）大型水平表面的走枪手法。喷涂大型水平表面如发动机罩、车顶、行李箱盖等时，可以采用长而直立构件平面的走枪手法。即由左向右移动喷枪至邻近基材表面时扣扳机，继续移动喷枪至离开基材表面时放开扳机。这样可以获得充分润湿的涂层，而不过喷或干喷最少。

在喷枪使用上，最好使用压送式或虹吸式喷枪。如果采用的是重力式喷枪，也应尽量保持与板件呈垂直状态，如图 3-5-29 所示。当需要倾斜喷枪时，千万小心，不要让涂料滴落到构件表面上。为了防止涂料泄漏、滴落，涂料杯中涂料不要装得太满，整个操作过程要平稳、协调，随时用抹布或纸巾擦净泄漏出来的涂料。

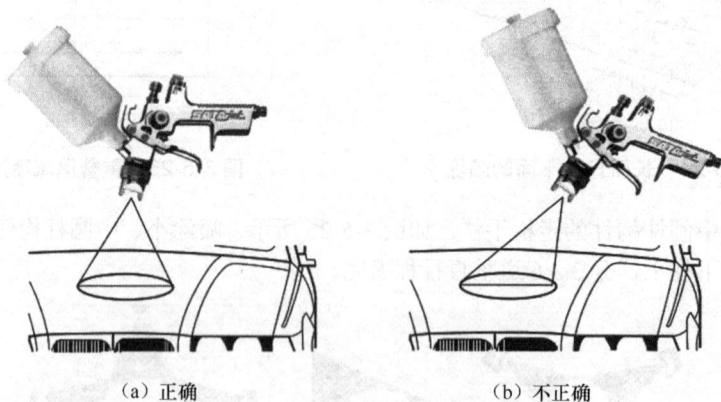

（a）正确　　　　（b）不正确

图 3-5-29　水平板件的喷涂要领

10. 不同板件的走枪顺序

在不同的板件上喷涂走枪时，要遵循的一个原则就是：先喷周边，然后喷中间大面。例如喷涂车门时，如图 3-5-30 所示，首先喷涂车门框的顶部，然后下移直到车门的底部。如果只喷涂一个车门，首先应喷涂车门边缘；喷涂门把手时应该特别小心，因为某点的涂料太多将会导致滴落。

对于像发动机罩这样的大型板件，可采用长而直立构件的喷涂方法，即分段喷涂。如图 3-5-31 所示，首先喷涂发动机罩的边缘，然后喷涂发动机罩的前部，下一步喷涂在前翼子板的侧面，从中心开始向边缘进行喷涂；另一侧也使用相同的方法喷涂。

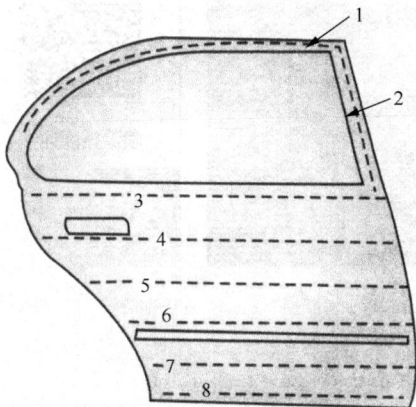

图 3-5-30　车门的喷涂顺序　　　　　图 3-5-31　发动机罩的喷涂顺序

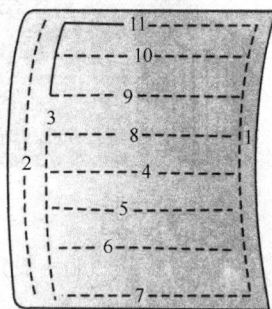

当修整整个汽车时，对汽车不同部位喷漆顺序可能不同。通常，在横向排风的房间里，距排风扇最远的地方首先喷涂，从而保证落在喷漆表面的灰尘最少，使漆面更光滑。具体操作如图 3-5-32 所示，首先对车顶盖喷涂，然后喷涂行李箱部位，接着从左后翼子板到左后门、左前门、左前翼子板、发动机罩、前部，再到右前翼子板、右前后门、右后翼子板这样的顺序依次喷涂。

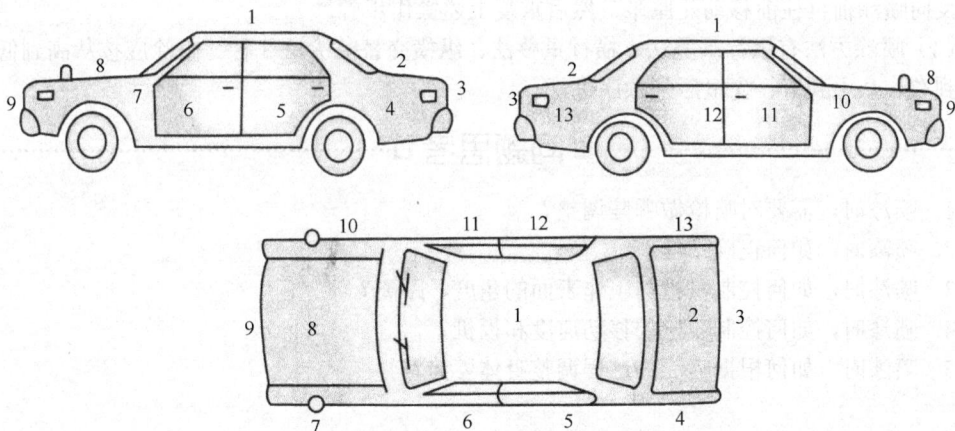

图 3-5-32　整车喷涂顺序

在向下排风的喷漆房里，因为空气是从棚顶向汽车底部的检修坑流动的，所以喷漆工必须改变喷漆方法。为了保持漆膜边缘的湿润，车顶盖应该首先喷漆，接着喷发动机罩和行李箱盖，然后对车身右侧喷涂，再喷涂后围板，最后喷涂车身左侧，并逐渐向前移动直到全部完成。

········· ◻ 任务总结 ◻ ·········

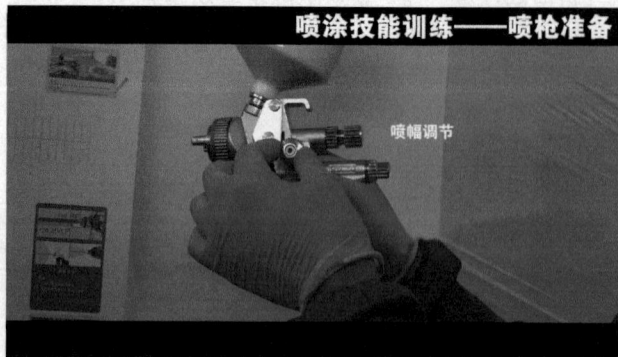

视频

喷涂技能训练

AR
汽车涂装

1. 喷漆房准备

打开电源→打开照明→设定喷漆温度→开始喷漆。

2. 喷枪准备

（1）喷枪调整。气压调整、扇幅调整和涂料流量调整。

（2）雾形测试。流挂均匀为合适。

3. 喷涂要领

（1）喷枪与工作表面必须保持垂直，喷涂距离为 20cm 左右。

（2）喷枪以 30～50cm/s 的速度匀速移动。

（3）扣扳机的正确操作：先从遮蔽纸上开始走，扣下一半扳机，仅放出空气；当走到喷涂表面的边缘时，完全扣下扳机，喷出涂料；当走到另一头时，松开一半扳机，涂料停止流出；反向喷涂前再往前移动几厘米，然后重复上述操作步骤。

（4）喷涂方法有纵行重叠法、横行重叠法、纵横交替喷涂法 3 种。喷涂应按从高到低、从左到右、从上到下、先里后外顺序进行。

········· ◻ 问题思考 ◻ ·········

1. 喷漆时，需要对喷枪做哪些调整？

2. 喷漆时，如何正确站位？

3. 喷漆时，如何控制喷枪与工作表面的角度、距离？

4. 喷漆时，如何控制喷枪的移动速度和扳机？

5. 喷漆时，如何根据喷涂的过程调整身体姿势？

学习任务六　底漆喷涂

········· ◻ 学习目标 ◻ ·········

1. 能够正确进行底漆喷涂前的准备。

2. 能够规范进行底漆的喷涂。

3. 能够规范进行底漆的干燥。

4. 能够规范进行喷枪的清洗与维护。

5. 能够规范进行喷漆房的维护。

········· □ 相关知识 □ ·········

一、喷涂准备

1. 劳动保护

按喷漆要求穿戴安全劳保用品。

2. 板件准备

（1）遮蔽。选择合适的遮蔽纸（或遮蔽膜）及胶带，对喷涂底漆时可能受到影响的区域进行细致的遮蔽。

（2）除尘。用压缩气枪或吸尘器结合粘尘布对板件进行除尘。

（3）除油。用擦纸或无纺布浸除油剂对待喷涂表面进行除油。如果板件的温度低，可适当加热再进行除油。

3. 底漆准备

（1）底漆选择。如根据拟选定的涂装系统（涂料生产商提供的各层涂料搭配方式）及工件材质，选择环氧底漆。

（2）底漆调制。根据环氧底漆技术说明规定的各成分比例，用调漆比例尺调整好黏度。

4. 喷漆房的准备

打开电源开关、照明开关和喷漆开关。

5. 喷枪准备

（1）喷枪选择。喷涂底漆时，首先应选择底漆专用喷枪，主要是选择喷枪口径大小，通过查阅涂料生产商的涂料技术说明，正确地选择喷枪。PPG 高固含量厚膜底漆（P565-510/511）技术说明中与喷枪选择相关的部分，见表 3-6-1。可以查到，该涂料适合的喷枪口径为：1.7～1.9mm（HVLP 喷枪）或 1.6～1.8mm（兼容喷枪，即其他可以使用的高气压喷枪）。

表 3-6-1　　　PPG 高固含量厚膜底漆（P565-510/511）技术说明

图标	工艺及要求
	喷嘴设置： 口径（重力式）：1.6～1.9mm 压力：3.5～4.0bar（0.35～0.4MPa）

（2）检查喷枪。

① 确保涂料杯上的气孔无污垢堵塞。

② 确保涂料杯上的密封圈无渗漏等。

（3）添加涂料。

① 将调好黏度的底漆通过漏斗过滤后装入喷枪涂料杯内。涂料的添加量不能超过涂料杯容积的 2/3。

② 将喷枪通过快速接头接入压缩空气系统。

（4）喷枪调整。通过雾形测试，调整好气压、雾形和涂料流量。

环氧底漆涂料适合的气压为：HVLP型，2.0～3.0bar（0.2～0.3MPa）；兼容喷枪，2bar（0.2MPa）。

扇幅的大小主要取决于修补面积的大小，一般情况下对于整板（或整车）喷涂，为了获得良好的喷涂效果，建议将喷枪扇幅调节到最大状态。

二、底漆喷涂流程

1. 喷涂

（1）喷第一层底漆。根据板件的特点，选择正确的操作要领，实施底漆的喷涂，注意第一层一定要薄喷，以提高底漆和板件表面的附着力。

（2）闪干。不同的底漆，闪干时间要求不同。例如，从PPG P565-510/511高固含量厚膜底漆的技术说明（见表3-3-3）中可以查到，该涂料需要喷涂2～3层，每层之间需要闪干约5min。

（3）喷涂第2～4层底漆。这几层底漆可以湿喷，以尽快达到所需要的漆膜厚度，从PPG P565-510/511高固含量厚膜底漆的技术说明中可以看到，按照普通的"中涂漆"喷涂要求，2～3层底漆的总膜厚可达到80～120μm。漆膜厚度取决于填充底材的需求。

> **注意**
>
> 底漆是直接喷涂于板件表面的，故在对局部喷底漆时，一定要遮盖好，以使底漆只能喷涂在裸板表面，如图3-6-1中箭头所指处。

在喷涂过程中，如果喷枪的出漆量明显减少，应及时检查涂料是否已用完，如果用完了，则应及时补充。如果还有涂料，则应检查是否有堵塞之处，若有应检查疏通。普通喷枪补充涂料与开始喷涂时涂料添加操作相同。

每种涂料均有其适合喷涂的时间限制，这个时间限制也称为活化时间。环氧底漆的技术说明规定的活化时间为常温（20℃）8h。超过这个活化时间，所调制的涂料就不能使用了。

如果有较多的剩余涂料没用完，可以倒入合适的罐内密封保存，但期限也不能超过其活化期的规定。

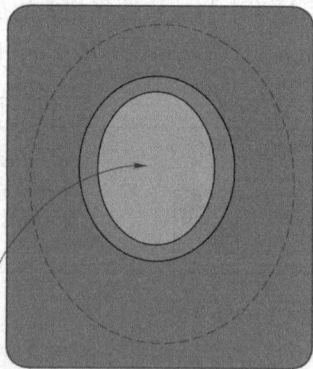

图3-6-1　局部涂装时底漆的喷涂区域

2. 干燥

不论是常温干燥还是烘烤干燥，最好在进行干燥之前拆下遮盖。拆除遮盖最佳时机为最后一层喷涂的闪干时间结束时，闪干时间通常为15～20min。

（1）常温干燥。当采取常温干燥时，喷涂结束后，即可关闭喷烤漆房电控箱上的喷漆开关、照明开关，关好门，使板件（整车）在喷烤漆房内自然干燥至规定的时间（具体数据参阅涂料使用说明书）。

（2）喷烤漆房烘烤干燥。喷涂完成后需要加温烘烤时，首先设定温控仪到合适的温度，具体数据参阅涂料技术说明。环氧底漆的烘烤干燥时间为30min，温度为60℃；短波红外烤灯烘烤的时间为 11min；中长波红外线烤灯烘烤的时间为 10～15min。然后设定合适的烘烤时间。关闭照明开关，打开烘烤开关，进行加温烘烤。

烘烤完毕，风机再工作 10min。最后关闭各操作开关。

（3）用红外线烤灯干燥（以 IRT300 型烤灯为例）。

① 调整灯光的位置。通过调节活动支臂的高低来适应不同高度的烘烤要求，烤灯头部可以做任何角度的调整，以适应车身不同的形状要求，如图 3-6-2 所示。

② 控制面板的操作。打开电源后，数字面板上会显示运行程序，系统提供了以下几种运行程序：底层原子灰、中层原子灰、表层原子灰、底漆、水基、面漆、光漆、塑料件、自设程序。

根据实际工作情况通过上翻键或下翻键选择"底漆"程序，按确定键进入该程序。

根据环氧底漆的说明，短波红外烤灯烘烤，需 11min；中长波红外线烤灯烘烤，需 10～15min。所以需要查看烤灯原来设定的烘烤时间是否符合要求，如不符合要求，需重新设定。

若想查看及重新设定烘烤数据，可以长按回车键进入重新设定状态。此时上排表示时间的数字会闪烁，可以按上翻键或下翻键在 0～30min 选择，按回车键确定。因为此时设定的时间为烤灯闪烁方式的升温时间，即缓慢升温时间，通常默认值为 5min。

下排表示时间的数字会闪烁，可以按上翻键或下翻键在 0～30min 选择，此时按底漆的要求调整至 11min，按回车键确定。

全部设定完成后，或者不需要重新设定时，按"1"键，屏幕会显示"人工检查距离"。

此时需要通过使用烤灯头部的卷尺测量烤灯与被烤工件之间的距离，如图 3-6-3 所示。该距离通常由烤灯的技术说明给出，一般为 400～700mm。确定好烘烤距离后，按"1"键进行烘烤。

图 3-6-2　调节烤灯角度

图 3-6-3　测量烘烤距离

烘烤过程分两个阶段：第一阶段为闪烁烘烤，屏幕显示闪烁关闭的剩余时间，单位为秒，倒数计时；闪烁关闭后进入第二阶段，即恒温烘烤阶段，屏幕显示烘干剩余时间，单位为秒，倒数计时。烘烤结束后烤灯自动关闭，并有蜂鸣提示。此时切记不要关闭电源，因为烤灯风机还需要运转 1min 使自身散热，当风机停机后再关闭电源，同时要整理好电线，将烤灯支臂升起，轮子锁止防止烤灯自己移动。

3. 打磨

底漆的打磨可用手工湿打磨和干磨机打磨两种方法，其不同点体现在以下几个方面。

（1）手工湿打磨时，通常选用 P800～P1000 的水磨砂纸；必须使用打磨垫，对于有软硬面的打磨垫，应选用软面；打磨垫必须保持与板件表面平贴，以获得平滑的表面。

（2）用干磨机打磨时，选用的砂纸为单工序 P400、双工序 P500。

（3）无论是手工湿打磨还是干磨机打磨，千万注意不要打磨过度，打磨至光滑即可。

现在有些涂料生产商制造了免磨中涂漆，这类型的中涂漆喷涂完后，表面非常平整光滑，因此无须进行打磨，如 PPG P565-5601/5/7，均为免打磨型底漆。PPG P565-5601/5/7 的技术说明，见表 3-6-2。但如果表面有尘点等缺陷，还需要用细砂纸（可选用 P800 海绵砂纸）打磨，以保证表面效果。

表 3-6-2　　　　　　　　　　PPG P565-5601/5/7 技术说明

图标	工艺及要求
	体积比 P565-5601/5/7　　　　　　2 份 P210-8430/844　　　　　　1 份 P850-2K 稀释剂　　　　0.5～1 份 低于 20℃时推荐使用 P852-1689 超快干稀释剂。详见产品说明书
	喷涂黏度 20℃时： DIN4 杯　　15～18s 混合后有效喷涂时间： 1h　用 P850-2K 稀释剂 20min　用 P852-1689
	喷嘴设置 重力式　1.2～1.3mm 喷涂气压　3.0～3.7bar（0.3～0.37MPa）
	喷涂一全湿单层，或薄喷一层后加一全湿层，漆膜厚度为 25～35μm 均匀喷涂以达到最佳效果。不要喷涂过厚
	如果喷涂一单层，涂层间无须闪干。漆膜厚度达 25～35μm 后，20℃时，闪干约 15min 即可喷涂面漆
	喷涂面漆前闪干 15min，或静置 5 日而无须进行额外打磨工序；如施工面沾有灰尘，可在喷涂第一道面漆后进行除尘点/局部打磨，可使用 P800 或更细的海绵砂纸

三、喷枪维护

1. 清洗

使用后，应立即清洗喷枪及其附件，不注意维护和清洗喷枪是喷枪发生故障的主要原因。下面仅以虹吸式喷枪为例，说明清洗喷枪的方法。

（1）清理枪内涂料。

① 卸下涂料杯，将输料管留在杯内。

② 松开空气帽 2～3 圈，用一块叠好的抹布挡住空气帽，然后扣扳机，如图 3-6-4 所示。这能使喷枪内的涂料流回涂料杯内。

注意

使用的气压要低，当涂料杯还装在枪上时，不要进行上述操作，否则涂料会从涂料杯内飞溅出来。

③ 重新将空气帽拧紧，并把涂料杯中的涂料倒回废料罐中。

（2）清洗零件。

① 用溶剂和软毛刷清洗杯内和杯盖，用一块浸过溶剂的抹布擦掉残余物。

② 向杯内倒入少许干净的清洁剂（洗枪专用清洁剂），扣动扳机，将清洁剂喷出，清洗输料管，如图 3-6-5 所示。

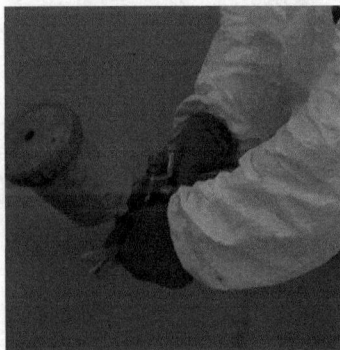

图 3-6-4 利用压缩气使枪内的漆流回涂料杯

图 3-6-5 用清洁剂冲洗喷枪

③ 旋下空气帽，用专用工具拆下喷嘴，如图 3-6-6 所示。

④ 将拆下的空气帽泡在稀释剂或溶剂中，用塑料针清理各类小孔。

注意

绝不能用铁丝或铁钉类的东西清理喷枪上的小孔（见图 3-6-7），因为这些小孔都是精加工钻出的。应用软毛刷和溶剂清洗喷嘴，用泡过稀释剂的抹布将枪体外部擦干净，注意擦掉所有涂料的痕迹。

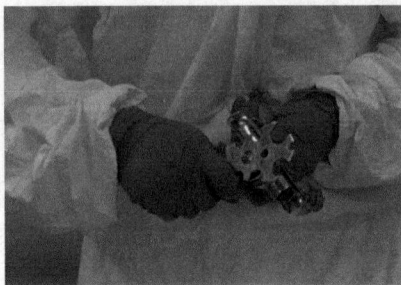

图 3-6-6 用专用工具拆下喷嘴

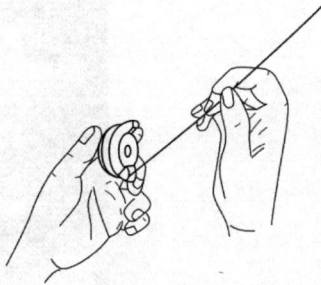

图 3-6-7 通喷枪上的小孔的错误操作

⑤ 用毛刷清洗枪体，并用干净的擦纸擦净。

⑥ 组装好喷枪，放于规定的位置（置枪架）。

还可使用喷枪清洗机，如图 3-6-8 所示。利用喷枪清洗机，结合人工清洗喷枪，清洗效果非常好。将喷涂设备（包括喷枪、涂料杯、搅拌器和滤网等）放到喷枪清洗机内相应位置上，接好喷嘴（具体方法参阅相关设备使用说明书），盖上机盖，然后打开气动泵使清洗液循环流动。不用 1min，该设备就能清洗干净各部件。

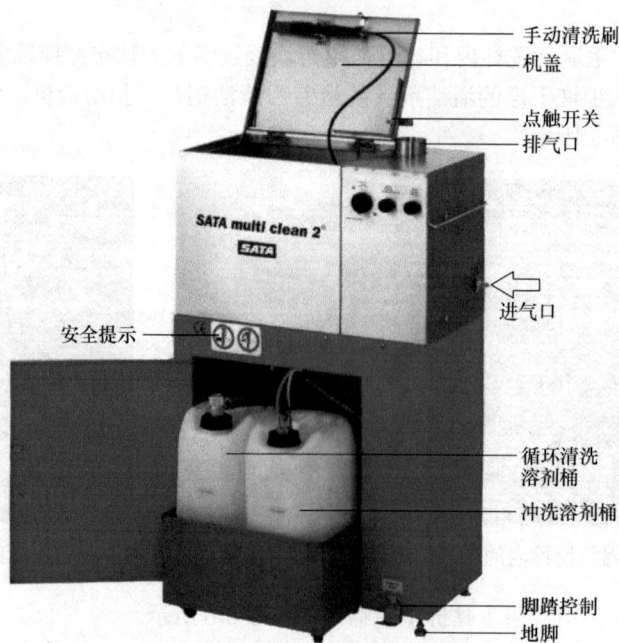

图 3-6-8　喷枪清洗机

新型超声波清洗机清洗效果更好。只要在机器内注入清洗液，将零件放入容器中，打开开关即可，并可以人工设定清洗时间，如图 3-6-9 所示。

图 3-6-9　用超声波清洗机清洗喷枪

如果喷枪选装了数字式气压表，则不能放入超声波清洗机中清洗。

2. 润滑

最好在每天工作完后对喷枪进行润滑，用轻机油润滑图 3-6-10 所示的各部件。由于正常的磨损和老化，密封圈、弹簧、针阀和喷嘴必须定期更换。更换操作应按生产厂家的说明进行。由于机油过量就会流入涂料和机油通道，造成喷涂缺陷，因此润滑时必须非常小心，机油和涂料混合后就会降低喷涂质量。

为了获得最佳的修补效果，在不同的涂层和情况下要使用不同的喷枪。建议每人配备 4 把喷枪：一把用于底漆、中涂漆喷涂，一把用于面漆、清漆层喷涂，一把用于银粉漆喷涂，还有一把小修补喷枪用于点修补。如果这些喷枪保持良好的清洗和工作顺序，就会节省大量的换枪时的调整和清洗时间。

3. 喷枪的使用注意事项

（1）操作之前以及清洗或维修工作之后，必须确保所有零部件都已紧固。

（2）在安装空气软管之前，必须确保喷枪手柄下部的空气接口清洁。

（3）气源必须使用干燥无尘的普通压缩空气。

（4）要使用说明书规定的气压，绝对不可超过规定的气压，以免引起爆炸。

（5）每次工作完毕，一定要将空气管与工具分开。

（6）当多支喷枪共用一个压缩机时，压缩机的容量一定要与之匹配，否则将造成气压不足，影响喷涂效果。

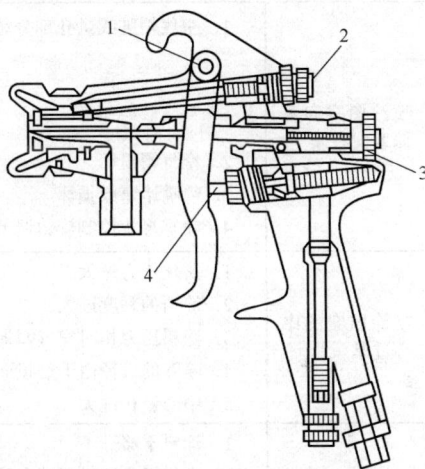

图 3-6-10　喷枪需要润滑的部位
1—扳机转轴；2—喷雾扇形控制钮；
3—涂料控制旋钮；4—空气阀

（7）每次使用完后应立即用常用稀释剂仔细清洗喷枪及其附件。

（8）不要把整支喷枪长时间浸泡在清洗液中，这样会使密封圈硬化，并破坏润滑效果。

（9）在使用喷枪时，不要佩戴戒指、项链或手链等装饰物品。

（10）任何时候都不可以将枪口面对任何人（包括自己），装涂料时请勿扣扳机。

（11）在任何情形之下，都不可拉扯空气软管来移动被连接的工具或设备。

（12）不可任意改变工具原有的设计、结构及功能组合。

（13）当发现工具漏气的时候，绝不要使用它。

（14）要时常清理工作区域，避免由于场地环境不干净引起的人身伤害。

（15）为防止液体喷嘴或枪针损坏，务必在安装或卸下涂料喷嘴时扣紧扳机，或卸下涂料调节阀以解除弹簧对枪针的压力。

（16）重力式喷枪的涂料杯采用特殊抗静电材料做成，但仍要避免产生静电。

（17）涂料杯不能使用干布或纸清洁和擦拭。擦拭杯身可能产生静电，如果向某一接地的物体放电，可能产生易燃的火花，导致溶剂蒸气燃烧。如果需要在危险区域进行手工清洁，只能使用湿布或抗静电抹布。

（18）清洁涂料通道时，应将涂料杯中的多余涂料倒出，然后用喷枪清洗溶液进行清洗。

（19）用湿布擦拭喷枪外表，切勿将喷枪完全浸入任何溶剂或清洗液中，因为这会损坏喷枪的润滑剂，从而缩短其使用寿命。

4. 喷枪常见故障诊断

喷枪常见的故障原因及排除方法，见表 3-6-3。

表 3-6-3　　　　　　　　　　喷枪常见的故障原因及排除方法

故障	可能原因	建议采取的措施
喷涂过厚或底部过厚	1. 角孔部分堵塞（外部混合物） 2. 涂料喷嘴堵塞、损坏，或安装不正确 3. 空气帽座或涂料喷嘴座有脏东西	1. 拆下空气帽清洗干净 2. 清洗、更换或重新安装喷嘴 3. 拆下来清洗干净
喷涂图案向左偏或向右偏	1. 空气帽脏或量孔部分堵塞 2. 空气帽损坏 3. 喷嘴堵塞或损坏 4. 喷雾形状控制旋钮调节得太低	1. 要判断故障原因，可将空气帽旋转180°进行喷涂测试。如果喷涂图案仍向原来的方向偏，则问题出现在涂料喷嘴上；如果喷涂图案和原来正相反，则问题在空气帽上。相应地清洗空气帽、量孔，以及涂料喷嘴 2. 更换空气帽 3. 清洗或更换喷嘴 4. 调节设置
喷涂图案的中心过厚	1. 雾化压力过大 2. 涂料的黏度过大 3. 涂料压力相对空气帽通过能力过大 4. 喷嘴的口径由于磨损而增大 5. 中心量孔过大	1. 增加压力 2. 使用适当的稀释剂稀释 3. 降低涂料压力 4. 更换喷嘴 5. 更换空气帽和喷嘴
喷涂图案分散	1. 涂料不够 2. 空气帽或涂料喷嘴有脏污 3. 空气压力过高 4. 涂料黏度过小	1. 降低空气压力或增加涂料流动速度 2. 拆下来清洗干净 3. 降低空气压力 4. 加大涂料的黏度
针眼	1. 喷枪距离工作表面太近 2. 涂料压力过大 3. 涂料过重	1. 喷枪应距离工作表面 15～20cm 2. 降低压力 3. 使用稀释剂稀释涂料
清漆涂层发红或发白	1. 涂层吸潮 2. 清漆干燥过快	1. 避免在潮湿和寒冷的气候进行喷涂 2. 在清漆中适当地加入阻干剂
橘皮（涂层表面看起来就像橘子的外皮）	1. 雾化压力过高或过低 2. 喷枪距离工作表面过近或过远 3. 涂料没有稀释 4. 表面未进行预处理 5. 喷枪移动过快 6. 使用的空气帽不合适 7. 多余的漆雾喷到已喷涂的表面 8. 涂料没有完全溶解 9. 涂层表面气流过强（合成涂料和清漆） 10. 湿度过低（合成涂料）	1. 根据需要调节合适 2. 喷枪应距离工作表面 15～20cm 3. 进行正确的稀释操作 4. 表面必须进行预处理 5. 小心缓慢地移动喷枪 6. 根据涂料和供料形式的不同选择合适的空气帽 7. 正确安排喷涂操作的顺序 8. 彻底混合涂料 9. 消除涂层表面的气流 10. 增加室内的湿度

续表

故障	可能原因	建议采取的措施
过量的多余喷雾	1. 雾化气压过高或涂料压力过低 2. 喷射经过喷涂部件的表面 3. 空气帽或涂料喷嘴不合适 4. 喷枪距离工作表面太近 5. 涂料稀释得太过分	1. 根据需要正确调整 2. 喷枪经过目标时松开扳机 3. 确定并使用正确的组合 4. 喷枪应距工作表面15～20cm 5. 应适量使用稀释剂
无法控制锥形的大小	1. 空气帽座已损坏 2. 空气帽座内进入过大的颗粒	1. 检查损坏的情况，必要时更换 2. 确保空气帽座的表面干净
流挂或流失	1. 空气帽和涂料喷嘴有脏污 2. 喷枪距离工作表面太近 3. 形成的末端没有松开扳机 4. 喷枪与工作表面的角度不对 5. 涂料堆积过厚 6. 涂料稀释得太过分 7. 涂料的压力过大 8. 喷枪移动太慢 9. 雾化不正确	1. 清洗空气帽和涂料喷嘴 2. 喷枪应距工作表面15～20cm 3. 每一行程的末端都应该松开扳机 4. 喷枪与工作表面应成直角 5. 学会计算涂层湿润时的厚度 6. 加入稀释剂时应仔细量好用量 7. 调节涂料流量控制旋钮降低涂料的压力 8. 提高喷枪通过工作表面的速度 9. 检查空气和涂料的流量，清洗空气帽和涂料喷嘴
条纹	1. 空气帽、涂料喷嘴有脏污或损坏 2. 行程重叠不正确或不充分 3. 喷枪通过表面太快 4. 喷枪与工作表面的角度不正确 5. 喷枪距离工作表面太远 6. 空气压力过高 7. 喷雾分散 8. 喷雾形状与涂料流量控制旋转钮的调节不正确	1. 和处理流挂现象一样 2. 准确地控制行程重叠 3. 小心缓慢地移动喷枪 4. 和处理流挂现象一样 5. 喷枪距离工作表面应为15～20cm 6. 必须降低空气压力 7. 松开空气调节阀或空气帽和/或涂料喷嘴 8. 重新调节
喷枪的喷射持续呈脉冲状	1. 连接和密封不严或不当 2. 供料管或涂料控制针阀套的连接处泄漏（虹吸供料式喷枪） 3. 涂料杯内的涂料不足 4. 涂料杯倾斜成锐角 5. 涂料通路堵塞 6. 涂料过重（虹吸供料式） 7. 涂料杯顶部的进气口堵塞（虹吸供料式） 8. 涂料杯顶部的接头螺母有脏污或损坏（虹吸供料式） 9. 供料管与压力涂料杯或杯盖的连接不紧 10. 筛网堵塞 11. 密封螺母没拧紧 12. 输料管没拧紧 13. 喷嘴上O形圈磨损或有脏污 14. 从涂料杯接出的输料管没拧紧 15. 锁紧螺母垫圈安装不正确或螺母没拧紧	1. 按使用说明拧紧或更换 2. 拧紧连接处，润滑针阀套 3. 加满涂料杯 4. 如果必须倾斜涂料杯，改变杯内输料管的位置，并保持涂料杯中装满涂料 5. 卸下涂料喷嘴，针阀和供料管清洗干净 6. 稀释涂料 7. 清洗干净 8. 清理或更换 9. 将其拧紧；更换损坏的密封圈 10. 清洗筛网 11. 确保将密封螺母拧紧 12. 按使用说明指示的转矩将输料管拧紧 13. 必要时，更换O形圈 14. 拧紧 15. 检查并正确安装锁紧螺母垫圈，或拧紧螺母

故障	可能原因	建议采取的措施
涂料从涂料杯出不来	1. 涂料杯内气压不足 2. 涂料杯上的进口被干燥的涂料堵塞住 3. 涂料杯盖的垫圈泄漏 4. 喷枪在不同的涂料杯之间不能通用 5. 供料管堵塞 6. 气压调节器的连接不正确	1. 检查有无漏气，调节气压以得到充分的气流 2. 这是常见的问题，应定期清理气口 3. 更换新垫圈 4. 按使用说明调整正确 5. 清理干净 6. 按使用说明调整正确
涂料缺乏液态材料	1. 空气压力过高 2. 涂料稀释不正确（仅对虹吸供料式） 3. 喷枪距离工作表面太远或调节不当	1. 降低气压 2. 将涂料稀释到符合要求的程度，使用合适的稀释剂 3. 调节喷涂距离，清洗喷枪的涂料与喷雾形状控制阀
起斑点，涂层不均匀，成膜慢	1. 涂料流量不足 2. 雾化气压过低（仅对虹吸供料式） 3. 喷枪移动过快	1. 将涂料流量控制旋钮调至最紧 2. 增加空气压力，重新将喷枪调平衡 3. 按适当的速度移动喷枪
得不到圆润的喷涂效果	喷雾形状控制旋钮回位不正确	清洗或更换
涂料喷嘴滴漏	1. 针阀套发干 2. 针阀卡滞 3. 锁紧螺母太紧 4. MBC型喷枪的喷头调节不当会导致针阀堵塞	1. 润滑针阀套 2. 润滑 3. 调节 4. 用小木棍或生皮鞭轻敲喷头的周围，拧紧锁紧螺母
喷雾过量	1. 雾化压力过大 2. 喷枪距离工作表面太近 3. 喷枪移动不正确，如弧线运动，或速度太慢	1. 降低气压 2. 调节距离 3. 以合适的速度移动，并且注意与喷涂表面平行
涂层过渡模糊	1. 稀释剂过量或干燥太快 2. 雾化气压过大	1. 重新混合 2. 降低气压
压送供料式喷枪不能工作	1. 手柄位置不当或涂料杯盖没有打开 2. 涂料杯没有密封 3. 涂料没有过滤 4. 干燥的涂料黏附在涂料杯顶部的螺纹上 5. 涂料杯垫圈错位 6. 没有空气供应 7. 涂料过浓 8. 筛网堵塞	1. 调节手柄并打开涂料杯盖以得到喷涂所需的压力 2. 确保涂料杯密封良好 3. 工作前必须过滤干净 4. 清洗螺纹并抹上油脂 5. 检查清楚，必要时更换 6. 检查气压调节器 7. 使用合适的稀释剂进行稀释 8. 清理或更换筛网
虹吸供料式喷枪不能工作	1. 涂料过浓 2. 使用的喷嘴内部混合 3. 涂料没有过滤 4. 涂料杯盖上的进口堵塞	1. 使用稀释剂进行稀释 2. 安装外部混合的喷嘴 3. 工作前必须过滤干净 4. 确保该口通畅

故障	可能原因	建议采取的措施
虹吸供料式喷枪不能工作	5. 涂料杯垫圈磨损或错位 6. 筛网堵塞 7. 涂料流量控制旋钮调节不当 8. 没有空气供应	5. 检查清楚，必要时更换 6. 清洗或更换筛网 7. 正确调节 8. 检查调节器
松开扳机后，喷枪仍然喷射空气（对无泄放口的喷枪）	1. 空气阀泄漏 2. 针阀卡滞 3. 柱塞卡滞 4. 锁紧螺母拧得太紧 5. 控制阀弹簧错位	1. 将阀拆下，检查有无损坏并清洗干净，必要时更换 2. 清洗或疏通针阀 3. 清洗柱塞，并检查 O 形圈有无损坏，必要时更换 4. 调节锁紧螺母 5. 确认弹簧复位
涂料杯的垫圈处有空气泄漏	涂料杯的盖子没有密封	检查涂料杯的垫圈，清理螺纹，并盖紧涂料杯
储料罐顶部的定位螺钉处有空气泄漏	1. 螺钉没拧紧 2. 定位螺钉的螺纹损坏	1. 清洗螺纹，并拧紧螺钉 2. 检查，必要时更换
涂料杯盖顶有空气泄漏	1. 垫圈位置不对或有损坏 2. 翼形螺母没有拧紧 3. 管接头泄漏 4. 空气压力过高	1. 放掉涂料杯内的所有空气，使垫圈复位。重新拧紧翼形螺母然后重新放进空气，罐盖应该拧紧 2. 确保拧紧所有的翼形螺母 3. 检查所有管接头，必要时使用密封胶布 4. 最大气压不应该超过 60Pa，正常气压的范围应为 25～30Pa
喷枪不出涂料	1. 储料罐压力不足 2. 涂料用完了 3. 涂料通道堵塞	1. 调节气压直到有涂料喷出，但气压不应该超过 60Pa 2. 检查涂料供应 3. 检查输料管、管接头和喷枪。清洗干净上述部件，确定没有残留涂料

四、废弃物处理

（1）废弃的溶剂、涂料，应倒入专用的桶（罐）内，密封存储，之后统一交给环保部门处理。

（2）沾有涂料各溶剂的其他废弃物，如橡胶手套、擦纸、一次性调漆杯等，应丢弃在有水的桶内，以便集中处理。

（3）对于没有损坏的橡胶手套，可以用溶剂清洗后晾干备用。

五、喷漆房维护

1. 使用注意事项

（1）定期清洗内部墙体、地板及其他件表面上的灰尘、油污等，并做好例行保洁工作。

（2）喷漆房内不准存放如零件、涂料、包装纸（盒）、衣物等物品，以防沉积污物，影响涂装质量。

（3）不能在喷漆房内进行涂装前的表面打磨、清洁及涂料调制等工作，以免打磨出的粉尘弥漫而影响空气质量，尽可能避免污染源的出现。

（4）用水清洗地板时，要防止水飞溅到车身上，同时要对污水进行处理。

（5）定期检查、更换干式过滤系统中的滤网。应经常使用压力表检测挡漆板的堵塞情况。

（6）湿式过滤系统中的水位应保持正常，并在水中加入添加剂。

（7）定期检查喷漆房周围的密封情况，以防灰尘进入。

（8）汽车进入喷漆房前应清洗干净，并对车身上的缝隙、沟槽等不易发觉污垢的地方进行彻底清洁。

（9）喷漆房内必需的物件，如喷枪、软管、胶带、车轮套、工作服、防毒面罩、手套等，应存放在密闭的储藏室内。

（10）定期对排风扇、电动机进行维护保养。

2．维护

（1）每天清洁房内墙壁、玻璃及地台底座，以免灰尘和漆尘积聚。

（2）每周清洁进风隔尘网，检查排气隔尘网是否有积塞，如房内气压无故增加时必须更换排气隔尘网。

（3）每工作 150h 应更换地台隔尘纤维棉。

（4）每工作 300h 应更换进风隔尘网。

（5）每月清洁地台水盘，并清洗燃烧器上的柴油过滤装置。

（6）每个季度应检查进风和排风电动机的传动皮带是否松弛。

（7）每半年应清洁整个喷漆房及地台网，检查循环风活门、进风及排风机轴承，检查燃烧器的排烟通道，清洁油箱内的沉积物，清洗喷漆房水性保护膜并重新喷涂。

（8）每年应清洁整个热能转换器，包括燃烧室及排烟通道，每年或每工作 1200h 应更换喷漆房顶棉。

▫ 任务总结 ▫

视频

底漆喷涂

1．喷涂准备

（1）劳动保护。按喷漆要求的劳动保护穿戴好。

（2）板件准备。遮盖、除尘、除油。

（3）底漆准备。底漆选择、底漆调制。

（4）喷漆房的准备。打开电源开关、照明开关和喷漆开关。

（5）喷枪准备。喷枪选择、检查喷枪、添加涂料、喷枪调整。

2．底漆喷涂

（1）喷涂。通常需要喷涂2层，每层之间按涂料技术说明要求进行闪干。

（2）干燥。

① 在进行干燥之前拆下遮盖。

② 根据具体情况选择常温干燥、烤漆房烘烤干燥或红外线烤灯干燥。在进行烘烤干燥时按涂料技术说明要求调整烘烤温度和时间。

（3）打磨。按涂料说明书建议，选择合适砂纸型号打磨，并进行清洁处理。

3．喷枪维护

（1）按标准程序进行喷枪的清洗。

（2）对需要润滑的部位进行润滑。

4．废弃物处理

分类存放，集中处理。

5．喷漆房维护

按规定的维护周期进行相关项目维护。

□ 问题思考 □

1. 在喷底漆时，有哪些准备工作？

2. 清洗喷枪时，有哪些注意事项？

3. 喷枪需要润滑的部位有哪些？

4. 对喷漆过程中产生的各类废弃物应如何处理？

5. 喷漆每周、每月各有哪些维护项目？

学习任务七 原子灰刮涂

□ 学习目标 □

1. 能够正确描述刮涂原子灰的条件。
2. 能够正确描述原子灰的涂装工艺流程。
3. 能够正确刮涂原子灰。
4. 能够用正确的方法对原子灰进行加热干燥。

□ 相关知识 □

一、原子灰刮涂概述

1．刮涂原子灰的条件

对旧漆膜较厚，通过表面预处理打磨到露出金属底材，或底材表面凹凸不平度较大，但在 3mm 以内，以及对塑料件打磨露出塑料底材时，通常需要刮涂原子灰。

在国外的一些汽车维修企业中，刮涂原子灰的工作是由钣金技师来完成的，即原子灰的施工属于钣金修复工作；而在国内，刮涂原子灰通常是由涂装技师来完成的，故也把原子灰施工归入中涂层施工。

2. 原子灰的刮涂工艺

常用的刮涂原子灰的工艺如图 3-7-1 所示。

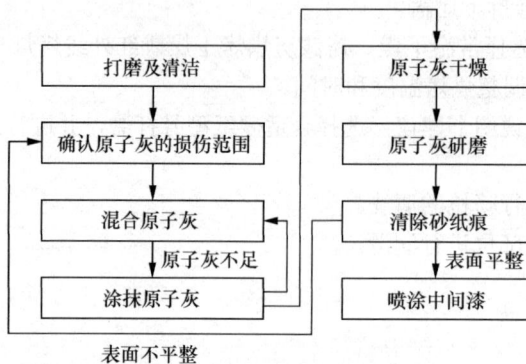

图 3-7-1　刮涂原子灰的一般工序

二、刮涂原子灰

1. 准备工作

（1）板件（车身）的准备。清除掉板件受损伤或老化的旧涂膜，修整好与保留旧漆膜的边缘交接部位之后，对于需刮涂原子灰的表面，必须用压缩空气彻底清除粉尘，并要用除油剂进行脱脂处理。

雨天和湿度高的季节，金属表面往往比较潮湿，应该用红外线灯和热风加热器，提高金属表面温度，除去湿气。寒冷季节也可采用相同的办法进行升温处理，这既可以提高原子灰的附着力，又可以避免面漆涂装后出现起层、开裂等质量问题，同时原子灰层的干燥速度也随之而提高。

（2）原子灰的准备。

① 原子灰的选择。在实际汽车修补涂装工作中，选择原子灰重点考虑的因素是被涂物面材料，因为不同类型的原子灰与板材之间的适用性是不同的。表 3-7-1 为 PPG 原子灰与不同材料的适用性。

表 3-7-1　　　　　　　　　PPG 原子灰与不同材料的适用性

类型/编号	钢材	镀锌钢板	铝板	玻璃钢	塑料
P551-1050 原子灰	●			●	
P551-1052 万能原子灰	●	●	●	●	
P551-1057 纤维原子灰				●	

续表

类型/编号	钢材	镀锌钢板	铝板	玻璃钢	塑料
A652 柔性聚酯原子灰					●

注： ☐ 不适用；

● 可以直接使用。

② 原子灰用量的确定。

a．检查需刮涂原子灰的表面面积及凹凸不平度大小。

b．确认原子灰的刮涂范围。原则上原子灰只刮涂在裸金属表面及其羽状边范围内，特别是对于单组分旧漆膜及热塑性旧漆膜，其表面不允许刮涂原子灰（双组分），否则容易因附着力不足而产生开裂。为此最好做旧漆膜类型测试，如图 3-7-2 所示，用棉布配合稀释剂检查羽状边是否有热塑性涂层（可被溶解），如果有热塑性涂层，则原子灰只能刮涂在该涂层范围以内。

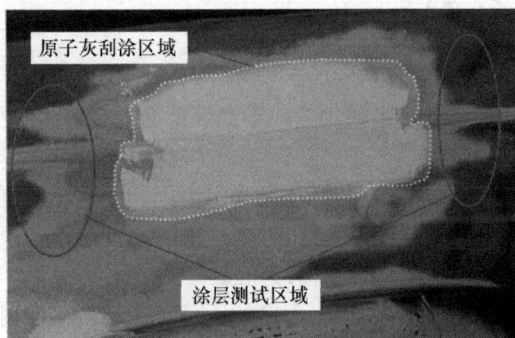
原子灰刮涂区域

涂层测试区域

图 3-7-2 旧漆膜类型测试

③ 根据以上测试，最终确定应调配多少原子灰，这类数据通常需要凭经验确定。

2．混合原子灰

（1）取原子灰。

原子灰通常装于金属制罐内，固化剂装在软体的管子内。

原子灰装在罐中的时候，其各种成分如溶剂、树脂及颜料会分离。由于原子灰不可以以这种分离的形态使用，故使用前必须将罐盖打开并充分搅拌。用专用工具撬开原子灰罐盖，可使用长柄原子灰刮刀或搅拌

彩图

图 3-7-2

棒之类的工具将原子灰充分搅拌均匀，如图 3-7-3 所示。装在管子中的固化剂也是如此，应充分挤压装固化剂的胶管，使管中的固化剂在使用前充分混合，如图 3-7-4 所示。

图 3-7-3 罐装原子灰的搅拌

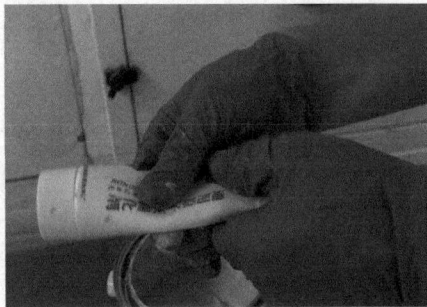

图 3-7-4 管装固化剂的搅拌

注意

原子灰罐每次用后必须盖好，以防溶剂蒸发。如果溶剂蒸发了，要向罐中倒入专用的溶剂。

将适量的原子灰基料放在混合板上（第一次取用的原子灰量不宜过多，以待刮涂面积内薄刮一层用量估算，采用宁少勿多的原则，以避免浪费），然后按规定的混合比添加一定量的固化剂（最好使用电子秤称量原子灰与固化剂，固化剂挤在原子灰的旁边）。固化剂的加入量一般为 100∶（2～3），具体数据应以涂料技术说明书为准。

注意

若固化剂过多，干燥后就会开裂；如果固化剂过少，就难以固化干燥。

通常主剂和固化剂采用不同的颜色相区别，通过其混合后的颜色来判断其混合比。原子灰主剂与固化剂拌和时，固化剂的容许量有一定范围，可以随气温的变化以适当调整，具体数值应以产品说明书为准。

一次不要取出太多的原子灰调和，因为调和后的原子灰会很快固化，如果还没刮涂到待定部位即固化，则调和的原子灰便不能再用，造成浪费。

（2）混合原子灰。

① 用刮刀的尖端舀起固化剂，将其均匀散布在原子灰基料的整个表面上，如图 3-7-5（a）所示。

② 用刮刀尖端将固化剂和原子灰初步搅拌均匀，如图 3-7-5（b）所示。

③ 抓住刮刀，轻轻提起其端头，再将它滑入原子灰下面，然后将它从混合板的左侧提起。在刮刀舀起大约 1/3 原子灰以后，利用刮刀右边为支点，将刮刀翻转使原子灰聚拢，如图 3-7-5（c）所示。

④ 将刮刀基本上与混合板持平，并将它向下压，采用刮涂的方式进一步混合固化剂与原子灰，如图 3-7-5（d）所示。一定要将刮刀在混合板上刮削，不要让原子灰留在刮刀上。

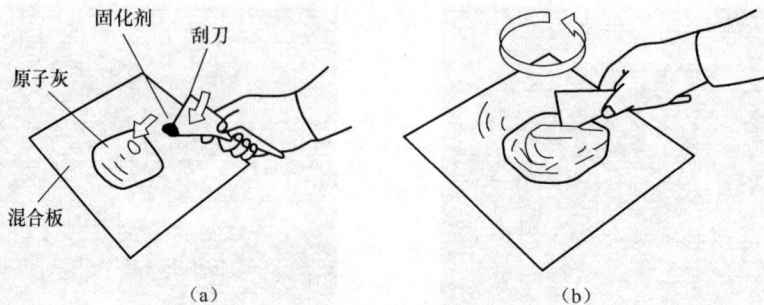

（a）　　　　　　　　　　　　　　　（b）

图 3-7-5　原子灰的拌和（一）

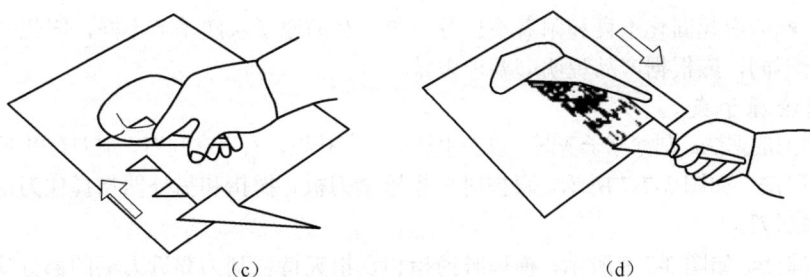

图 3-7-5　原子灰的拌和（一）（续）

⑤ 拿住刮刀，稍稍提起其端头，将原子灰全部舀起向左翻转，并将周边残留的原子灰收拢到一起，如图 3-7-6（a）所示。

⑥ 采用刮涂的方式混合原子灰，如图 3-7-6（b）所示。

⑦ 在进行第③～⑥步时，原子灰往往向上朝混合板的顶部移动。在原子灰延展至混合板的边缘时，舀起全部原子灰，并且将它向混合板的底部翻转。重复第③～⑥步，直到原子灰充分混合，如图 3-7-6（c）所示。

⑧ 将混合均匀的原子灰收拢到一起，但最好不要呈高起的堆状，如图 3-7-6（d）所示，因为这样会加速原子灰的固化，所以应使原子灰呈平铺状。

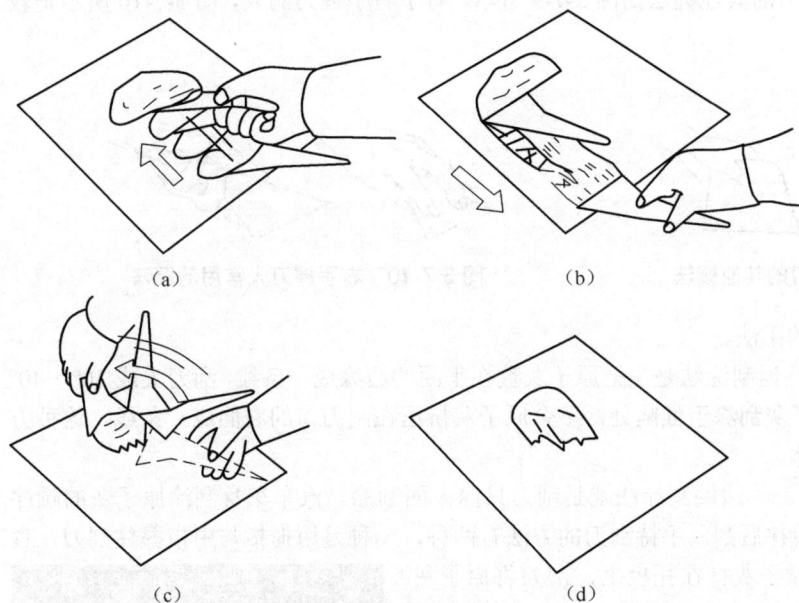

图 3-7-6　原子灰的拌和（二）

原子灰有可用时间的限制。所谓可用时间是指主剂和固化剂混合后，保持不硬化，能进行刮涂的时间。通常在 20℃ 条件下，可以保持 5min 左右。因此应根据拌和所需时间和刮涂所需时间，决定一次调配的量。如果总是拌和不好，反复长时间拌和，超过可用时间（或留给涂抹的时间过短），就会使其固化而不能使用。因此拌和的关键是速度要快，动作要熟练。

是否调配良好，主要可通过混合物的颜色是否均匀来判定（不呈现大理石效果）。如果拌和不良，就会引起固化不良和附着不良等问题。有的原子灰随季节不同，固化剂的添加调配比例有所不同，应根据产品说明书要求去做。

3. 刮涂原子灰

（1）刮刀的握法。刮涂原子灰时，以左手握原子灰托板，右手拿刮刀。刮刀有以下几种握法。

① 直握法。如图 3-7-7 所示，直握时食指压紧刀板，拇指和另外四指握住刀柄。此法适用于小型钢刮刀。

② 横握法。如图 3-7-8 所示，横握时拇指和食指夹持住刮刀靠近刀柄的部分或中部，另外三指压在刀板上。

图 3-7-7　刮刀的直握法　　　　　　　　　　　图 3-7-8　刮刀的横握法

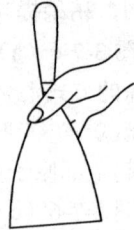

③ 其他握法。刮刀的其他握法如图 3-7-9 所示。对于右手握刀的人，图 3-7-10 所示是较常用的握法。

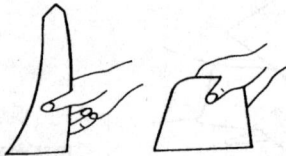

图 3-7-9　刮刀的其他握法　　　　　　　图 3-7-10　右手握刀人常用的握法

（2）刮涂原子灰的手法。

① 往返刮涂法。往返刮涂法是先把原子灰敷在平面的边缘成一条线，刮刀尖成 30°～40° 向外推向前方，将原子灰刮涂于低陷处，多余原子灰挤压在刮刀口的右面成一条线。这种方法适合于刮涂平面物体。

② 一边倒刮涂法。一边倒刮涂法就是刮刀只向一面刮涂。汽车车身刮涂原子灰的顺序是从上往下刮，或从前往后刮。手持刮刀的方法有两种，一种是用拇指与中指握住刮刀，食指压在刮刀的一面，原子灰打在托板上，刮刀将原子灰刮涂于物面，即从上往下依次进行刮涂，最后将多余的原子灰刮回到托板上；另一种是用拇指与食指握刮刀，原子灰黏附在刮刀口内面，从外向里依次进行刮涂。这种方法适合于刮涂汽车翼子板、发动机罩等，如图 3-7-11 所示。

刮涂原子灰时应将刮刀轻轻向下按压，并沿长轴方向运动，如图 3-7-12（a）所示。每次涂刮原子灰的量要

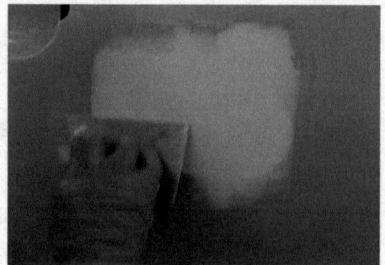

图 3-7-11　一边倒刮涂法

适度，避免造成蜂窝和针孔。对于区域性填补应按图 3-7-12（b）所示的方向运刮。

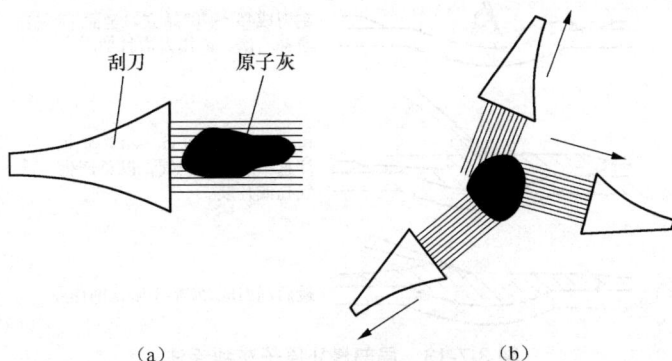

图 3-7-12 刮刀的运刮方向

刮涂原子灰的方式有满刮和软硬交替刮两种。其中，满刮又分填刮和靠刮；软硬交替刮又分"先上后刮""带上带刮"；另外还有"软上硬收""硬上硬收"和"软上软收"等。

a. 填刮。其目的是用较稠的原子灰分若干次将构件表面凹陷填平。填刮时主要用硬刮刀借助刀口上部有弹力的部位与手劲配合进行操作。

b. 靠刮。其所用的原子灰稠度稍低，用于最后一、二次的刮涂，适用于平滑的表面。靠刮时用硬刮刀借助刀口的作用将原子灰刮涂到板件表面，使原子灰刮得薄、刮得平。

c. 先上后刮。其先将原子灰逐步填满损伤区域，然后再用硬刮刀将其收刮平整，适用于较大面积的刮涂。

d. 带上带刮。该方式为边上原子灰，边将其收刮平整，适用于较小面积或形状较复杂部位的刮涂。

e. 软上硬收。先用软刮刀在垂直平面上刮涂原子灰，然后再用硬刮刀将原子灰收刮平整，这样原子灰不容易发生掉落现象。

f. 硬上硬收。上原子灰和收原子灰都用硬刮刀以利于刮涂面平整，这种方式适合刮涂有平面又有曲面的构件。

g. 软上软刮。上原子灰和收原子灰时均采用软刮具，以利于按构件表面的形状刮出相应的形状（如圆弧形）来，这种方式适合刮涂单纯曲面构件。

（3）不同表面刮原子灰的方法。调配结束后，用刮刀刮涂。原子灰的刮涂关键在于要仔细地刮出平面，同时尽量避免出现气孔。

① 平面局部修补。一般采用填刮的刮涂方法，如图 3-7-13 所示。第一步先将原子灰往金属表面上薄薄地抹一层，刮刀上要加一定的力，以提高原子灰与金属表面的附着力；第二步逐渐用原子灰填满修补的凹坑，刮涂时刮刀的倾斜角度随作业者的习惯而存在差异，通常以 35°～45° 为好。要注意原子灰中不要混入空气，否则会产生气孔和开裂；第三步用刮刀轻轻刮平修补表面。如果是曲面，第一步和第二步可采用填刮，第三步应换用橡胶刮刀进行刮涂，以刮出正确的曲面形状。

② 大面积刮原子灰。这种情况使用宽刮刀比较方便，比如车顶、发动机罩、行李箱盖、车门等部位，使用宽的刮板，可以提高刮涂速度。

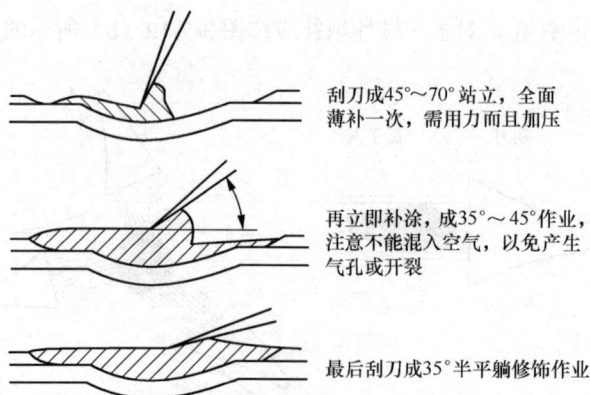

刮刀成45°～70°站立，全面薄补一次，需用力而且加压

再立即补涂，成35°～45°作业，注意不能混入空气，以免产生气孔或开裂

最后刮刀成35°半平躺修饰作业

图 3-7-13　局部修补原子灰刮涂法

对于较大平面，可以按下述步骤进行原子灰刮涂。

a．如图 3-7-14（a）所示，涂施第一层原子灰时，将原子灰薄薄地施涂在整个表面上。

b．为了最大限度地减少在后续打磨工序中所需要的工作量，施涂第二层原子灰时，边缘不要涂得太厚。当刮刀处于图 3-7-14（b）所示的位置时，用食指向刮刀的顶部施力，以便在顶部涂一薄层。

c．在下一道施涂原子灰时，如图 3-7-14（c）所示，要与在第二层中覆盖的部分稍有重叠。为了在这一道开始时涂一薄层，要用一点力，将刮刀抵压在工件表面上，然后释放压力，同时滑动刮刀。此外，在施涂结束时，要向刮刀施加一点力，以便刮涂一个薄层。

d．重复步骤 c，如图 3-7-14（d）所示，直到在整个表面上施涂的原子灰达到要求。

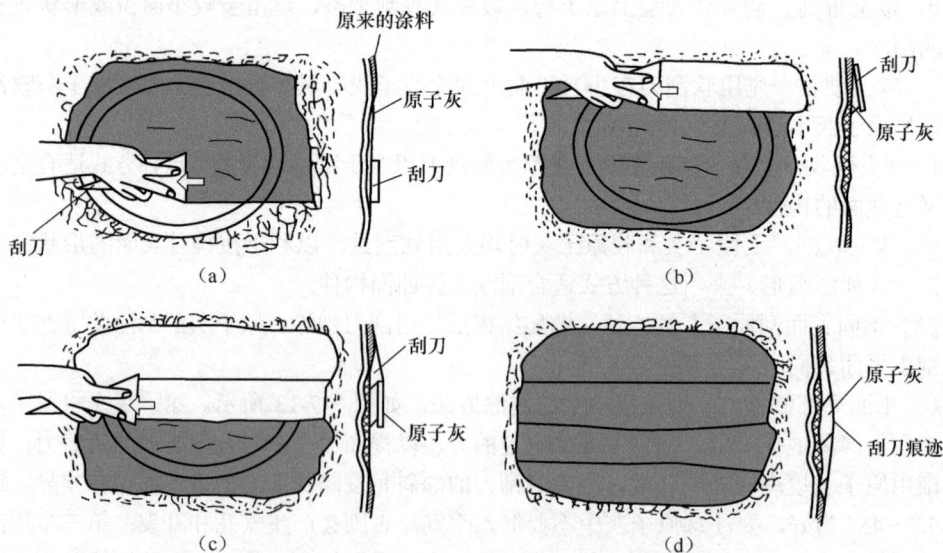

（a）　　　　　（b）

（c）　　　　　（d）

图 3-7-14　较大平面施涂原子灰的步骤

较大平面刮涂也可采用图 3-7-15 所示方法，首先将原子灰施涂于待刮涂区域中间，然后用刮刀向四周收刮薄边。

在进行刮涂操作时，一定要注意，各次运刮应有一定的重叠（约 1/3），如图 3-7-16 所示，以防止出现"刮棱"而影响表面平整度。

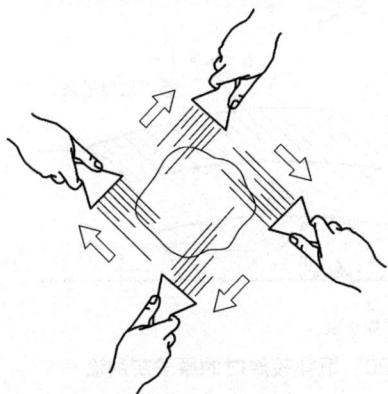

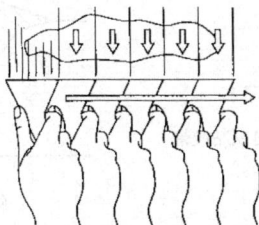

由上面下

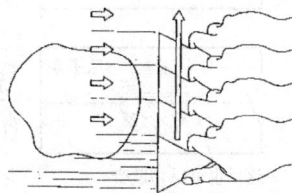

由左而右

图 3-7-15　由中间向四周的刮涂方法　　　　图 3-7-16　各次运刮的重叠

③ 曲面刮涂原子灰。如图 3-7-17 和图 3-7-18 所示，根据被刮涂面的形状，使用弹性不同的刮刀，可以促使作业合理化。

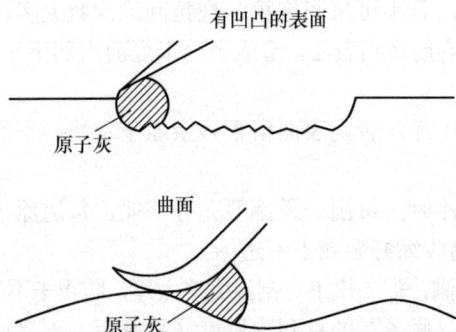

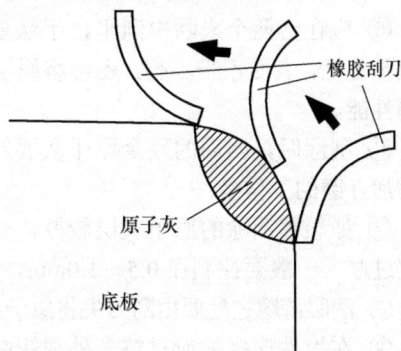

图 3-7-17　根据被刮涂面的形状选用不同弹性的刮刀　　图 3-7-18　带曲面的刮刀使用方法

④ 冲压线处的刮涂。对于冲压形成的按一定角度交接的两个面，若需在冲压线部位进行原子灰修补，其方法如图 3-7-19 所示。沿着交接线贴上胶带遮盖住一侧，刮好另一侧的原子灰；稍隔片刻（约 5min）待原子灰干燥后，揭下胶带，再在已刮好的一侧贴上胶带遮盖，接着刮涂好余下的一侧。如此进行刮涂，可很好地恢复冲压棱线的线形。

冲压线部位的原子灰修补严重，或原来的旧漆膜较厚，一次刮涂填不满时，可以如图 3-7-20 所示，分 2～3 次刮涂。这种情况下，可以在前一层处于半干的状态下，刮上新的一层。注意一次刮涂不宜过厚，否则会形成气孔等缺陷。

（4）刮涂原子灰的注意事项。

① 刮涂前被涂装表面须吹尘除油，以防产生气泡或龟裂，涂装损伤表面，先用 P120、P180 砂纸打磨羽状边，使原子灰与底材附着力良好。

② 原子灰施涂在工件表面上的范围，须以打磨区域磨毛区为限，如果打磨不均匀，原子灰的附着力会有所下降，日后会有质量问题的存在。

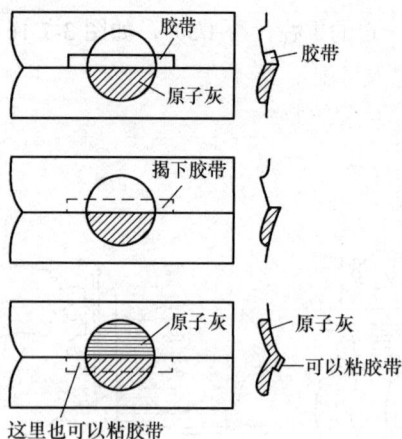

图 3-7-19　冲压线部位的原子灰修补

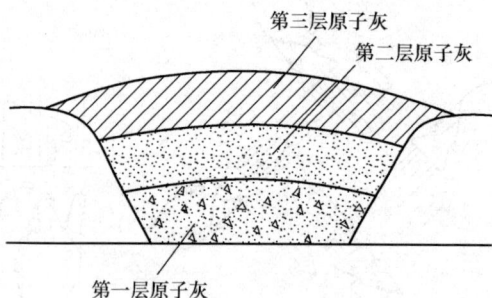

图 3-7-20　填补较厚时的原子灰刮涂

③ 施涂原子灰要快，必须在混合以后大约 3min 以内施涂完。如果花费时间太长，原子灰就可能在该道施涂完成前固化，影响施涂。

④ 如果刮刀在各道施涂中，仅向一个方向移动，原子灰高点的中心就会有所移动。这种情况很难打磨，所以刮刀在最后一道中必须反向移动，以便将原子灰高点移回中心部位。

⑤ 应在一两个来回中刮平，手法要快要稳，且不可来回拖拉。拖拉刮涂次数太多，原子灰易拖毛，表面不平不亮，还会将原子灰里的溶剂挤到表面，造成表面干燥而内部不干燥，影响性能。

⑥ 刮涂时，四周的残余原子灰要及时收刮干净，否则表面留下残余原子灰块，干燥后会增加打磨的工作量。

⑦ 如果需刮涂的原子灰层较厚，要多层刮涂时，每刮一道都要充分干燥，每道原子灰不宜过厚，一般要控制在 0.5～1.0mm，否则容易收缩开裂或干不透。

⑧ 洞眼缝隙之处要用刮刀尖将原子灰挤压填满，但一次不宜刮涂太多太厚，防止干不透。

⑨ 在板件连接处或对整车外观影响较小处，原子灰的总刮涂厚度（打磨后）不允许超过 3mm；而在对整车外观影响较大处，特别是车身侧面，原子灰总刮涂厚度（打磨后）不允许超过 1mm。

⑩ 原子灰必须比原来的表面高。但是，最好只能略微高一点，因为如果太高，在打磨过程中，就要花许多时间和力气来清除多余原子灰。

⑪ 原子灰在固化中会产生热。如果遗留在混合板上的原子灰在原子灰施涂工作以后立即放在废物桶里，原子灰产生的热可能引燃易燃物品。因此，一定要确认原子灰已经凉透了，才能将之弃置。

⑫ 原子灰刮涂工具用完后，要清理干净再保存。刮刀口及平面应平整无缺口，以保证刮涂原子灰的质量。

三、干燥原子灰

（1）加热干燥的必要性。新施涂的原子灰会由于其自身的反应热而变热，从而加速固化反应。一般在施涂以后 20～30min 即可打磨。如果气温低或湿度高，原子灰的内部反应速度降低，从而要用较长的时间来使原子灰固化。为了加快固化，可以用红外线灯加热。

（2）烘烤参数的确定。加热时间的控制请查阅涂料的技术说明。原子灰的干燥时间为常温（20℃），15min；短波红外线烤灯烘烤，4min；中波红外线烤灯烘烤，5～10min。

（3）烘烤方法及注意事项。用红外线烤灯烘烤原子灰的操作方法，请参阅本书中涂漆干燥部分内容。

> **注意**
>
> 在使用红外线烤灯或干燥机来加热和干燥原子灰时，一定要使原子灰的表面温度控制在 50℃以下，以防止原子灰分离或龟裂。如果表面热得不能触摸，则说明温度太高了。

涂层薄的地方的温度，往往比涂层厚的地方低。这种较低的温度会延缓涂层的固化反应。因此，一定要检查涂层薄的部分，以确保原子灰的固化状况。

检测原子灰是否完全干燥通常用刮刀在原子灰表面轻划，有轻微的划痕即可。注意重点检查原子灰的周边区域，如图 3-7-21 所示，因为边缘区域干燥慢（反应热少）。

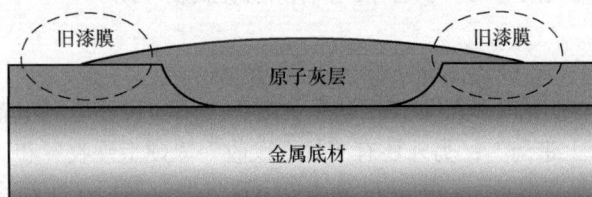

图 3-7-21　检查原子灰干燥的区域

四、6S 工作

（1）刮刀和刮板上残余的原子灰要及时清理掉。

（2）收集废弃的原子灰，待其冷却后弃置于废物桶内。

（3）整理工具。

（4）清理、清洁工作场地。

□ **任务总结** □

原子灰刮涂

1. 概述

（1）施涂原子灰的条件。当旧漆膜较厚，通过表面预处理打磨到露出金属底材，或底材表面凸凹不平度较大，但在 3mm 以内，以及对塑料件打磨露出塑料底材时，通常需要刮涂原子灰。

（2）原子灰施工流程。确认原子灰施涂范围及用量→混合→涂抹→干燥→打磨。

2. 刮涂原子灰

（1）准备工作。

① 板件（车身）的准备。清除粉尘，脱脂处理，必要时进行去湿和加温。

② 原子灰的选择。在实际汽车修补涂装工作中，选择原子灰重点考虑的因素是被涂物表面材料。选择的依据是涂料生产商设计的涂装系统指标。

③ 原子灰用量的确定。根据选定的原子灰技术说明及待刮涂面积估算。

（2）调配。

① 取原子灰和固化剂。充分搅拌后取出适量原子灰置于混合板上，按技术说明规定加固化剂。

② 调配。用刮刀调配均匀，以看不到固化剂颜色条纹为准。

（3）刮涂。

① 原子灰刮涂手法：往返刮涂法、一边倒刮涂法。

② 刮涂方式：有满刮和软硬交替刮两种，其中，满刮又分填刮和靠刮；软硬交替刮又分"先上后刮""带上带刮"；另外还有"软上硬收""硬上硬收"和"软上软收"等。

③ 刮涂效果。要刮出平面，同时尽量避免出现气孔。最后一次刮涂要使原子灰表面比周边板件表面高。

3. 干燥原子灰

新施涂的原子灰一般在施涂以后 20～30min 即可打磨。为了加快固化，可以用红外线烤灯加热。

-------------------- ▫ 问题思考 ▫ --------------------

1. 什么情况下需要刮涂原子灰？

2. 说明原子灰的涂装工艺流程。

3. 板件的准备到什么程度可以刮涂原子灰？

4. 对原子灰刮涂范围的要求原则是什么？如何判定原漆膜中是否含有热塑性涂层？

5. 在向平面刮涂原子灰时，要注意哪些事项？

学习任务八　原子灰打磨

-------------------- ▫ 学习目标 ▫ --------------------

1. 能够正确描述原子灰打磨的目的和方法。

2. 能够正确描述打磨指导材料的作用及种类。

3. 能够规范地进行原子灰的手工打磨。
4. 能够规范地进行原子灰的打磨机打磨。
5. 能够检查并评价原子灰打磨的效果。

□ 相关知识 □

一、原子灰打磨概述

1. 打磨原子灰的目的

刮涂后的原子灰表面非常不平，必须经过充分的打磨后才适合进行下一涂层的涂装。

另外，刮涂的原子灰干燥后，其表面要比周围的旧漆膜高，所以必须经过打磨，使其有合适的漆膜厚度，保证在涂装中涂漆和面漆后，总漆膜厚度与周围的旧漆膜接近。

原子灰打磨后的表面，如果存在气孔和大的砂纸痕以及原子灰填充不足的现象，必须要进行修整。

2. 打磨基本方法

在汽车涂装施工过程中，打磨操作通常采用手工打磨和机械打磨两种方式。手工打磨适用于对小面积原子灰的粗磨和大面积的细磨以及需精工细磨部位（如对型线、曲面、转角及圆弧和弯曲等部位）的修整。手工打磨是用打磨垫上包砂布（纸）的方法进行打磨的；机械打磨是指利用打磨机打磨，这种方法劳动效率高，强度低。

3. 碳粉指示剂

打磨原子灰、底漆时，使用碳粉指示剂（见图3-8-1）（碳粉盒）可以让细微的不平整之处清晰可见，避免不必要的返工。碳粉指示剂不含溶剂，使用时无须佩戴活性炭防护口罩，安全环保。

图 3-8-1 碳粉指示剂

二、手工打磨

1. 手工干打磨

（1）劳动安全与卫生。

① 穿好工作服。

② 戴好棉纱手套。

③ 佩戴防尘口罩。

（2）打磨工艺流程。

① 选择打磨材料，采用氧化铝磨料的疏式砂纸比较适合干打磨，粒度为P80、P120、P180。

② 准备好吹尘枪，连接到压缩空气管道上。

③ 戴好棉纱手套和防尘口罩。

④ 准备工艺流程所需耗材。

⑤ 粗打磨。打磨时砂纸的递进程序如图3-8-2所示。

a. 用P80砂纸打磨。只打磨原子灰中部较高的表面，直到整个原子灰表面略高于旧漆膜为止。打磨时注意不要始终按一个方向打磨，即应经常改变打磨方向，以"米"字形交叉打磨可获得较为平滑的表面。

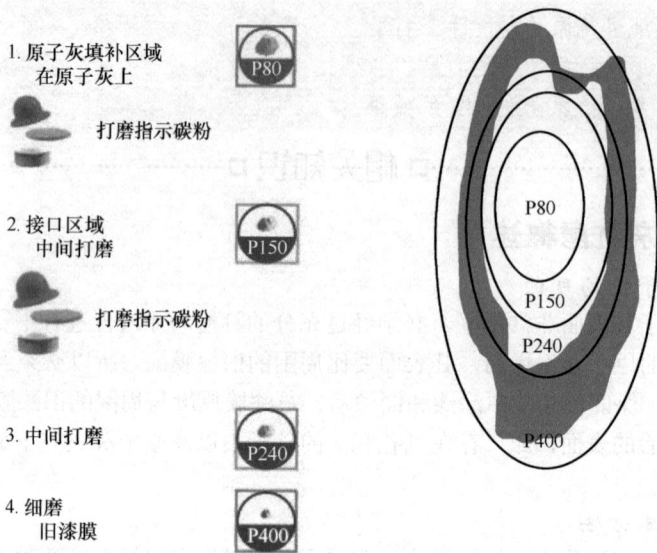

1. 原子灰填补区域
在原子灰上
P80

打磨指示碳粉

2. 接口区域
中间打磨
P150

打磨指示碳粉

3. 中间打磨
P240

4. 细磨
旧漆膜
P400

P80
P150
P240
P400

图 3-8-2　手工干打磨时砂纸的递进程序

注：打磨后，原子灰只能留在裸金属上。

对于曲面，打磨时要掌握打磨技巧；对于凸面，一定要顺着弧度进行打磨，如图 3-8-3 所示，采用有一定凹弧的打磨垫配合效果会更好。

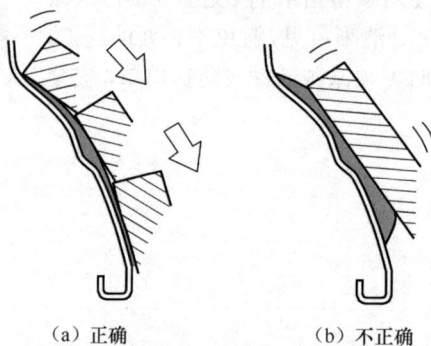

（a）正确　　　　　（b）不正确

图 3-8-3　凸面打磨

对于凹面，打磨时对应调整打磨垫的角度，以较大的打磨垫衬面接触原子灰表面或利用打磨垫边缘靠近原子灰进行打磨，如图 3-8-4 所示。

图 3-8-4　凹面打磨

b. 施涂打磨指导层。将粉扑按压在粉盒上面，上下摇晃粉盒使粉扑上粘上碳粉，然后用粉扑将碳粉涂抹在原子灰表面，如图 3-8-5 所示。

图 3-8-5　涂抹碳粉指示剂

如果采用自喷罐式指导层漆，只需将自喷罐充分摇匀后，在原子灰表面薄喷 1～2 层，待其闪干约 5min 后即可打磨。

如果采用喷涂式指导层漆与稀释剂以一定体积比混合并搅拌均匀后，选用 HVLP 喷枪（口径 1.7～1.9mm，喷涂气压 2.0～3.0bar）或兼容喷枪（口径 1.2～1.4mm，2bar，喷涂材料的不同，气压也不同，水性色漆需要 1.2～1.3mm 口径的喷枪。清漆喷涂需要 1.4mm 口径的喷枪，气压调整为 2.3～2.5bar），以雾状薄喷一层或刷涂一层，待其闪干后即可进行打磨。

c. 换用 P150 或 P180 砂纸打磨。此次打磨应扩展到整个涂了原子灰的区域。

⑥ 检查原子灰表面。如果原子灰表面有明显的凹陷等缺陷或整体/局部表面高度不够（低于旧漆膜），则应再次补涂原子灰→干燥→粗打磨，直到确认原子灰表面平整，高度符合要求（比旧漆膜略高）。

注意

再次补涂原子灰前，需清洁表面，因为原子灰表面多孔，容易有水或灰尘残留在孔中，因此打磨以后需要用压缩空气吹去灰尘，才可以再次刮涂原子灰，如图 3-8-6 所示。

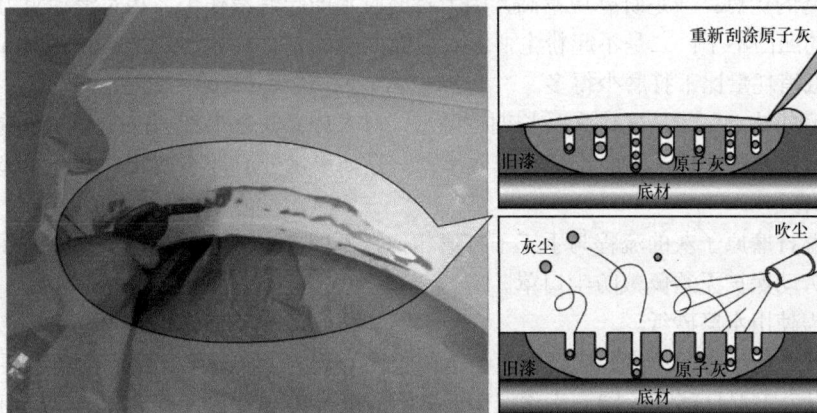

图 3-8-6　用压缩空气吹净原子灰表面

⑦ 细打磨。用 P240 砂纸整体打磨，区域限制在底处理留下的羽状边以内。此时应重点关注原子灰与旧漆膜交界处，因为此处往往有较深的砂纸痕，必须仔细打磨，如图 3-8-7 所示。

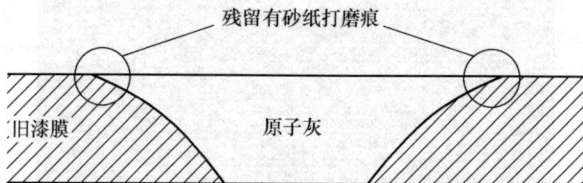

图 3-8-7　交界处的砂纸磨痕

⑧ 精打磨。换用 P400（或 P320）的砂纸整体打磨。打磨的区域应扩展到旧漆膜上凡准备喷涂中涂漆的范围，如图 3-8-8 所示。此时还需重点关注原子灰与旧漆膜的交界处，如果此处不打磨平滑，则在后续喷涂中涂漆时，会由于砂纸打磨痕内易存留溶剂而产生起泡现象。

⑨ 检查打磨效果。原子灰表面应与周边的旧漆膜等高，表面平滑无凹凸感，无针孔、砂眼、过深划痕等缺陷。如果有上述缺陷，应再次进行修整，直到符合要求为止。

⑩ 清洁表面。用吸尘器吸净表面的灰尘（或用压缩空气吹净）。

（3）6S 工作。

① 收集可用的砂纸，并存放在一起。

② 收集废弃的砂纸，弃置于废物桶内。

③ 整理工具。

④ 清理工作场地。

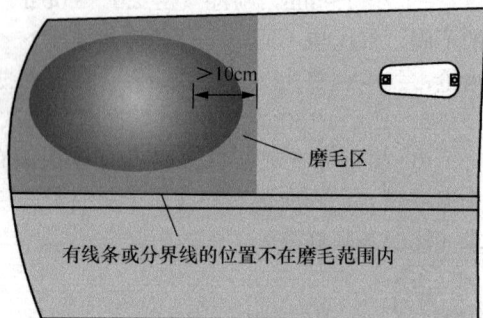

图 3-8-8　精打磨范围

2. 手工湿打磨

手工打磨原子灰时，除了手工干打磨这一方法外，修理厂还采用手工湿打磨，即用水磨砂纸浸水或喷水，或以海绵吸水后不时地挤淋到要打磨的表面方式进行打磨。

湿打磨的优点：一是研磨质量高，因为打磨时水能起润滑作用，相对滑动阻力小，容易消除表面的凹凸不平；二是不起粉尘，这对后面的工序是有利的；三是从经济性方面讲，湿打磨的砂纸消耗量比干打磨少得多。

湿打磨的缺点：一是操作人员长期接触水，对人体尤其是手部会产生不利影响；二是湿打磨后必须做去湿处理，因而影响工作效率；三是如果水分清理不彻底，会产生起泡和锈蚀等涂装缺陷。

手工湿打磨原子灰的流程与手工干打磨相似，不同点主要体现在以下几个方面。

（1）劳动保护无须佩戴防尘口罩。

（2）需使用水磨砂纸。

（3）砂纸的型号（粒度）应调整。由于用相同号数的干磨砂纸打磨后的痕迹要比水磨砂纸小，所以手工湿打磨时，同一步骤选用的砂纸粒度要小（号数大）。打磨效果相同时，采用干磨砂纸与水磨砂纸的对比，见表 3-8-1。

表 3-8-1   干磨砂纸与水磨砂纸的对比

砂纸种类	粗细对比									
干磨砂纸	P60	P80	P120	P180	P240	P320	P400	P500	P600	P800
水磨砂纸	P150~ P180	P180~ P220	P240~ P280	P280~ P320	P320~ P360	P40~ P500	P500~ P600	P600~ P800	P800~ P1000	P1000~ P1200

（4）打磨过程要始终保持打磨表面湿润，并借助反光检查打磨情况。

（5）打磨结束后必须做去湿处理。

三、打磨机打磨

1. 准备工作

（1）劳动安全与卫生。

① 穿好工作服。

② 戴好棉纱手套。

③ 打磨原子灰时必须佩戴防尘口罩、耳塞。

④ 用打磨机打磨原子灰时，须佩戴护目镜、耳塞。

（2）打磨机的选择。

对于平面的打磨，最好选用直行式或往复式打磨机，但实际车身表面大多为曲面，所以实际工作中使用最多的是双作用式打磨机。

无论选择哪种类型的打磨机，选择好打磨头是提高作业效率的重要因素。其中包括砂纸的装卸应简单容易、安装砂纸的表面应平整、能与漆膜接触良好、硬度要适宜等。

另外，原子灰的技术说明书中，也会有关于打磨机选择的建议，应尽量按建议选择。

2. 打磨流程

① 戴好手套，然后轻轻地摸一遍待打磨表面，这有助于操作技师决定如何进行打磨。

② 粗打磨。先用偏心距为 7mm 的打磨机配合 P80 砂纸，握紧打磨机，将打磨机轻压在原子灰层表面，打开开关进行打磨。

打磨时应注意，打磨头的工作面应保持与原子灰表面平行，如图 3-8-9 所示。打磨时不能施力过大，应将打磨机轻轻压住，依靠旋转力进行打磨。若施力过大，就不能形成平整表面。打磨机的移动方向应采用米字形。

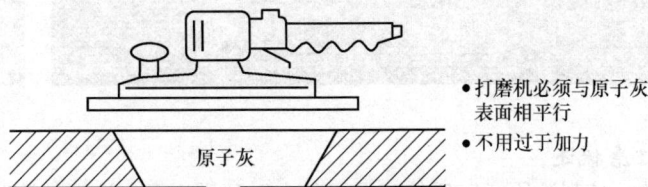

图 3-8-9　打磨机的使用方法

只打磨原子灰区域的中部较厚处，至整个原子灰表面略高于旧漆膜为止。

③ 施涂碳粉指示剂。

④ 换用 P180 砂纸打磨。此次打磨应扩展到接口区域，即底处理留下的羽状边区域。

⑤ 检查原子灰表面情况，根据需要补涂原子灰，待原子灰干燥后用 P180 砂纸手工打磨

原子灰表面及羽状边区域。

⑥ 换用 P240 砂纸打磨（应换用 3mm 的打磨机）。此次打磨应扩展至旧漆膜，区域不要太大，按 P180 打磨区域向外扩 3～5cm，重点关注原子灰与旧漆膜过渡区交界处。

⑦ 换用 P320 砂纸打磨。此次打磨扩展至旧漆膜，区域为需要喷涂中涂漆的整个表面。

注意

因打磨机对边角区域打磨有难度，在用打磨机打磨时，通常配合手工干打磨，彻底清除细小的凹凸不平及打磨边角区域。从第一层粗砂纸打磨开始，至最后砂纸打磨过程中，更换每一级砂纸前，均要用同型号的砂纸进行手工打磨，重点是打磨机打磨不到的地方。然后施涂碳粉指示剂，以便进行下一次打磨。

⑧ 检查打磨效果。与手工干打磨相同。

⑨ 清洁表面。用吸尘器吸净表面的灰尘（或用压缩空气吹净）。

3. 6S 工作

（1）收集可用的砂纸，存放在一起。

（2）收集废弃的砂纸，弃置于废物桶内。

（3）清洁打磨机。

（4）清理工作场地。

任务总结

1. 原子灰打磨概述

（1）打磨目的：使刮涂原子灰后的表面平整，以便进行下一涂层的涂装。

（2）打磨方法：手工打磨和打磨机打磨两种方式。

2. 手工干打磨

（1）劳动保护用品。工作服、棉纱手套、防尘口罩等。

（2）砂纸递进程序。P80→P180→P240→P400（或 P320）。

（3）打磨程序。粗打磨（打磨掉高点）→施涂碳粉指示剂→细打磨→检查及修整缺陷→

精打磨。

（4）效果检查。打磨后的原子灰表面与旧漆膜平齐，平滑无凹凸感，无针孔、砂眼、过深划痕等缺陷。

3．打磨机打磨

（1）打磨机的选择。实际打磨原子灰工作中使用最多的是双作用式打磨机。

（2）劳动保护用品。工作服、棉纱手套、防尘口罩、耳塞、护目镜等。

（3）砂纸递进程序。P80→P120→P180→P240→P320。

（4）打磨程序。粗打磨（打磨掉高点）→施涂碳粉指示剂→细打磨→检查及修整缺陷→施涂碳粉指示剂→精打磨。

（5）效果检查。与手工干打磨效果检查方法相同。

□ 问题思考 □

1．手工干打磨原子灰时，砂纸的递进程序是什么？

2．手工干打磨原子灰时，需佩戴的劳动保护有哪些？

3．什么时候施涂碳粉指示剂？

4．原子灰打磨效果的评价标准是什么？

5．为什么不建议手工湿打磨原子灰？

6．用打磨机打磨原子灰时，应选择哪种类型的打磨机？

7．用打磨机打磨原子灰的操作要领是什么？

学习任务九　中涂漆涂装

□ 学习目标 □

1．能够正确描述中涂漆的功能及选择方法。

2．能够正确进行中涂漆的喷涂操作。

3．能够正确进行中涂漆的干燥。

4．能够正确进行中涂漆的修整。

5．能够正确进行中涂漆的打磨。

6．能够正确进行中涂漆打磨后的质量检查，并对出现的缺陷进行合适的处理。

□ 相关知识 □

一、中涂漆概述

1．作用

中涂漆层是在底漆层与面漆层之间的涂层，也称为中涂漆、二道底漆、喷用腻子等，俗称二道浆。在一线从事涂装工作的人员也称之为底漆。

中涂漆层的主要作用体现在以下几个方面。

（1）增加面漆层与其下面涂层间的附着力。

（2）填充微小划痕、小凹坑等，提高面漆平整度。

（3）隔离封闭，防止面漆中的溶剂浸透而产生渗色。

（4）保证面漆层具有一定的弹性、韧性，提高面漆的丰满度。

2. 种类

汽车修补用中涂漆品种很多，根据组分可分为单组分中涂漆和双组分中涂漆；根据树脂种类可分为环氧中涂漆、硝基中涂漆、氨基甲酸酯中涂漆和热固性氨基醇酸中涂漆等。表 3-9-1 给出了按树脂分类的中涂漆品种及特性。

表 3-9-1　　　　　　　　　　　　　汽车修补常用中涂漆品种及特性

类别	特性
硝基中涂漆	单组分中涂漆，主要由硝酸纤维和醇酸或丙烯酸树脂组成，使用简便，涂装性能不如双组分中涂漆，应用比较广泛
氨基甲酸酯中涂漆	双组分中涂漆，主要由聚酯、醇酸或丙烯酸树脂组成，使用聚异氰酸酯作固化剂。涂装性能好，干燥较慢，需在 60℃下强制干燥，小面积修补可直接用于金属上或磷化底漆、环氧底漆表面，应用广泛
热固性氨基醇酸中涂漆	单组分中涂漆，主要由三聚氰胺和醇酸树脂组成，用作烘烤面漆的底漆，要求在 90～120℃下烘烤，涂装性能好，修补涂装中应用较少
环氧中涂漆	氨基固化的双组分环氧中涂漆层兼有底漆层和中涂层的性能。该涂料用于涂有底漆或原子灰的表面上，对底层附着力好并有填平原子灰层气孔、打磨痕的作用，可以防止面漆层光泽被底涂层吸附，应用较少

除了表 3-9-1 中常用的中涂漆以外，对于面漆为珍珠漆的车辆，还会使用一种可调色中涂漆。珍珠漆自身的遮盖力比较差，因此，为了将底色盖住，通常在喷涂珍珠漆之前，喷涂一层与珍珠漆颜色相近的中涂漆以提高遮盖力。

所谓可调色中涂漆，就是在中涂漆中加入适量的已经调好色的面漆或与面漆颜色相近的面漆色母来改变中涂漆的颜色，使中涂漆的颜色与面漆基本相同来增加面漆的遮盖力。

中涂漆中加入色漆的量要根据面漆的遮盖力和底材的颜色决定。面漆遮盖力差，底材颜色深的情况下，色漆加入量要多些；底材颜色较浅的情况下色漆的加入量适当减少，但不要超过产品技术说明规定的添加量。调色好的中涂漆作为一组分，按规定比例统一添加固化剂和稀释剂调制。其喷涂方法基本上与普通中涂漆一样。

3. 选择

目前使用的中涂漆有硝基中涂漆（1K 型）、丙烯酸中涂漆（1K 型）和聚氨酯中涂漆（2K 型）。各类型中涂漆的特点对比，见表 3-9-2。

表 3-9-2　　　　　　　　　　　　　常用中涂漆的特点对比

性能	1K 丙烯酸中涂漆	聚氨酯中涂漆	1K 硝基中涂漆
附着力	○	◎	×
填充性	○	◎	#
隔离性	○	◎	×
抗水性	#	◎	×
干燥性	○	#	○
打磨性	◎	○	◎

性能	1K 丙烯酸中涂漆	聚氨酯中涂漆	1K 硝基中涂漆
防吸收性	#	◎	×
配合面漆颜色	#	◎	×

注：◎：优越；○：良好；#：一般；×：不良

　　随着面漆种类的不同，与之配套使用的中涂漆也应不同。中涂漆的合理选用，是避免涂装出现质量问题的关键。

　　当旧漆膜是烤漆涂料或丙烯酸聚氨酯涂料时，选用硝基类中涂漆也可，但要注意其质量、层间黏着力和耐水性一定要满足要求。

　　当旧漆膜是改性丙烯酸或合成纤维素丙烯酸硝基漆时，以采用聚氨酯类中涂漆为宜。这种中涂漆，漆膜性能好，覆盖效果好，即使旧漆膜有轻微缺陷，也不易发生质量问题。但应注意，这种中涂漆不适宜用于局部修补，因为局部喷涂了聚氨酯类中涂漆后，再喷涂面漆，往往会在补修原子灰与旧漆膜的边缘交接处出现起皱现象，故这种中涂漆只适宜对旧漆膜或原子灰的整块覆盖。

　　厚涂型合成树脂中涂漆的漆膜性能比不上聚氨酯中涂漆，但由于其所使用的溶剂溶解力较弱，不会侵蚀底漆，干燥速度也比较快，因而常常被采用。对于这种中涂漆，重点应检查其层间黏着力和耐起泡性。

　　硝基类和丙烯酸类中涂漆，通常情况下，若耐起泡性和层间黏着力好，则覆盖效果差；反之，若覆盖效果好，则前两种性能差。因此有必要检查其溶剂挥发性能、覆盖效果、耐水性、丰满度、施工性能等。

　　在全涂装、原子灰涂装面积宽的场合以及当旧漆膜起皱时，使用聚氨酯类中涂漆效果最好。除此之外，从作业性方面考虑，厚涂型合成树脂中涂漆也很方便。这些中涂漆的使用方法，有时会随厂家不同而有若干差异，应注意不要弄错。若需对中涂漆进行稀释时，应使用指定的专用稀释剂，否则会影响性能。

　　有的聚氨酯中涂漆被称为无须打磨型中涂漆，但实际上随着中涂漆层的不断硬化，层间黏着力往往会下降，为提高层间黏着力，仍需轻轻打磨，在表面留下打磨痕，以提高与面漆层的黏着力。

　　实际施工中，只要购买了质量合格的涂装产品，则均能满足上述性能要求。中涂漆是不能直接施涂在板件表面上的，必须经过适当的处理后使用（如喷涂填充底漆）。因而实际工作中，选择中涂漆重点关注的是中涂漆与底漆的搭配。不同涂料生产商的产品，搭配情况是不同的。

　　当接下来准备喷涂的面漆采用聚氨酯涂料时，中涂漆也应采用聚氨酯类。如图 3-9-1 所示，当面漆采用聚氨酯涂料而中涂漆采用硝基涂料时，漆膜形成就会不完全，引起起泡和开裂。另外，以双组分丙烯酸聚氨酯硝基漆作为面漆时，也以聚氨酯类中涂漆为好。

　　下列场合应使用聚氨酯中涂漆：全涂装（尤其是静电涂装）、车顶和行李箱盖等大面积涂装、旧漆膜为硝基漆的涂装等。

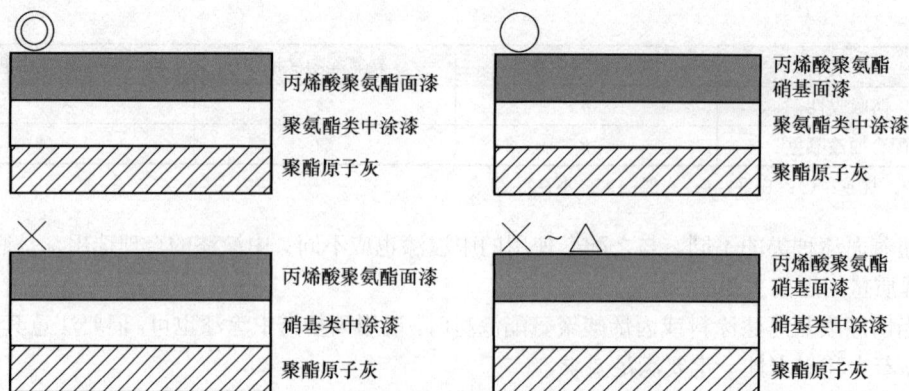

图 3-9-1　面漆涂料与中涂漆涂料的组合

◎—良好；○—较好；△——般；×—不好

4. 涂装工艺

中涂漆的涂装工艺程序如图 3-9-2 所示。

二、准备工作

1. 劳动安全与卫生

中涂漆施工时的劳动保护与安全卫生注意事项与底漆施工相同（详见本模块学习任务六底漆喷涂内容）。

2. 车身准备

（1）先用压缩空气清除表面粉尘。

（2）若进行过湿打磨，应做去湿处理，使被喷涂表面干燥。

（3）对于不需喷涂的部位，可按图 3-9-3 所示的方式遮蔽，重点应注意喷涂时可能产生飞溅的部位。

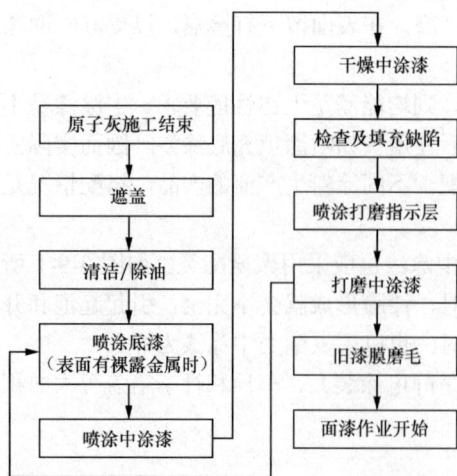

图 3-9-2　中涂漆的涂装工艺程序

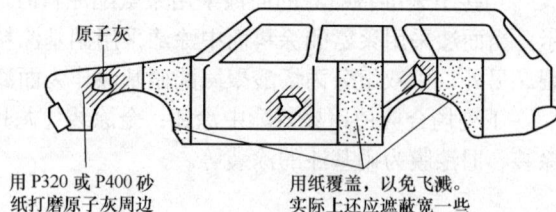

图 3-9-3　喷涂中涂漆前的遮蔽与打磨

注意

对于局部遮蔽，一定要使用反向遮蔽法，以使喷涂的中涂漆有渐进的过渡，如图 3-9-4 所示。

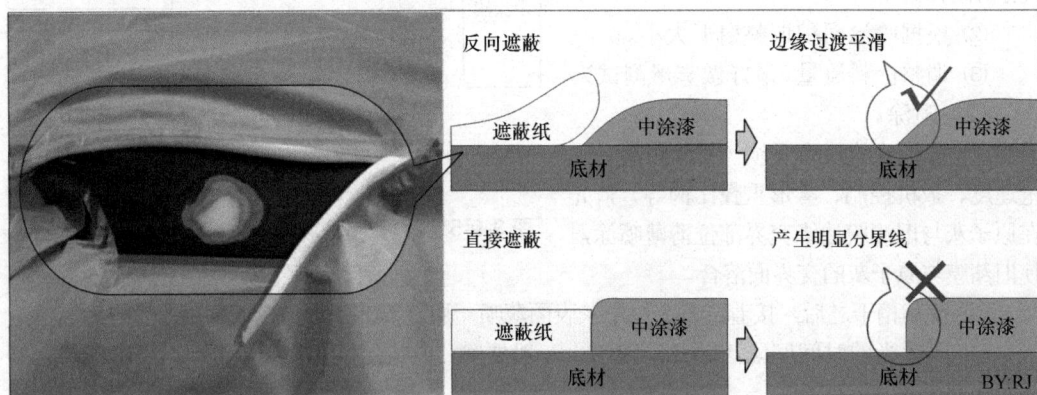

图 3-9-4 反向遮蔽法的应用

（4）除尘与除油。

① 用除尘布将需喷涂表面进行一次细致的除尘。

② 用脱脂剂进行脱脂处理。

3. 调制中涂漆

（1）选择中涂漆。因准备涂装中涂漆的表面为原子灰，之后要进行打磨以获得更为平滑的表面。

（2）确定中涂漆用量。根据涂料技术说明的参考数据来确定。快速中涂漆的可喷涂面积效率为：当膜厚为 $1\mu m$ 时，$375m^2/L$；喷涂层数为 2 层，总膜厚为 $50\mu m$。然后根据需喷涂面积的大小（估算）及喷涂的总膜厚即可估算出漆的用量。

（3）根据涂料说明书建议的各成分比例（主剂、固化剂和稀释剂），利用调漆比例尺进行涂料的调制，视需要进行黏度测试。中涂漆的喷涂黏度随厂家标准而异。

（4）选择喷枪。硝基类和丙烯酸类中涂漆（1K 型）选用的喷枪口径一般在 1.3～1.8mm，采用虹吸式和重力式都可以。聚氨酯类中涂漆所用喷枪若是重力式，喷枪口径为 1～3mm，若是虹吸式则为 1.5～1.8mm。具体要求还需查阅所用涂料的产品说明书。将调好黏度的中涂漆充分搅拌并通过漏斗过滤后装入喷枪涂料杯内。

三、涂装操作

1. 喷涂

中涂漆涂料种类不同，其作业方式有一定差异。同一种中涂漆也可以有两种施工工艺，图 3-9-5 所示为 2K 型中涂漆的两种不同的施工工艺及其作用差异。在本任务中，选择研磨型喷涂工艺。

（1）调整喷枪。

① 根据涂料的产品说明书调整喷枪的气压。喷涂中涂漆选用重力式喷枪，用HVLP喷枪时，气压为2.0~3.0bar（0.2~0.3MPa）；用兼容喷枪时，气压为2.0bar（0.2MPa）。

② 根据喷涂面积调整扇形大小。

③ 调整涂料流量（最好做雾形测试）。

（2）喷涂。

① 按正确的喷涂要领（喷涂距离、走枪速度、扳机控制、雾形重叠比例等），先在原子灰与旧漆膜边缘交界部位薄薄喷涂，使旧漆膜与原子灰的交界面溶合。

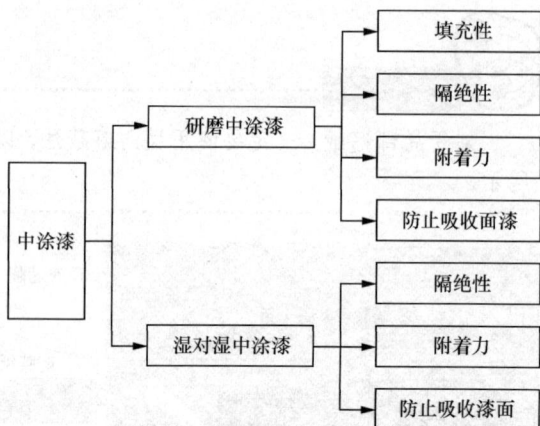

图 3-9-5 2K 型中涂漆的两种施工工艺及作用差异

② 待其稍干之后，接着给整个原子灰表面薄喷一层，喷涂后形成的表面应平整光滑。

③ 取适当的时间间隔，分几次薄喷，一般要喷3~4层（见图3-9-6），注意每层之间需留出足够的闪干时间（一般为5min）。

上述的喷涂顺序可称为"由小向大"喷涂，如图3-9-7（a）所示。目前也有部分涂料生产商推荐采用"由大向小"的喷涂顺序，如图3-9-7（b）所示，即最后一层喷涂在原子灰表面上。

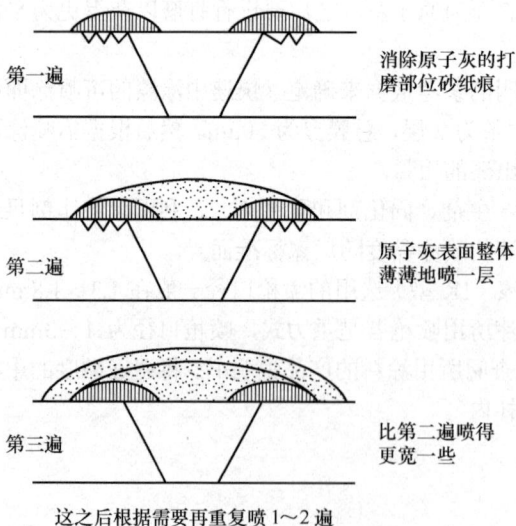

图 3-9-6 中涂漆喷涂顺序

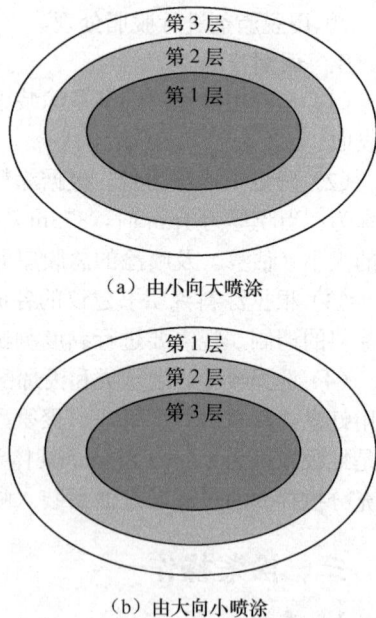

图 3-9-7 中涂漆的两种喷涂顺序

中涂漆涂料的喷涂面积如图3-9-8所示，应比修补的原子灰面积宽，而且要达到一定程度。喷第二遍比第一遍宽，第三遍比第二遍宽，逐渐加大喷涂面积。

如图 3-9-9 所示，相邻的几小块原子灰修补块，可先分别预喷两遍，然后再用整体喷涂 2～3 次，连成一大块，这样处理，可以取得良好的效果。这种场合也不宜一次喷得过厚，应取适当的时间间隔，分几次喷涂。

当旧漆膜是改性丙烯酸硝基漆等易溶性涂料时，对黏度和喷涂的时间间隔应十分注意。若采用硝基类中涂漆，黏度应取 $18～20s^{①}$，要反复薄薄地喷涂，以免喷涂后表面显得粗糙；如果用丙烯酸类中涂漆，黏度可取 14～15s。

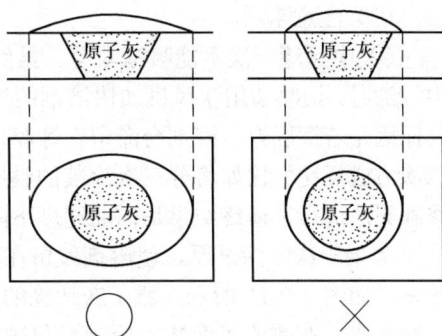

图 3-9-8　中涂漆喷涂面积

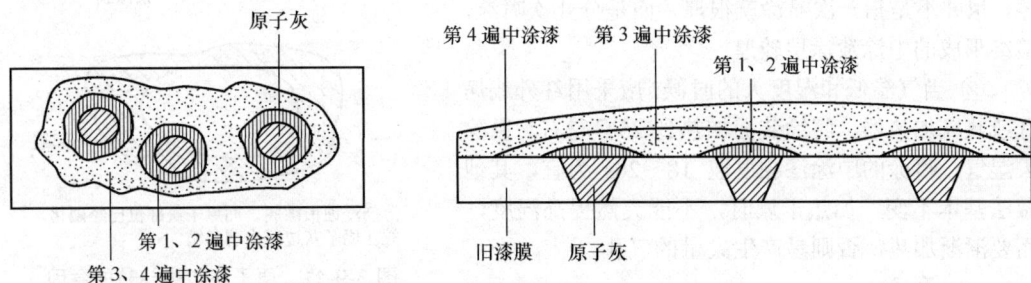

图 3-9-9　相邻原子灰修补块的中涂漆喷涂

聚氨酯中涂漆的喷涂方法与硝基类中涂漆一样，但聚氨酯中涂漆每道形成的漆膜较厚，一般喷两遍就够了。若需更厚可喷 3 遍，比如旧漆膜剥离后的表面，如果直接喷涂中涂漆，就需喷涂 3 次。

当旧漆膜是硝基类涂料时，如果只在修补了原子灰的部分喷涂聚氨酯中涂漆的话，则在中涂漆与硝基旧漆膜的交界处，在喷涂了面漆之后，往往会起皱。为防止这一点，应在整块板上全部喷涂聚氨酯中涂漆。如图 3-9-10 所示，旧漆膜为硝基漆时应整体喷涂中涂漆，但应先在所补原子灰处薄薄地喷一层，然后整体喷涂两遍。

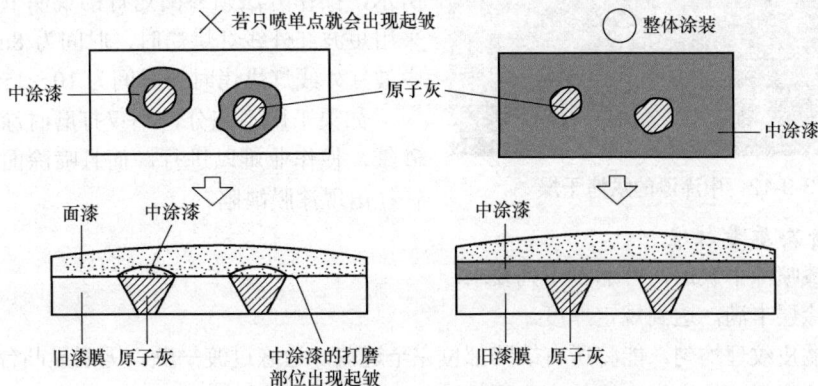

图 3-9-10　旧漆膜为硝基漆时应整体喷涂中涂漆

---

① 本书中涂料的黏度均以 DIN4 杯测得的涂料从满杯到滴完所需的时间表示，单位为 s。

（3）注意事项。

① 中涂漆一次不能喷涂太厚。虽然分几次喷涂表面看起来更花时间，但实际上，喷涂中涂漆时，边喷边用吹风机加快溶剂的挥发，比一次厚厚地喷涂干燥速度快，作业效率也高。其原因是若漆膜厚，溶剂会滞留在漆膜内难以挥发。如前所述，溶剂的挥发速度，与膜厚的二次方成反比。比如将分三次涂装的膜厚一次喷涂，则挥发速度反而大大减慢，导致打磨和修补无法进行，最终结果是作业速度下降。

如果一次喷涂过厚，使溶剂残留在漆膜内难以挥发，如图 3-9-11 所示，原子灰边缘的旧漆膜会被浸润膨胀，在喷涂了面漆之后就会起皱，所以中涂漆涂料切忌一次喷涂过厚。就是所谓的厚涂型中涂漆，也并不是指一次喷涂就很厚，而是分几次喷涂，最终形成的中涂漆涂层较厚。

② 当气温低和湿度大的时候，应采用红外线烤灯或热风加热器，将涂装面加热到 25℃ 左右，以除去湿气。喷涂的中涂漆黏度取 18～20s 为宜，其他做法基本不变。加热干燥时，不能突然提高温度，而要渐渐加热，否则易产生大量的气孔。

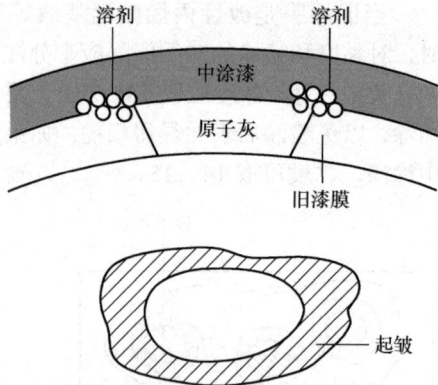

溶剂浸蚀旧漆膜，而原子灰部位已经硬化，故在原子灰边缘出现起皱

图 3-9-11　原子灰边缘起皱的原因

2. 干燥

（1）中涂漆喷涂完后，闪干 10～15min 后，即可拆除遮蔽纸。

（2）若采用常温干燥，则关好喷漆间的门，关闭相关电源即可。中涂漆的常温（20℃）干燥时间为 2h。

（3）若采用烤漆房烘烤干燥，则应先关闭喷漆开关，再根据涂料产品说明书的规定，调好烘烤温度和时间，启动"烘烤"按钮，关好喷漆间的门即可。中涂漆的烘烤干燥温度为 60℃，时间为 30min。

图 3-9-12　中涂漆的烘烤干燥

（4）若采用红外线烤灯烘烤，如图 3-9-12 所示，操作方法须参阅烤灯的说明书。中涂漆采用短波红外线灯烘烤时，时间为 8min；使用中波红外线灯烘烤时，时间为 10～15min。

如果干燥不充分，不仅打磨时涂料会填满砂纸，使作业难以进行，而且喷涂面漆之后，往往出现漆膜缺陷。

3. 喷涂质量标准

中涂漆喷涂干燥后，应达到下列要求。

（1）涂层丰满，达到规定厚度。

（2）橘皮纹理均匀，能将所有缺陷部位完全遮盖，边缘过渡平顺、无明显凸台。

（3）无明显流挂产生，流挂高度不超过 1mm，长度不超过 10mm。

（4）无咬底、油点等漆膜缺陷。

（5）车身其他部位保护良好，无漆雾附着。

如果不能达到上述要求，视情况进行补喷。

4. 打磨

（1）干打磨。

① 手工干打磨。用手工打磨垫干打磨时，也应使用软磨头或橡胶块。先用 P320 砂纸将凸出部分磨平，然后用 P400～P500 砂纸将整个表面打磨平整（包括需喷涂面漆的旧漆膜）。

② 干磨机打磨。采用双动式和往复式打磨机均可，开始所用砂纸粒度以 P320 为宜。往复式打磨机打磨，比双动式速度慢，但操作比较简单。

干打磨时，先用 P320 砂纸将凸起部位打磨平，最后用 P400 砂纸整体打磨（包括需喷涂面漆的旧漆膜）。不同的涂料，要求的打磨砂纸粒度有所不同。根据中涂漆的技术说明可知，采用干磨机打磨时，应选用 P400 砂纸。但这并不是一开始就必须使用 P400 砂纸，而是可以先用 P320 砂纸，然后逐步过渡至 P400。

不论使用哪种打磨机打磨，都不应用太大的力压在漆膜上，只能稍用点力沿着车身表面移动。用力过大，就会导致砂纸磨痕过深。

打磨时应注意不能只打磨喷涂了中涂漆料的部位，旧漆膜及其与中涂漆的交界区域也应进行打磨。

打磨过程中可配合使用碳粉作为打磨指导，以便获得良好的打磨效果。

干打磨结束后，拆去遮盖，用吹尘枪进行清洁，也可用黏性抹布擦拭打磨表面。

（2）湿打磨。湿打磨一般采用 P320～P600 水磨砂纸。当面漆为金属闪光涂料时，可以用 P400 砂纸；如果面漆是硝基涂料时，要用 P600 砂纸。若用 P400 砂纸，漆膜表面往往会有较深的砂纸磨痕。

当面漆为素色漆时，可以用 P320 砂纸，但如果是素色硝基涂料，应用 P400 以上砂纸打磨。中涂漆采用手工湿打磨时，应选用 P800 的砂纸。

打磨时使用的打磨垫应柔软。手工打磨时应避免手指接触被打磨表面。打磨要仔细，不能有遗漏。

打磨结束后，如图 3-9-13 所示，对玻璃滑槽缝隙、门把手、玻璃四周等边缘部位，要用刷子蘸上研磨膏进行打磨，清除残余的污物，也可以使用 P2000 美容砂纸打磨。

现在许多涂料生产商制造了免磨中涂漆，这种类型的中涂漆喷涂完后，表面非常平整光滑，因此无须进行打磨，但如果表面有灰点等喷涂缺陷，还需用细砂纸（可选用 P800）打磨，表面效果会更好。

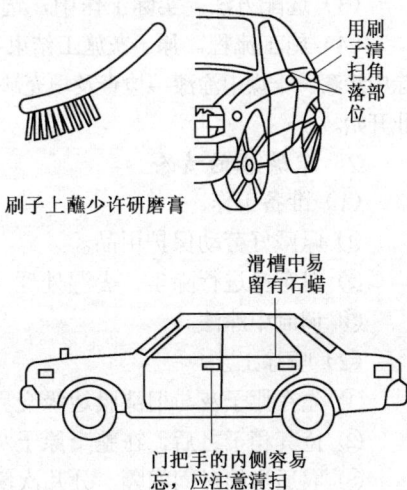

图 3-9-13　边缘部位的清扫打磨

5. 收尾工作

若采用的是湿打磨，就要用清水冲洗干净打磨部位，然后用红外线烤灯和热风加热器等将表面除湿干燥。

若采用的是干打磨，应用吸尘器将打磨粉尘彻底清除干净。如果是局部补修涂装，周围的旧漆膜要用粗颗粒的研磨膏进行研磨，以彻底清除污物和油分。

最后应仔细检查漆膜表面，不能遗漏未经打磨的部位，如有遗漏再用 P400～P500 砂纸打磨。

6. 中涂漆打磨质量标准

中涂漆施工结束后，应达到下列要求。

（1）打磨彻底。对于整板喷涂，打磨露底范围要控制在 20mm×20mm 内，并且露底情况不明显。

（2）打磨后表面光滑，无橘皮纹。

（3）所有需要喷涂的部位都要打磨到，不能有遗漏，尤其是窗口装饰条、板件边缘等部位更要打磨到。

▫ 任务总结 ▫

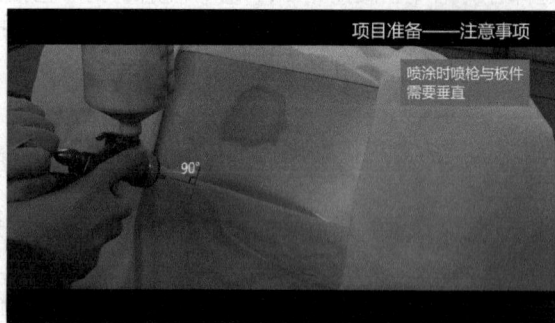

视频

中涂漆涂装

1. 中涂漆概述

（1）作用。中涂漆可使表面平整，起到防锈保护、覆盖作用。

（2）种类。中涂漆分为硝基中涂漆（1K 型）、丙烯酸中涂漆（1K 型）和聚氨酯中涂漆（2K 型）。

（3）选配方法。实际工作中，选择中涂漆重点关注的是中涂漆与底漆的搭配。

（4）施工流程。原子灰施工结束→遮盖→清洁/除油→喷涂底漆（表面有裸露金属时）→喷涂中涂漆→干燥中涂漆→检查及填充缺陷→喷涂打磨指导层→打磨中涂漆→旧漆层磨毛→面漆作业开始。

2. 中涂漆的喷涂

（1）准备工作。

① 佩戴好劳动保护用品。

② 对车身进行除尘、去湿处理（视情况）、遮蔽、除油等工作。

③ 调制中涂漆。

（2）喷涂工艺。

① 先在原子灰与旧漆膜边缘交界部位薄薄喷涂。

② 待其稍干之后，在整个原子灰表面薄喷一层。

③ 取适当的时间间隔，分几次薄喷，一般要喷 3～4 层，注意每层之间需留出足够的闪干时间（一般为 5min）。

（3）注意事项。

① 中涂漆一次不能喷涂太厚。

② 当气温低和湿度大的时候，应采用红外线烤灯或热风加热器，将涂装面加热到 25℃左右，以除去湿气。

3. 中涂漆的干燥方法

常温干燥、烤漆房烘烤干燥、红外线烤灯烘烤干燥。

4. 中涂漆喷涂质量标准

要求表面平整光滑，不能有明显流挂痕迹及咬底、油点等故障；非工作面无漆雾飞溅现象。

5. 中涂漆涂层的打磨

（1）干打磨砂纸递进程序：P320→P400。

（2）湿打磨砂纸递进程序：P320→P600。

6. 收尾工作

（1）湿打磨：用清水冲洗干净打磨部位，将表面除湿干燥。

（2）干打磨：将打磨粉尘清除干净。

（3）局部补修涂装：用粗颗粒的研磨膏研磨旧漆膜。

7. 中涂漆打磨质量标准

（1）经打磨后的中涂漆表面平整光滑，无橘皮纹、颗粒等缺陷。

（2）确保所需打磨区域无漏磨或打磨不彻底现象。

□ 问题思考 □

1. 为什么要喷涂中涂漆？

2. 如何根据旧漆膜的情况，正确选择中涂漆？

3. 如何根据接下来准备要喷涂的面漆类型选择中涂漆？

4. 在原子灰表面喷中涂漆时，为什么开始一定要在原子灰与旧漆膜交界处薄喷一层？

5. 为什么中涂漆一次不能喷得太厚？

6. 喷涂中涂漆到什么程度为合格？

7. 中涂漆打磨结束后的收尾工作有哪些？

8. 中涂漆打磨结束后的质量检测有哪些要点？

学习任务十 面漆的整板（整车）喷涂

□ 学习目标 □

1. 能够正确描述面漆喷涂常用的方式。
2. 能够正确描述面漆喷涂的基本工艺流程。
3. 能够正确进行素色面漆的整板（整车）喷涂。
4. 能够正确进行金属色面漆的整板（整车）喷涂。
5. 能够正确进行面漆的干燥。

□ 相关知识 □

一、面漆喷涂方式和工艺流程

1. 面漆喷涂方式

（1）干喷。干喷指喷涂时选择的溶剂要快干、气压较大、出漆量较小、温度较高等，喷涂后漆面较干。

（2）湿喷。湿喷指喷涂时选择的溶剂要慢干、气压较小、出漆量较大、温度较低等，喷涂后漆面较湿。

（3）湿碰湿。湿碰湿就是不等上道漆中溶剂挥发完全就继续喷涂下一道漆。

（4）虚枪喷涂。在喷涂色漆后，将大量溶剂或固体部分调整得极低的涂料喷涂在面漆上的操作称为虚枪喷涂。在汽车修补中有以下两种类型虚枪喷涂法。

① 在热塑性丙烯酸面漆上喷虚枪，用来使新喷涂的修补漆与原来的旧漆之间润色，使汽车表面经过修补后看不出修补的痕迹。

② 在新喷涂的丙烯酸或醇酸磁漆上喷虚枪，用来提高其光泽，有时也用来在点修补时润色。

（5）雾化喷涂。雾化喷涂俗称飞雾法喷涂，又叫飞漆，一般用于金属漆的施工。金属漆与素色漆喷涂方式、方法大不相同，金属漆由于含有有金属颗粒，有的为云母、珍珠等制成，密度大。雾化喷涂是指喷金属漆时，用飞雾法喷涂，以获得需要的效果。

（6）带状涂装。当喷涂某个基材表面的边缘时采用此法。此时应将喷枪扇幅调得相对窄一些，宽度一般调整到 10cm 左右。此时喷出的雾束比较集中，呈带状覆盖。这样可以达到减小漆膜厚度、节约原材料的目的。

2. 工艺流程

常用的单工序面漆和双工序面漆的喷涂工艺流程如图 3-10-1 所示。对于三工序面漆，与双工序面漆喷涂流程相近，只是在喷涂完底色漆之后，需要喷涂一层珍珠漆，然后再喷涂清漆。

二、面漆喷涂准备工作

1. 劳动安全与卫生

面漆喷涂施工的劳动保护与安全注意事项同底漆喷涂一致。

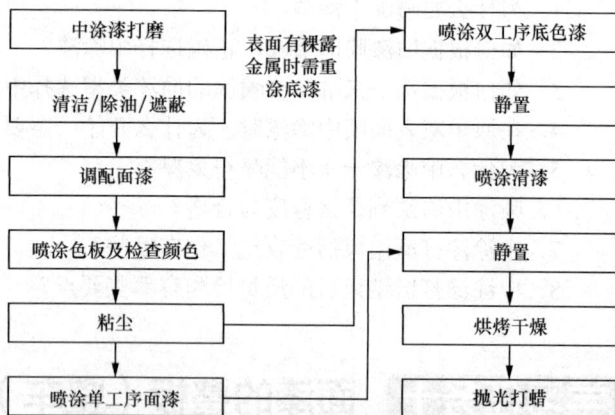

图 3-10-1 单工序/双工序面漆的喷涂工艺流程

2. 板件的准备

对于已经中涂漆打磨后的板块，通常要进行下列准备工作。

（1）用吸尘器或吹尘枪对需喷涂表面进行除尘处理。

（2）整板喷涂时，根据所喷涂的板件特点及需喷涂的面积确定遮蔽的位置，取合适的遮蔽纸进行遮盖。

（3）用粘尘布对待喷涂表面进行除尘处理。

（4）用擦拭纸蘸除油剂对表面进行除油处理。

3．喷涂前的检查

在开始喷涂作业之前，下列工作一定要做：一是检查全身车身外表有无覆盖遗漏之处；二是检查有无打磨作业和清洁作业没有进行完备之处；三是检查喷枪和干燥设备有无异常。

4．个人卫生

检查完毕之后，用肥皂清洗手上的油污，穿上防尘服，再用压缩空气清除黏附在衣服上的灰尘。

5．面漆准备

（1）解读涂料技术说明。喷涂汽车修补面漆前，应详细解读其使用说明，以便充分了解其喷涂的技术要求。PPG P420 系列 2K DG 单工序面漆技术说明见表 3-10-1。PPG P420 系列 2K BC 双（三）工序面漆技术说明见表 3-10-2。PPG 2K 双组分清漆技术说明见表 3-10-3。

表 3-10-1   **PPG P420 系列 2K DG 单工序面漆技术说明**

图标	工艺及要求	
	标准工艺	超快干工艺（仅适于板块修补）
	P420 系列　　　2 份 P210-938/939　1 份 P850-2K 稀释剂　5%～15%	P420 系列　　　2 份 P210-790　　　1 份 P850-2K 稀释剂　5%～15%
	2 个单层，层间闪干 5min	2 个单层或喷涂一个单层加一个双层，层间闪干约 5min
	烤干时金属温度 60℃ 30min 风干（20℃） 16h	烤干时金属温度 60℃ 20min 风干（20℃） 4h
	重涂：在烤干冷却之后 打蜡：建议在过夜干燥、固化之后	

表 3-10-2   **PPG P420 系列 2K BC 双（三）工序面漆技术说明**

图标	工艺及要求
	P422 系列　　　　　　1 份 P850-2K 稀释剂　　　1 份
	喷涂 2～3 个单层直至达到足够遮盖力 层间闪干 3～5min
	静置 10～20min 后方可做清漆喷涂
	在寒冷天气或施喷高银粉含量色漆时，为达到满意的漆膜性能，推荐按以下配比进行活化与稀释，应选用与之施喷的清漆所一致的固化剂： P422 系列　　　　8 份 2K 固化剂　　　　1 份 2K 稀释剂　　　　8 份

表 3-10-3   **PPG 2K 双组分清漆技术说明**

图标	工艺及要求	
	P190-6060 2K 清漆 P190-6060　　　　　2 份 P210-938/939/790　1 份 P850-2K 稀释剂　5%～10%	P190-588A 2K 全能清漆 P190-588A　　　　　2 份 P210-938/939/790　1 份 P850-2K 稀释剂　0%～10%

图标	工艺及要求		
⬜S	20℃时： DIN4 杯　17s 混合后使用寿命：3h（P210-938/939） 　　　　　　　2h（P210-790）	使用 P210–938/939 20℃时： DIN4 杯　14～16s 混合后使用寿命： 4～6h	使用 P210–790 20℃时： DIN4 杯 14～16s 混合后使用寿命： 2～4h
🚫	喷嘴设置： 重力式：1.3～1.5mm 吸力式：1.4～1.7mm 压　力：3.0～3.7bar	喷嘴设置： 重力式：1.3～1.4mm 吸力式：1.5～1.7mm 压　力：3.0～3.5bar	
🖌	2～3 个全湿单层	2～3 个全湿单层	
💨	层间闪干 5min，烘烤前无须静置	层间闪干 5～10min 烘烤前无须闪干	
⏱	使用 P210-938-939　　使用 P210-790 60℃ 30min　　　　　20min 70℃ 20min 可投入使用：冷却后	使用 P210-938/938 70℃　　20min 60℃　　30min 可投入使用：冷却后 风干（20℃）时： 不粘尘　　10～15min 指触干　　6h 可投入使用 16h	使用 P210-790 60℃　　15min 可投入使用：冷却后 风干（20℃）时： 不粘尘　　10min 指触干　　2h 可投入使用　4h
✋	若有尘点或者缺陷，用 P1500 或更细砂纸轻轻打磨	用 P1200 或更细的砂纸打磨尘点 用打磨亮丽蜡 P971-399 结合羊毛垫或超快蜡 P971-9000 进行机械或手工打磨砂纸痕及抛光	
包装	5L	5L	

从根本上讲，同一种涂料应以相同的稀释率涂装。夏季气温为 30℃，以黏度 14s 进行涂装；到了冬季，气温为 5℃时，就应以黏度 20s 进行涂装，所以应养成根据气温改变喷涂黏度的习惯。

（2）涂料过滤。调好颜色的涂料，用不低于 180 目的滤网（过滤漏斗等）过滤后装入喷枪（最多约 3/4 涂料杯）。

注意

底色漆和清漆各用一把喷枪。

三、单工序素色面漆整板喷涂

对于不同的种类素色漆，需用的喷涂方法也不一样。

1. 喷枪的调整

（1）根据涂料的说明调整喷涂气压。喷涂汽车修补面漆时，如选用 HVLP 喷枪，则喷涂气压为 1.2～1.5bar（0.12～0.15MPa）；若选用普通喷枪，则喷涂气压为 1.8～2.0bar（0.18～0.2MPa）。

（2）根据喷涂面积大小调整喷涂扇幅大小。通常做整板（整车）喷涂时，用全开扇幅。

（3）用雾形测试的方式调整供漆量。

2. 喷涂施工

（1）第一次喷涂（预喷涂）。

涂料黏度：标准（涂料制造商规定值，下同）；

空气压力：标准；

扇幅调节旋钮：全开；

涂料流量调节旋钮：1/2～2/3 开度；

喷枪距离：稍远；

喷枪运行速度：快。

以车身整体喷上一层雾的感觉，薄薄地预喷一层。喷这一层的目的是提高涂料与旧漆膜的附着力，同时确认有无排斥涂料的部位。如果有就在该部位稍加大气压喷涂，覆盖住涂料排斥部位。闪干时间不少于 5min。

（2）第二次喷涂（形成漆膜层）。

黏度：标准；

空气压力：标准；

扇幅调节旋钮：全开；

涂料流量调节旋钮：2/3～3/4 开度；

喷枪距离：标准；

喷枪运行速度：适当。

在该工序基本形成的漆膜层，要达到一定的膜厚。该工序要注意应尽可能喷厚一些，这是最终获得良好表面质量的基础，但同时要注意不能产生垂挂和流动，以此作为标准。闪干时间不少于 5min。

（3）第三次喷涂（表面色调和平整度的调整）。

黏度：标准（可稍微调小）；

空气压力：标准（可稍微调小）；

扇幅调节旋钮：全开；

涂料流量调节旋钮：全开；

喷枪距离：标准；

喷枪运行速度：适当。

第二次喷涂已形成了一定膜厚，第三次喷涂的主要目的是调整漆膜色调，同时要形成光泽。此次喷涂可适当加入清漆，有时为调整色调，要加入干燥速度慢的稀释剂。

素色漆一般喷涂 3 次，就能形成所需膜厚、光泽和色调。如果色调还不满意的话，可将涂料黏度调小，再修正喷涂一次。

以上喷涂层次为通常的喷涂要求，各涂料生产商生产的涂料不同，喷涂遍数要求也不尽相同。喷涂作业的先后顺序往往随操作者的习惯而定，但要注意漆雾的影响。在下排风的喷漆间整车喷涂时，通常先喷涂车顶，然后喷车后部，围绕车身一圈后再在车后部完成接缝的方法喷涂。如果由两名喷漆工共同操作，完成整车喷涂，效果会更好。但在喷涂金属面漆或珍珠面漆时，最好由一个人来操作，因为不同的操作手法可能会引起颜色的差异。图 3-10-2

为合理的整车喷涂顺序示意图。

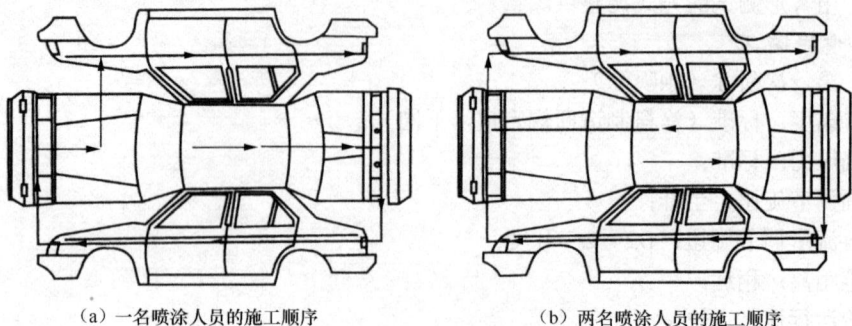

（a）一名喷涂人员的施工顺序　　　　　　（b）两名喷涂人员的施工顺序

图 3-10-2　合理的整车喷涂顺序

应用较多的另外一种喷涂顺序，如图 3-10-3 所示。首先从车顶开始，依次是右前门、右前翼子板、发动机罩、左前翼子板、左前门、左后门、左后翼子板、行李箱盖、右后翼子板、右后门。在喷涂右后门时可将右前门打开，能够防止漆雾粒子飞扬到已经略干的右前门漆面上，避免产生粗粒现象，但要提前做好车室内的防护工作。当然，整车喷涂顺序并不是固定不变的，重点是最大限度地避免边缘干燥过快或者在已经表面干燥的区域喷涂。所以如下的喷涂顺序也经常被采用：左车顶→右车顶→右后门→右前门→右前翼子板→发动机罩→前保险杠→左前翼子板→左前门→左后门→左后翼子板→行李箱盖→后保险杠→右后翼子板。

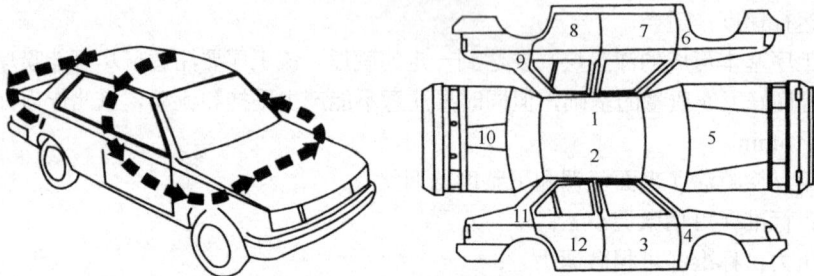

图 3-10-3　整车喷涂施工顺序

（4）闪干。面漆喷涂结束后，若采用烘干干燥，必须使漆膜有充分的闪干时间，以使漆膜中溶剂充分挥发，避免喷涂完毕后直接加温烘烤所造成的漆膜起热痱等缺陷。

涂料的种类不同，闪干时间要求也不同。通常闪干时间在 10～20min。具体数据以涂料技术说明书建议为准。

（5）清除遮蔽。喷涂工作完毕之后，遮蔽不喷涂部位的胶带和遮蔽纸的作用就已经完成，可以清除掉了。

清除遮蔽的工作不要等到加温烘干以后进行，因为加温后胶带上的胶质会溶解，与被粘贴表面结合得非常牢固，很难清除，而且会在被粘贴物上留下黏性的杂质。如果被遮蔽表面是良好的旧漆膜，由于胶中溶剂的作用还会留下永久性的痕迹，除非进行抛光处理否则将去除不掉；漆膜完全干燥后清除胶带还会引起胶带周围漆膜的剥落，造成不必要的修饰工作等。

遮蔽的清除工作应在喷涂完毕之后，静置 20min 左右的时间（涂料生产商建议的烘干前闪干时间），待漆膜稍稍干燥后即可。

清除工作应从涂层的边缘部位开始，绝不能从胶带中部穿过涂层揭开胶带。拆除动作应仔细缓慢，并且使胶带呈锐角均匀地离开表面，如图 3-10-4 所示。清除时要注意不要碰到刚刚喷涂过的地方，还应防止宽松的衣服蹭伤喷涂表面，因为这些表面尚未干透，碰到后会引起损伤，造成额外的工作。

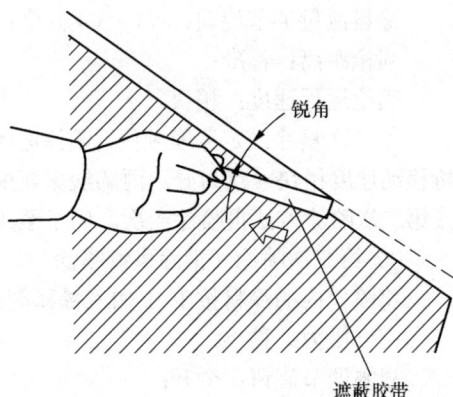

图 3-10-4 正确揭掉胶带的方法

（6）干燥。整板（整车）喷涂的干燥通常在喷烤漆房内进行。干燥设备有多种类型，如红外线、远红外线、热风等。不同设备的干燥方式也有所不同。因此干燥作业时的关键，就是如何根据干燥设备的特点，在不致产生气孔的前提下提高干燥速度。

素色面漆的干燥时间因使用的固化剂和采用的干燥方式不同而不同。

若使用快干型固化剂（929-71），常温（20℃）干燥需 6h；热空气升温（60℃）干燥需 20min；用短波红外线干燥需 7min；用中长波红外线干燥需 10min。

若使用中等干燥型固化剂（929-73），常温（20℃）干燥需 8h；热空气升温（60℃）干燥需 30min；用短波红外线干燥需 7min；用中长波红外线干燥需 10min。

若使用慢干型固化剂（929-74），常温（20℃）干燥需 10h；热空气升温（60℃）干燥需 35min；用短波红外线干燥需 7min；用中长波红外线干燥需 10min。

四、双工序金属漆整板喷涂

1. 喷枪的调整

同"单工序素色面漆整板喷涂"操作的喷枪调整方法，此处不再赘述。

2. 标准涂装工艺

（1）底色漆喷涂。

① 第一次喷涂（预喷涂）。

黏度：标准；

空气压力：标准；

扇幅调节旋钮：全开；

涂料流量调节旋钮：1/2～2/3 开度；

喷枪距离：稍远；

喷枪运行速度：快。

以喷雾感沿车身表面整体薄薄喷洒，既可提高涂料与底层或旧漆膜的亲和力，同时可确认有无排斥涂料现象。如果出现了排斥现象，就在有排斥现象的部位，提高喷射气压喷涂。闪干至少 5min。

② 第二次喷涂（决定色调）。

涂料黏度：标准；

空气压力：标准；

扇幅调节旋钮：全开；

涂料流量调节旋钮：2/3～3/4 开度；

喷枪距离：标准；

喷枪运行速度：稍快。

第二次喷涂决定漆膜颜色，喷涂时不必在意出现的喷涂斑纹和金属斑纹，单层喷涂，喷枪移动速度稍快一点为好。丙烯酸聚氨酯涂料遮盖力较强，一般喷两次即可，但有的色调需按第二次喷涂方法再喷涂一次。闪干至少 5min。

③ 第三次喷涂（消除斑纹喷涂）。

将喷枪内的涂料按 1：1 加入稀释剂混合；

空气压力：稍小；

扇幅调节旋钮：全开；

涂料流量调节旋钮：1/2～2/3 开度；

喷枪距离：稍远；

喷枪运行速度：快。

第三次喷涂是修正第二次喷涂形成的喷涂斑纹和金属斑纹，起到防止喷涂透明层时引起金属斑纹的作用。其目的是形成金属感，也有防止喷涂透明层时引起金属斑纹的作用。

原则上透明涂料和金属闪光瓷漆各占 50%，但随颜色不同多少有些变化。例如浅色彩时，透明涂料多一些，金属闪光瓷漆占 20%～30%，透明涂料占 70%～80%；银灰色和中等浓度色调，两种各占 50%，或者透明涂料稍多一些，占 60%。黏度为 12s 左右。

喷涂时，喷枪运行速度要快，与涂装表面保持稍远的距离，薄薄地喷涂一层，要完全消除金属斑纹。

在底色漆喷涂过程中，如果出现了过多的金属颗粒（轻度流挂），可用吸纸吸掉。

（2）闪干。在消除斑纹喷涂结束之后，要设置 10～15min 的中间间隔时间（按涂料生产商建议为准），使漆膜中的溶剂挥发。若用指尖轻轻触摸漆膜面，粘不上颜色，就可以进入透明层喷涂。设置中间间隔时间，是为了使金属闪光瓷漆涂料的溶剂尽可能挥发。建议闪干时间约 10min，至漆面呈亚光效果即可。

（3）喷涂清漆。

① 第一次喷涂（预喷涂）。

涂料黏度：标准；

空气压力：标准；

扇幅调节旋钮：全开；

涂料流量调节旋钮：2/3 开度；

喷枪距离：稍远；

喷枪运行速度：稍快。

第一次透明层喷涂不能太厚，一次喷涂太厚会引起金属颗粒排列被打乱所以要喷得薄。闪干至少 5min。

② 第二次喷涂（精加工喷涂）。

涂料黏度：标准；

空气压力：标准；

扇幅调节旋钮：全开；

涂料流量调节旋钮：全开或 3/4 开度；

喷枪距离：标准；

喷枪运行速度：普通或稍慢。

以第二次透明层的喷涂结束面漆喷涂工作，要边观察漆膜平整度边仔细喷涂。如果采用快速移动喷枪，往返两次覆盖，能得到很理想的表面色泽。尤其是在车顶、行李箱盖、发动机罩等，覆盖两次为好。

当表面平整度不好时，可以加入干燥速度慢的稀释剂进行修正，能获得好的加工质量。

③ 闪干。闪干时间约 20min。

（4）清除遮蔽材料。预留干燥时间，清除遮蔽材料，避免破坏新喷涂漆面。

（5）干燥。银粉漆的干燥方法和相关参数与素色漆相同，此处不再赘述。

3．经济型涂装工艺

（1）底色漆喷涂。

① 第一次喷涂（预喷涂）。

涂料黏度：比标准稍大；

空气压力：标准；

扇幅调节旋钮：全开；

涂料流量调节旋钮：1/2～2/3 开度；

喷枪距离：稍远；

喷枪运行速度：快。

整体平均薄薄地喷涂，以提高涂料与旧漆膜的亲和力。同时检查有无排斥涂料现象，有的话应提高气压喷涂。闪干 5min。

② 第二次喷涂（决定漆膜色彩）。

涂料黏度：比标准稍大；

空气压力：标准；

扇幅调节旋钮：全开；

涂料流量调节旋钮：3/4～全开；

喷枪距离：标准；

喷枪运行速度：稍快。

第二次喷涂决定漆膜色彩，要注意不要出现喷涂斑纹和金属斑纹。如果出现金属斑纹，应将喷枪距离加大，以喷雾的方法喷射进行修正。

丙烯酸聚氨酯覆盖力强，喷涂两次就能确定好色彩。如果色彩不好，可间隔 10～15min，再按第二次喷涂的方法，喷第三到第四次。

③ 闪干。闪干约 10min 至表面呈亚光。

（2）喷涂清漆。

① 第一次喷涂（预喷涂）。

涂料黏度：标准；

空气压力：标准；

扇幅调节旋钮：全开；

涂料流量调节旋钮：2/3～3/4 开度；

喷枪距离：稍远；

喷枪运行速度：稍快。

闪干约 5min。

② 第二次喷涂（精加工喷涂）。

涂料黏度：标准；

空气压力：标准；

扇幅调节旋钮：全开；

涂料流量调节旋钮：3/4 开度～全开；

喷枪距离：标准；

喷枪运行速度：普通或稍慢。

第二次透明层喷涂是精加工喷涂，要边观察漆膜的平整度边仔细喷涂，习惯了快速移动喷枪的，可以往返覆盖两层，以获得高质量的表面层；反过来，若移动速度过慢，就会产生垂挂现象。如果漆膜起皱，要加入干燥速度慢的稀释剂进行修正。

闪干 10～15min，清除遮蔽材料，并干燥。

以上喷涂层次为通常的金属漆喷涂要求，各涂料生产商生产的涂料不同，喷涂遍数要求也不尽相同。

五、三工序珍珠漆整板喷涂

1. 喷枪的调整
同"单工序素色面漆整板喷涂"操作的喷枪调整方法，此处不再赘述。

2. 涂装工艺
（1）喷涂底色漆。

① 第一次喷涂（预喷涂）。

涂料黏度：标准；

空气压力：标准；

扇幅调节旋钮：全开；

涂料流量调节旋钮：1/2～2/3 开度；

喷枪距离：稍远；

喷枪运行速度：快。

以车身整体喷上一层雾的感觉，薄薄地预喷一层。喷这一层的目的是提高涂料与旧漆膜的附着力，同时确认有无排斥涂料的部位。如果有就在该部位稍加大气压喷涂，覆盖住涂料排斥部位。闪干时间不少于 5min。

② 第二次喷涂（形成漆膜层）。

黏度：标准；

空气压力：标准；

扇幅调节旋钮：全开；

涂料流量调节旋钮：2/3～3/4 开度；

喷枪距离：标准；

喷枪运行速度：适当。

在该工序基本形成漆膜层，要达到一定的膜厚。该工序要注意尽可能喷厚一些，这是最终获得良好表面质量的基础，但同时要注意不能产生垂挂和流动，以此作为标准。闪干时间不少于 5min。

③ 第三次喷涂（表面色调和平整度的调整）。

黏度：标准（可稍微调小）；

空气压力：标准（可稍微调小）；

扇幅调节旋钮：全开；

涂料流量调节旋钮：全开；

喷枪距离：标准；

喷枪运行速度：适当。

第二次喷涂已形成了一定膜厚，第三次喷涂主要目的是调整漆膜色调，同时要形成光泽。此可适当加入 1K 树脂，因白珍珠的漆膜比较厚，为了不影响下次修补，可在白色底漆中适量加入固化剂，比例为 1 份白色底漆加 5%～10%的固化剂，可防止二次修补咬底问题，有时为调整色调，要加入干燥速度慢的稀释剂。

④ 闪干至亚光。设置 10～15min 的中间间隔时间（按涂料生产商建议为准），使漆膜中的溶剂挥发。若用指尖轻轻触摸漆膜面，粘不上颜色，就可以进入下道工序。

（2）喷涂珍珠效果层。

① 第一次喷涂（预喷涂）。

涂料黏度：标准；

空气压力：标准；

扇幅调节旋钮：全开；

涂料流量调节旋钮：1/2～2/3 开度；

喷枪距离：稍远；

喷枪运行速度：稍快；

喷幅重叠度：1/2。

该工序基本形成漆膜，并在白底表面薄薄地喷一层珍珠层。

闪干（闪干时间不少于 5min）后，用同样的方法再次喷涂第二层珍珠漆。同样闪干时间不少于 5min，然后对比试板或者相邻车身颜色是否一致、珍珠闪烁颗粒是否一致。如果不一致照此方法再次喷涂一遍，喷前根据颜色差异情况适当调整出气量。

② 注意事项。

a. 对比时，喷涂颜色要比车身颜色略白一点，因珍珠层过段时间后会自然变黄。

b. 喷涂珍珠漆前需与调色人员进行沟通，了解试板喷涂时的气压、距离、速度、出漆量和涂层具体参数，以免产生颜色差异。

c. 珍珠漆喷涂第二层后，每喷一层都必须进行颜色比对。

d. 喷涂试板和车身时都要按照涂料的要求参数进行喷涂，珍珠的厚度、颗粒闪烁度、颜色都会更一致。

e. 喷涂珍珠时不能采用湿喷方法或一次喷涂过厚，这样会导致漆面起花、珍珠堆积闪烁都过低、颜色差异等问题。

f. 喷涂珍珠层时，出漆量不宜过大，控制在 1/2～2/3，以免造成珍珠堆积，产生起花和闪烁度过低。

g. 喷涂珍珠层时，喷幅重叠 1/2 或无重叠喷涂，使喷涂漆面更均匀。

h. 喷枪距离稍远一些让珍珠漆雾更分散，颗粒闪烁更高。

i. 喷涂时气压为标准，气压过大珍珠颗粒比较干燥，面漆比较粗糙，颜色较暗容易起花；气压过小会使得珍珠不分散容易起花无闪烁感。

（3）喷涂清漆。

① 第一次喷涂（预喷涂）。

涂料黏度：标准；

空气压力：标准；

扇幅调节旋钮：全开；

涂料流量调节旋钮：2/3 开度；

喷枪距离：稍远；

喷枪运行速度：稍快。

第一次透明层喷涂不能太厚，第一次喷涂太厚会引起金属颗粒排列被打乱，所以要喷得薄。闪干至少 5min 至亚光。

② 第二次喷涂（精加喷涂）。

涂料黏度：标准；

空气压力：标准；

扇幅调节旋钮：全开；

涂料流量调节旋钮：全开或 3/4 开度；

喷枪距离：标准；

喷枪运行速度：普通或稍慢。

以第二次透明层的喷涂结束面漆喷涂工作，要边观察漆膜平整度边仔细喷涂。如果采用快速移动喷枪，往返两次覆盖，能得到很理想的表面色泽。尤其是在车顶、行李箱盖、发动机罩等，覆盖两次为好。

当表面平整度不好时，可以加入干燥速度慢的稀释剂进行修正，能获得好的加工质量。闪干 10～15min。

（4）清除贴护，干燥。因为清漆是最后一道喷涂工序，所以通常采用常温干燥，按技术说明在规定温度下干燥 30min 即可。

□ 任务总结 □

项目准备——喷涂前注意事项

在喷涂正式开始之前，还需要注意每次不同角度喷涂时，喷枪和板件都需要保持垂直

视频

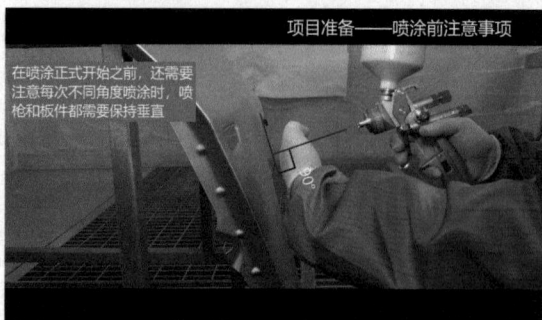

面漆的整板（整车）喷涂

1．概述

（1）面漆喷涂的常用手法：干喷、湿喷、湿碰湿、虚枪喷涂、雾化喷涂、带状涂装。

（2）单工序面漆施工流程：中涂漆打磨→清洁/除油/遮盖→调配面漆→喷涂色板及检查颜色→粘尘→喷涂单工序面漆→静置→烘烤干燥→抛光打蜡。

（3）双工序面漆施工流程：中涂漆打磨→清洁/除油/遮盖→调配面漆→喷涂色板及检查颜色→粘尘→检查（如有裸露金属时，需重喷底漆）→喷涂双工序底色漆→静置→喷涂清漆→静置烘烤干燥→抛光打蜡。

2．面漆喷涂准备工作

（1）佩戴好劳动保护用品。

（2）对车身进行除尘、去湿处理（视情况）、遮盖、除尘与除油工作。

（3）检查板件表面与喷涂设备。

（4）操作人员自我清洁。

（5）调制面漆。

（6）选择适合的喷枪，将调制好的涂料经过滤漏斗装入喷枪涂料杯内。

3．单工序素色漆整板喷涂

第一次喷涂（预喷涂）→第二次喷涂（形成漆膜层）→第三次喷涂（表面色调和平整度的调整）。

> **注意**
>
> 各涂料生产商生产的涂料不同，喷涂遍数要求也不尽相同。

4．双工序金属漆整板喷涂

（1）标准涂装工艺：第一次喷涂（底色漆）→第二次喷涂（底色漆）→第三次喷涂（底色漆）→闪干→第四次喷涂（清漆）→第五次喷涂（清漆）。

（2）经济型涂装工艺：第一次喷涂（底色漆）→第二次喷涂（底色漆）→闪干→第三次喷涂（清漆）→第四次喷涂（清漆）。

5．三工序珍珠漆整板喷涂

第一次喷涂（底色漆）→第二次喷涂（底色漆）→第三次喷涂（底色漆）→闪干至亚光→第四次喷涂（珍珠漆）→第五次喷涂（珍珠漆）→第六次喷涂（珍珠漆）→闪干→第八次喷涂（清漆）→第九次喷涂（清漆）。

□ 问题思考 □

1．说明汽车面漆喷涂的常用手法。

2．对于已经打磨完中涂漆的板块，喷面漆前，通常要进行哪些准备工作？

3．如何喷涂第一遍素色面漆？

4．请说明素色面漆整板的第三次喷涂的工艺参数设置。

5．为什么面漆烘烤干燥前必须有充分的闪干时间？闪干时间多少合适？

6．在清除表面遮蔽材料时，有哪些注意事项？

模块四
特种材料及其涂装工艺

塑料件认知

········□ 学习目标 □········

1. 能够正确描述塑料在汽车车身上的应用情况。
2. 能够正确描述塑料件涂装的特点。
3. 能够进行塑料件材料种类的鉴别。
4. 培养经受挫折的能力和创新、乐观向上的意识。

········□ 相关知识 □········

一、塑料的认知

随着材料科学的发展，以及对汽车轻量化的要求，汽车尤其是轿车，其外敷件已由传统的钢制件逐步发展到铝制件、塑料件等。因此，作为车身重要的外敷件，塑料件的涂装也成为涂装专业课程的重要部分。

塑料有很多的品种、型号和特性，其中有一个重要的分类特性就是其热塑性和热固性的属性。

1. 热塑性塑料

热塑性塑料：在材质成型后，还可以再通过加热使其软化或融化，在软化或融化状态下加工成型，冷却后形状固定，再次加热还可以重塑形状。

热塑性塑料主要有聚乙烯、聚丙烯、聚氯乙烯、聚苯乙烯、聚甲醛、聚碳酸酯、聚酰胺、丙烯酸类塑料、其他聚烯烃及其共聚物、聚砜、聚苯醚、氯化聚醚等。热塑性塑料中树脂分子链都是线型或带支链的结构，分子链之间无化学键产生，加热时软化流动，冷却变硬的过程是物理变化。

在生活中，常见的塑料管、塑料板、塑料绳以及承载不高的零件，如齿轮、轴承等，均为低压聚乙烯（PE）制造。而塑料薄膜、软管、塑料瓶以及电气工业的绝缘零件和包覆电缆等，均为高压聚乙烯制造。又如插座、插头、开关、电缆、凉鞋、雨衣、玩具、人造革等，就是由聚氯乙烯（PVC）材料所制成的。

2. 热固性塑料

热固性塑料：原料最后在加热过程中形成产品（材质及形状），一旦定形之后材质就无法改变。

热固性塑料的树脂固化前是线型或带支链的，固化后分子链之间形成化学键，成为三度的网状结构，不仅不能再熔解，在溶剂中也不能溶解。酚醛、脲醛、三聚氰胺甲醛、环氧树脂、不饱和聚酯、有机硅等塑料都是热固性塑料。

在实际生活中，我们常常可以看到很多非金属制品，其中很多是由各种类型的塑料制成的。如轴瓦、导向轮、无声齿轮、轴承及电工结构件、木质层压塑料件、适用于水润滑冷却的轴承及齿轮等，多由酚醛树脂（PF）制造。再如电话机、收音机、钟表外壳、开关插座及电气绝缘零件，多由氨基塑料制造。了解这些塑料的特性，不仅有助于汽车塑料涂装，也会帮助我们认识这些制品材料和特性。

二、塑料在汽车上的应用

1. 聚乙烯（PE）

PE 是一种耐酸，耐汽油、机油和油脂的热塑性塑料。即使在低温情况下，这种塑料也比较坚硬、刚度大且抗撞击。这种塑料通常应用于燃油箱和空气通道等处。

2. 聚丙烯（PP）

PP 是一种耐酸、耐汽油和机油的热塑性塑料。这种塑料不易破损且具有一定的抗撞击能力。保险杠饰板和车门槛外饰件多以该种塑料为原材料制作。

3. 聚酰胺（PA、PA66）

PA 是一种既耐高温又耐机油和汽油的热塑性塑料。这种塑料通常应用于进气装置、发动机盖板和气缸盖罩。

宝马 E63 的前侧围也由含有 66（PA66+PPE）的复合材料制成。这种复合材料具有突出的表面质量和较好的喷漆性能。这种塑料复合材料的一个小缺点是其具有吸收水分的特性。

4. 聚氨酯（PU）致密材料 / 泡沫材料

PU 是一种应用范围非常广的热塑性塑料。它可以作为致密材料用于黏结剂和密封剂，也可以作为泡沫材料用于坐垫和吸能部件。PU 具有消声特性。

5. 环氧树脂（EP）

EP 是一种在 135℃ 以下具有耐热变形能力且具有突出电气特性的热固性塑料。这种塑料应用于点火线圈和印制电路板等处，在跑车中也应用于支撑结构和传动元件。

6. 酚醛树脂（PF）

PF 具有突出的机械特性，其耐热温度达到 170℃。此外其还具有很好的防火特性。这种热固性塑料只能制成深色材料，主要应用于皮带轮、水泵壳体和进气装置。

7. 片状模塑料（SMC）

SMC 是一种带有二维玻璃纤维增强结构的扁平状反应性树脂。这是一种热固性塑料。SMC 部件的耐热温度达到 200℃，因此能够进行上线前喷漆。

宝马 E63 和 E64 的行李箱盖、E64 的折叠式车顶箱盖以及 Rolls-Royce 的前围板都由 SMC 制成。SMC 由不饱和树脂（UP）+30% 玻璃纤维构成。

汽车用的塑料外装件及材质列于表 4-1-1 中。

表 4-1-1　　　　　　　　　　　汽车用的塑料外装件和材质

适用部件		塑料材质种类（通用名称）
外装部件	前照灯罩	PMMA（丙烯酸树脂）
	前、后保险杠	RIM-PU、改性 PP、PC
	前面罩（水箱格栅）	ABS、ABS+电镀、PP、PC
	反光镜	ABS、PC
	门拉手支撑板	PA（尼龙）
	门拉手	PAG/GF（尼龙）、PC/PBT
	门槛护板	TPO、PP
	后阻流板	SMC、PPO/PA
	挡泥板	TPR
	后壁板	ABS
	轮罩	PC/ABC PPO、PPO/PA（GTX）、PP
	外部门拉手罩盖	EPDM（乙烯、丙烯）
外板	翼子板	PPO/PA（GTX）
	门板	PG/ABS

三、塑料件涂装的作用

尽管塑料制品不会生锈，易于着色，具有耐腐蚀性和一定的装饰性。但在其上涂布一层合适的涂料，可以延长它们的使用寿命，提高它们的各种性能，从而扩大它们的应用范围，提高经济效益。塑料件涂装的作用主要有以下 4 个方面。

（1）装饰作用。如汽车的保险杠和车身的外饰件等塑料件，经涂装后能达到轿车车身外观高装饰性的效果，且能同色化（无论是本色还是金属闪光色或珠光色）。

（2）保护作用。通过涂装提高塑料件的耐紫外线能力、耐溶剂性、耐化学药品性、耐光性等。

（3）特种功能。在塑料制品表面涂布特种功能涂料，可以将特种涂料的功能移植到塑料表面，扩大塑料的应用范围。例如苯乙烯、丙烯酸树脂和聚碳酸酯等透明塑料可以代替光学玻璃，做成各种光学制品，成本便宜，加工方便。但其硬度、耐磨性、耐划伤性不如玻璃，如涂布合适的特种涂料（如耐磨涂料、耐划伤涂料、抗反射涂料等、防结露涂料等）后，可用来制造眼镜、汽车玻璃等。

（4）轻量化。由于塑料的单位密度小于同类型的钢（铁）制品，因而降低了整车重量。

四、各种塑料底材与漆膜的附着性

按塑料与漆膜的附着性（结合力），可将塑料分为易附着、难附着和不附着 3 类。

（1）易附着塑料底材。如 ABS、PMMA 塑料，可不涂底漆处理，直接涂塑料用面漆涂料也能附着牢固。

（2）难附着塑料底材。如 RIM-PU、改性 PP，需进行特殊处理（包含涂专用底漆处理）才能附着。

（3）不附着塑料底材。如未改性的 PP 表面活性极差，不经铬酸处理那样的强力处理，底漆不能附着。

塑料件的成型加工方法、条件的不同也改变表面状态，影响漆膜的附着性。如注射成型比吹塑成型的附着力要好。

表 4-1-2 概括了漆膜附着性与塑料底材特性的关系。表面能高，易使涂料湿润、扩散，有利于漆膜的附着。溶剂亲和性高也有利于附着，可是亲和性过高会引起底材的溶剂开裂和变形，因此必须注意涂料用溶剂的选择。另外，软化点低，使涂料中的成分易浸透/扩散到底材的内部，对附着也有利。可是，软化点影响底材的热变形性和尺寸稳定性，必须注意涂装时烘干温度的设定。

表 4-1-2　　　　　　　　塑料底材的特性和漆膜的附着性

塑料底材的特性	漆膜的附着性	塑料底材的特性	漆膜的附着性
表面能（表面张力）	越高越好	软化点	低的情况好
极性（SP）	越高越好	溶剂亲和性	高的情况好
结晶性	越低越好		

塑料件涂装必须考虑底材特性，再认真选择涂料、稀释剂、烘干条件和表面处理工艺，并要充分把握住塑料底材变化动向，这点十分重要。

五、塑料件的涂装特点

塑料底材的表面能较金属底材低，涂料、漆膜不易附着；塑料的热变形温度低，因而涂料干燥固化的加热温度受限制；还有如脱模剂洗净不良和添加剂的渗出，导致涂料不能成膜的情况。所以塑料件的涂装需要特殊的工艺。

内用和外用塑料件涂装的不同点是：内用塑料件一般采用半光泽或完全无光泽涂装，方法是在涂料中加入一定比例的亚光剂；外用塑料件有的采用无光泽涂装，有的采用有光泽涂装，视具体情况而定。

硬性塑料和软性塑料件涂装的不同点是：由于软性塑料本身具有柔韧性，因此它所用的涂料基本上都是烘烤型弹性磁漆，所谓"弹性"是指涂层具有较大的柔韧性，类似弹性体、橡胶，可以弯曲、折叠、拉伸，还可以恢复到原来的尺寸和形状而不会被破坏。恢复方法就是用专用的涂料或在涂料中加入柔软剂。硬性塑料的涂装无特殊要求，一般可采用与钢板相同的涂装工艺，但采用塑料专用涂料会提高漆膜的性能。

六、塑料件涂装用材料

1. 塑料表面清洁剂

它的作用是清除塑料件表面的脱膜剂，增强对涂料的附着力。使用方法是：先用灰色菜瓜布（砂纸）打磨，彻底清洁塑料件的表面，再用以 1 份清洁剂与 2～4 份清水混合后的混合液清洁整板工件，然后用清水清洗干净，待工件完全干燥后才可喷涂塑料底漆。塑料表面清洁剂的溶解性适中，不会损伤塑料表面，而且抗静电。所以塑料工件不会因摩擦而产生静电，影响涂装。

2. 塑料亚光剂

为消除汽车内部塑料件一定比例的光泽而使其半光泽或完全无光泽，一般都采用不同光泽的涂料装饰。亚光剂通常也称为平光剂，有聚氨酯用和非聚氨酯用两大类，选用时务必注意区分。其使用方法是：将喷涂面漆后的塑料件的光泽与原车的光泽作比较，以决定是否需要用亚光剂，如果需要的话，先在面漆中加入亚光剂，然后搅拌均匀，并作喷涂样板对比试验，在认为光泽达到一致时可正式喷涂施工。单层涂装消光，直接将亚光剂加入漆中即可；而双层涂装的消光，亚光剂不可加在色漆内，需添加在清漆内。

3. PVC 表面调整剂

它的作用是对 PVC 表面进行处理，使其有利于重涂。它由强溶剂配制而成，具有强烈的渗透性，而且能够软化 PVC 表面并产生轻微的溶胀。这样，涂装时修补涂料就能很容易地渗透进入塑料表面，这就是人们所说的"锚链效应"。它可以大大提高涂料对基材的附着力。

4. 汽车塑料件用底漆

（1）软性塑料件。大多数塑料件用底漆都要求在底漆中加入柔软剂（各生产厂均有与塑料面漆的配套产品），可使漆膜柔软、有韧性、不开裂。聚丙烯塑料件是一种难粘、难涂的材料，要使用专用底漆，以增加它的附着力，同时面漆中也要加入柔软剂，否则很容易脱皮。

（2）硬性塑料件。硬性塑料件的涂装通常不需要底漆，因为涂料在这类塑料制品上的附着力很好。但有些涂料生产厂仍然建议在涂面漆前使用推荐的溶剂彻底清洗塑料件，并对要涂装部位用 P400 砂纸打磨，再喷涂合适的丙烯酸色漆、丙烯酸磁漆、聚氨酯漆，或底色漆加透明清漆。喷涂模压塑料板材时，需要使用底漆和中涂漆。

5. 涂料

汽车外部零部件如保险杠、挡泥板以及车门的镶边等塑料件所选择的涂料，最突出的要求是耐候性，另外也要求能够有较好的耐介质性和耐磨性。这类涂料多为丙烯酸聚氨酯涂料、聚酯-聚氨酯涂料、热塑性丙烯酸涂料等；汽车内部用塑料如仪表板、控制手柄、冷藏箱、各种把手、工具箱等，常用涂料为热塑性丙烯酸、改性环氧树脂、聚氨酯以及有机硅涂料等。

七、常用塑料种类的鉴别

在进行塑料件的维修涂装时，必须弄清塑料件的种类，以便确定维修方法和选用的涂料。不同的塑料适合的底漆类型是不同的，见表 4-1-3。

表 4-1-3　　　　　　　　　　不同塑料适合的底漆

底漆	塑料种类
适用于 PO 底漆的塑料底材	PP、PP/EPM、PP/EPDM、TP0
适用于普通塑料底漆的塑料底材	SMC、PPD、BMC、PA、GFK、HP-Alloy、PC、PUR、PP/EPDM、PBT、PP/EPM、TPV、ABS

常用的塑料件鉴别方法有以下几种。

1. 查找塑料件的标识

采用 ISO 识别码确认。在正规的塑料件制造厂生产的塑料件上（一般在背面），用 ISO 国际鉴别符号标识塑料件的品种。

2. 手册查找法

无 ISO 标识码时，可找车身维修手册，手册中可列出专用塑料的品种，手册资料要与车相符。

3. 浮力试验

在部件的背面切一片塑料，确认该部件上没有油漆、脱模剂或任何其他涂料，将这一小片塑料丢进一杯水中。假如塑料片沉入水底，表明它可以用普通塑料底漆，如图 4-1-1 所示；假如塑料片浮在水面上，表明它适用 PO 塑料底漆，如图 4-1-2 所示。

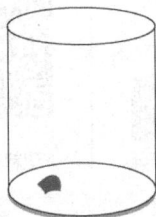

图 4-1-1　塑料片沉底　　　　　　　图 4-1-2　塑料片浮于水面

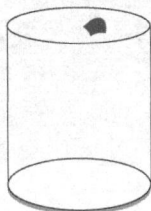

4. 燃烧试验

在部件的背面切一片塑料，确认该部件上没有油漆、脱模剂或任何其他涂料，在允许明火燃烧处，用镊子夹住塑料片的一端在火上燃烧。假如燃烧时随即产生黑色浓烟，表明它可以用普通塑料底漆，如图 4-1-3 所示；假如燃烧时发出轻的白烟，表明它适用 PO 塑料底漆，如图 4-1-4 所示。

图 4-1-3　燃烧发出黑色浓烟　　　　　图 4-1-4　燃烧发出白烟

5. 焊接确认法

一般塑料焊条有 6 种左右，每种焊条均有标识塑料品种。选择一种塑料焊条，试着焊接待确定的塑料件，如果能够使塑料件焊接良好，则可认为该焊条的材料与塑料件的材料相同。

6. 特殊简易鉴别法

（1）用手敲击保险杠内侧，PU 塑料发出较微弱的声音，PP 塑料则发出较清脆的声音。

（2）用白粉笔写在塑料件内侧，PU 塑料上的字迹 30s 内擦不掉，PP 塑料件上的字迹 30s 后可擦掉。

（3）用砂纸打磨塑料件内侧，PU 塑料没有粉末，PP 塑料有粉末。

7. 挠性测试法

将修理用的塑料制成试件，并与损坏的塑料件共同进行弯曲测试。一般热固性塑料在弯折后不能恢复形状，而热塑性塑料弹性较好可以恢复形状。当挠性相同时，两者材料类型相同，该试件的塑料就可以用来修理损坏的塑料件，反之就要再换塑料试件，直到两者挠性相同为止。

□ 任务总结 □

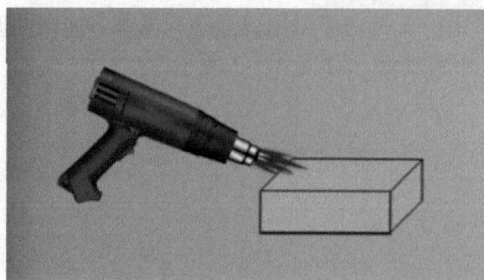

视频

塑料件认知

1. 塑料认知
塑料通常可分为热塑性塑料（可重塑）和热固性塑料（变形不可恢复）两种。

2. 塑料在汽车上的应用
（1）聚乙烯（PE）：应用于燃油箱和空气通道等处。

（2）聚丙烯（PP）：应用于保险杠饰板和车门槛外饰件等处。

（3）聚酰胺（PA、PA66）：应用于进气装置、发动机盖板和气缸盖罩。

（4）聚氨酯（PU）致密材料/泡沫材料：可以作为致密材料用于黏结剂和密封剂，也可以作为泡沫材料用于坐垫和吸能部件。

（5）环氧树脂（EP）：应用于点火线圈和印制电路板等处，在跑车中也应用于支撑结构和传动元件。

（6）酚醛树脂（PF）：主要应用于皮带轮、水泵壳体和进气装置。

（7）片状模塑料（SMC）：应用于行李箱盖、折叠式车顶箱盖、前围板等。

3. 塑料件涂装的作用
塑料件涂装可起到装饰和保护的作用。

4. 各种塑料底材与涂膜的附着性
（1）分类。按塑料与涂膜的附着性（结合力），可将塑料分为易附着、难附着和不附着3类。

（2）各类型塑料涂装特点。

① 易附着塑料底材：可不涂底漆处理，直接涂塑料用面漆。

② 难附着塑料底材：需进行特殊处理。

③ 不附着塑料底材：需经强力处理。

5. 塑料件涂装特点
（1）涂料、涂膜不易附着。

（2）涂料干燥固化的加热温度受限制。

（3）有时有脱模剂洗净不良和添加剂的渗出，导致涂料不能成膜的情况。

（4）内用和外用塑料件涂装的不同点。内用塑料件一般采用半光泽或完全无光泽涂装；外用塑料件有的采用无光泽涂装，有的采用有光泽涂装。

（5）硬性塑料和软性塑料件涂装的不同点：软性塑料所用的涂料基本上都是烘烤型弹性磁漆（专用涂料或在涂料中加入柔软剂）；硬性塑料一般可采用与钢板相同的涂装工艺，但采用塑料专用涂料会提高漆膜的性能。

6. 塑料件涂装用材料

（1）塑料表面清洁剂：清除塑料件表面的脱膜剂，增强对涂料的附着力。

（2）塑料亚光剂：消除汽车内部塑料件一定比例的光泽。

（3）PVC 表面调整剂：对 PVC 表面进行处理，使其有利于重涂。

（4）汽车塑料件用底漆：喷涂软性塑料件时，大多数都要求在底漆中加入柔软剂或使用专用底漆。

7. 常用塑料种类鉴别方法

方法有查找塑料件的标识、手册查找法、浮力试验、燃烧试验、焊接确认法、特殊简易鉴别法、挠性测试法。

❏ 问题思考 ❏

1．为什么塑料件表面也需要涂装？

2．对于不同附着性的塑料，应如何处理以满足喷涂中涂漆/面漆的需要？

3．对于软、硬两种类型的塑料，涂装方式的主要差别有哪些？

4．如何用特殊简易鉴别法鉴别塑料类型？

学习任务二 塑料件涂装

❏ 学习目标 ❏

1．能够正确进行车身硬性塑料件的涂装。

2．能够正确进行车身软性塑料件的涂装。

3．能够进行塑料件亚光效果面漆的涂装。

4．能够进行塑料件纹理效果面漆的涂装。

❏ 相关知识 ❏

一、概述

塑料在汽车上的应用越来越多，很多的外覆盖件也用塑料制造，如保险杠（面罩）、散热器面罩（中网）、后背门等。图 4-2-1 所示为汽车的保险杠面罩（塑料件）的漆面出现损伤，需要修复。由于塑料材料自身的特点，修复工艺与钢板有较大差别。

二、硬性塑料件的涂装

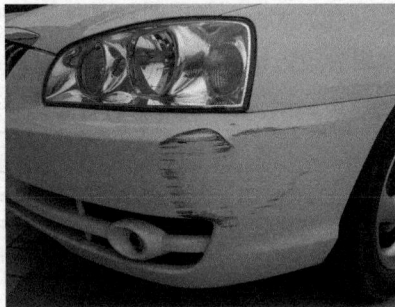

图 4-2-1 保险杠面罩漆面损伤的汽车

硬性塑料件如硬性或刚性 ABS 塑料件及 GRP/SMC 等（多为热固性）通常不需要用底漆、中涂漆或封闭底漆，喷涂热塑性丙烯酸面漆就可获得满意的效果，但有时厂家或涂料制造商仍建议使用底漆，以提高涂装效果。下面以用 PPG

漆涂装 GRP/SMC 为例，说明具体涂装工艺。

1. 表面处理

下面以用 PPG 汽车修补漆涂装 PP 塑料件为例，说明具体涂装工艺。PPG 汽车修补漆要求的 PP 塑料件表面处理工艺，如图 4-2-2 所示。

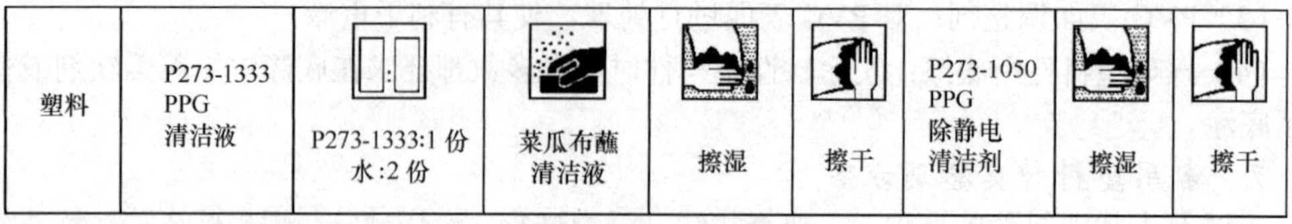

塑料	P273-1333 PPG 清洁液	P273-1333:1 份 水:2 份	菜瓜布蘸清洁液	擦湿	擦干	P273-1050 PPG 除静电清洁剂	擦湿	擦干

图 4-2-2　PPG 汽车修补漆要求的 PP 塑料件表面处理工艺

2. 施涂原子灰

（1）原子灰的选择。PPG A652 柔性聚酯原子灰，专用于塑料表面，对塑料有良好的附着力及高抗冲击能力。

（2）原子灰施工。选好原子灰后即按其技术说明规定进行原子灰的施工。对该种原子灰施工包括以下步骤和技术要求。

① 混合原子灰。根据温度按 1.5%～3% 的比例，在原子灰中加入固化剂，搅拌均匀。

② 按正确的刮涂方法将原子灰刮涂于需修补表面（包括有损伤区域和无损伤区域，范围与钢制材料基本相同）。

③ 在 20℃ 的温度条件下，干燥 30min。

④ 用 P80 砂纸打磨，后换用 P120 砂纸打磨。

⑤ 施涂打磨指导层（涂碳粉）。

⑥ 用 P240 砂纸打磨平整。

⑦ 最后用 P320 砂纸打磨整个表面（包括旧漆膜）。

3. 底漆施工

（1）PPG 自流平底漆（P565-5601/5/7）可直接喷涂于做好预处理且干净的塑料件上：如 ABS、NORYL、PC/PBT、LEXAN、PUR、SMC 和已经涂装原厂塑料底漆并打磨好的保险杠上；聚氨酯发酵泡沫塑料（PUR）P565-5601/5/7+P100-2020，先按 2:1 混合，再加入 30%～40% 稀释剂施涂 2 层，置干 20min。

（2）大面积的裸塑材或磨损的保险杠（如 PP、TPO、PP/EPDM），需先薄喷一层 PPG 单组分塑料黏附底漆（P572-2001），闪干 10min 后再喷涂自流平底漆，见表 4-2-1。

表 4-2-1　　　　PPG 单组分塑料黏附底漆（P572-2001）的技术说明

项目	工艺及要求
底材	适用于除以下类别外的塑料件： • 某些不适合喷漆的塑料件，如聚乙烯（PE） • 溶剂敏感的底材，如聚苯乙烯（PS）
 ▮▮▮	不用稀释，直接使用
 🔫	喷嘴口径：1.3～1.5mm 压力：2.7～3.3bar

项目	工艺及要求
	1 个双层
	风干（20℃）：10min
重涂	可直接喷涂 NEXA Autocolor® 中涂漆或面漆或 Aquabase® Plus 底色漆
包装	1L

4. 面漆施工

（1）面漆的选择。根据涂装的需要，可选择素色漆、金属色漆（配套清漆）或水性漆（配套清漆）。

（2）面漆的调制。根据所选择面漆种类和特性，参见相关产品说明书进行调制。表 4-2-2 为面漆调制说明（以 PVC、TPO+橡胶材料设定）。

表 4-2-2 面漆调制说明

图标	工艺及要求		
		柔软塑料	非常柔软塑料*
	2K 面漆、2K 清漆或双组分底漆	5 份	2 份
	柔软添加剂 P100-2020	1 份	1 份
			*例如 PVC、TPO+橡胶
	然后按照常规比例添加固化剂和稀释剂（参见相关的产品说明书）		

注意：在 2K 面漆、2K 清漆和双组分底漆中添加 P100-2020 会延长干燥时间。

（3）喷涂施工。对板件进行遮蔽与清洁后，即可按施工要求进行喷涂（根据涂料生产商的建议），用漆量以达到遮盖效果为度，不要太多，以防失去纹理效果。具体方法参阅本书模块五"汽车涂装修补技术及工艺"部分内容。

（4）面漆喷涂。对板件进行遮蔽与清洁后，即可按施工要求和规范进行喷涂。

（5）干燥。喷涂完成，可采用常温风干约 10h，或升温干燥 50min（约为 60℃）。

三、软性塑料件的涂装

软性塑料（多为热塑性塑料）在车外部和内部均有应用，通常汽车保险杠多用软性塑料制作（如 PP）。

对于软性塑料的修补施工最好采用全修补，这是因为整板进行打磨、清洗后对涂料的附着力极为有利。

下面以用 PPG 漆涂装 PP 塑料为例，说明具体涂装工艺。

1. 表面处理

（1）首先用专用塑料清洁剂对表面清洁一次。

（2）如有损坏部位（这里所指损伤是指在涂装范围内可以覆盖的情况。如出现明显裂纹，或深度>3mm 的损伤点时，需事先进行修复处理），用 P80 砂纸打磨并逐步过渡至 P500，然后对整个需喷涂面漆的表面用菜瓜布打磨。

（3）用专用塑料清洁剂再次清洁并擦干。

（4）对于发泡的聚氨酯（PU）或聚酰胺（PA），必须在60℃下加热1h以使水分和脱模剂彻底清除。

（5）最后用湿润的布擦拭整个表面。

2. 施涂原子灰

多数涂料供应商生产的专用塑料原子灰均能适用软性、硬性两种塑料，故此处仍可选择PPGA652塑料原子灰。其涂装方法与硬性塑料件涂装相同。

3. 底漆施工

（1）底漆选择。对于PP塑料，可选择PPG单组分塑料底漆。

（2）施涂底漆。严格按照PPG单组分塑料底漆的技术说明，对该种底漆施工以下步骤及技术要求。

① 搅拌。使用时首先充分摇动手喷罐（约2min），以获得均匀的成分。

② 摇动均匀后，直接喷涂1～2层，总膜厚为5～10μm。

③ 闪干。常温下闪干15min。

4. 中涂漆施工

（1）中涂漆的选择。在塑料底漆的表面，可选择高浓系列填充底/中涂漆。

（2）中涂漆的调制。调制PPG高浓可调色中涂漆包括以下步骤和技术要求。

① 确定中涂漆用量。根据估算出的需涂装表面积，即可确定涂料的用量。

② 将中涂漆系列色母（素色漆色母，其具体色母型号取决于面漆（素色漆或金属漆的颜色），规定的比例混合，搅拌均匀，制成可调的中涂漆。

③ 将调好色的中涂漆按规定比例加入固化剂和稀释剂，搅拌均匀。最终的黏度为18～20s。

（3）中涂漆喷涂。

① 选用HVLP喷枪，口径为1.7～1.9mm（或兼容喷枪，口径为1.6～1.8mm）。

② 调整喷涂气压为2.0bar（0.2MPa）喷涂中涂漆。喷2层，总膜厚达到40～60μm。

（4）干燥。可选择下列方法之一。

① 常温干燥4h。

② 升温烘烤60℃，时间为30min。

③ 短波红外线烘烤8min。

④ 中波红外线烘烤10～15min。

（5）打磨。可选择下列方法之一。

① 用P800砂纸手工湿打磨。

② 用轨道式打磨机，P400砂纸打磨。

（6）清理。若采用手工湿打磨，应做去湿处理，然后进行清洁；若采用干磨，先用压缩空气吹除粉尘，然后用粘尘布除尘，最后除油。

提示

若对该中涂漆的工艺参数进行适当调整，即可作为湿碰湿型中涂漆（免打磨）。

5. 面漆施工

（1）面漆的选择。根据涂装的需要，可选择素色漆、金属色漆（配套清漆）或水性漆（配套清漆）。

（2）面漆的调制。

① 参照油漆供应商供应的色卡以及汽车厂商提供的颜色标号，使用符合规范的面漆进行调色。

② 如果面漆为素色漆（2K 型），此时应在调好色的涂料（色浆）中按规定的比例加入柔软添加剂，然后按规定的比例加入固化剂和稀释剂，搅拌均匀。

③ 如果面漆为金属漆。此时应将所选的清漆按规定的比例加入柔软添加剂，搅拌均匀，然后按规定的比例加入固化剂和稀释剂，搅拌均匀。

（3）面漆喷涂。对板件进行遮蔽与清洁后，即可按施工要求进行喷涂。例如，PPG 系列 2K 型面漆的具体喷涂参数为：HVLP 喷枪，口径为 1.3mm，气压为 2bar（0.2MPa），喷涂层数为 2 层，总膜厚为 50～70μm，常温干燥 16h（或升温干燥 40min，温度为 60℃）。

如果车身修理时，更换了新的塑料板件，通常板件表面已涂装了原厂底漆。对于这类塑料板件的涂装，需根据板件原厂底漆的耐溶剂情况进行不同的处理。需参照相关技术资料。

四、塑料件亚光、纹理效果面漆涂装

1. 亚光效果面漆的涂装

（1）定义。亚光效果即使漆膜的光泽度降低后的效果。例如涂装仪表台时，为了防止强光泽引起的反光眩目，而采用亚光效果涂装。

（2）方法。为获得亚光效果，主要方法是在面漆（素色漆）或清漆（金属漆）中加入减光剂。亚光效果有半光、绸缎光和丝光等不同的形式，主要区别是减光剂加入的比例不同。

（3）亚光效果面漆的调制。

PPG 2K 减光剂（P565-554）的技术说明，见表 4-2-3。

表 4-2-3   **PPG 2K 减光剂（P565-554）的技术说明**

使用方式			注意事项
使用范围： P420-2K 素色漆 P190-2K 清漆 *用量：参考颜色配方或以下配比			
	半亚光	全亚光	
P420/2K 清漆	2 份	2 份	*建议根据实际光泽度要求调整配方
减光剂	1.5 份	3 份	
按常规比例添加固化剂和稀释剂 喷涂：请参阅产品 PDS			

2. 纹理效果面漆的涂装

（1）定义。在汽车内饰塑料件表面上用涂料制成的纹理结构称为纹理效果。

（2）要求。在修复的塑料件上做出纹理时，新纹理不一定要与原来的一模一样，但纹理的粗细程度必须与原来的一样。

（3）方法。为获得纹理效果，主要的方法是在 DG 面漆中加入纹理添加剂。

PPG 幼粒珠纹底漆（P565-660）和粗粒珠纹底漆（P565-768）的技术说明，见表 4-2-4。

表 4-2-4　　PPG 幼粒珠纹底漆（P565-660）和粗粒珠纹底漆（P565-768）技术说明

使用方式	注意事项
1. 参照保险杠的颜色配方在 DG 面漆中添加珠纹底漆 2. 混合面漆按照 DG 面漆常规比例添加固化剂和稀释剂 3. 喷涂 3 层，层间静置 10min	1. 在珠纹 2K 色漆中无须添加柔软剂 2. 喷涂珠纹色漆时不用滤网过滤 3. 喷涂时参照原漆膜珠纹排列

▫ 任务总结 ▫

1．塑料件涂装特点

漆膜不易附着，加热温度受限制，易产生涂料不能成膜的情况，涂装需要特殊的工艺。

2．硬性塑料件涂装

（1）涂装特点：通常不需要用底漆、中涂漆或封闭底漆，喷涂热塑性丙烯酸面漆即可。

（2）表面处理项目。

① 用专用塑料清洁剂对表面清洁一次，擦干。

② 对整个表面用 P240 砂纸打磨。

③ 用专用塑料清洁剂再次清洁并擦干。

（3）原子灰的选择：应首选塑料用原子灰，也可选用用于钢板的原子灰。

（4）底漆的选择：通常选用填充底漆。

（5）面漆的选择：主要参考的是与填充底漆（或中涂漆）及清漆的配套性，而无须考虑塑料的材质。根据涂装的需要，可选择素色漆、金属色漆或水性漆。

3．软性塑料件涂装

（1）采用全修补涂装方式。

（2）材料使用专用塑料原子灰。

（3）底漆要求使用塑料底漆。

（4）中涂漆打磨。可选择下列方法之一。

① 用 P800 砂纸手工湿打磨。

② 用轨道式打磨机、P400 砂纸打磨。

（5）面漆的选择：根据涂装及原色的需要，可选择素色漆、金属色漆（配套清漆）或水性漆（配套清漆）。

（6）面漆的调配：必须添加柔软剂。

4. 亚光效果面漆涂装

（1）定义：亚光效果即使漆膜的光泽度降低后的效果。

（2）方法：在面漆（素色漆）或清漆（金属漆）中加入亚光剂。

（3）亚光效果类型：有半光、绸缎光和丝光等不同的形式，主要区别是亚光剂加入的比例不同。

（4）如为制作亚光效果而使用亚光剂，则无须再使用柔软剂。

5. 纹理效果面漆涂装

（1）定义：在汽车内饰塑料件表面上用涂料制成的纹理结构称为纹理效果。

（2）要求：在修复的塑料件上做出纹理时，新纹理不一定要与原来的一模一样，但纹理的粗细程度必须与原来的一样。

（3）方法：在面漆（素色漆）或清漆（金属漆）中加入纹理添加剂。

□ 问题思考 □

1. 塑料件涂装有哪些特点？
2. 硬性塑料件涂装与钢板涂装的主要差别有哪些？
3. 对于硬性塑料件的涂装，如何选择原子灰、底漆和面漆？
4. 在喷涂面漆时，软性塑料件和硬性塑料件的差别是什么？
5. 什么是亚光效果面漆？获得亚光效果的方法是什么？
6. 什么是纹理效果面漆？获得纹理效果的方法是什么？

学习任务三 水性漆涂装

□ 学习目标 □

1. 能够正确描述水性漆的特点。
2. 能够掌握水性漆的分类及其用途。
3. 能够正确描述水性漆的施工特点。
4. 能够简单说明水性漆涂装对喷烤漆房的要求。
5. 能够正确进行水性漆的涂装。

□ 相关知识 □

一、水性漆简介

1. 定义

水性漆就是以水为稀释剂的汽车涂料。

由于没有有机溶剂，所以水性漆的环保性能明显提高。由于环境污染影响和世界环保法规越来越严格的要求，水性漆得到快速的发展，各大汽车涂料生产商均在加紧研制水性漆。目前常用的为水性底色漆，如 PPG 公司生产的"Aquabase® Plus"水性底色漆等，如图 4-3-1 所示。

Aquabase® Plus 水性底色漆

产品特性

Aquabase® Plus 是一套高性能的水性底色漆系统，能显著地减少 VOC 的排放量，顺应当今各项环保法规的要求。

Aquabase® Plus 作为整套产品配套的一部分能充分满足底色漆的调色要求，提供包括金属漆、珍珠漆、纯底色漆以及特殊效果面漆在内的不同色彩效果

图 4-3-1　PPG 水性底色漆

因水性漆有其独特的特点，在涂装时与溶剂型漆的工艺会有所差别。

2. 水性漆的优点

（1）以水作溶剂，不仅可节省大量资源，还消除了施工时火灾危险性，降低了对大气的污染；仅采用少量低毒性醇醚类有机溶剂，改善了作业环境条件。

（2）水性涂料在湿表面和潮湿环境中可以直接涂覆施工；对材质表面适应性好，涂层附着力强。

（3）涂装工具可用水清洗，大大减少了清洗溶剂的消耗，并有效减少对施工人员的伤害。

（4）漆膜均匀、平整；展平性好；内腔、焊缝、棱角、棱边部位都能涂上一定厚度的漆膜，有很好的防护性。电泳漆膜有很强的耐腐蚀性。

3. 水性漆性能

水性漆虽然具有较多的优点，但也存在着一定的不足。因此，了解其性能，对于采用水性漆的涂装具有重要的意义。

（1）对涂装表面清洁度要求高。首先水性漆对施工过程中及材质表面清洁度要求高，因水的表面张力大，污物易使漆膜产生缩孔。

（2）颜料分散性差。水性漆属于聚合物分散体系，颜料分散性不是很好，树脂分子呈绕线团形的圆粒子状，这意味着分散粒子难吸附在颜料表面上。涂装所形成的漆膜初期的光泽鲜艳性好，而在室外暴露时的光泽保持率差，其原因就是水性树脂分子吸着在颜料表面上有一定的问题。因此，水性漆膜保持颜色能力较弱。

（3）表面张力大。水的表面张力大，故水性漆的表面张力也较大，在施工过程中要加强管理，否则涂装时易产生下列缺陷和漆膜弊病。

① 易流挂。

② 展平性不好。

③ 易产生缩孔、针孔。

④ 不易伸入被涂物表面的小细缝中。

⑤ 不易消泡。

（4）蒸发热和热容值高，受温度、湿度的影响大。水的高蒸发热和热容值使水性漆中的水蒸发慢。溶剂型漆中溶剂总量的 50%在喷涂雾化过程中挥发掉，而对于水性漆仅为 25%。水蒸发慢在涂装时易产生流挂，因此，需设置中间加热区将水从水性底漆涂层中强制挥发出去。在喷涂清漆前必须把 90%的水从水性底漆涂层中除掉（防止在最终烘烤时沸腾的水穿过清漆挥发出来）以获得最佳的漆膜外观，从而避免水性底漆被清漆返溶。在喷涂金属闪光底色漆时，各层间的晾干时间较长，延长整个涂装时间而使作业效率变差。如采用烘烤方式，由于水的蒸发潜热大，烘烤温度要求高，能量消耗大。而沸点高的有机助溶剂等在烘烤时产生很多油烟，凝结后滴于漆膜表面影响外观。

水的蒸发速率与相对湿度密切相关，相对湿度高时，水的蒸发速率很低。因此，喷漆房的相对湿度和温度必须控制在一定范围内，以确保喷漆雾化过程中适量的水挥发掉，并且使水和有机溶剂在漆膜中保持适当平衡。这个适当的平衡是很重要的，它可使涂料有合适的表面张力以润湿喷涂表面。

（5）导电性好。水的介电常数大，因此水性漆的导电性好，一般水性漆的电阻小于 0.1MΩ，而溶剂型漆有一定的电阻，为 0.5～20MΩ。水性漆的导电性好，当采用静电喷涂时有特殊要求。

（6）腐蚀性大。水性漆含有大量水，因而对容器、输送管路、喷漆房室体等易受潮部位有腐蚀性，需用不锈钢或塑料制品。

（7）流变行为。流体黏度随剪切率的增加而减少时称为假塑性流体。假塑性流体的流变行为与其流变所走路径有关，也就是对时间有依赖，故也称之为触变性流体。基于水性漆的特性，用流杯测量黏度值不具有重现性，只有用旋转黏度计测出包括低剪切速率下和高剪切速率下的数据点完整流变曲线才能给出水性漆流变行为的完整特性。

4. 常用水性修补涂料

（1）双组分水性防腐底漆。双组分水性防腐底漆，可涂装在铁板、镀锌钢板、铝材上。作为 1K 填充中涂漆下的防腐底漆和附着底漆，也可以作为在磨穿处上的底漆，表面上可以直接喷涂水性底色漆。

从表 4-3-1 中可以看出，水性底漆与普通底漆（溶剂型）涂装的主要区别在于涂料的配套性，即 PPG 水性底漆应与专用的固化剂及稀释剂配套使用。

表 4-3-1　　　　　　　　　　　PPG 水性底漆技术说明

操作项目	技术要求	技术数据	
		用于防腐或附着底漆	用于磨穿处，直接喷面漆
混合比例： 1∶1∶30% （体积比）	70-2 水性底漆	10 份	10 份
	270-2 配套固化剂	10 份	10 份
	90-VE 配套稀释剂	3 份	3 份
喷涂黏度	DIN4 在 20℃时	16s	16s
活化时间	在 20℃时	5h	5h
喷枪	重力式 HVPL3 mm	0.2～0.3MPa（喷嘴处）	
喷涂层	薄层	2 层	2 层，向周边小范围渐淡喷涂
膜厚	遮盖	20～25μm	大约 20μm
闪干时间	在 20℃时		大约 10min 至亚光

续表

操作项目	技术要求	技术数据	
		用于防腐或附着底漆	用于磨穿处，直接喷面漆
干燥	在20℃时	大约20min至亚光	
	在60℃时	10min	
打磨	白色百洁布		边口粗糙区域

（2）单组分（1K）水性填充底漆。1K型水性填充底漆用于固化不良的旧漆膜的封闭处理，也可以用在防腐底漆之上，作为填充功用的底材处理，还可以作为指导层使用。

（3）水性底色漆。水性底色漆分为水性金属底色和水性纯色底色两种，属于1K涂料，按双工序施工，表面可以喷涂水性或溶剂型罩光清漆。水性底色漆遮盖力极佳，溶剂含量只有10%。表4-3-2为PPG系列水性底色漆的技术说明。

表4-3-2　　　　　　　　　PPG系列水性底漆技术说明

图标	工艺及要求
	Aquabase®Plus水性漆的稀释比例如下：（质量比） 类型 / 色漆 / 稀释剂 双工序纯色漆 / 1 / 10% 三工序珍珠漆的纯色层 / 1 / 10% 配方中银粉含量较少，远远少于纯色色母用量 / 1 / 10% 含大量珍珠色母的双工序底色漆 / 1 / 10% 双工序银粉漆/珍珠漆 / 1 / 10%～15% 三工序珍珠漆的珍珠层 / 1 / 30%
	色漆的黏度会因添加稀释剂量的不同而变化， 理想喷涂黏度为20℃时（DIN4杯）18～22s 推荐125μm网眼尼龙过滤器 稀释后使用寿命：色漆调配后保存期12个月 　　　　　　　　色漆稀释后保存期3～6个月
	喷枪口径：1.25～1.3mm 标准工艺：喷涂单层直到达到足够的遮盖力；层间充分闪干；喷涂闪烁效果颜色时，在漆膜干燥后喷涂一薄单层，控制银粉排列
	闪干直到得到均匀干燥的漆膜 如有必要可使用助空气流通设备来加速漆膜干燥，如气流促进机、地轴架和专用手持吹风枪
	喷涂清漆或珍珠漆层前，静置至漆膜完全干燥 覆盖喷涂：NEXA Autocolor®双组分清漆

5. 水性底色漆干燥

水性底色漆的干燥曲线如图4-3-2所示，干燥过程分为红外线烘烤1.5min、吹热风2～3min和吹冷风2min 3个主要步骤。最高的烘烤温度不要超过75℃，最低不低于30℃。

为了解决水性漆闪干慢的问题，应使用水性漆吹风机，来加快水分的蒸发。保证在喷涂清漆前，水性底色漆中的水分必须蒸发到小于10%，如图4-3-3所示。在做小面积修补时（例如车门、翼子板等），可以减少烤漆房的加热需要，提高工作效率。使用水性漆吹风机的干燥时间与其他干燥方式的比较，见表 4-3-3。由表中数据可以看出，用吹风机辅助干燥的速度明显要好于烘烤和自然干燥。

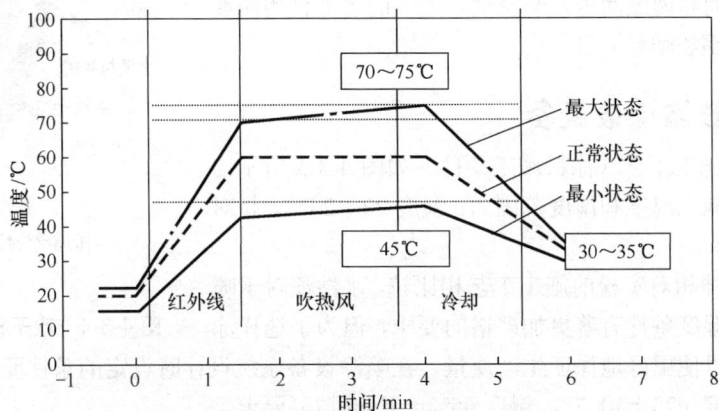

图 4-3-2 水性底漆干燥曲线

图 4-3-3 吹风机辅助干燥

表 4-3-3　　　　　　　　　　　　　　　水性漆干燥时间比较

干燥系统	在 20℃下自然风干	在烤漆房内以 60℃烘烤	在 20℃用水性漆吹风机
第一道喷涂时间	30s	30s	30s
挥发时间	15min	9min	3min+10s
第二道喷涂时间	30s	30s	30s
干燥时间	17min	8min	3min+15s
总干燥时间	32min	17min	6min+15s

注：喷涂工件为翼子板；喷漆房空气流量为 27000m³/h。

　　水性漆吹风机的结构如图 4-3-4 所示。压缩空气从接口进入，在吹风机的头部形成文丘里效应区（气体流经小截面孔时，流速会增高，压力下降，并产生吸附作用），外部的空气经滤网过滤后被吸进，从喷嘴喷出去吹干油漆。

6. 水性漆储存

水性漆的储存条件要求：储存环境温度为 5~30℃；在冬夏两季运输过程中必须加热和冷却，运输车需装备恒温系统，油漆储存间和调漆间需安装空调；盛放的容器使用防腐蚀设备（不锈钢和塑料）等。

二、水性漆涂装设备

水性漆的施工工艺（涂料施工条件）如图 4-3-5 所示，水性漆最佳的施工温度和湿度范围为：温度 22~24℃，相对湿度 60%~70%。

与溶剂型漆相对宽松的施工工艺相比较，水性漆对于喷涂环境温度和湿度条件有着更加严格的要求，但为了选择涂料富裕度更大以便更好地保证生产质量，在喷涂设备系统设计时设定的条件要更为严格，一般要达到：温度（23±1）℃、湿度 65%±3%的精度要求。

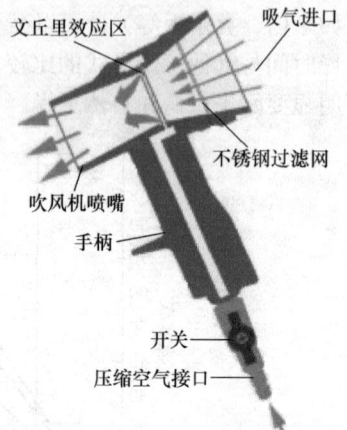

图 4-3-4　吹干机结构示意图

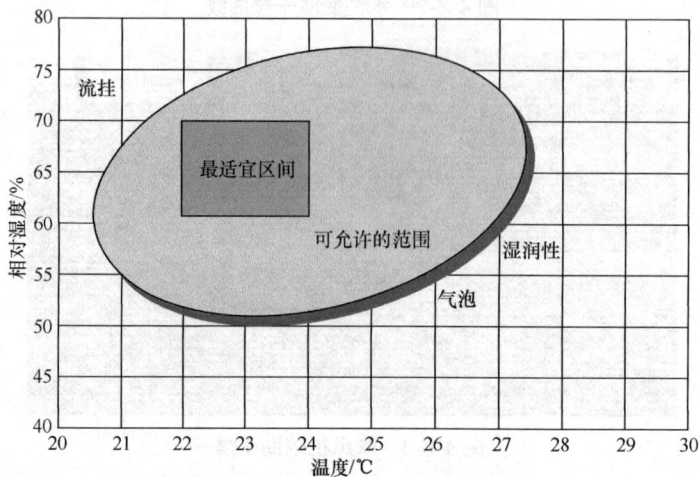

图 4-3-5　温度、湿度对水性漆施工的影响

由于水性漆特殊的施工要求，在设备选型上和溶剂型设备各有不同，具体对比情况见表 4-3-4。

表 4-3-4　　　　　　水性漆和溶剂型漆涂装设备要求对比

项目	溶剂型漆	水性漆	特殊要求
喷漆房	1. 受温度影响小 2. 可以通过助剂调整应对温度变化	1. 受湿度影响大 2. 不能通过助剂应对温度变化	需要加热/制冷/除湿空调
机器人	一般静电式喷涂机	水性漆导电性高，不能使用溶剂型喷涂系统	外置加电
闪干区	只需要流平区即可	水分不能完全挥发，需要强制挥发	需要增加水分预烘干装置

项目	溶剂型漆	水性漆	特殊要求
废漆处理		从排出水中分离或析出涂料很困难，排水容易起泡	使用专用药剂
输调漆	黏度低，对金属腐蚀性弱	黏度高，对金属腐蚀性强	泵及管路选用比溶剂型大系统材质 304 不锈钢以上

1．水性漆对喷漆房的要求

水性漆喷漆房的风速在 0.2～0.6m/s 范围内，喷漆房的静压室以下最好采用不锈钢材质，因为水性漆的施工条件要保持湿度在 70%以下，这样潮湿的环境对设备的腐蚀程度要比溶剂型漆强烈。

2．中涂烘干系统

与传统溶剂型中涂漆喷涂施工后即进行烘干不同，由于水的挥发性较低，水性中涂漆喷涂施工后直接进行高湿烘干会产生气泡等缺陷，因此在原厂烘烤时需要进行低湿预烘，即在 80℃的温度下保持 5min，使涂料中的水分充分蒸发后，再升温至 160℃保温 20min 使漆膜完成固化。

3．水性底色漆热闪干系统

对于溶剂型面漆涂装工艺，底色漆和罩光清漆均为溶剂型涂料，在底色漆喷涂后仅需要常温流平数分钟（1～5min），就可以直接喷涂罩光清漆。而在水性漆面涂工艺中，由于水的难挥发性，需要在喷涂罩光漆之前通过加热干燥的方式将水性底色漆中的水分充分蒸发掉，才能进行下道罩光清漆的喷涂，否则面漆烘干时会产生气泡缺陷。

现阶段采用较多的是热风加热闪干形式，根据不同材料的特点，一般预烘干温度控制在 50～80℃，热风中控制水分含量不应大于 10g/kg，相对湿度控制在 5%～10%，每延长 1m 的空气循环量不应小于 4000m³/h，风嘴热空气的流速为 15～20m/s。风嘴布置在 30～90cm，同时可以采用红外线辅助加热等形式。预烘干过程对漆膜的除水效率一般应达到 90%以上，否则对后续施工带来很多不利影响。烘干时间控制方面，考虑到生产线长度和漆膜的要求，一般控制在 3～4min，其中升温 1～1.5min，保温 2～2.5min。

热闪干系统作为水性面漆涂装工艺中的关键，核心在于加热循环风系统的温度、湿度控制。一般做法是将热闪干段分为一个升温区、两个保温区，并对每个区的温度和湿度分别进行精确控制，以保证底色漆脱水率达到后续罩光清漆喷涂的要求。

由于汽车修理厂所配备的喷烤漆房几乎全部是按溶剂型涂料设计的，因此，涂料生产商生产的低湿修补水性漆也都能适应溶剂型喷烤漆房的条件，只是需要添加一个吹风装置即可。在实际操作中，可根据所使用的水性漆型号，按照其相应产品使用说明书进行。

三、水性漆涂装方法

1．劳动安全与卫生

尽管水性漆溶剂含量很少，但仍然对人体健康有一定的影响，特别是在整个涂装系统中，并不是从底漆到面漆均为水性漆，所以，进行水性漆涂装作业时的劳动保护也需和涂装溶剂型漆一样。

2．准备工作

因水性漆完全可以涂覆在溶剂型旧漆膜上，而底漆相对面漆而言，涂装操作相对简单，故以下介绍水性漆的涂装方法。

（1）粉尘的清除。用吸尘器或压缩空气除净待涂装表面的粉尘。

（2）遮蔽工作。对不需要涂装的部位进行严格的遮蔽。

（3）除油。用专用除油剂对待涂装表面进行一次彻底的除油。

（4）除尘。用专用除尘剂对待涂装表面进行一次全面的除尘。

（5）涂料的准备。水性漆的调色方法与溶剂型漆的操作相同。将调色后色浆量按规定的比例加入专用水（水性漆调整剂，按规定的比例配比），过滤后装入面漆喷枪。

（6）喷涂前的检查。对打磨、除尘、除油及遮蔽情况进行一次全面的检查，确认是否可以喷涂面漆。

3．喷涂

（1）相关技术参数确定。

① 喷枪选择。根据 PPG 系列底色漆技术说明，喷涂 PPG 系列底色漆需专用喷枪，即用传统溶剂型喷枪即可，可选择 HVLP 喷枪（1.3mm 口径）或兼容喷枪（1.3～1.4mm 口径）。

② 喷涂气压调整。根据产品系列底色漆技术说明，喷涂 PPG 系列底色漆时喷涂气压为1.0～1.5kPa。

③ 喷漆房参数设置。PPG 系列底色漆建议的喷漆温度为 20℃。考虑到水性漆的特点，最好将喷漆房温度控制在 22～24℃，相对湿度为 60%～70%。

（2）水性底色漆喷涂。

① 第一次喷涂雾喷层。

② 调整吹风枪对漆面吹干至亚光状态。

③ 第二次中湿喷涂。

④ 调整吹风枪对漆面吹干至亚光状态。

⑤ 第三次中湿层喷涂（1/2 层）。

⑥ 第四次色漆指导层喷涂。

⑦ 调整吹风枪对漆面吹干至全亚光状态。

⑧ 如果色漆表面有灰尘，此时可用干磨砂纸干打磨，并再次薄喷一遍。

（3）清漆的喷涂。在水性漆表面喷涂清漆时，可以用溶剂型清漆。应选择溶剂型多功能清漆，与固化剂和稀释剂配比。

选用 HVLP 喷枪（1.3mm 口径），喷涂气压为 1.8～2.0kPa，喷涂层数为 2 层，以 60℃低温烘烤 30min。

① 将清漆与固化剂和稀释剂按要求的比例调好黏度。

② 用过滤网过滤后装入选定的喷枪。

③ 调整好喷涂气压（1.8～2.0MPa），喷幅及漆流量。

④ 喷涂第一层，闪干 5～10min。

⑤ 喷涂第二层，闪干约 15min 后可加温烘烤。

如果为局部修补，则应在清漆与旧漆膜过渡区域喷涂专用驳口水。

4．干燥

将烤漆房设定烘烤温度为 60℃，烘烤时间为 30min，关闭排风进行烘烤。局部喷涂也可采用红外线灯烘烤，短波为 8min；中波为 10～15min。

□ 任务总结 □

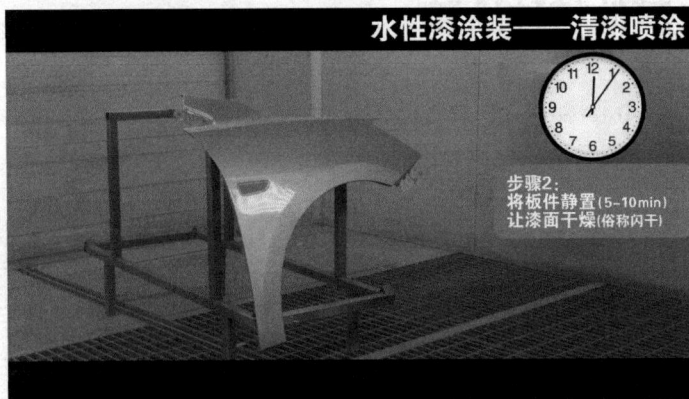

水性漆涂装——清漆喷涂

步骤2:
将板件静置(5~10min)
让漆面干燥(俗称闪干)

视频

水性漆涂装

AR
汽车涂装

1．水性漆简介

（1）定义：以水为稀释剂的汽车涂料。

（2）优点：节省资源，环保。

（3）性能：颜料分散性差，分散粒子的稳定性差，表面张力大，蒸发热和热容值高，受温度、湿度的影响大，导电性好，腐蚀性大，为假塑性流体。

（4）常用水性修补涂料：双组分水性防腐底漆、单组分（1K）水性填充底漆、水性底色漆。

（5）水性底色漆的干燥：使用水性涂料吹风枪干燥，加快水分的蒸发。

（6）水性漆的储存：环境温度为 5~30℃。

2．水性漆涂装设备

水性漆最佳的施工温度和湿度范围：温度为 22~24℃，相对湿度为 60%~70%。因此需要精确控制温度和湿度。

3．水性漆的涂装方法

（1）劳动安全与卫生：和涂装溶剂型漆一样。

（2）准备工作：粉尘的清除、遮蔽工作，除油、除尘、涂料的准备。

（3）底色漆喷涂。

① 相关技术参数确定。喷枪选择、喷涂气压调整、喷漆房参数设置。

② 水性底色漆喷涂。按涂料技术说明要求进行，注意层间要用吹风机吹风。

③ 清漆喷涂。按选择的溶剂型清漆技术说明要求进行。

（4）干燥：按选择的溶剂型清漆技术说明要求进行。

□ 问题思考 □

1. 水性漆有哪些特点？

2. 水性漆有哪些种类？各种类水性漆的用途是什么？

3. 水性漆有哪些施工特点？

4. 水性漆对喷烤漆房有哪些特殊的要求？

学习任务四　其他特种涂装

1. 能够规范进行铝合金件涂装。
2. 能够规范进行防石击涂料涂装。
3. 能够规范进行车底涂装。
4. 熟悉彩色清漆涂装方法。

□ 相关知识 □

一、铝合金件涂装

1. 涂装易产生缺陷

铝合金裸金属长时间暴露在空气中就会出现氧化现象，生成三氧化二铝（氧化铝）。氧化铝就是铝合金表面的一层致密氧化膜，使铝不会进一步氧化并能耐水。但其表面极其光滑，所以其附着力比较差。目前在 4S 店或者修理厂，钣金一般不会对铝板进行整形，所以只要凹陷或者损伤面积在可控制的范围内，一般多采用补灰涂装操作。

刮了原子灰的铝合金面板在烘烤的情况下经常会出现原子灰开裂或者原子灰脱落，也有可能在喷漆后高温烘烤开裂。产生这些缺陷原因有很多种，如没有很好地清理铝合金表面的氧化膜；清理完原子灰表面的氧化膜没有马上进行原子灰操作；原子灰刮得太厚；为了提高工作效率使用大刮刀一遍成型，却忽略了原子灰与铝合金板的贴合程度；没有使用侵蚀底漆等。

2. 铝合金维修所用工具设备

（1）铝合金专用填料。相对于钢板，铝板的修平效果要差一些，很多情况下，较小的凹坑需要使用填料进行填平。普通的原子灰很难保证使用寿命，铅性原子灰还会造成铝板防腐性能降低。铝粉作为金属元素，具有较高强度及韧性，其与专用胶水的混合物非常适合对铝板凹坑进行填平。使用钢丝刷擦刷待涂装表面，使整个待刮涂的区域变得粗糙，以增加填料的附着力，可使用除油布清洁。将铝粉与胶水按照约 3∶1 的比例混合搅拌均匀，刮涂于凹陷部位，一次无法成型时，可分几次刮涂，中间间隔约 15min。待填料固化后，使用柔性锉初步修平，再使用研磨机进行精细研磨，最后进入喷漆作业。需注意的是，由于铝粉尘具有一定的燃爆性，所以研磨时要采用气动研磨机而严禁使用电动研磨机。

（2）侵蚀底漆。侵蚀底漆又称磷化底漆、洗涤底漆，干燥迅速，防腐性能佳，对铝合金表面有较好的附着力。底材在喷涂前一定是干燥、干净、未被腐蚀、去除了油脂或氧化膜的。按照涂料生产商要求混合底漆和固化剂，并在规定的时间内完成喷涂，切勿喷涂过厚而影响附着效果。喷涂后应立即对喷枪进行清洗，以免腐蚀喷枪。

3. 铝合金件涂装工艺

铝合金件涂装工艺有两种，具体操作步骤见表 4-4-1。

表 4-4-1　　　　　　　　　　　铝合金件涂装工艺

过程	操作要求	铝合金板（损伤）		铝合金板（新件）	备注
		方法一	方法二		
1. 底材处理	用红色菜瓜布浸润除油剂清除表面油污	○	○	—	先除油主要是为了提高砂纸的使用效率
	用 P180 干磨砂纸打磨表面形成羽状边	○	○	—	羽状边一定要平滑过渡
	对其表面进行彻底除油	○	○	○	
	喷涂侵蚀漆	—	—	—	底材处理后 6h 内喷涂漆，防止底材再次氧化
2. 中涂漆喷涂	侵蚀底漆喷完留出闪干时间直接喷中涂漆	○	○		采用"湿碰湿"的工艺，避免过多操作
	铝粉填料的填充，打磨	○	—		注意使用要求
3. 填充剂施涂	中涂漆在打磨后进行原子灰的填充、打磨	—	○		中涂漆的打磨主要是为了提高附着力
4. 侵蚀底漆喷涂	铝粉填料刮涂打磨后，侵蚀底漆喷涂进行操作	○			底材处理后 6h 内喷涂底漆，防止底材再次氧化
5. 中涂漆喷涂	侵蚀底漆后、原子灰后或新件上，中涂漆的喷涂	○	○	○	新件上本来就存在底漆，只需用灰色菜瓜布打磨即可喷涂中涂漆，切记不要打磨露出铝合金裸金属
6. 面漆喷涂	中涂漆打磨后，面漆前处理结束，开始喷涂色漆	○	○	○	

注：○：执行此操作；

　　—：不执行。

二、防石击涂料涂装

1. 类型

防石击涂料有抗砂石撞击涂料面漆型和中间涂层型两种类型。两种类型涂料的防石击作用是相同的，不同之处在于面漆型的是黑色的，而中间涂层型的颜色与面漆相同，因为它涂在电泳层和中涂漆之间。两种类型的涂料有特有的橘皮纹理，如图 4-4-1 所示。

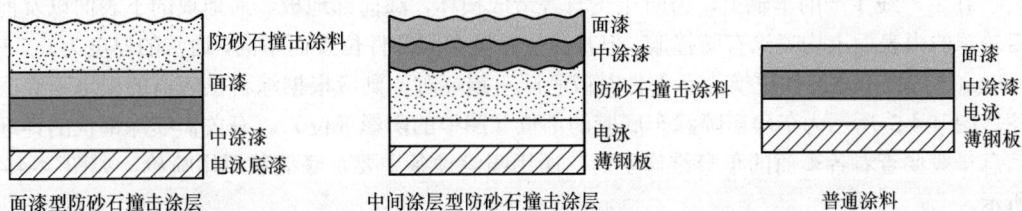

图 4-4-1　防石击涂装类型

2. 涂装要点

首先所用涂料必须是防石击性能很好的涂料，以便涂层被碎石撞击时不会脱落；其次必须喷涂适当厚度的涂料，最后的纹理产生合理，即接近原来的纹理。防石击涂层结构如图 4-4-2

所示。

3. 喷涂要求

对于防石击涂料一定要认真阅读涂料生产商提供的使用说明，特别注意与固化剂、稀释剂的配比。涂料的黏度一定要达到施工要求。可以通过试喷，干燥后与原涂层比较进行黏度调整；涂料调配好后，在室温下可保存一段时间，但一定要在规定的时间内施涂完成，否则影响喷涂效果。喷枪要求为：气压为 2.5～3.0kPa；喷口开启 3～4 圈；喷枪直径为 1.5mm（普通喷枪，仅供参考）。

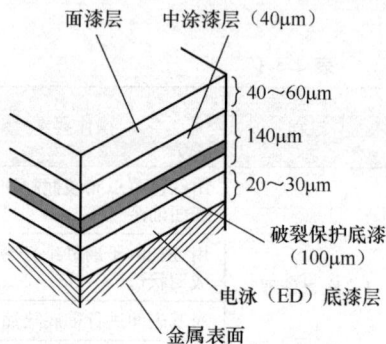

图 4-4-2　防石击涂层结构

喷涂时，首先将表面稍微喷湿，并留出约 5min 的闪干时间（根据表面干燥情况）。喷涂第二遍时，要使喷涂表面的颜色与粗糙度与和周围的旧漆面相匹配。喷涂一般不要超过两遍。

4. 涂装工艺

防石击涂装工艺见表 4-4-2。

表 4-4-2　　　　　　　　　　　防石击涂装工艺

流程	操作要点	面漆涂层型	中间涂层型	备注
原子灰成型	主要为板件更换后的施涂，注意整个面的协调性	—	○	
打磨	对施涂防石击涂料的部位进行打磨	○	○	P300～P400 砂纸
施涂防碎石涂料	遮蔽，清洁，除油，施涂，注意施涂厚度，并干燥	—	○	根据涂料供应商的要求进行干燥流程
中涂漆施涂	待其干燥，用红色菜瓜布对防石击涂料处表面进行打磨	—	○	用菜瓜布主要防止橘皮式的结构被破坏
面漆涂装	喷涂防碎石涂料面漆	○	—	最后修整检查表面
	待其干燥，用灰色菜瓜布打磨表面，喷涂面漆	—	○	

注：○：执行此操作；

　　—：不执行。

三、车底涂装

在生产线生产的车辆上，为防止飞石等造成损坏，漆前部地板、后地板的下表面以及前后轮罩的内表面上均喷涂有防撞胶，但其涂层厚度会因部件位置而不同，通常的厚度为 0.5～1.5mm。在将上述部件更换为新部件时或者严重损坏时，则应根据涂料供应商的要求喷涂底漆。图 4-4-3 所示为车底需喷涂车底胶的部位（图中的阴影部位）。有关需喷涂部位的详细信息一般要查看各车商的车身维修手册。所用喷涂设备主要是底盘装甲用喷枪，如图 4-4-4 所示。

喷涂时，喷枪距物体表面 15～20cm，呈"+"字形喷涂，喷涂速度为 10～15cm/s。底盘装甲具有一定的厚度才能达到较好的效果，需通过多次喷涂加厚，下一次喷涂应在前一次涂层表面干燥的基础上进行（每次喷涂间隔为 10～15min）。对于油箱、翼子板底部应重点喷涂。塑料材质的部件以及螺栓等不建议喷涂。

■ 需喷底漆层的部位（示例）

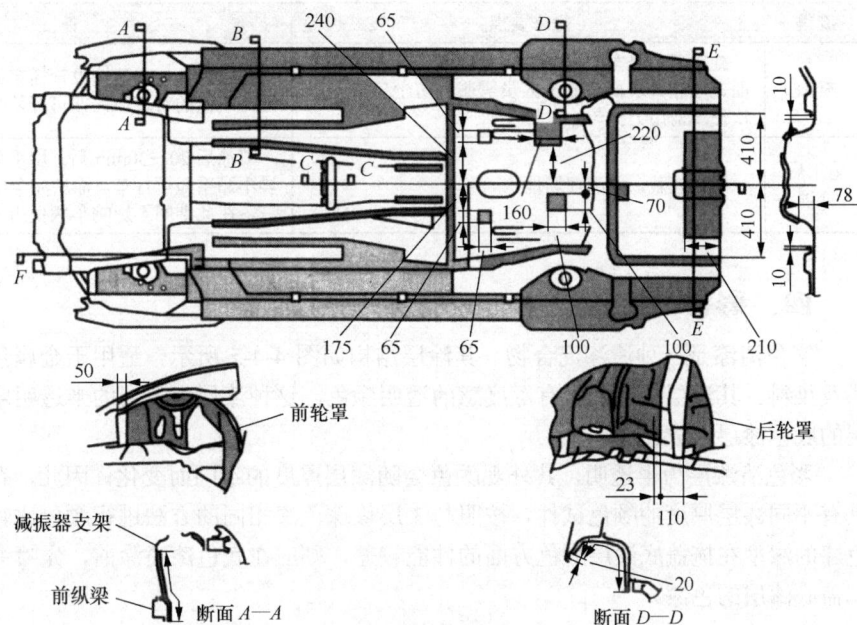

图 4-4-3　车底需喷涂车底漆的部位

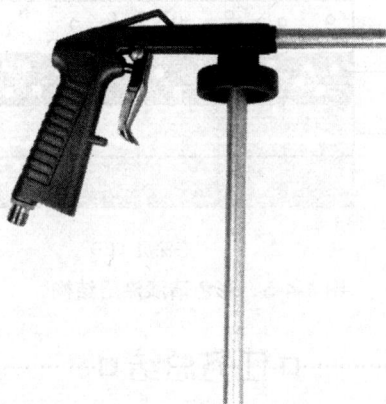

图 4-4-4　底盘装甲喷枪

车底涂装工艺见表 4-4-3。

表 4-4-3　　　　　　　　　　　　　　　　车底涂装工艺

流程	操作要点	备注
清洁	施工前将车底需喷涂的部件高度清洁，达到无尘、无油。如有锈迹应铲除、磨光。车底清洁后用干布、压缩空气将需喷涂部位吹干净	特别是轮弧、挡泥板及其衬边
保护	利用遮蔽纸及胶带将不能喷涂的部位遮蔽好	包括：排气管、发动机、传动轴、三元催化器、镀锌板类散热部件（一般在排气管上方）、各种管线及接口、螺钉

流程	操作要点	备注
喷涂	施工部位是车辆底盘钢板、轮弧、翼子板内表面、油箱外表面。施工人员需戴好防尘口罩。每次使用前用力摇匀涂料罐	拉开拉环，将喷枪吸管插穿铝膜，并拧紧容器罐与喷枪的对接口，即可开始喷涂
施工后处理	清除遮蔽，并清理场地	喷涂后 20～30min 后，用手轻触漆面，表面干燥不黏手即可行车。涂层完全固化时间为 3 天左右，在此期间不影响车辆使用

四、彩色清漆涂装

彩色清漆是一种清漆混合物，其涂层结构如图 4-4-5 所示，适用于金属色漆层和透明颜料及染料。其漆层能够提供有深度感的透明颜色。这种漆层由表层的半透明彩色清漆层和底层的底色漆层组成。

彩色清漆层为半透明，其外观颜色会随漆层厚度的不同而变化，因此，有必要制备若干具有不同漆层厚度的颜色试件，按照与 3 层珍珠色漆相同的方法进行颜色比较。如果用作底色漆的漆型在掩盖底漆层颜色方面的性能较差，则应在底色漆喷涂前，先喷涂一道能够较好遮盖底漆层的色漆。

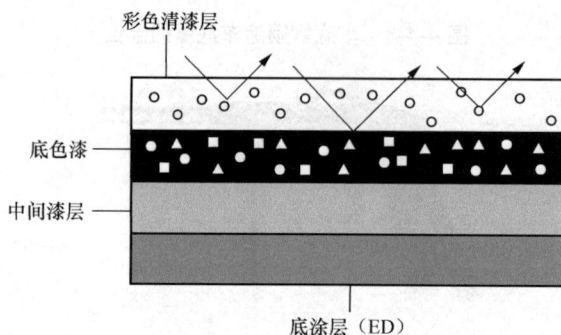

图 4-4-5　彩色清漆涂层结构

········□ 任务总结 □········

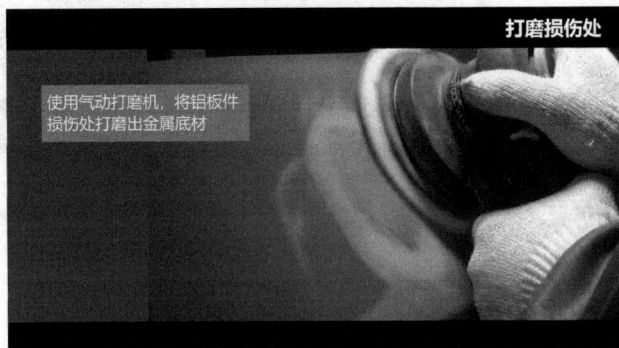

1. 铝合金件涂装

（1）涂装易产生缺陷。铝合金裸金属长时间暴露在空气中就会出现氧化现象，生成三氧化二铝。

产生缺陷的原因：没有很好地清理铝合金表面的氧化膜、原子灰施涂太厚、忽略原子灰与板件的贴合度、没有使用侵蚀底漆等。

（2）铝合金维修所用工具设备：铝合金专用填料。

（3）铝合金涂装工艺（其研磨时应采用风动研磨机，严禁采用电动研磨机）：底材处理、中涂漆喷涂、填充剂施涂、侵蚀底漆、中涂漆喷涂、面漆喷涂。

2. 防石击涂料涂装

（1）类型：防石击涂料面漆型和中间涂层型。

（2）涂装要点：一是选防石击性能很好的涂料；二是必须涂适当厚度的涂料。

（3）喷涂要求：①通过试喷、调整涂料的黏度，并在规定时间完成施涂；②喷枪气压 2.5～3kPa，喷口开度 3～4 圈，孔径 1.5mm。

（4）喷涂工艺：原子灰成型、打磨、施涂防石击涂料，涂中涂漆、涂面漆。

3. 车底涂装

清洁、保护、喷涂、施工后处理。

4. 彩色清漆涂装

（1）定义：彩色清漆是一种清漆混合物，适用于金属色漆层和透明颜料及染料。其漆层能够提供有深度感的透明颜色。

（2）组成：表层的半透明彩色清漆层和底层的底色漆层。

□ 问题思考 □

1. 铝合金涂装会容易出现哪些缺陷，怎么预防？

2. 简述防石击涂装应注意些什么。

3. 车底涂装的流程是什么？应注意什么？

4. 什么是彩色清漆涂装？该怎样鉴别彩色清漆？

局部修补喷涂工艺

◻ 学习目标 ◻

1. 能够正确描述局部修补喷涂的含义。
2. 能够正确进行局部修补喷涂工艺的选择。
3. 能够正确进行局部修补喷涂边界的选定。
4. 能够正确描述局部修补喷涂时对底材的处理要求。
5. 能够正确进行素色面漆的局部过渡喷涂（驳口喷涂）。
6. 能够正确进行金属色面漆的局部过渡喷涂（驳口喷涂）。
7. 能够正确进行板块内驳口喷涂。
8. 能够正确进行板块间驳口喷涂。
9. 培养实事求是的工作作风。具有正确的择业观念、敬业爱岗、忠于职守、诚实守信。

◻ 相关知识 ◻

一、概述

1. 定义

局部修补喷涂也被称为点状上漆或局部修整，是指在车身维修时，如果一块板件上出现了损伤，但是损伤的面积较小，为了节省时间和材料，而进行的局部修补涂装工艺，如图 5-1-1 和图 5-1-2 所示。

图 5-1-1 局部修补喷涂（板内过渡）

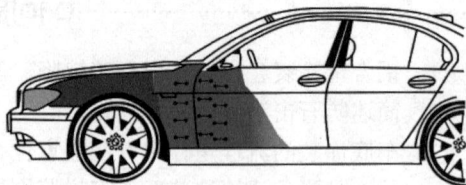

图 5-1-2 板外喷涂示意图

2. 前提条件

局部修补喷涂的前提是有足够大的剩余面积，如图 5-1-3 所示。

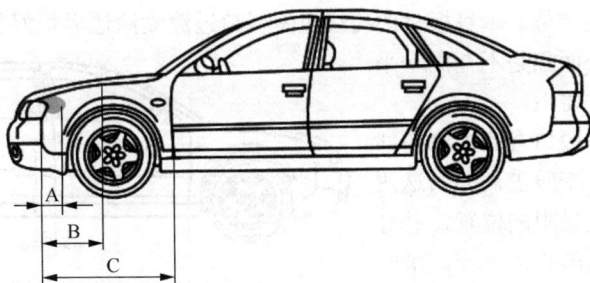

图 5-1-3 采用局部修补喷涂的面积确定

A—受损、已经涂抹填料的表面；B—底色漆涂层；C—底色漆涂层之后的清漆涂层

3. 不同种类漆膜的过渡方式

（1）素色漆。素色漆喷涂由于是单工序操作的，因此只将面漆进行局部喷涂，再适当进行晕色处理即可。

（2）金属色漆。金属色漆由于有清漆层，其局部修补喷涂方式分为局部过渡喷涂、板内过渡喷涂和板外过渡喷涂 3 种工艺。

① 局部过渡喷涂工艺。局部过渡喷涂工艺是指局部喷涂底色漆、局部罩清漆，通常也称为点修补，适用于位于板件中部的范围在 $20\sim50mm^2$ 的漆膜损伤修复。

② 板内过渡喷涂工艺。板内过渡喷涂工艺是指局部喷涂底色漆、整板罩光清漆，如图 5-1-4 所示。此种工艺一般用于位于板件中部的较小范围漆膜损伤修复，且受损面在各个方向上都没有清晰的边缘界线时。

③ 板外过渡喷涂工艺。板外过渡喷涂工艺是指在需修补板件和相邻板件上喷涂色漆，部分颜色在相邻板件上过渡，清漆喷涂整板（包括相邻板件）。通常在漆膜损伤点处于板件边缘时采用此工艺，如图 5-1-5 所示。

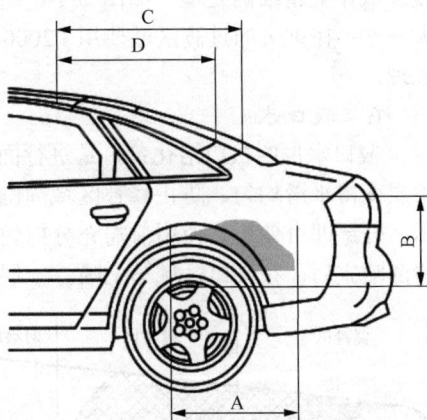

图 5-1-4 板内过渡喷涂工艺

A—打磨受损、已经涂抹填料的表面；
B—喷涂 2～3 次底漆；C—以 P1500～P2000 砂纸或用研磨膏（剂）打磨过渡区域；
D—以较低的压力用已大量稀释的清漆、局部喷涂稀释剂或驳口水来喷涂的过渡区域

无论是素色漆还是金属漆，过渡喷涂工艺的难点在于，如何使修补的部位与板件的原有部位之间的差异减小到肉眼无法分辨的程度。

4. 面漆局部修补喷涂边界的选择

局部修补喷涂边界的选择很重要，能使修补后的涂层与原涂层差异减小，让人基本看不出曾经被修补过。边界选择应满足以下要求。

（1）选在车身板件面积较窄处，比如 A 柱、B 柱、C 柱等处。

（2）选在车身拐角部位，比如保险杠蒙皮拐角处等。虽然是同一个板件，但是处在空间的两个面上，对观察者来说对比性要小很多。如果在同一个平面上，由于存在对比性，两部分的新旧、颜色等会很容易对比出来。

（3）板件的棱线部位。车身板件的棱线也是驳口过渡喷涂边界很好的选择，因为大多数车身棱线分界的两个面都是不在同一平面上的，所以对比性要小。

（4）不适合进行驳口过渡喷涂的部位，有发动机罩和行李舱盖，因为这两块板件均在车辆的最显眼的位置，并且处在水平面上，像人的脸面一样，最好不要在上面"打补丁"。因为再好的修补也不是完美无缺的。

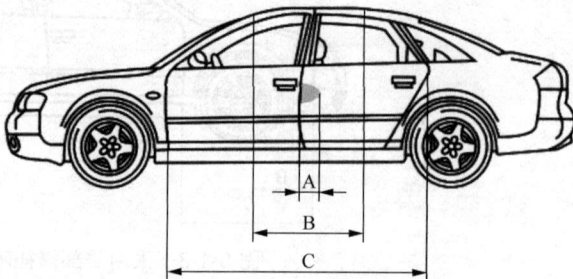

图 5-1-5　板外过渡喷涂工艺
A—受损、已经涂抹填料的表面；B—底色漆涂层；
C—清漆涂层

5．面漆局部修补喷涂对底材处理的要求

要求在整板喷涂的基础上，要对过渡区域作更精细的处理。如图 5-1-6 所示，首先过渡区域的范围一定要达到要求，尽可能扩大一些；在扩大的过渡区域要用 P2000 美容砂纸或与之相当的研磨材料，对原漆面进行研磨处理。

6．驳口水

驳口水也叫接口溶化剂，是进行面漆过渡喷涂时使用的涂料，它可以帮助过渡区域的色漆层变得平滑均匀，防止修补区域周围颜色深暗。驳口水通常装于铁制罐内，如图 5-1-7 所示，开罐即可使用。使用前需充分摇匀，需要在素色漆最后一道喷完后或者金属漆最后一道清漆喷完后，在接口区域马上喷涂一层驳口水。

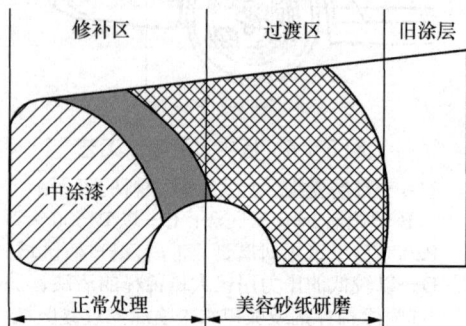

图 5-1-6　修补前的底材处理

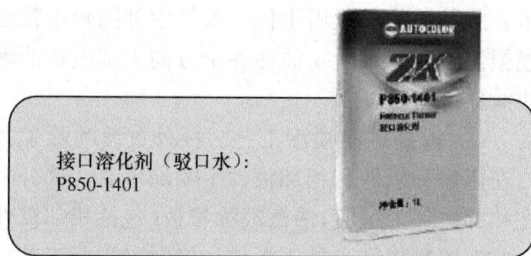

接口溶化剂（驳口水）：
P850-1401

图 5-1-7　接口溶化剂（驳口水）P850-1401

二、单工序素色漆驳口喷涂

单工序素色面漆由于没有清漆层，所以通常采用板块内驳口喷涂工艺。

按照小修补的方法调整喷枪。喷枪扇面的距离调整至 10～15cm，喷涂气压缩小至 0.1～0.2MPa，出漆量也需要相应缩小。

按照从小到大的原则，遮盖修补区域的中涂漆，每层之间需预留 5～10min 的闪干时间，完全遮盖后，以 1∶1 比例添加驳口稀释剂，与剩余素色漆混合并快速搅拌均匀后向驳口部位喷涂均匀，然后倒出混合物，使用纯驳口稀释剂，继续向驳口部位喷涂均匀至驳口部位合格。

局部修补不适合在车顶、发动机盖等平面位置做，因为这些部位的驳口位置会比较明显，利用喷涂及抛光要达到较高的漆面亮度及均匀美观的纹理比较难。一般来说，单工序素色面漆适合于在翼子板、保险杠、B 柱这些狭窄及有弧度的部位做局部修补驳口。

素色面漆由于没有清漆层，所以通常采用板块内驳口喷涂工艺，如图 5-1-8 所示。

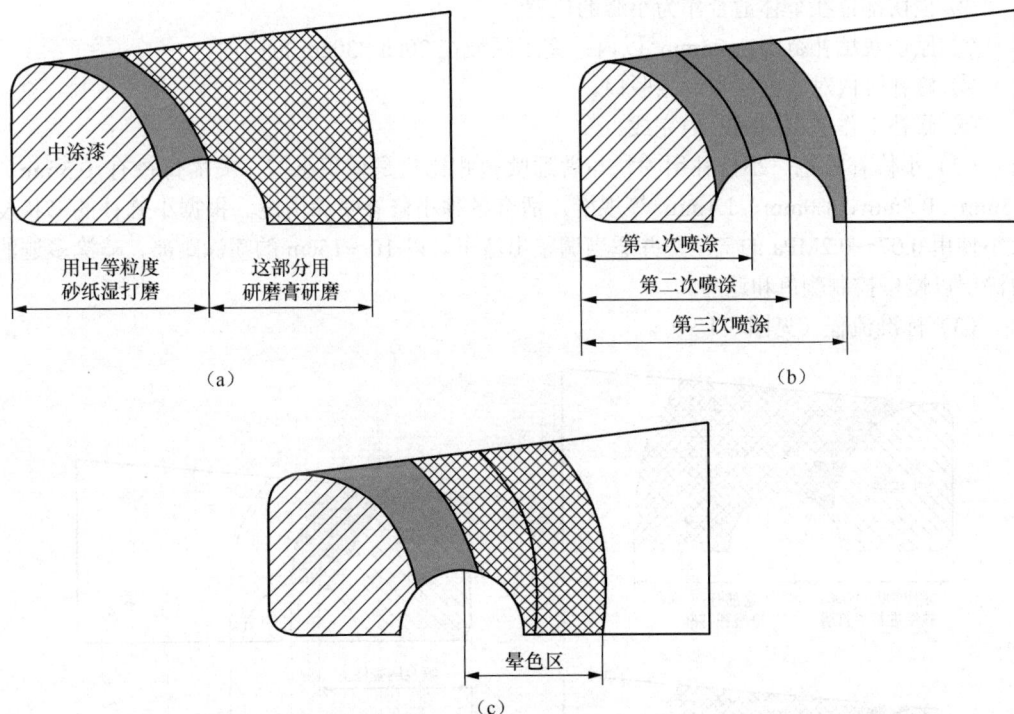

图 5-1-8 素色漆驳口喷涂

（1）第一次喷涂薄薄的一层，以提高底层和旧漆膜与涂料的亲和力。

（2）第二次喷涂比第一次喷涂稍宽一些，并在湿的状态下定出色彩。

（3）第三次喷涂要比第二次喷得更宽些。要稍加一些稀释剂，以获得高质量的表层。要注意色调应与旧漆膜相吻合。

（4）晕色处理。用 30%色漆，加入 70%稀释剂，薄薄喷涂一层，此时如果喷得过多就会出现垂挂。另外，此时也可喷涂点修补驳口水，只是驳口水只喷涂在新旧漆膜的交界处。

（5）闪干 10～15min，清除遮蔽。

（6）干燥。通常以 60℃烘烤干燥 30min。

三、双工序银粉漆驳口喷涂

银粉漆由于有清漆层，且银粉漆各角度观察颜色不同，要求较高，所以局部修补喷涂方法有板块内驳口喷涂和板块间驳口喷涂两种，喷涂技术相同。

按照小修补的方法调整喷枪，相关参数与单工序素色漆驳口喷涂相同。

按照从小到大的原则喷涂遮盖修补区域的中涂漆，每层之间需预留 5min 左右的闪干时间，在遮盖的同时，向驳口部位均匀喷涂，确保每次喷涂都没有过渡痕迹和色差。

1. 板块内驳口喷涂

（1）条件。

板块内驳口喷涂称为小修补，选择小修补时，必须满足以下条件。

① 油漆损伤范围在 $20\sim50mm^2$。

② 损伤部位在车体适合作为小修的位置。

③ 原子灰填补范围在 $25mm^2$ 以内；完工区域在 $20cm\times30cm$ 范围内。

④ 修补区内对底色漆和清漆驳口。

⑤ 修补工作能在 90min 内完成。

（2）小修补喷枪。小修补用喷枪与普通喷枪相比只是体积小些，喷嘴直径有 0.3mm、0.5mm、0.8mm、1.0mm、1.1mm 等规格，适合各种小修补喷涂情况。根据小修补的形状及大小使用 $0.07\sim0.2MPa$ 的气压，并适当调整出漆量。以 $10\sim15cm$ 的喷涂距离，喷涂多遍的薄涂层以慢慢控制颜色和遮盖。

（3）标准流程（见图 5-1-9）。

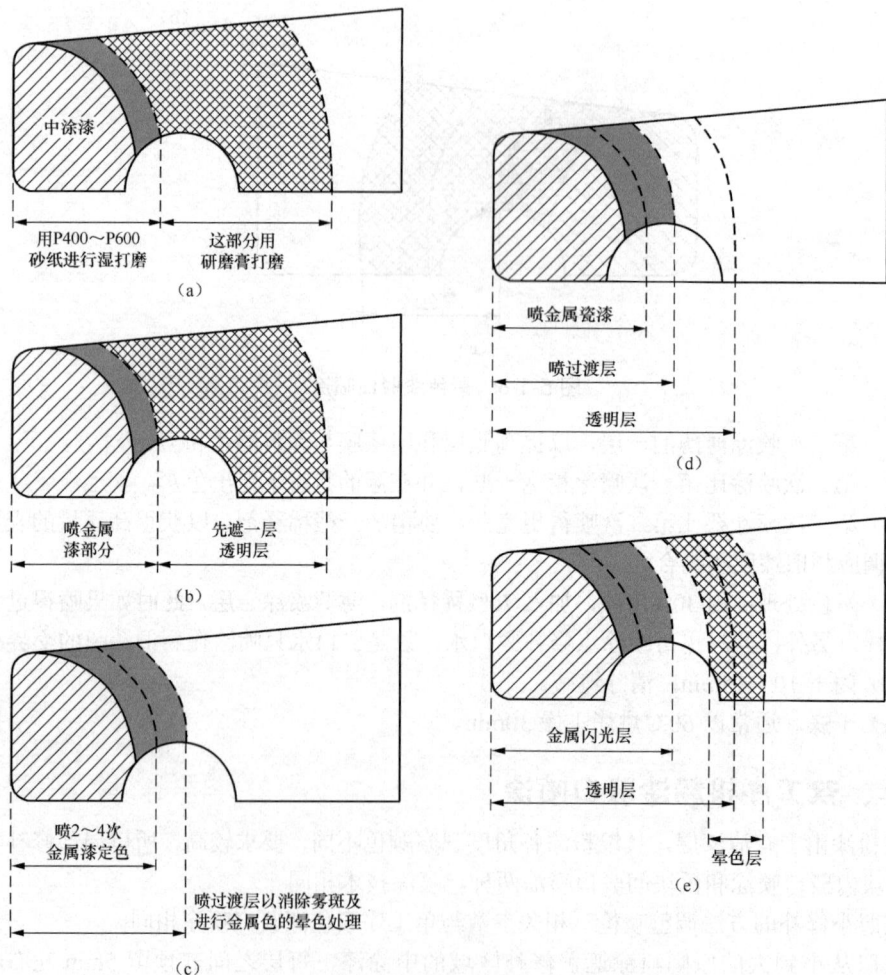

图 5-1-9　金属闪光色的局部涂装流程

① 先在中涂漆层四周喷一层清漆，如图 5-1-9（b）所示，以使所喷的金属闪光漆更光滑。此次喷涂也可使用专用的驳口水（驳口清漆）进行。

"驳口清漆工艺"的作用是防止产生"黑圈"问题。所谓的黑圈现象是指在用金属漆在进行修补时，色漆过渡的边缘部分容易形成干喷，导致铝粉排列不均匀，直接观察时颜色发黑，如图 5-1-10 所示。

在色漆需要过渡的区域使用面漆喷枪湿喷一层驳口清漆，然后按施工要求喷涂色漆。这种方法是让底层变得湿润，使铝粉喷涂时排列更加均匀，不易产生"干喷"现象，如图 5-1-11 所示。

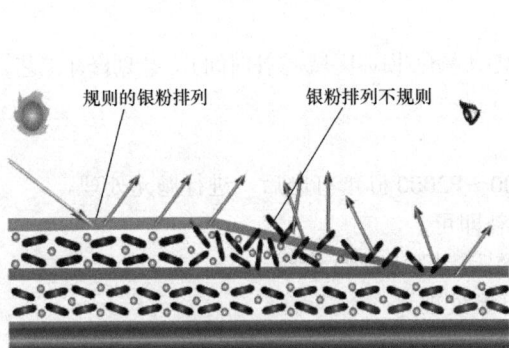

图 5-1-10　黑圈现象的产生

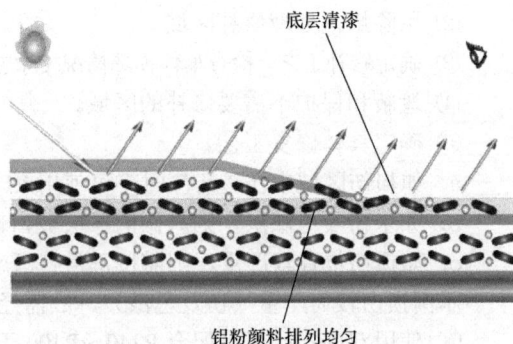

图 5-1-11　驳口清漆工艺的作用

② 第一次喷底色漆，漆膜稍薄些，以提高与中涂漆和旧漆膜的亲和力。采用驳口渐淡法向周边区域扩展。

③ 第二次喷涂确定涂层的颜色，以标准的移枪速度喷涂，以达到足够的膜厚。采用驳口渐淡法向周边区域扩展。

④ 闪干至亚光。

⑤ 采用薄喷的方式，喷涂第三层底色漆，采用驳口渐淡法向周边区域扩展。此时也可将 50% 的金属底色漆与 50% 的清漆相混合，黏度调至 11～12s，喷涂时比图 5-1-9（b）所示的面积喷得更宽一些。喷涂时应使涂料呈雾状，薄薄地喷涂，以消除斑纹，调整金属感，同时兼有晕色处理作用。

⑥ 闪干约 10min（20℃）至漆膜呈亚光状态。

⑦ 喷涂清漆。透明涂料喷涂面积可扩大一些。第一次薄薄地喷一层，再湿碰湿喷第二层。喷涂时要边观察色调边喷，以形成光泽。

⑧ 晕色处理。以 20% 的清漆和 80% 的稀释剂相混合喷在透明层区域周围，以掩盖其由于喷涂雾滴带来的影响。

此次喷涂也可使用专用的点修补驳口水进行。

⑨ 闪干，清除遮蔽材料。

⑩ 干燥。按涂料技术说明规定的温度和时间进行干燥，以 60℃ 烘烤干燥 30min。

（4）实例。如图 5-1-12 所示，后围板漆面有 5cm 范围内的轻微划痕，板件无变形，不需要刮原子灰，确定适合小修补。

① 使用除硅清洁剂清洁，如图 5-1-13 所示。

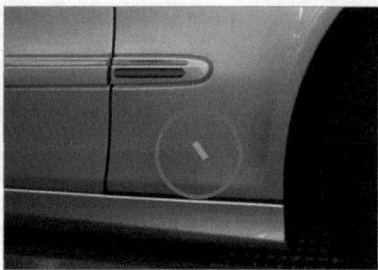

图 5-1-12　适合小修补的漆膜损伤

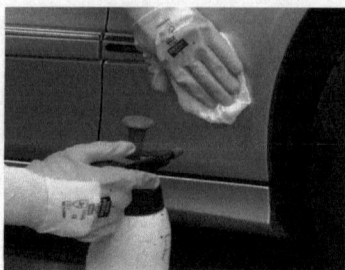

图 5-1-13　清洁

② 用除蜡剂处理修补区域。

③ 确定修补工艺。检查车体损坏情况（涂层类型/颜色/损坏区域/修补时间），计划修补工艺。

④ 遮蔽和保护不需要修补的区域。

⑤ 确定具体修复工艺。

a．如损伤区域未伤透清漆时，可使用 P1500～P2000 砂纸打磨后，进行抛光处理。

b．如未伤及色漆层，则只做清漆层驳口修补即可。

c．如损伤位置较严重，则需按正常打磨或湿碰湿工艺进行修补。

本例损伤较为严重（伤及色漆），故需经打磨处理。

⑥ 使用双动式打磨机配合 P240～P400 干磨砂纸打磨需修补的区域，如图 5-1-14 所示。注意尽量只在需要修补的区域内进行打磨，控制最小的打磨范围。

⑦ 使用压缩空气吹净（或用吸尘器吸除）表面灰尘，用除硅清洁剂，清除车身的灰尘和油渍。

⑧ 喷涂中涂漆，如图 5-1-15 所示。中涂漆可采用两种涂装工艺，即打磨工艺和湿碰湿工艺。

注意

如果打磨出现裸金属，建议使用湿碰湿工艺（又称为免磨中涂漆）。

a．打磨工艺。混合中涂漆，如选用中涂漆按规定的比例添加硬化剂和稀释剂喷涂 2～3 层，每层间隔 5～10min。

b．湿碰湿工艺。选用中涂漆按规定的比例添加硬化剂和稀释剂喷涂 1～1.5 层。

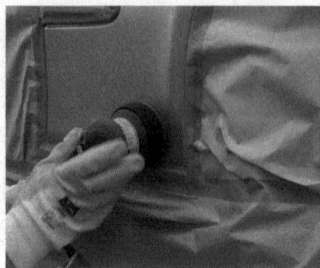

图 5-1-14　打磨

图 5-1-15　喷涂中涂漆

⑨ 干燥。待漆面亚光后可使用强制干燥的方法干燥中涂漆。IR-红外线烤灯 8min；烤漆房（距离 60cm 以上）为 60℃，20～30min。

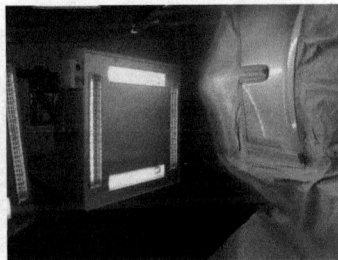

注意

如果采用湿碰湿工艺，则无须强制干燥（见图 5-1-16），静置时间 15～20min 便可喷涂面漆。

⑩ 打磨。

a. 待漆面干燥冷却后，使用 P400～P500 干磨砂纸或 P800～P1200 水磨砂纸打磨中涂漆位置，如图 5-1-17 所示。

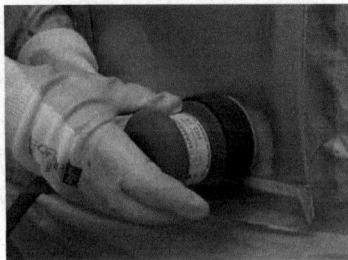

图 5-1-16　强制干燥

图 5-1-17　打磨中涂漆

b. 再用 P1500～P2000 水磨砂纸或百洁布配合磨砂膏（剂）打磨需喷涂的驳口位置，如图 5-1-18 所示。

⑪ 清洁。用压缩空气吹净（或用吸尘器吸除）打磨灰尘，用除硅清洁剂清洁整个表面，再用普通清洁剂清洁。

⑫ 喷涂驳口清漆（如面漆为素色漆无须此步骤）。将漆罐摇晃均匀后，装入小修补清漆喷枪，在驳口区域喷涂一薄层驳口清漆。

⑬ 喷涂底色漆。如选用金属漆，调好颜色后，按规定的比例加入稀释剂（金属漆与稀释剂的比例通常为 2:1），搅拌均匀后在打磨区域湿碰湿喷涂 2 层（第一层薄喷，第二层厚喷，均采用驳口渐淡法喷涂）。闪干至亚光。

图 5-1-18　打磨驳口位置

⑭ 喷涂底色漆效果层。保持其他参数不变，再薄喷一层底色漆（1/2）。注意喷涂区域应扩展至驳口区域。闪干至亚光。

⑮ 喷清漆。选择好清漆，按规定的比例加入固化剂和稀释剂（清漆:固化剂:稀释剂通常为 2:1:10%），搅拌均匀后，薄喷第一层，之后厚喷第二层，注意每层均应向外扩展 3～5cm。两层之间湿碰湿喷涂即可。

⑯ 喷涂驳口清漆。将喷枪清漆内按 1:1 加入驳口水，喷涂在清漆与驳口过渡区域，闪干至亚光。

⑰ 喷涂驳口水。取适量驳口水，在驳口清漆喷涂区域及驳口区域薄喷一层。闪干至亚

光后，在常温下干燥 30min。

> **注意**
>
> 驳口清漆、驳口水与清漆层之间均应有一定的重叠，如图 5-1-19 所示。

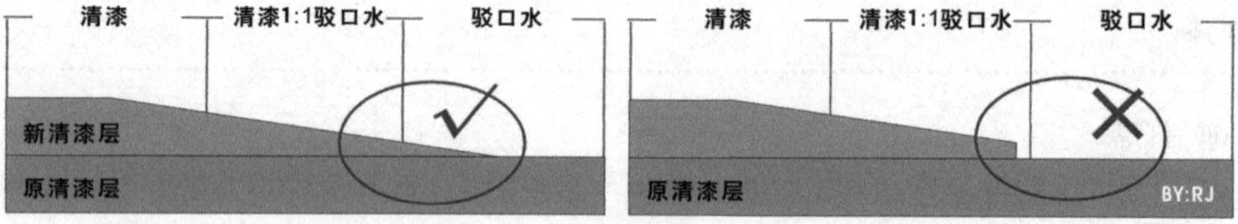

图 5-1-19　清漆层之后的重叠

⑱ 抛光。如有需要可使用 P1200～P1500 抛光砂纸打磨小流挂或尘点，再用抛光剂清除砂纸痕并增加光泽，如图 5-1-20 所示。

抛光时，不论是手工抛光还是机械抛光，均要注意抛光方向，即采用从新漆膜向旧漆膜方向运动，如图 5-1-21 所示。这样才能形成一致光泽和渐进的漆膜。

⑲ 除去遮蔽。用浸有水的软布或麂皮擦去溅在周围表面上的抛光剂。

图 5-1-20　抛光

⑳ 交车。再次检查，如有缺陷，采用相应的方法处理；如无缺陷，即可交车。

上述小修补各层漆的喷涂区域如图 5-1-22 所示。

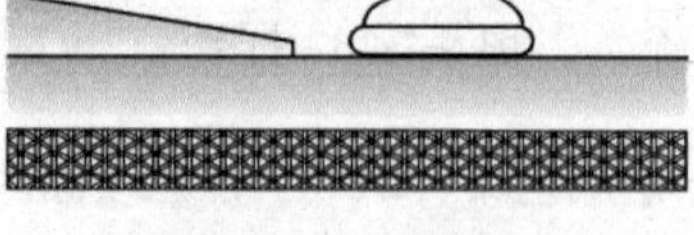

图 5-1-21　抛光方向

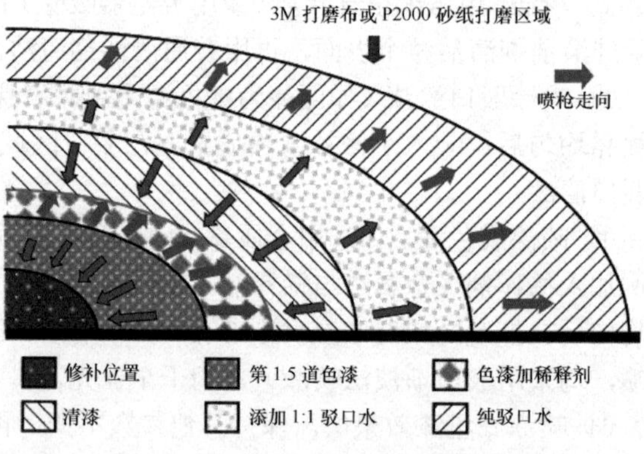

图 5-1-22　小修补各层漆的喷涂区域

2.板块间驳口

以左前翼子板修补喷涂向左前门过渡为例。

（1）打磨与清洁。

① 用 P400 干磨砂纸干打磨或用 P1000 水磨砂纸湿打磨左前翼子板。

② 用研磨膏（剂）和百洁布打磨或者用 1500 美容砂纸打磨左前门和左前翼子板。

③ 除硅清洁。

④ 将不需要喷涂的部位进行遮蔽。

（2）喷涂金属底色漆。

① 金属底色漆的调配。按油漆产品使用说明调配底色漆。

② 喷枪要求。1.3mm 口径环保面喷枪，枪尾气压调整为标准值，喷幅调整为最大。

③ 在左前翼子板上薄喷第一道底色漆，闪干至亚光，如图 5-1-23 所示。

④ 用驳口渐淡法在左前翼子板和左前门相接处喷涂一道底色漆，如图 5-1-24 所示。

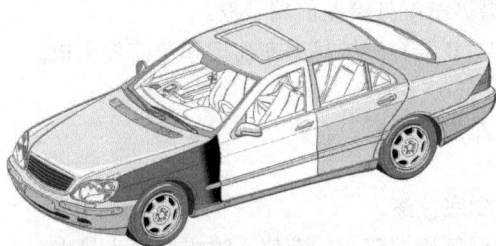

图 5-1-23　在维修部位喷第一道底色漆

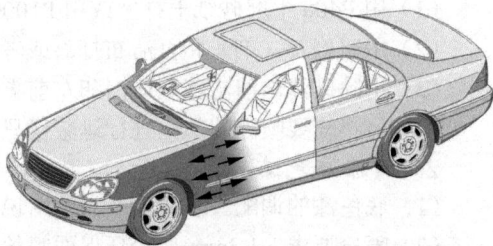

图 5-1-24　用渐淡法喷涂于板块相接处

⑤ 在左前翼子板上喷涂第二道底色漆，完全遮盖底层颜色。闪干至亚光，如图 5-1-25 所示。

⑥ 降低气压喷涂过渡涂层。降低气压到 0.08～0.15MPa，喷涂 1/2 层，用驳口渐淡法喷涂于左前翼子板和左前门相接处，无须闪干，如图 5-1-26 所示。

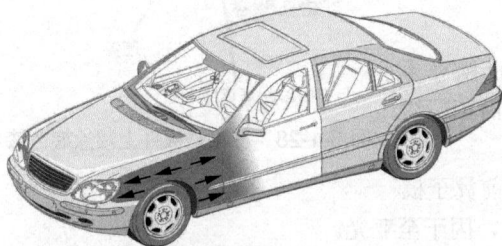

图 5-1-25　在左前翼子板上喷涂第二道底色漆

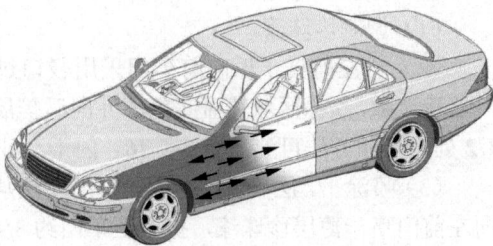

图 5-1-26　降低气压喷涂过渡涂层

（3）喷涂清漆涂层。

① 按产品说明调配清漆。按比例向清漆内加入固化剂和稀释剂。

② 喷枪要求。1.3mm 口径环保面喷枪，枪尾气压调整为标准值，喷幅调整为最大。

③ 喷涂。在左前翼子板和左前门上整板喷涂 2 层清漆，第一层闪干到清漆发黏后，再喷涂第二层，如图 5-1-27 所示。

④ 干燥。在 60℃条件下，干燥 30min。

⑤ 维修部位进行抛光处理。

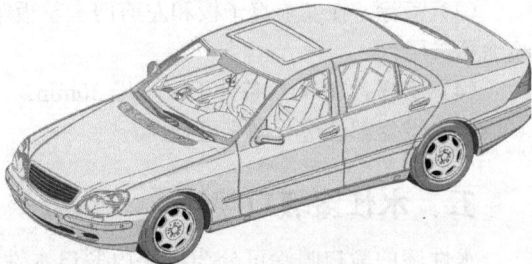

图 5-1-27　喷涂清漆

四、三工序珍珠漆驳口喷涂

三工序珍珠漆因为不同的喷涂技术和漆膜厚度会导致不同的效果，所以需要采用大范围的过渡喷涂工艺。点修补很难达到令人满意的效果，所以，总是向相邻的板块过渡。

下面仅以左前翼子板修补喷涂为例进行介绍。

1. 打磨与清洁

（1）用 P400 干磨砂纸干打磨或用 P1000 水磨砂纸湿打磨左前翼子板。

（2）用研磨膏（剂）和百洁布打磨或者用 P1500 美容砂纸打磨左前门和左前翼子板。

（3）用除硅清洁清洁整左前门和左前翼子板。

（4）将不需要喷涂的部位进行遮蔽（只留下左前翼子板）。

2. 喷涂底色漆

（1）底色漆的调配。按油漆产品使用说明调配底色漆。

（2）喷枪要求。1.3mm 口径环保面喷枪，枪尾气压调整为标准值，喷幅调整为最大。

（3）在左前翼子板上喷涂 2 层底色漆，2 层之间不需要闪干，如图 5-1-28 所示。

（4）去掉左前门的遮盖。

（5）降低气压到 0.1~0.2MPa，喷涂 1/2 层。用驳口渐淡法从左前翼子板和左前门喷涂一薄层底色漆，过渡至前门前约 1/3 处。喷涂方法可参考图 5-1-24。闪干至亚光。

3. 喷涂珍珠漆

（1）调制珍珠漆。

（2）从左前翼子板向前车门采用驳口过渡法喷涂第一层珍珠漆，喷涂区域覆盖底色漆并向后扩展至前车门约 1/2 处，喷涂方法可参考图 5-1-26。闪干至亚光。

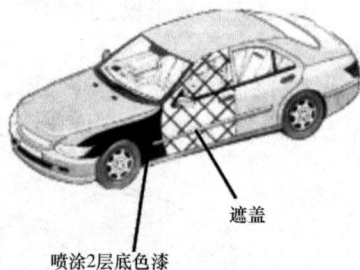

遮盖

喷涂2层底色漆

图 5-1-28　在维修板件上喷涂底色漆

（3）喷涂 1/2 层珍珠漆。用驳口渐淡法从左前翼子板向左前门喷一薄层珍珠漆，扩展至车门约 3/4 处，闪干至亚光。

4. 喷涂清漆

（1）按产品说明调配清漆。按比例向清漆内加入固化剂和稀释剂。

（2）喷枪要求。1.3mm 口径环保面喷枪，枪尾气压调整为标准值，喷幅调整为最大。

（3）喷涂。在左前翼子板和左前门上整板喷涂 2 层清漆，第一层闪干到清漆发黏后，再喷涂第二层。

（4）干燥。在 60℃ 条件下，干燥 30min。

（5）维修部位进行抛光处理。

五、水性漆驳口喷涂

水性漆的驳口喷涂可分为板块内驳口水性底色漆和板外驳口水性珍珠漆的喷涂，各种工艺的操作方法与油性银粉漆类似，只是采用的底色漆为水性漆，需要练习掌握水性漆的特性。

按照产品调配要求，添加合适分量的水性漆稀释剂。与溶剂型底色漆不同，通常水性漆以重量比添加稀释剂，添加比例根据颜色种类，为 10%～30%。调配并搅拌均匀后，用水性漆专用过滤网过滤并加入水性漆专用喷枪。由于水性漆会溶解普通过滤网的黏结用胶水，故需要使用水性漆专用的 125μm 网眼的尼龙过滤网过滤。

按照小修补的方法调整喷枪，喷涂气压缩小至 0.12～0.15MPa，出漆量及喷涂气压都相应缩小。按照从小到大的原则喷涂水性底色漆遮盖修补区域的中涂漆。纯色水性底色漆遮盖力较好，通常喷涂一个双层即可遮盖，同时也易于驳口过渡；对于银粉或珍珠水性底色漆，可喷涂 1～2 个双层至完全遮盖中涂漆，同时向外驳口均匀过渡。每喷涂一个双层后，都需要使用吹风枪以大约 45°角斜吹工件表面，将水性底色漆吹干至亚光状态。

喷涂底色漆吹干后如发现尘点，可用 P1000 精磨砂纸打磨，打磨好之后，在打磨区再补喷一层水性底色漆。

◻ 任务总结 ◻

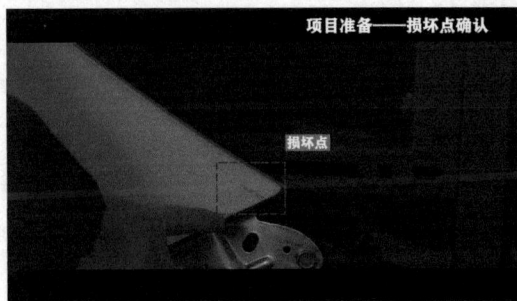

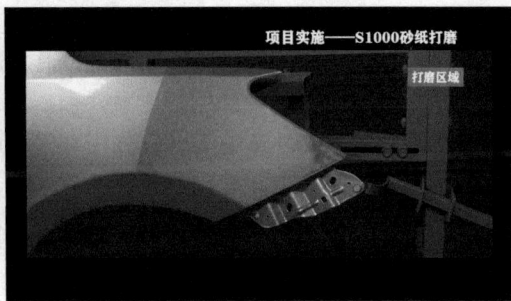

1. 局部修补过渡喷涂

（1）定义：对于面积较小、位置靠近板件边缘的损伤的修补涂装。

（2）前提条件：需要有足够的剩余面积。

（3）不同种类漆膜的过渡方式。

① 素色漆：将面漆进行局部喷涂，适当采用晕色处理即可。

② 金属漆：分为局部过渡喷涂、板内过渡喷涂、板外过渡喷涂 3 种情况。

（4）过渡方式的应用。

① 局部过渡喷涂：适用于板件中部范围在 20～50mm^2 内的漆膜损伤修复。

② 板内过渡喷涂：用于位于板件中部的较小范围漆膜损伤修复，且受损面在各个方向上都没有清晰的边缘界限时。

③ 板外过渡喷涂：在漆膜损伤点处于板件边缘时采用此工艺。

2. 单工序素色漆驳口喷涂流程

第一次喷涂薄薄的一层→第二次喷涂比第一次喷涂稍宽一些，并在湿的状态下定出色彩→第三次喷涂比第二次要喷得更宽些，要稍加一些稀释剂→晕色处理→闪干，清除遮蔽→干燥。

3. 金属色漆驳口喷涂

在中涂漆层四周喷一层清漆（或驳口清漆）→喷一薄层金属闪光底色漆→喷 2～3 遍底色漆→闪干→喷涂底色漆与驳口清漆的混合物（消除斑纹）→闪干→喷涂清漆→喷涂驳口→

闪干→清除遮蔽→干燥。

4. 小修补工艺

清洁→除油→遮蔽→确定具体修复工艺→打磨→清洁→喷涂中涂漆→干燥中涂漆→打磨中涂漆→清洁→喷涂驳口清漆→喷涂底色漆→喷清漆→喷涂驳口清漆→喷涂驳口水→抛光→除去遮蔽。

5. 板块过渡喷涂工艺

打磨→清洁→遮蔽→在损伤漆膜的板件上喷涂底色漆→用驳口渐淡法在损伤板件和相邻板件相接处喷涂底色漆→损伤漆膜的板件上喷涂清漆→用驳口渐淡法在损伤板件和相邻板件相接处喷涂清漆→干燥→抛光。

▫ 问题思考 ▫

1. 什么是局部修补过渡喷涂？应用局部过渡喷涂的条件是什么？
2. 素色漆和金属漆通常采用哪些过渡方式？
3. 点修补、板内过渡喷涂和板外过渡喷涂的应用条件是什么。
4. 如何选择过渡喷涂的边界？
5. 什么是驳口水？它有什么作用？何时可用驳口水？
6. 选择小修补时，必须满足哪些条件？
7. 什么是"黑圈"现象？如何避免出现这种现象？

学习任务二　涂装缺陷处理

▫ 学习目标 ▫

1. 能够正确描述各种类型涂装缺陷的定义。
2. 能够正确分析各种类型涂装缺陷的原因。
3. 能够正确提出各种类型涂装缺陷的预防措施。
4. 能够简单描述各种类型涂装缺陷的处理方法。

▫ 相关知识 ▫

一、概述

1. 面漆涂装后修整的要求

面漆的喷涂结束以后，涂装的工作已经大部分完成，但还需要进行最后的修整工作。漆膜的修整主要包括修理小范围内的缺陷和表面抛光等。

在涂装最末道面漆后，由施工人员和质检人员，按该车型的质量标准对该车进行一次全面的检查，并将发现的各种缺陷填写在工艺质量卡上。由操作技术好的施工人员按质量卡上所列缺陷项目依次将缺陷修饰、修整直至合格。

收尾操作人员要有熟练的操作技术，对涂料的特性和涂装工艺理解有一定深度。

2. 抛光机、打蜡工具与材料

（1）抛光机。

① 作用。抛光机用于漆面抛光或打蜡。

② 种类。抛光机有立式和卧式两种。立式抛光机体积小巧，携带方便，可以作为打蜡工具使用。但绝大多数的汽车美容店都使用卧式抛光机，如图 5-2-1 所示。它操作方便，使用寿命长，抛光效果好。

③ 抛光机的使用。

a. 抛光机的抛光盘背面与抛光轮上有尼龙搭扣，方便安装和拆卸，如图 5-2-2 所示。安装搭扣式的抛光盘时，一定要保证两者的中心线重合。如果安装位置偏了，抛光盘转动时，边缘的离心力分布不均，就会影响到抛光质量和加速设备的损坏。

图 5-2-1　卧式抛光机　　　　　　　　　图 5-2-2　安装抛光盘

b. 普通抛光机有 1～6 个不同的速度挡位（通过挡位调节旋钮调节，如图 5-2-3 所示）。高档的抛光机速度调节是无级的，可以在静止到最高转速之间随意调节，满足不同的抛光工艺要求。

c. 抛光操作时电源开关可以自锁，不用手指长时间按着开关，方便抛光操作。需要停机时只要再按一下开关，锁止自动解除，抛光机停止工作，如图 5-2-4 所示。

图 5-2-3　速度挡位调节旋钮　　　　　　图 5-2-4　解除锁止

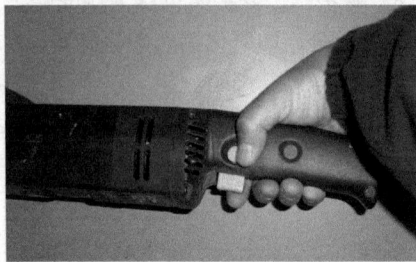

注意

① 抛光机转速调整。粗抛时转速要低些，一般在 1～3 挡；精细抛光时转速要调高，一般在 1～5 挡。

② 抛光时不要过分用力按压，保证抛光机不晃动就可以。

③ 抛光完毕，将抛光盘取下，清洗干净后单独放好。

④ 抛光机存放时要让抛光轮向上，防止抛光轮被压变形。

④ 抛光盘的选择。抛光盘的选择要根据漆膜损伤程度而定，具体选择标准见表 5-2-1。

表 5-2-1 抛光盘的选择

产品	技术特点	适用漆膜	实物
羊毛球	用于漆膜粗抛光，特殊结构使空气流通有助于漆膜温度最佳，切削力最强	新修补、划痕严重的表面处理后	
粗海绵	用于严重受损的旧漆膜抛光，切削力比较强	新修补或划痕重的表面处理后	
细海绵	精细抛光，提升漆膜表面光泽	发丝划痕、粗抛光后	
蜂窝状海绵	精细抛光，它的蜂窝状结构有助于消除抛光纹	细抛光、有光晕、保养	

（2）车蜡。

① 车蜡的种类。车蜡按作用的不同可以分为保养蜡、修护蜡、综合蜡。

a. 保养蜡。保养蜡用于车漆面的保养，通常装于盒内，如图 5-2-5 所示。保养蜡能均匀地渗透到涂层的细小空隙中，使漆膜上多了一层保护膜，可以隔绝紫外线、灰尘、油烟以及其他杂质，保持漆面的光泽和持久性。

b. 修护蜡。修护蜡也称为抛光蜡，能够修复涂层上的微小缺陷。修护蜡主要是在蜡中加入研磨成分，如氧化铝、碳化硅等，如图 5-2-6 所示。根据研磨剂的颗粒切削能力不同可分为粗蜡、中蜡、细蜡。

图 5-2-5 保养蜡

图 5-2-6 修护蜡

一般情况下，第一遍抛光用粗蜡；第二遍抛光用中蜡；第三遍抛光用细蜡。

c. 综合蜡。综合蜡是将修护蜡和保养蜡综合在一起，可以将抛光和保护一次完成。常用的三合一美容蜡即属于综合蜡。图 5-2-7 为美国 3M 三合一美容蜡包装图。

② 车蜡选择。市场上车蜡种类繁多，分类标准也是五花八门，由于各种车蜡的性能不

同，其作用效果也不一样，所以在选用时必须要慎重，选择不当不仅不能保护车体，反而会损伤车漆，甚至使车漆变色。

一般情况下选择车蜡时，要根据车蜡的作用特点、车辆的新旧程度、车漆颜色及行驶环境等因素综合考虑。

a. 对于高级轿车，可选用高档车蜡。

b. 对普通车辆，选用普通的珍珠色漆或金属漆系列车蜡即可。

c. 新车最好用彩涂上光蜡，以保护车体的光泽和颜色。

d. 夏天宜用防紫外线车蜡。

e. 行驶环境较差时则选用保护作用突出的树脂蜡比较合适。

f. 选用车蜡时还必须考虑与车漆颜色相适应，一般深色车漆选用黑色、红色、绿色系列的车蜡，浅色车漆选用银色、白色、珍珠色系列的车蜡。

（3）褪蜡毛巾。手工打蜡时需要使用干净柔软的毛巾将涂在车身上的车蜡清除掉。如图 5-2-8 所示，市场还有一种叫神奇百洁布的褪蜡工具，它不同于普通毛巾，极少掉毛细纤维，柔软性好，不伤漆面。

图 5-2-7　三合一美容蜡

图 5-2-8　褪蜡毛巾

二、涂装缺陷微处理

1. 劳动安全

按打磨、喷涂施工要求进行劳动保护准备。

2. 漏喷、露底的修整

（1）先用 P500～P600 水磨砂纸将该部位轻磨（干磨）光滑并擦净杂质。

（2）调制原色漆，将打磨部位细致地补喷均匀。

注意

一定要遮蔽好其他不需要补喷的区域。

3. 毛边的修整

（1）先用刀片将毛边清理干净，如图 5-2-9 所示。

（2）用毛笔蘸少许色漆轻涂一次，如图 5-2-10 所示。

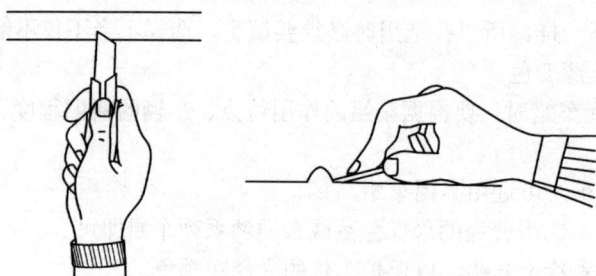

图 5-2-9　用刀片清理毛边

图 5-2-10　用毛笔补涂毛边

（3）干燥后再补涂一次，至平滑均匀。

4. 颗粒的修整

（1）立面垂滴颗粒的修整（见图 5-2-11）。

① 颗粒小时，使用油石打磨平整；颗粒较大时，应用刀片削平。

② 用抛光机抛光（此项操作可在全部缺陷修整完成后，借助整板或整车抛光来完成）。

a. 倒少量抛光剂于软布上。

b. 在补涂部位四周接口处，按补涂部位向旧漆面部位同一方向抛光，抛光力度不宜过大，抛光程度不宜过深，防止产生补涂边缘线形痕迹，使漆面达到光泽柔和程度即可。

（2）平面上的凸起颗粒或污点的修整。

① 用刀片将其基本削平。

② 用粒度为 P1000～P1500 水磨砂纸或油石磨平，如图 5-2-12 所示。

③ 最后用抛光机抛光（此项操作可在全部缺陷修整完成后，借助整板或整车抛光来完成）。

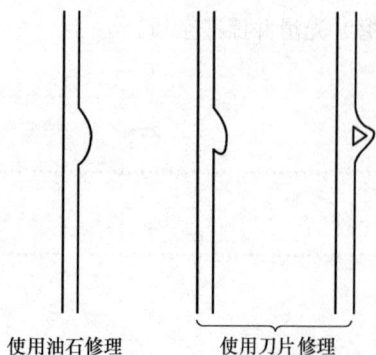

使用油石修理　　使用刀片修理

图 5-2-11　立面垂滴颗粒的修整

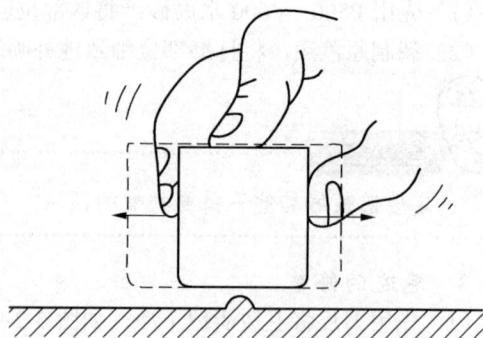

图 5-2-12　对平面凸起的打磨

5. 流挂的修整

（1）边缘流挂（流坠）的修整，如图5-2-13所示。

① 用小刀将流坠部分削平整。

② 用P800砂纸打磨平滑。

③ 视需要补喷一次清漆（对于素色漆，补喷素色面漆），进行必要的遮蔽。

彩图

图5-2-13

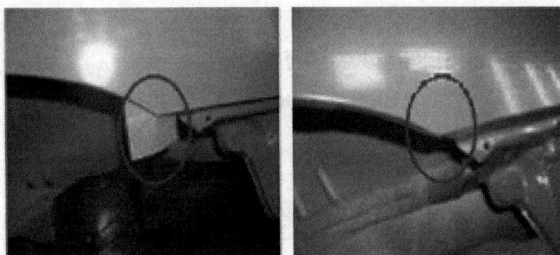

图5-2-13　边缘流挂的修整

（2）板件中间面漆流挂。

① 用P600～P800水磨砂纸将流痕湿打磨至平整。

② 用P1000～P2000水磨砂纸将流淌部位湿打磨至平滑，洗净擦干。

> **注意**
>
> 　　打磨时为防止磨到周围不须打磨的部位，可以用遮蔽胶带对不须打磨的区域进行遮蔽。打磨的手法应使打磨垫尽量平行于面漆漆面，手法要轻一些，用水先将水磨砂纸润湿，然后在打磨区域上洒一些肥皂水，这样可以充分润滑打磨表面，且不至于产生太深的砂纸痕迹。打磨时要非常仔细，经常用胶质刮水片刮除打磨区域的水渍来观察打磨的程度，只要流挂部位消除并与周围漆膜齐平即可。千万不要磨穿或使漆膜过薄，要给抛光留出余量，并保证抛光后仍有足够的膜厚。对于边角等漆膜比较薄且极易磨穿的地方尤其要小心。

③ 用抛光机抛光滑（此项操作可在全部缺陷修整完成后，借助整板或整车抛光来完成）。

6. 针孔的修整

（1）局部小面积针孔。

① 先用P1000～P1200水磨砂纸磨平滑。

② 用砂蜡和光蜡抛光（此项操作可在全部缺陷修整完成后，借助整板或整车抛光来完成）。

（2）较大面积针孔。

① 先用P500～P600水磨砂纸湿打磨平滑，彻底消除针孔，洗净吹干。

② 按面漆末道漆喷涂方法精心补喷均匀。

③ 在新喷面漆的过渡区域喷驳口水。

④ 抛光（此项操作可在全部缺陷修整完成后，借助整板或整车抛光来完成）。

7. 麻眼的修整

麻眼的外观与较大面积针孔相似，只是孔径大些。

（1）用P600水磨砂纸进行磨光。

（2）用麻眼灰（填眼灰）反复找平（目前的工艺建议补涂原子灰）。

（3）干后磨光擦净。

（4）用原色浆补喷均匀。

（5）用驳口水消除补漆雾痕。

（6）抛光（此项操作可在全部缺陷修整完成后，借助整板或整车抛光来完成）。

8. 咬底的修整

（1）轻度咬底。

① 用 P800 砂纸湿打磨平整。

② 换用 P1000～P2000 砂纸打磨整个表面。

③ 整板抛光。

（2）重度咬底。

① 将起皱的漆膜清除。

② 待该部位干燥后，用 P240 水磨砂纸打磨光滑。

③ 细刮原子灰至平整。

④ 干燥后磨光原子灰，清洁除油。

⑤ 用原色浆补喷均匀。

⑥ 喷驳口水以消除漆雾痕。

⑦ 抛光（此项操作可在全部缺陷修整完成后，借助整板或整车抛光来完成）。

9. 漆膜凹陷的修整

（1）若面漆漆膜已经基本干燥，则需要用清洁剂对需要填补的区域进行清洁。如有必要可用 P800 以上的细砂纸进行简单打磨，但打磨区域切不可过大，只起提高附着能力的作用即可，然后用清洁剂清洁干净。

（2）用牙签或小毛笔蘸上少许面漆（为保证没有色差，最好用剩余的面漆。若为双组分涂料，则必须添加固化剂），并迅速地滴到故障部位（鱼眼）或描绘在需要填补的部位（剥落漏白），如图 5-2-14 所示。

（3）用另一支小毛笔蘸取少许面漆稀释剂涂抹在修饰部位，以使修饰部位变得较为平整，并利用稀释剂的溶解作用使修补部位与其周围相融合。

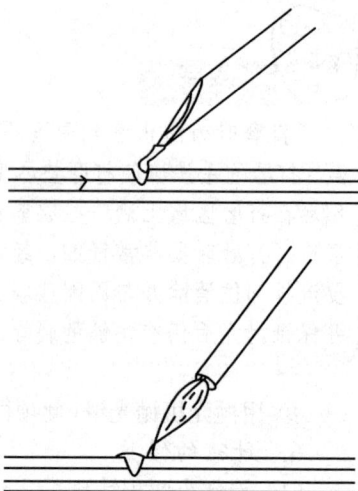

图 5-2-14　用牙签或小毛笔进行
表面修理

（4）待完全干燥后可以稍稍进行打磨并进行抛光处理，方法同流挂及颗粒的修理。

注意

如果缺陷部位非常明显或所处位置是车辆极需要漆膜完美的地方，如小轿车的发动机罩或翼子板等，一般需要采用点修补的方法（使用小型修补喷枪进行局部喷涂）来修理。

10. 粗糙面修整

（1）轻度粗糙面。

① 用 P1000～P2000 水磨砂纸配合橡胶打磨垫手工湿打磨平滑，擦净晾干。

② 用砂蜡和光蜡进行抛光修饰。

（2）严重粗糙面。

① 用打磨机配合 P800～P1500 砂纸充分磨平，擦净。

② 用砂蜡和光蜡进行抛光修饰。

三、整车（整板）抛光

1. 抛光前的要求

刚喷漆面应在漆膜实干后进行抛光，自干性涂料在喷涂后 8～16h 进行抛光，双组分涂料应在喷涂后，经过烘烤 35min（车身金属温度为 65℃）或风干 36h（但不建议风干），手指压表面而没有产生手指印后进行抛光。一般采用二次抛光处理法效果较好。在抛光前若是旧车漆面，则应用水将车身表面的泥沙冲洗干净，以防在抛光时损坏漆面。

图 5-2-15　对整车进行湿打磨

2. 抛光程序

（1）第一遍抛光。

① 用半弹性打磨垫配合 P1500 水磨砂纸将整车打磨一遍，如图 5-2-15 所示。对于个别小缺陷，可选用精磨砂碟进行，如图 5-2-16 所示。

（a）手工砂碟使用　　　　　（b）机械砂碟使用

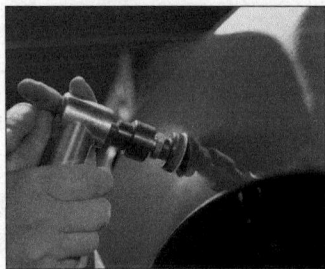

图 5-2-16　精磨砂碟的使用

② 用 P2000 海绵砂纸，轻轻地把流痕、凸点、粗粒、轻微划痕打磨平整。

③ 用 P4000 海绵砂纸再按顺序将整车打磨一遍，使漆面均匀无光。注意不要磨穿漆膜层。

④ 用水清洗漆面并擦净，如图 5-2-17 所示。

⑤ 待漆膜表面干燥后，用海绵块将抛光蜡均匀地涂于漆面，如图 5-2-18 所示。

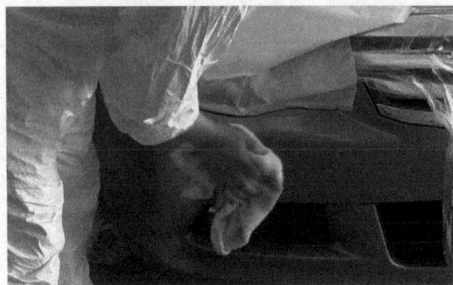

图 5-2-17　用水冲洗并擦净表面

图 5-2-18　将抛光蜡涂于漆膜表面

⑥ 机械抛光应将抛光机的转速调至 1000～1500r/min 为宜，将抛光机的羊毛盘平放在漆

面上，然后均衡地向下施加压力进行抛光，如图 5-2-19 所示。整车抛光应从车顶开始，在漆面上有规律地沿水平方向来回研磨。研磨面积不宜过大，要一个面一个面地进行，每一个面长 60～80cm，宽 40～50cm，漆面逐渐呈现平滑与光泽。

⑦ 用干净的抹布把漆面上的多余抛光剂擦净。若发现某部位漆面还不能达到质量要求时，可重复研磨直至达到质量要求。研磨时要特别注意折边、棱角及高出底材的造型漆面，这些部位的漆膜相对较薄，研磨时触及机会较多，要特别注意不要磨穿漆膜，平面部位较圆弧面不易起光泽，应适当增加研磨次数。

图 5-2-19　抛光

（2）第二遍抛光。当整车漆面用全能抛光剂完成粗抛光后，漆面的流痕、粗粒、划痕、砂纸磨痕会全部消除，但有时会有一些极其细小的丝痕或光环，为了确保漆面更平滑、光亮，则需用釉质抛光剂（细蜡）进行第二次抛光，经釉质抛光剂抛光后，漆面亮度高、丰满度好，保持时间可达 1 年。

注意

标准的工艺是在用细蜡抛光前加一次中蜡抛光；但实践证明，用粗蜡、细蜡两次抛光即可获得满意的效果。

① 用干净的软布擦净前道抛光残留物。

② 摇匀釉质抛光剂，用软布或海绵将其均匀涂于漆膜表面。

③ 停留 60s 以上，使抛光剂变干、发白。

④ 用手工或机械方法抛光，机械抛光应将海绵盘转速保持在 1000～1500r/min，抛光时应按一定方向有序进行。不要用羊毛盘进行第二次抛光。手工抛光时应以水平直线运动，直到漆面擦亮即可。

（3）用干净的软布擦净漆面。

四、打保护蜡

（1）取蜡。将保护蜡摇匀，然后倒少许于软布（或海绵）上，如图 5-2-20 所示。

（2）涂蜡。以大拇指夹住软布（海绵），以手掌和其他 3 个手指按住软布（海绵），每次涂蜡面积以 $0.5m^2$ 为宜，力度均匀地按螺旋式顺序擦拭，如图 5-2-21 所示。从前到后、从左到右，蜡膜要涂得薄而均匀。

（3）根据每种车蜡的说明，等蜡稍干（发白）用干净的软布擦净即可。

五、部件的安装与清洁作业

打蜡作业结束后，安装好拆卸下的部件。若部件有脏污，应仔细擦拭干净后再安装。对车主平常在进行扫除时难以涉及的地方，也要将其打扫干净，这样一定会受到客户的欢迎。

虽然是小细节问题，但对维持与客户的关系会起很大作用。安装好拆卸下的部件之后，应全面检查电路是否正常、螺栓是否都已拧紧等。

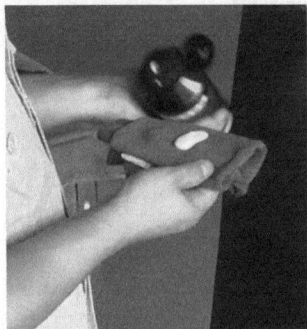

图 5-2-20 倒蜡

图 5-2-21 涂蜡

交车之前应用净水将车身整体彻底清洗干净。清洗过程中，若发现有细小伤痕，即使不是所修理部位，也要予以修整。

□ 任务总结 □

缺陷处理——重度咬底

相比较其他缺陷，重度咬底修复较为复杂，需要清除起皱的漆膜→打磨→刮原子灰→打磨→补喷面漆→做驳口→抛光

重度咬底

视频

涂装缺陷处理

AR 汽车涂装

1. 概述

抛光和打蜡用的工具为抛光机和褪蜡毛巾，材料主要是车蜡。

（1）抛光机。抛光机有立式和卧式两种。立式抛光机可以作为打蜡工具使用；卧式抛光机的抛光效果好。

（2）褪蜡毛巾用于清除车蜡。

（3）车蜡。车蜡按作用的不同可以分为保养蜡、修护蜡、综合蜡。保养蜡用于车漆面的保养；修护蜡能够修复涂层上的微小缺陷；综合蜡可以将抛光和保护一次完成。

2. 涂装缺陷微处理

（1）劳动安全：按打磨、喷涂施工进行劳动保护准备。

（2）漏喷、露底的修整：打磨→补喷。

（3）毛边的修整：清理毛边→补涂。

（4）颗粒的修整：削平大颗粒→打磨平整→抛光。

（5）流挂的修整。

① 边缘流挂（流坠）的修整：削平流坠→打磨→抛光或补喷。

② 板件中间面漆流挂修整：打磨→抛光。

（6）针孔的修整。

① 小面积针孔：打磨→抛光。

② 较大面积针孔：打磨→补喷→做驳口→抛光。

（7）麻眼的修整：打磨→补涂原子灰→打磨→补喷面漆→做驳口→抛光。

（8）咬底的修整。

① 轻度咬底：打磨→抛光。

② 重度咬底：清除起皱的漆膜→打磨→刮原子灰→打磨→补喷面漆→做驳口→抛光。

（9）漆膜凹陷的修整：打磨→清洁→填补→抛光。

（10）粗糙面修整：打磨→抛光。

3．抛光

（1）抛光程序：采用2次抛光法。

（2）第一次抛光。

① 打磨砂纸递进程序：P1500水磨砂纸→P2000海绵砂纸→P4000海绵砂纸。

② 使用工具：卧式抛光机。

③ 使用材料：抛光蜡。

（3）第二次抛光：选用釉质抛光剂（细蜡）。

4．打保护蜡

取蜡→涂蜡→擦净。

口 **问题思考** 口

1．使用抛光机时，有哪些注意事项？

2．说明抛光盘的选择方法。

3．如何选用保养蜡、修护蜡、综合蜡？

4．面漆喷涂结束后，对于表面较大凸起的颗粒，应如何处理？

5．面漆喷涂结束后，对于表面较大面积的针孔，应如何处理？

6．面漆喷涂结束后，对于较严重的咬底部位，应如何处理？

7．进行第一遍抛光的打磨操作时，砂纸的递进程序是什么？

学习任务三 涂装缺陷分析

口 **学习目标** 口

1．能够正确描述各种类型涂装缺陷的定义（外观现象）。

2．能够正确分析各种类型涂装缺陷的原因。

3. 能够正确提出各种类型涂装缺陷的预防措施。

4. 能够正确进行各种类型涂装缺陷的处理。

□ 相关知识 □

一、概述

喷涂过程中常常会由于种种原因在面漆表面造成一些微小的缺陷，例如流挂、颗粒、微小划擦痕迹和凹坑等。由于这些涂装缺陷的存在，会影响漆膜的装饰性，因此必须进行修补。本任务主要介绍涂装过程可能出现的各类缺陷，并分析产生缺陷的原因、预防措施及处理方法。

二、常见喷涂缺陷分析

1. 漏喷、露底

（1）定义。板件表面没有喷到之处称为漏喷；有露出底层（旧漆膜层）颜色处称为露底。漏喷、露底通常出现在板件的边角部位，如图 5-3-1 所示。

（2）主要原因。

① 板件边缘遮蔽过多。

② 喷涂时，喷枪没有移动到位。

③ 喷枪移动速度过快。

④ 喷涂层数不足。

（3）预防措施。

① 控制好遮蔽的边缘。

② 喷枪移动的末端和起点均应在需喷涂部位之外（或遮蔽纸上）。

③ 控制好喷枪的移动速度。

④ 按工艺规定的层数喷涂。

（4）处理方法。

将漏喷、露底处打磨，用原色漆重新补喷。

2. 颗粒

（1）定义。涂层表面有微粒状凸起叫颗粒，也称为尘点、灰点，如图 5-3-2 所示。

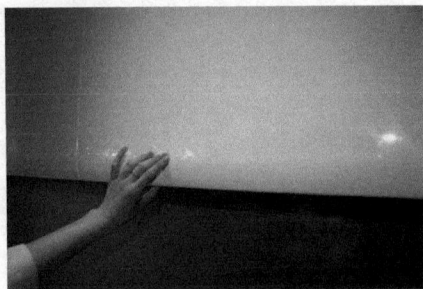

图 5-3-1　漏喷和露底

图 5-3-2　面漆表面的颗粒

彩图

图 5-3-1 和
图 5-3-2

（2）主要原因。

① 表面清洁不彻底。

② 喷漆间空气不清洁，如过滤棉污染严重。

③ 喷漆间的气压过低。

④ 喷漆间不清洁。

⑤ 喷漆技师的工装不清洁。

⑥ 涂料过滤不干净。

（3）预防措施。

① 保证板件清洁彻底。

② 定期检查、更换喷漆间过滤系统。

③ 保持喷漆间清洁。

④ 喷漆技师的工装应干净，在喷涂前，应用压缩空气清洁工装。

⑤ 使用符合标准的过滤网过滤。

（4）处理方法。打磨凸起至平整，视情况补喷或抛光。

3. 流挂

（1）定义。漆膜的表面有流淌状凸起（见图5-3-3）或边缘有涂料流坠的缺陷为流挂（见图5-3-4）。

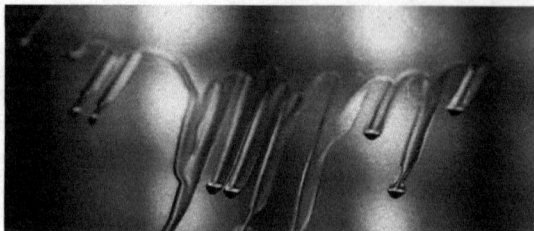

图 5-3-3　表面流淌状凸起

图 5-3-4　边缘涂料流坠

（2）主要原因。

① 涂料黏度过低。

② 不正确地使用了慢干型稀释剂或固化剂。

③ 喷枪移动速度过慢。

④ 层间闪干时间不足。

⑤ 漆膜过厚。

⑥ 喷枪口径过大或喷涂气压过低。

⑦ 板件或涂装环境温度过低。

⑧ 喷枪距离过近。

（3）预防措施。

① 按技术资料规定的标准进行喷涂操作。

② 板件温度低时，应适当加热。

③ 不得在过低的环境温度下喷漆。

④ 处理方法。将凸起部位打磨平整，视情况补喷面漆或用抛光机抛光。

4. 针孔

（1）定义。针孔即漆膜表面有针刺状小孔的缺陷，深度通常达到中涂漆层，也称为针眼，如图 5-3-5 所示。

（2）主要原因。

① 玻璃纤维底材没有进行合格的底处理。

② 原子灰混合不均匀或固化剂加入过多。

③ 有缺陷的旧漆膜没有清除彻底。

④ 喷涂面漆前的打磨不彻底（残留溶剂泡）。

（3）预防措施。

① 对玻璃纤维底材施涂充足的原子灰。

② 原子灰要搅拌均匀，添加规定比例的固化剂。

③ 保证有缺陷的旧漆膜清除彻底。

④ 面漆喷涂前的打磨要彻底。

（4）处理方法。打磨至针孔完全消失，补涂原子灰、中涂漆和面漆。

5. 咬底

（1）定义。咬底也称为浮皱、隆起，即漆膜表面有起皱、隆起现象，可能呈现出不同的形状，如图 5-3-6 所示。咬底一般发生在新喷面漆涂层与旧漆层之间的驳口处或填补过原子灰的中间涂层上。

图 5-3-5　针孔

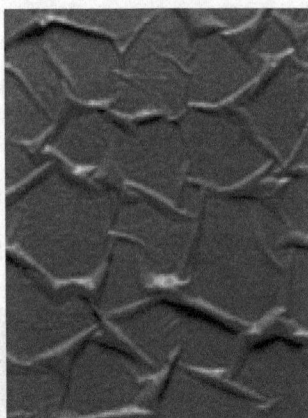

图 5-3-6　咬底

彩图

图 5-3-5 和
图 5-3-6

（2）主要原因。

① 对旧漆膜打磨不充分就喷涂新面漆。

② 底漆或原子灰太厚或未干透。

③ 底漆、中间涂料、面漆之间不配套。

④ 不耐溶剂的旧漆膜（如硝基漆膜）表面没有使用聚酯型中涂漆遮盖。

⑤ 面漆黏度过低（稀释剂含量过多）。

（3）预防措施。

① 对旧漆膜的打磨应充分。

② 底漆和原子灰施工应严格按照涂料生产商技术要求进行，并保证底层彻底干透。

③ 必要时在旧漆膜表面喷涂聚酯型中涂漆（或封闭底漆）。

④ 处理方法。将起皱的漆膜完全清除，视需要重新喷涂面漆或中涂漆、面漆。

6. 缩孔

（1）定义。缩孔是指漆膜表面出现的大量的大小从针孔到直径1cm的火山口状空洞或凹痕。通常大尺寸的凹痕单独出现，而小凹痕则以较小密度成片出现。在凹痕的中心一般可发现有小的杂质颗粒存在，如图5-3-7所示。缩孔又被称为鱼眼、蜡眼、硅树脂污染、成碟状的坑、火山口、笑眼、缩孔及走珠等。

（2）主要原因。

① 喷漆环境中或基材表面上存在含硅的有机化合物。

② 有其他污染源，如油脂、洗涤剂、尘土、蜡等。

③ 底漆中含有不匹配的成分。

④ 压缩空气管线中有水、油等。

⑤ 喷漆房内蒸气饱和。

（3）预防措施。

① 用除蜡脱脂剂彻底清洁基材表面，禁止在喷漆房内使用含硅类的抛光剂。

② 底漆一定要匹配。

③ 注意喷漆房的蒸气饱和程度。

④ 添加缩孔防止剂。

⑤ 每日对压缩空气管线进行清洁。

（4）处理方法。将缺陷区域的漆膜彻底清除，按要求处理基材表面，重新喷漆。必要时，还需要在油漆中使用抗缩孔添加剂。

7. 干喷

（1）定义。干喷也称为过喷、干喷溶解不良或粗糙面，即面漆表面呈现粉状或粗糙的漆面效果，如图5-3-8所示。通常在车顶棚和发动机舱盖等部位进行大面积喷涂时，在接枪位置较容易产生干喷现象。

图5-3-7　缩孔

图5-3-8　干喷

彩图

图5-3-7和图5-3-8

（2）主要原因。

① 喷涂时压缩空气的气压太高。

② 喷涂车间或烤漆房内通风系统工作不良或环境温度太高。

③ 选用了不正确的喷枪喷嘴或施工工艺不当。

（3）预防措施。

① 喷涂时，应将压缩空气调节到适当压力，并避免喷涂车间气流不稳定。

② 提高喷涂技术，正确调节喷枪。

③ 如果喷涂作业环境炎热干燥，应适当使用慢干稀释剂。

（4）处理方法。

① 如果中涂漆出现干喷现象，应使用清洁抹布蘸稀释剂擦拭，或等漆面干燥后打磨。

② 如果面漆出现干喷现象，应使用 P1200 砂纸打磨，然后抛光打蜡。

8. 渗色

（1）定义。漆膜表面变色，变色一般呈晕圈形式，严重时漆膜颜色完全改变，通常在红色、褐色漆表面喷涂时会发现此现象，如图 5-3-9 所示。渗色又称为秀色、遮盖力不良。

（2）主要原因。底层油漆中的颜料被新漆层中的溶剂溶解并吸收。

（3）预防措施。

① 使用防渗色封闭底漆。

② 喷涂之前清除原漆膜上黏附的漆雾。

③ 进行试喷试验看原漆膜是否有渗色现象。

（4）处理方法。将其打磨到原漆膜，喷涂封闭底漆将原漆膜封闭，然后重新喷涂面漆。

9. 起痱子

（1）定义。漆膜表面呈现成片的大小不等、密度不同的气泡的缺陷为起痱子。大气泡直径大于 1.5mm，一般成片出现，有时也会单独出现；小气泡直径一般为 0.5mm，其分布蜿蜒曲折或状似指纹，如图 5-3-10 所示。起痱子又被称为起泡、泡状物、溶剂泡及凸起等。

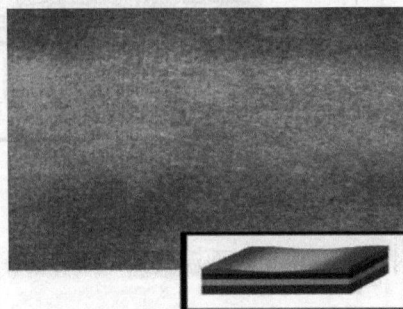

图 5-3-9　渗色

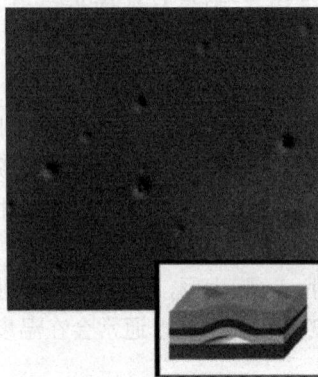

图 5-3-10　起痱子

彩图

图 5-3-9 和
图 5-3-10

（2）主要原因。漆膜下陷入了水气或污物。

① 表面不清洁，残留了水、油、油脂等污染物。油漆层在阳光下曝晒或大气压力变化时，湿气膨胀产生压力，如压力够大就容易产生气泡。

② 材料不配套，或未按规定使用稀释剂。如使用了劣质稀释剂或使用快干型稀释剂特别是漆喷得太干或压力太大，空气或湿气可能被封在漆层中。

③ 漆膜过厚。每道漆之间的闪干时间不够长，或底漆喷涂太厚，都会将溶剂包容进去，后来挥发出来便使面漆起泡。

④ 压缩空气管线脏污，油、水和脏物存在于管线中，并随喷漆的进行而进入漆膜中。

⑤ 湿磨聚酯原子灰后没有足够时间让水分挥发就喷涂面漆。

⑥ 各种漆料没有正确配套。

⑦ 喷涂后过早烘烤。

⑧ 红外线烤灯距离漆面太近或烘烤温度太高。

⑨ 水分渗入新喷涂的和旧的漆膜内。

（3）预防措施。

① 注意保护好漆膜表面，涂漆前的表面处理工作要彻底，并保证已彻底干燥。

② 按规定使用配套涂料。

③ 按正确的喷涂工艺进行操作。特别是每道漆之间必须留有足够的闪干时间。

④ 在漆膜完全固化之前，避免使其暴露在湿度太大和温度变化剧烈的环境中。

⑤ 每天对空气压缩机进行排水和清洁，去除已收集的水分和脏物。空气压缩机储气罐也要每日排水。

（4）处理方法。用一根针挑破气泡，以确定气泡的深度，并用一个低倍放大镜查出气泡产生的原因。当气泡发生在油漆层之间时，可将缺陷区域打磨掉，露出完好的漆层后，再重新喷漆；若缺陷严重，或气泡发生在底漆与基材之间时，则应将基材之上的漆层全部除掉，然后重新喷漆。

10. 起云

（1）定义。喷涂后，漆膜颜色变得较白并成云团状的缺陷为起云，如图 5-3-11 所示。起云常发生于金属色漆膜上。起云又被称为起斑、起雾、白雾、表面钝光等。

彩图
图 5-3-11

图 5-3-11　起云

（2）主要原因。

① 采用不匹配的催干剂或稀释剂，特别是采用快干型稀释剂，使漆膜过快冷却，表面温度降低而使表面凝结水分。

② 喷枪调整不当。气压过高，会对潮湿的油漆表面产生冷却效应，使水分凝结的可能性增大。

③ 喷涂方法不对，漆膜太厚，漆膜挥发时间不足。

④ 基材表面温度太高或太低。通常会在温度过低时出现，由于表面温度低，而容易凝结水分。

⑤ 干燥方法不当。喷漆工常利用喷枪中的高压气流，对刚喷完的湿漆膜吹扫，以加快干燥，这样会加速稀释剂的蒸发速度，导致水分凝结于漆膜表面。

（3）预防措施。

① 采用正确的喷涂方法。

② 开始喷涂前，将喷枪的扇形调整好。

③ 使用推荐的稀释剂和催干剂，并充分混合好。

④ 保证基材表面的温度处于推荐的范围之内。

⑤ 涂装间的湿度超过 80%时，应密封喷漆房使其升温干燥后再进行喷漆操作。

（4）处理方法。若还没有喷涂清漆层，可再喷一层银粉漆盖住起云的部位，可适量添加缓干剂或改用慢干型稀释剂。最好能将漆膜重新强制干燥（60℃，45min），再视情况进行抛光或重新喷涂。

11. 表面无光

（1）定义。漆膜表面平整光滑，但缺少光泽，在显微镜下观察漆膜表面粗糙的缺陷为表面无光，如图 5-3-12 所示。表面无光又被称为异常失光。

（2）主要原因。

① 底漆附着力差，或底漆未彻底固化就在其上喷涂了面漆。

② 使用的稀释剂质量太差或型号不对，或使用了不配套的添加剂。

③ 油漆调配或喷涂方法不当。

④ 基材表面质量太差。

⑤ 由于湿度太大或温度太低，漆层干燥速度太慢。

⑥ 溶剂蒸气或汽车尾气侵入了漆膜表面。

⑦ 漆膜表面受到蜡、油脂、水等的污染。

⑧ 在新喷涂的漆膜上使用了太强的洗涤剂或清洁剂，或喷完面漆后过早地进行抛光，或使用的抛光膏太粗。

（3）预防措施。

① 使用合格的底漆，要等底漆层充分干燥后再在上面喷面漆。

② 只使用推荐的稀释剂和添加剂。

③ 要充分搅拌油漆，保证喷漆环境符合要求，按正确的方法进行喷涂。

④ 彻底地清理基材表面。

⑤ 保证漆膜在温暖干燥的条件下进行干燥。

⑥ 禁止在新喷涂的漆膜表面使用强力洗涤剂，在漆膜充分固化之前，不得对其进行抛光，抛光时一定要使用正确规格的抛光膏。

（4）处理方法。通常用粗蜡研磨表面然后进行抛光，即可恢复正常的光泽。如果失光严重，用以上方法仍得不到满意的效果，应将面漆层磨平，然后重新喷漆。

12. 灰印

（1）定义。漆膜上出现一片外观、光泽不同，有清晰的边界或轮廓线的地图状区域的缺陷为灰印，如图 5-3-13 所示。

图 5-3-12　表面无光

图 5-3-13　灰印

彩图

图 5-3-12 和
图 5-3-13

（2）主要原因。

① 原子灰未调配均匀。

② 原子灰打磨不平滑。

③ 没有喷中涂漆或封闭底漆。

（3）预防措施。

① 正确地调配原子灰。

② 保证原子灰表面打磨平滑。

③ 按工艺要求，在原子灰表面必须喷涂中涂漆或封闭底漆。

（4）处理方法。将缺陷区域的漆膜打磨至完整平滑的表面，必要时重新施涂原子灰，喷中涂漆进行封闭。

13. 橘皮

（1）定义。漆膜表面呈疙瘩状、不平整，类似橘子皮外观的缺陷为橘皮，如图 5-3-14 所示。橘皮又被称为流平不良、平整不良等。

（2）主要原因。

① 喷涂方法不当。喷枪离基材表面太远，压缩空气的压力过大，喷幅调节过大。

图 5-3-14　橘皮

② 漆膜太厚或太薄。

③ 油漆混合不均匀，黏度不适当，选用了快速干燥型稀释剂或稀释剂质量太差。

④ 各漆层间的流平时间不足。

⑤ 环境温度或基材表面温度过高。

⑥ 干燥不当。如在流平之前利用喷枪强制干燥等。

（3）预防措施。

① 采用正确的喷涂方法，保证设备调节适当。

② 每次喷涂的漆膜要薄而均匀，使用推荐型号的稀释剂。

③ 各漆层间要有足够的流平时间。

④ 在推荐温度范围内喷涂，并保证通风适当。

⑤ 彻底搅拌有颜料的底漆及面漆。

彩图

图 5-3-14 和
图 5-3-15

（4）处理方法。将橘皮缺陷打磨平，然后抛光。情况严重时，要将缺陷部位打磨平后，重新喷漆。

14. 漆雾

（1）定义。漆膜出现一片片粘在漆膜上或部分陷入漆膜的团粒状油漆微粒的缺陷为漆雾，如图 5-3-15 所示。漆雾又被称为漆尘。

（2）主要原因。喷涂时多余的油漆微粒落在漆膜表面。

① 遮蔽不严。

② 压缩空气的压力太高。

③ 排风和通风不畅。

（3）预防措施。

① 认真做好遮蔽工作。

图 5-3-15　漆雾

② 将喷枪调整到最佳喷雾压力。

③ 使用喷漆房，保证喷漆房排风和通风良好。

（4）处理方法。抛光处理。

15. 钣金缺陷

（1）定义。漆膜表面不平整，出现许多波纹状的、直的、弯的或十字交叉的沟槽，或者参差不齐或球状凸起的缺陷为钣金缺陷，如图 5-3-16 所示。

（2）主要原因。

① 基材表面粗糙不平。

② 原子灰用量不足或质量太差，施工方法不正确或表面打磨不平。

③ 底漆厚度不够。

④ 底漆过厚并没有完全固化时，就在上面喷涂了色漆。

（3）预防措施。

① 喷漆之前要认真检查基材表面，修整所有缺陷。选用适当的砂轮、砂纸、锉刀，清除表面的焊渣。

② 用正确方法进行原子灰的施工和打磨工作。

③ 底漆厚度要适当，并要充分固化。

（4）处理方法。将有钣金缺陷部位的漆膜清除至基材，修补基材表面的所有缺陷，正确清理基材表面后，再重新喷漆。

16. 砂纸痕

（1）定义。透过面漆会发现打磨痕迹的缺陷为砂纸痕，如图 5-3-17 所示。砂纸痕又被称为砂纸痕扩大、直线砂痕、打磨痕等。

图 5-3-16　钣金缺陷（球状凸起）

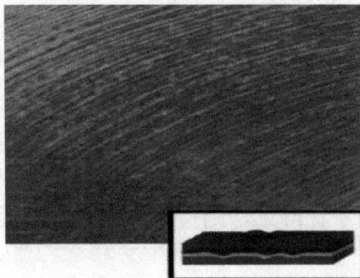

图 5-3-17　砂纸痕

图 5-3-16 和 图 5-3-17

（2）主要原因。

在干燥过程中，由于漆膜收缩，表面呈现出底漆表面的打磨或其他处理的痕迹。

① 底漆表面的处理不当。

② 底漆没有充分硬化就喷涂了色漆层。

③ 漆膜厚度不够，或干燥速度太慢。

④ 油漆混合不均匀，使用的稀释剂型号不对或质量太差，特别是缓干剂、白化水等使用不当。

（3）预防措施。

① 对所用面漆依序使用适当的砂纸号。

② 视情况用封底漆消除砂纸痕，选择适合于喷漆房条件的稀释剂。

③ 不要将底漆喷涂过厚，要确认完全干燥后再喷面漆。

④ 使用匹配的漆料系统。

（4）处理方法。将缺陷打磨到平滑表面，喷涂适合的底漆，再重新喷涂面漆。

17. 银粉不匀

（1）定义。银粉不匀即银粉反光不均匀，也称为走丝，银粉片漂浮形成斑点或条带样的斑纹，如图 5-3-18 所示。银粉不匀只发生在金属漆（银粉漆、珍珠漆）上。如果在垂直表面上出现银粉不匀现象，多数情况下，沉积的银粉会刺破漆膜。

（2）原因。

① 用错稀释剂。

② 各成分没有混合均匀。

③ 喷涂过湿。

④ 喷枪距工作板面太近。

⑤ 喷涂时行枪不均匀。

⑥ 喷漆房内温度过低。

⑦ 清漆喷在没有充分闪干的色漆层上面。

⑧ 涂层受湿空气或潮湿天气影响。

⑨ 涂层太厚。

（3）预防措施。

① 选择适合于所在喷漆房条件的稀释剂并正确混合（在寒冷、潮湿的天气选择快干型稀释剂）。

② 彻底搅拌所有色漆，特别是银粉漆和珍珠漆。

③ 使用正确的喷枪调整技术，喷涂技术及空气压力。

④ 保持喷枪清洁（特别是控漆针阀和空气帽）并处于良好工作状态。

⑤ 不要把色漆层喷得太湿。

（4）处理方法。使色漆层干燥，根据不同的色漆连续修饰两道。如果缺陷是在喷清漆后才看得见，则待清漆彻底干燥后按作业程序，重喷色漆和清漆。

彩图

图 5-3-18 和 图 5-3-19

18. 原子灰印、羽状边开裂

（1）定义。原子灰印、羽状边开裂为外观为沿羽状边或原子灰的边缘形成伸展纹（或开裂）的缺陷，产生于面漆干燥后的漆面，如图 5-3-19 所示。

图 5-3-18 银粉不匀

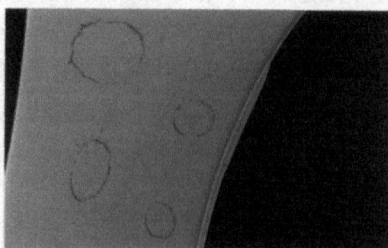

图 5-3-19 原子灰印、羽状边开裂

（2）原因。

① 在中涂漆上喷涂过厚或过湿的漆层。

② 中涂漆混合不均匀。

③ 错误的稀释剂。

④ 不当的表面清洁和准备。

⑤ 干燥不当（用喷枪吹扫未干的底漆和面漆使表面干燥，而底层的稀释剂或空气还没有释放完全）。

⑥ 过量使用原子灰和漆膜过厚。

⑦ 原子灰质量不良。

（3）预防措施。

① 正确使用平整底漆，在涂层之间留有足够的时间使稀释剂和空气挥发掉。

② 充分搅拌含颜料的漆料，按喷漆房的条件选择稀释剂。

③ 只选用适用配套烤漆房的推荐用的稀释剂。

④ 打磨之前彻底清洁工件表面。

⑤ 原子灰厚度为中等偏薄，每层之间留有足够时间释放出稀释剂和空气。

⑥ 原子灰的使用应限于有缺陷的区域，太厚和太多将最终导致羽状边开裂。

⑦ 视情况改用高质量钣金原子灰。

（4）处理方法。除去原漆进行修补。

19. 颜色不对

（1）定义。修补区域的颜色与原车色泽有差距的缺陷为颜色不对，如图 5-3-20 所示。

（2）原因。

① 没有使用推荐的配方。

② 喷枪调整不当或压力不当。

③ 漆膜因曝晒而褪色。

④ 喷涂技术错误（特别是金属漆）。

⑤ 颜料没有充分搅拌。

图 5-3-20 颜色不对

（3）预防措施。

① 使用正确配方。

② 彻底搅拌涂料。

③ 使用扇形色卡核对原厂漆颜色。

④ 选择相邻的色卡来检验颜色。

⑤ 必要的话可按调色指南来与原车色匹配。

⑥ 运用喷涂技术调整，使颜色匹配。

⑦ 在试板上试喷然后再喷车。

彩图

图 5-3-20

（4）处理方法。选择正确的颜色或匹配的颜色，重新喷涂。

20. 银粉泛色

（1）定义。清漆膜中含有铝粉或云母粉，即金属色漆（银粉色漆及珍珠色漆）表面的金属颗粒出现于清漆层中，严重的话，会引起变色的缺陷为银粉泛色，如图 5-3-21 所示。

（2）原因。

① 喷清漆前没有使用粘尘布除尘。

② 色漆和清漆不匹配。

③ 色漆没有足够闪干就喷涂清漆或清漆喷涂过湿。

④ 喷涂气压太高。

⑤ 选用不合适的稀释剂。

⑥ 色漆过于干喷。

（3）预防措施。

① 尽可能使用粘尘布除尘。

② 只使用推荐的产品和推荐的空气压力。

③ 喷清漆前要使色漆充分挥发。

④ 按照厂家要求的施工程序和技术施工。

⑤ 使用推荐的稀释剂。

（4）处理方法。将清漆层打磨掉，然后需要补喷底色漆和清漆。

图 5-3-21　银粉泛色

彩图

图 5-3-21 和
图 5-3-22

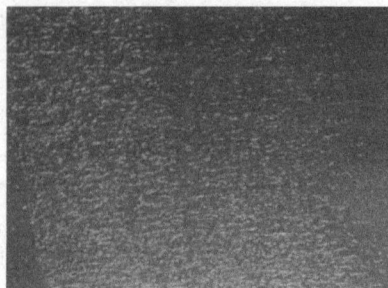

21. 慢干

（1）定义。慢干即漆层很久不干，表面呈现黏稠光亮状态的缺陷，如图 5-3-22 所示。

（2）原因。

① 固化剂不当（太少或太多）。

② 喷涂过厚。

③ 选择挥发过慢的稀释剂或稀释剂质量不合格。

④ 干燥条件不好，空气太潮湿。

⑤ 涂层之间干燥时间不够。

（3）预防措施。

① 使用推荐的稀释剂。

② 按推荐的膜厚喷涂。

③ 留有足够的挥发时间。

④ 改进喷涂和干燥条件。

图 5-3-22　慢干

（4）处理方法。将汽车置于通风、温暖的环境，加热以加速干燥过程。

22. 原子灰渗色

（1）定义。原子灰渗色即喷涂面漆之后，在使用过原子灰的区域，表层颜色会发生变化，通常表现为颜色较周围浅。尤其是浅蓝和浅绿的银粉底色漆容易出现这种现象，如图 5-3-23 所示。

（2）原因。

① 原子灰中固化剂过多，固化剂中的氧化物漂白，导致颜色不均匀。

② 原子灰质量较差。

（3）预防措施。使用质量好的原子灰，并参照原子灰的使用说明正确调配原子灰与固化剂的比例。

（4）处理方法。打磨表面漆层并重新喷涂，情况严重时应打磨掉原子灰涂层并重新修补

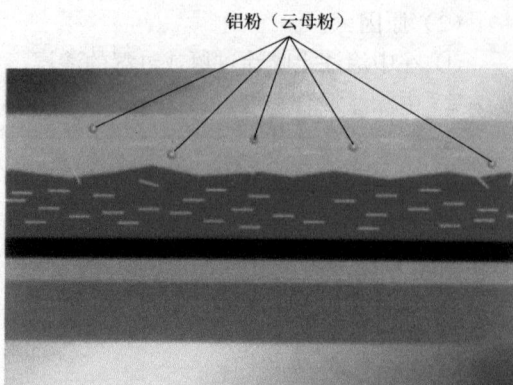

和喷涂。

23. 条纹

（1）定义。条纹也称为斑纹或阴影，即面漆层表面出现颜色的深浅差异，经常呈现平行状，银粉漆和珍珠漆出现这种缺陷的概率最高，如图 5-3-24 所示。

图 5-3-23　原子灰渗色

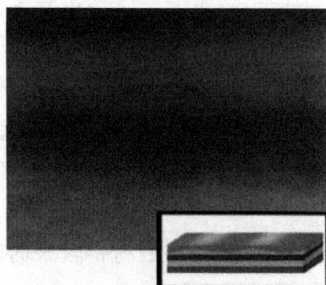

图 5-3-24　条纹

彩图

图 5-3-23～
图 5-3-26

（2）原因。

① 压缩空气压力过大、喷枪脏污或喷嘴调整不当，使喷枪喷出的涂料扇形中边缘涂料过多，而中间涂料过少。

② 喷涂技术较差，喷枪与喷涂表面之间的距离经常变化或喷涂时重叠不均匀。

③ 涂料稀释不当，没有按照工艺要求添加稀释剂。

（3）预防措施。

① 使用正确的喷涂气压。

② 调整合适的喷涂扇幅。

③ 应在喷涂过程中使喷枪与喷涂表面的距离始终保持一致，并保持 50% 的重叠。

（4）处理方法。等待漆面干燥后，按正确的工艺重新喷涂。

24. 漆面下陷

（1）定义。漆面下陷为修补的区域下陷，面漆表面形成"湖泊"形状的外观，如图 5-3-25 所示。

（2）原因。

① 在喷涂多层涂料时，前一层漆面干燥得不够彻底。

② 原子灰下陷，但喷涂低光泽度的中涂漆时不容易被发现，而喷涂高光泽度的面漆时，漆面下陷的现象比较明显。

③ 短时间内喷涂了多层湿油漆，中涂漆和面漆的层间静置时间不够长。

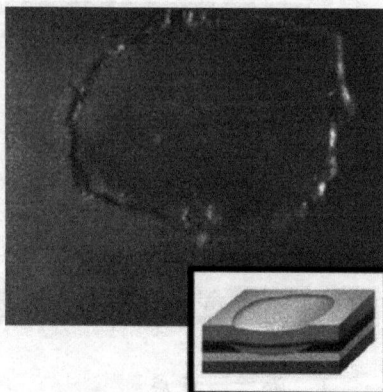

图 5-3-25　漆面下陷

（3）预防措施。

① 所有的原子灰层都应该完全干燥，特别是天气不好或气温低的时候。

② 不要厚涂中涂漆和面漆的湿漆膜，应按照要求控制层间静置时间。

③ 不要用吹风的方式干燥湿漆膜表面，因为这样可能导致只有表面干燥，而漆膜内部的溶剂未能完全挥发。

（4）处理方法。打磨至光滑表面然后重新喷涂。

25．斑纹

（1）定义。斑纹也称为银粉起花，这是银粉漆及珍珠底漆常出现的一种问题，即漆膜表现出像被敲打过的痕迹，一些深色的小圈围绕浅色银粉或颜色深浅不一。如果是在底色漆中，这种现象往往是在喷涂了清漆后才会被发现，如图 5-3-26 所示。

（2）原因。

① 银粉漆是由各种不同的颜料和铝粉组合而成，在过厚或潮湿的漆层面上喷涂银粉漆，将会使银粉漆中的银粉无法流平，从而形成斑纹。

图 5-3-26　斑纹

② 当温度过低而喷涂银粉漆时，银粉将较长时间处于潮湿或液体状态，而使银粉积聚成堆。

③ 当喷涂银粉漆时，如果所用的空气压力较低，或喷枪与喷涂表面的距离较近，则漆面到达表面时，其中的溶剂挥发太少将导致形成潮湿的油漆膜，容易导致斑纹现象。

④ 使用了蒸发速度很慢的稀释剂，或稀释剂用量过多。

（3）预防措施。

① 按照要求稀释银粉漆，掌握正确的喷涂技巧，例如喷枪与喷涂表面的距离和喷枪的移动速度等。

② 不要过分厚涂湿漆。有必要时，适当提高喷漆车间的温度，并适当延长漆膜间静置时间。

（4）处理方法。使用正确的稀释比例和施工技巧重新喷涂。如果斑纹产生于喷涂了清漆的底色漆中，需要将漆膜打磨掉后重新喷涂。

▫ 任务总结 ▫

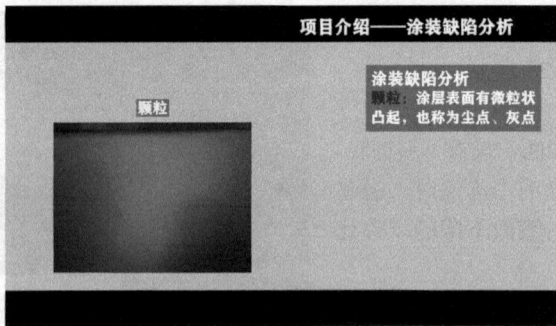

视频

涂装缺陷分析

1．漏喷、露底

（1）定义：板件表面没有喷到、有旧漆层颜色露出。

（2）处理方法：打磨后，重新喷涂。

2．颗粒

（1）定义：涂层表面有微粒状凸起，也称为尘点、灰点。

（2）处理方法：打磨平整后，进行抛光处理。

3. 流挂

（1）定义：漆膜的表面有像流泪的地方。

（2）处理方法：将流挂部位打磨平整，视情况补喷面漆或用抛光机抛光。

4. 针孔

（1）定义：漆膜表面有针刺状小孔。

（2）处理方法：将针孔打磨完后，进行修补重新喷漆。

5. 咬底

（1）定义：漆膜表面有起皱、隆起现象。

（2）处理方法：将起皱的漆膜完全清除，并重新涂装。

6. 缩孔

（1）定义：漆膜表面出现大量鱼眼状空洞或凹痕。

（2）处理方法：喷涂时可以在涂料中加入抗缩孔剂；将缺陷处彻底清除，并重新修补喷涂。

7. 干喷

（1）定义：漆面粗糙或呈粉状效果。

（2）处理方法。

① 如果中涂漆出现干喷现象，应使用清洁抹布蘸稀释剂擦拭，或等漆面干燥后打磨。

② 如果面漆出现干喷现象，应使用 P1200 砂纸打磨，然后抛光打蜡。

8. 渗色

（1）定义：旧漆膜的颜色渗透到表面。

（2）修补方法：打磨透彻并喷涂封闭底漆，然后重新喷漆。

9. 起痱子

（1）定义：漆面上有痱子状气泡。

（2）处理方法：打磨到痱子产生位置，然后重新喷涂。

10. 起云

（1）定义：漆膜颜色变得较白并呈云团状。

（2）处理方法：打磨后重新喷涂色漆和清漆。

11. 表面无光

（1）定义：漆膜表面平整光滑，但缺少光泽，在显微镜下观察漆膜表面粗糙。

（2）处理方法：使用 P2000 砂纸打磨，然后抛光处理。严重时重新喷涂。

12. 灰印

（1）定义：漆膜上出现有清晰的边界或轮廓线的地图状区域。

（2）处理方法：打磨后重新涂装。

13. 橘皮

（1）定义：漆膜表面有类似橘子皮的外观。

（2）处理方法：打磨平整后抛光。

14. 漆雾

（1）定义：车身漆面粘有飞溅漆尘。

（2）处理方法：抛光处理。

15. 钣金缺陷

（1）定义：漆膜表面不平整。

（2）处理方法：重新打磨修补并喷漆。

16. 砂纸痕

（1）定义：透过面漆会发现打磨的痕迹。

（2）处理方法：打磨后重新喷涂。

17. 银粉不匀

（1）定义：银粉片漂浮形成斑点或条带样的斑纹。

（2）处理方法：打磨后，重喷色漆和清漆。

18. 原子灰印、羽状边开裂

（1）定义：面漆干燥后，漆面在修补位有伸展纹或者开裂。

（2）处理方法：除去原漆进行修补。

19. 颜色不对

（1）定义：修补区域的颜色与原车色泽有差距。

（2）处理方法：选择一致的颜色，重新喷涂。

20. 银粉泛色

（1）定义：清漆膜中金属颗粒出现于清漆层中，引起变色。

（2）处理方法：打磨后重新喷底色漆和清漆。

21. 慢干

（1）定义：漆层很久不干。

（2）处理方法：加热以加速干燥过程。

22. 原子灰渗色

（1）定义：喷涂面漆之后，在使用过原子灰的区域，表层颜色会发生变化。

（2）处理方法：打磨后重新喷涂。

23. 条纹

（1）定义：面漆层表面出现平行状且有深浅差异的颜色。

（2）处理方法：等待漆面干燥后，按正确的工艺重新喷涂。

24. 漆面下陷

（1）定义：修补的区域下陷，面漆表面形成"湖泊"形状的外观。

（2）处理方法：打磨至光滑表面然后重新喷涂。

25. 斑纹

（1）定义：漆膜出现深浅不同的斑状图案。

（2）处理方法：打磨后按标准工艺出现喷涂。

□ 问题思考 □

1. 说明涂装缺陷——颗粒的定义、原因及处理方法。

2. 说明涂装缺陷——针孔的定义、原因及处理方法。

3. 说明涂装缺陷——咬底的定义、原因及处理方法。

4. 说明涂装缺陷——缩孔的定义、原因及处理方法。

5. 说明涂装缺陷——起痱子的定义、原因及处理方法。

6. 说明涂装缺陷——起云的定义、原因及处理方法。